Wissenschaftliche Arbeiten schreiben mit Word

Natascha Nicol, Ralf Albrecht

Wissenschaftliche Arbeiten schreiben mit Word

Formvollendete und normgerechte Examens-, Diplom- und Doktorarbeiten

ADDISON-WESLEY

An imprint of Pearson Education

München • Reading, Massachusetts • Menlo Park, Califonia
New York • Harlow, England • Don Mills, Ontario
Sydney • Mexico City • Madrid • Amsterdam

Die Deutsche Bibliothek – CIP-Einheitsaufnahme

Wissenschaftliche Arbeiten schreiben mit Word:
Formvollendete und normgerechte Examens-, Diplom- und Doktorarbeiten
Natascha Nicol; Ralf Albrecht. –
München; Reading, Mass. [u.a.] : Addison-Wesley Verlag, 2002
ISBN 3-8273-1943-9

10 9 8 7 6 5 4 3 2
05 04 03 02
ISBN 3-8273-1943-9

Lektorat: Martin Asbach, München
Korrektorat: Marina Kowalewski, Frankfurt
Satz: Programmiererei Nicol, Frankfurt
Gestaltung der Kapitelanfänge: Creative Identity, Lautertal
Umschlaggestaltung: Michael Learo, Köln
Herstellung: Philipp Burkart, München
Druck: Bercher Graphischer Betrieb, Kevelaer

Inhaltsverzeichnis

Planung der Arbeit

Der Wegweiser durch das Buch

Formatierungsrichtlinien

Einleitung

Der Berg

Stehen Sie kurz davor, eine wissenschaftliche Arbeit zu verfassen? Steht nach Wochen, Monaten oder gar Jahren der Vorarbeit und Forschung das eigentliche Schreiben der Arbeit wie ein riesiger Berg vor Ihnen? So ist es jedenfalls uns ergangen. Mit dem Gefühl, den Berg kaum erklimmen zu können, steht man davor und fragt sich, wo man anfangen soll.

Damit wenigstens das »Handwerkliche« – der Umgang mit der Textverarbeitung – zu den kleineren Problemen gehört, hatten wir uns entschlossen – nachdem unser Berg, die Doktorarbeit geschrieben war – ein Buch über dieses Thema zu veröffentlichen. Nach vielen eigenen Erfahrungen haben wir gelernt, welche Ausrüstung benötigt wird, wo die Abgründe lauern und auf welchen Tritten und Stegen man sicher ans Ziel gelangt.

Die Ausrüstung

Eine wissenschaftliche Arbeit ohne die entsprechende Ausstattung und Vorbereitung zu beginnen, ist fast so unklug, wie zu versuchen, einen Viertausender in Turnschuhen und kurzen Hosen anzugehen.

Da die meisten wissenschaftlichen Arbeiten heute mit Hilfe eines PCs geschrieben werden, sollte man sich schon vor dem Schreiben der Arbeit mit diesem Arbeitsgerät vertraut machen. Hier im Buch behandeln wir die Textverarbeitungssoftware Microsoft Word 2002 bzw. Word 2000/Word 97 für Windows (kurz: Word).

Ein Textverarbeitungsprogramm vom Leistungsumfang von Word erlernt man nicht an einem Tag. Da in der Regel für eine Examens- und Diplomarbeit nur ein bestimmter Zeitraum zur Verfügung steht, sollten Sie genügend Zeit einplanen, sich im Vorfeld Ihrer Arbeit mit dem Programm vertraut zu machen. Spielen Sie mit den verschiedenen Funktionen, die Ihnen Word bietet, um sie bedienen zu lernen und zu prüfen, ob sie für Ihren Text brauchbar sind.

Wir setzen in diesem Buch voraus, dass Sie mit den Grundlagen der Arbeit mit Windows (98, 2000 oder XP) und Word 2002 bzw. Word 2000 oder Word 97 vertraut sind. In diesem Buch sollen in erster Linie Funktionen von Word erklärt werden, die beim Schreiben langer Texte, speziell bei wissenschaftlichen Arbeiten, benötigt werden. Im Word-Handbuch und in vielen anderen Büchern auf dem Markt ist die Funktionalität von Word meist nur anhand kurzer Texte, Briefe und anderer kleiner Beispiele erklärt. 100 oder 200 Seiten Text mit Bildern, Fußnoten, Inhaltsverzeichnissen und Querverwiesen stellen jedoch ganz andere Anforderungen an den Anwender.

Übrigens, dieses Buch ist komplett mit Word geschrieben worden, d.h., wir haben alle beschriebenen Techniken und Verfahren getestet und ausprobiert.

Die Abgründe

Die wichtigste Regel am Computer lautet: alles was schief gehen kann, geht schief!

Wir möchten Ihnen keine Angst machen, aber auch wir haben so unsere schlechten Erfahrungen gemacht. Sowohl Softwarefehler als auch Hardwareprobleme treten unverhofft immer dann auf, wenn man in der größten Hektik nur »schnell« was machen will. Manchmal macht man auch als Anwender einen kleinen Bedienungsfehler, der ein unvorhergesehenes Verhalten des PCs und damit gegebenenfalls einen Datenverlust verursacht.

Der letzte Fall in unserem Bekanntenkreis war Detlev, der drei Tage vor Abgabe seiner Promotionsarbeit mit einem Word-Absturz konfrontiert wurde, der einen erheblichen Datenverlust zur Folge hatte. Leider war seine Datensicherung nicht auf dem neuesten Stand, so dass er mehr als einen Tag benötigte, bis ein aktueller und stabiler Zustand seines Textes wieder hergestellt war. Wir werden daher an vielen Stellen im Buch auf die Wichtigkeit der Datensicherung zurückkommen. Nichts ist ärgerlicher, als Texte ein zweites Mal eintippen zu müssen. Disketten sind billig und geduldig. Sichern Sie lieber einmal zu viel als zuwenig.

1.1 Planung der Arbeit

Bei der Vorbereitung einer Examensarbeit stellt sich als zentrale Frage: Wie schreibe ich meine Arbeit? Dazu gehört es ebenso, sich über Regeln des Lehrstuhls zu informieren, als sich um das Einrichten des Computers und das zu verwendende Textverarbeitungsprogramm zu kümmern.

1.1.1 Informationen besorgen

Bevor Sie anfangen zu schreiben oder Ihren Computer einzurichten, sollten Sie zunächst einige Erkundigungen einholen.

Informieren Sie sich bei dem Prüfungsamt Ihres Fachbereichs und bei der Fachschaft, welche Richtlinien es zum Schreiben einer Examensarbeit gibt.

Es gibt einige Fachbereiche, die über ausführliche Anleitungen verfügen, wie zu strukturieren und zu zitieren ist oder wie ein Literaturverzeichnis auszusehen hat usw.

Suchen Sie zudem nach fertigen Examensarbeiten, die bei Ihrem Professor verfasst wurden und vergleichen Sie, ob er bestimmte Vorlieben hat. Sprechen Sie mit Ihrem Assistenten, oft kann er oder sie Ihnen zusätzliche Informationen zum Schreiben Ihrer Arbeit geben.

Wir werden uns in diesem Buch über weite Strecken an Vorschläge des Deutschen Instituts für Normung (DIN) halten, das Richtlinien für das Schreiben wissenschaftlicher Arbeiten veröffentlicht hat. An vielen Stellen wird natürlich auch unsere eigene Meinung einfließen, da wir selbst einige Erfahrung im Schreiben wissenschaftlicher Arbeiten gesammelt haben, wenn auch nur im naturwissenschaftlichen Sektor. Um Ihnen nicht zu einseitige Informationen weiterzugeben, haben wir bei Freunden und Bekannten – neben anderen naturwissenschaftlichen Werken –, Arbeiten aus den Bereichen Wirtschaftswissenschaften, Jura, Soziologie, Sport- und Sprachwissenschaften gesammelt.

1.1.2 Aufbau der Arbeit

Unabhängig davon, in welchem Fachbereich Sie Ihre Arbeit schreiben, ist der äußere Aufbau aller Arbeiten nahezu gleich. Eine Arbeit besteht in der Regel aus den folgenden Komponenten:

- ✓ Titelblatt
- ✓ Inhaltsverzeichnis

- ✔ Abkürzungsverzeichnis
- ✔ Eigentliche Arbeit: Einleitung, Durchführung und Zusammenfassung
- ✔ Literaturverzeichnis
- ✔ Anhänge

Wir zeigen Ihnen, wie Sie am besten mit langen Texten umgehen, das heißt, wie man Texte gliedert, wie Kopfzeilen die Orientierung in langen Texten vereinfachen u.ä. Speziell zum Schreiben von langen Texten gibt es in Word so genannte Masterdokumente, mit deren Hilfe die eigentlichen Textdokumente, als Unterdokumente bezeichnet, verwaltet werden.

Der Umgang mit Masterdokumenten ist vielleicht zunächst gewöhnungsbedürftig, erleichtert aber das fortlaufende Nummerieren von Kapiteln und Seiten, erlaubt kapitelübergreifende Querverweise, vereinfacht das Erstellen eines Inhaltsverzeichnisses und vieles mehr. Das Masterdokument kann sämtliche Komponenten Ihrer Arbeit beinhalten, vom Titelblatt bis zu möglichen Anhängen.

1.1.3 Das Einrichten des Computers

Legen Sie sich einen neuen Ordner für Ihre Arbeit an, beispielsweise unterhalb des standardmäßig vorhandenen Ordners EIGENE DATEIEN. Speichern Sie dann alles, was Ihre Arbeit betrifft, in diesen Ordner.

Oft ist es sinnvoll, diesen Ordner noch weiter zu unterteilen, beispielsweise einen Ordner für jedes Kapitel anzulegen oder einen Ordner für alle Texte und einen für die Bilder etc.

Denken Sie sich ein System aus, das für Sie funktioniert, und seien Sie dann so diszipliniert, dieses System auch zu verwenden.

1.1.4 Vorgehensweise beim Schreiben

Eine wissenschaftliche Arbeit, sei es eine Diplomarbeit, Examensarbeit, Dissertation oder ein Artikel, ist meistens eine ziemlich langwierige Sache. Vom ersten Entwurf bis zur Fertigstellung werden Texte eingefügt und gekürzt, Kapitel umgestellt, Abschnitte verschoben usw. Die Verwendung einer Textverarbeitung macht das Schreiben zwar viel flexibler als früher das Schreiben mit der Schreibmaschine, entsprechend sind aber auch die Ansprüche gestiegen. Wir kennen Assistenten und Professoren, die meinen, es sei kein Problem, im Zeitalter der Textverarbeitung mit einem Computer schnell mal hier den Text umzustellen und dort was dazu zu schreiben. Dass das nicht immer ganz so einfach ist, zeigen uns Hilferufe und Anfragen von vielen Bekannten, die nie damit gerechnet haben, dass sie ihren Text noch einmal verändern müssen und nun an ihrer unflexiblen Formatierung und ihren falschen Einstellungen zu scheitern drohen.

Es gibt mehrere Möglichkeiten, Texte zu schreiben: Man kann wenig vorher darüber nachdenken und einfach los schreiben und dabei Hilfsmittel wie Format- und Dokumentvorlagen, automatische Nummerierungen etc. einfach ignorieren oder man kann sich zuvor über mögliche Hilfestellungen von Word informieren und sich später bei Änderungen einige Probleme ersparen.

Natürlich soll das nicht heißen, dass Sie das ganze Buch lesen sollen, bevor Sie zu schreiben anfangen. Wir haben uns überlegt, wie man einen langen Text beim Schreiben mit Word am effektivsten angehen sollte. Daraus ist eine Anleitung entstanden, die schrittweise abgearbeitet werden kann. Wir haben die einzelnen Arbeitsvorgänge mit dem nebenstehenden Checklistensymbol versehen, so dass man sich »daran entlang arbeiten« kann.

Kennen Sie sich mit Word schon gut aus, können Sie in den einzelnen Kapiteln einfach die Symbole suchen und abarbeiten. Für alle, die sich nicht so gut auskennen, haben wir die einzelnen Arbeitsschritte mit Erklärungen umgeben. Sie können dann die einzelnen markierten Schritte als Leitfaden durch die Texte betrachten, an dem Sie sich entlang hangeln können.

1.2 Wegweiser durch das Buch

Das zentrale Kapitel dieses Buches ist das Kapitel, das wir mit »Einstieg in Ihre Arbeit« bezeichnet haben. Es enthält Arbeitsschritte zum Erstellen der Arbeit, die fast jeder braucht, um eine Examensarbeit zu schreiben. Andere Kapitel, wie das Kapitel über Bilder und Diagramme oder das Kapitel über den Formel-Editor werden sicher nur einige von Ihnen benötigen. Alle Bilder und Beispiele im Buch beruhen auf der Version Word 2002. Wenn Befehle oder Bezeichnungen von den Vorgängerversionen Word 2000 und Word 97 abweichen, wird dies im Text erläutert.

Um auf etwa demselben Stand zu starten, gibt das Kapitel »Grundlegendes zu Beginn« einen kurzen Überblick über nützliche und wichtige Word-Funktionen, die Ihnen vielleicht nicht alle geläufig sind. Zudem werden die Themen Datensicherung und Computerviren behandelt.

Das Kapitel »Der Einstieg in Ihre Arbeit« beginnt damit, Ihnen zu zeigen, wie Sie eine Grobgliederung anlegen und diese dann Schritt für Schritt verfeinern. Wir besprechen Sinn, Zweck und Verwendung von Dokumentvorlagen, die Formatvorschriften für Überschriften, Textkörper, Bildunterschriften usw. enthalten. Der Umgang mit Masterdokumenten erleichtert Ihnen die Arbeit mit großen Texten wie einer Examens- oder Diplomarbeit. Sie sollten daher Ihren Text als Masterdokument mit Unterdokumenten speichern.

In jedem dieser Abschnitte finden Sie am Ende einen Teil, der beschreibt, was Sie machen können, falls Sie bereits zu schreiben begonnen haben, ohne zuvor die besprochenen Word-Funktionen verwendet zu haben.

Der anschließende Teil befasst sich mit der Nummerierung von Kapiteln, Tabellen und Bildern. Man kann nicht oft genug schreiben, dass Sie das Nummerieren auf jeden Fall Word überlassen sollten. Fügen Sie niemals Kapitel-, Tabellen- oder Bildnummerierungen mit der Hand ein, es sei denn, Sie schreiben nur zwei oder drei Seiten und können Ihren Text genau überblicken. Aber auch dabei ist es ärgerlich und lästig, wenn bei einer kleinen Umstellung die Nummerierung und die Verweise auf eine der Nummern zu ändern sind. Wird die Nummerierung von Word erledigt, kann man das Programm nach einer Umstellung per Knopfdruck veranlassen, die Nummerierung und alle Verweise zu aktualisieren. Dabei entstehen weniger Fehler und es ist zudem sehr viel weniger mühsam.

Kopf- und Fußzeilen sollten im Zeitalter der Textverarbeitung in einem langen Text verwendet werden, um die Orientierung zu erleichtern. Werden die Kapitelüberschriften in die Kopfzeile übernommen, weiß man beim Durchblättern einer Arbeit immer, in welchem Kapitel sich der aktuelle Abschnitt befindet.

In den meisten wissenschaftlichen Arbeiten werden Tabellen zur Darstellung von Zahlenmaterial eingesetzt. Word verfügt über ausgefeilte Funktionen, die Ihnen die Erstellung und Formatierung von Tabellen erleichtern, wie im Kapitel »Tabellen« an Beispielen aus der Praxis erläutert wird.

Das Einfügen von Bildern, Diagrammen, Grafiken und Fotos ist das Thema des Kapitels »Bilder und Diagramme«. Wir möchten Ihnen in diesem Kapitel zeigen, welche Möglichkeiten Word zur Einbindung und Bearbeitung von Grafiken bietet. Beschrieben werden unter anderem der Word Grafik-Editor, das zum Lieferumfang von Word gehörende Programm MS-Graph und andere. In diesem Kapitel gehen wir auch näher auf Object Linking and Embedding (OLE) ein, einer Technik von Microsoft zur Aufnahme beispielsweise von Grafiken in einen Text.

In fast jeder wissenschaftlichen Arbeit wird auf fremdes Gedankengut zurückgegriffen, d.h., Sie zitieren Texte anderer Autoren oder geben weiterführende Literatur an. Im Kapitel »Quellen zitieren und nachweisen« beschreiben wir die Funktionen in Word, die Sie bei der Arbeit mit Literaturverzeichnissen, Querverweisen und Zitaten unterstützen.

Mit Hilfe des Formel-Editors von Word lassen sich mathematische Formeln schnell und einfach erstellen. Im Kapitel »Mathematische Formeln« beschreiben wir Ihnen die vielfältigen Möglichkeiten des Zusatzprogramms anhand von Beispielen und zeigen Ihnen, wie Sie den Formel-Editor auf Ihre Bedürfnisse anpassen können.

Im Kapitel »Chemische Formeln« stellen wir Ihnen zwei Zusatzprodukte vor, die es Ihnen ermöglichen, chemische Reaktionsgleichungen und Formeln in Ihre Arbeit aufzunehmen. Der erste Zusatz sind Word-Makros, d.h. in der Word-eigenen Programmiersprache erstellte Programme, die Ihnen das Erstellen von chemischen Reaktionsgleichungen gestatten. Diese Makros befinden sich als Shareware-Makros auf der dem Buch beigelegten CD-ROM. Das zweite Zusatzprogramm, das wir beschreiben, ist das Programm ChemOffice, das allerdings getrennt erworben werden muss.

Wie Sie Ihre Arbeit zu Papier bringen, ist Thema des Kapitels »Drucken«. Beim Drucken unter Windows aus Word heraus ist einiges zu beachten.

Das allerletzte Kapitel »Die Arbeit beenden« zeigt Ihnen die letzten Schritte mit Ihrer Arbeit. Sie können darin nachlesen, wie Sie Inhalts- und Abbildungsverzeichnisse erstellen können und worauf Sie im letzten Durchgang achten sollten.

Im »Anhang« werden die auf der CD-ROM beigepackten Dokumentvorlagen erläutert und deren Installation sowie die Grundlagen von Feldfunktionen erklärt.

1.3 Formatierungsrichtlinien

Im Buch wird eine einheitliche Formatierung und Gestaltung verwendet. Um Ihre Aufmerksamkeit auf bestimmte Passagen des Textes zu lenken, haben wir die folgenden Symbole eingesetzt.

Das links dargestellte Symbol steht für eine Zusammenfassung oder eine kurze Information. Sie finden dieses Symbol meist an den Anfängen von Kapiteln oder Abschnitten, da wir dort einen kurzen Überblick über den Inhalt geben.

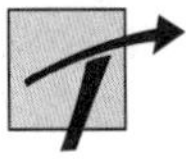

Einen Tipp oder Hinweis erhalten Sie an allen Stellen, an denen Sie das links dargestellte Symbol sehen. Wir möchten dort nützliche Hinweise, eigene Erfahrungen und allgemein bekannte Tricks weitergeben.

Eine Warnung signalisiert das Symbol mit dem stilisierten »W«. Es soll Sie auf Probleme im Umgang mit der Software oder gegebenenfalls auf Fehler des Programms aufmerksam machen.

In das Buch haben wir eine Reihe von Checklisten, die mit dem links dargestellten Checklistensymbol gekennzeichnet sind, aufgenommen, anhand derer Sie viele Abläufe leicht nachvollziehen können. Sollten Sie mit Word vertraut sein, können Sie mit Hilfe der Checklisten, ohne viel Text lesen zu müssen, schnell zu einem Ergebnis kommen.

Abschnitte, in denen ausführlicher auf die Versionen Word 2000 bzw. Word 97 eingegangen wird, sind mit den entsprechenden Symbolen versehen.

Das Symbol links soll Sie darauf hinweisen, dass Sie für den entsprechenden Text zusätzliches Material und Software auf der beigelegten CD-ROM finden.

Danke

Wir möchten allen unseren Freunden und Bekannten danken, die uns ihre Examens-, Diplom- und Doktorarbeiten zur Verfügung gestellt haben. Viele Informationen und Ratschläge von Euch wurden in dieses Buch eingearbeitet.

Leider schaffen auch wir es nie, ein 100%ig fehlerfreies Buch zu schreiben. Sie werden sicherlich ebenfalls feststellen, dass Sie auch nach beliebig vielen Korrekturgängen immer noch Fehler in Ihrer Arbeit finden. Darum zum Trost ein Zitat von Tai T'ung, der bereits im 13. Jahrhundert erkannt hat:

»*Wollte ich Vollkommenheit anstreben, würde mein Buch nie fertig.*«

Formate kopieren und kontrollieren

Word-Einstellungen, die weiterhelfen

Aufzählungen und Nummerierungen

Tabulatoren

Formatvorlagen

Abschnitte

Korrekturhilfen

Silbentrennung

Kommentare

Sicherheitskopien

Computer-Viren

Grundlegendes zu Beginn

2.1 Hilfreiche Word-Einstellungen

In diesem Abschnitt werden allgemeine nützliche Word-Einstellungen für den Bildschirm und das Speichern von Dateien besprochen. Zunächst gehen wir kurz auf den Word-Bildschirm ein. Alle im Anschluss beschriebenen Festlegungen können Sie über das Registerdialogfeld *Optionen* definieren, das Sie mit dem Befehl *EXTRAS Optionen* erreichen. Das Registerdialogfeld bietet 11 Registerblätter zur allgemeinen Einstellung von Word. Wir werden nicht alle möglichen Optionen besprechen, sondern die herausgreifen, die für das Schreiben von langen Texten Bedeutung haben.

2.1.1 Den Word-Bildschirm einrichten

Normalerweise werden in Word die beiden Symbolleisten Standard und Format in einer Zeile dargestellt. Daher sind nicht alle Schaltflächen zu sehen. Nicht angezeigte Schaltflächen müssen bei Bedarf mit einem Klick auf den Doppelpfeil *Optionen für Symbolleisten* aufgeklappt werden.

Bild 2.1: Optionen für Symbolleisten

Wir finden das Arbeiten mit zwei untereinander angezeigten Symbolleisten einfacher. Sie können dies erreichen, wenn Sie die Option *Schaltflächen in zwei Reihen anzeigen* anklicken. Dann werden wie im folgenden Bild die beiden Symbolleisten untereinander dargestellt.

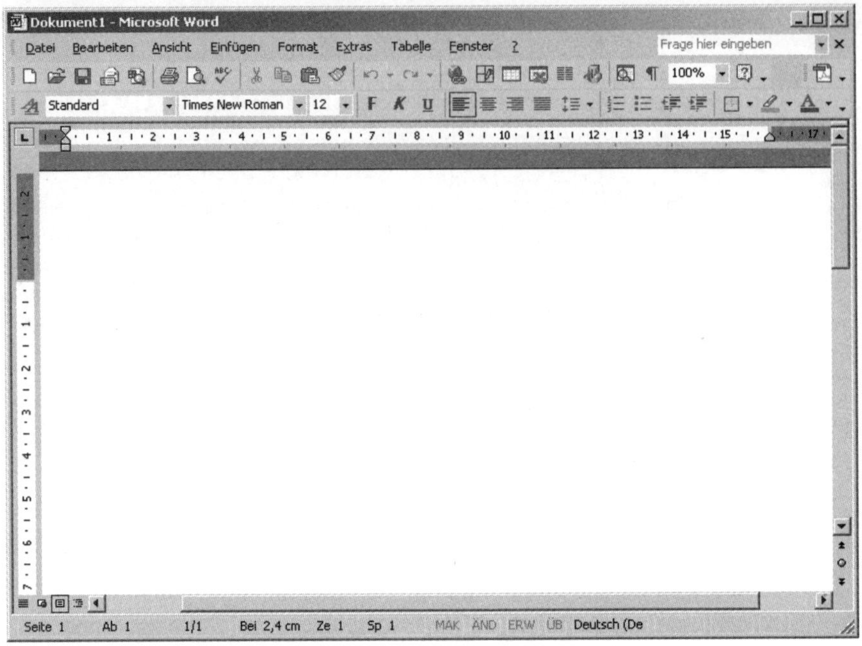

Bild 2.2: Doppelreihige Symbolleiste

2.1.2 Einstellungen für das Speichern von Dateien

Das folgende Bild zeigt das Registerblatt *Speichern* des Registerdialogfeldes *Optionen*. Wir empfehlen die im Folgenden beschriebenen Einstellungen.

Wählen Sie die Option *Sicherungskopie immer erstellen* an. Word wird damit angewiesen, beim Speichern einer Datei die alte Version aufzuheben. Die Vorgängerversion wird mit »Sicherungskopie von ...« bezeichnet. Wir können aus eigener Erfahrung sagen, dass wir oft froh waren, auf die alte Version zurückgreifen zu können, denn bei unbeabsichtigten Änderungen oder Windows-Abstürzen und -Crashs ist die Sicherungsdatei oft die letzte Hoffnung.

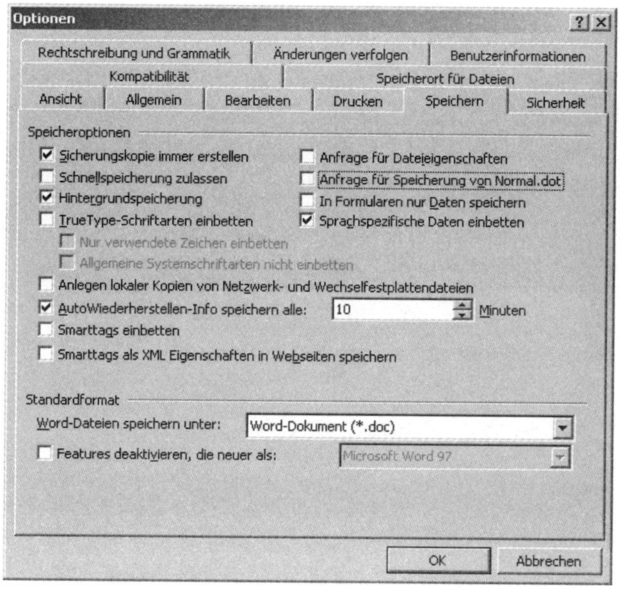

Bild 2.3: Optionen beim Speichern

Von den Optionen *Sicherungskopie immer erstellen* und *Schnellspeicherung zulassen* lässt sich immer nur eine anwählen, d. h., möchten Sie eine Schnellspeicherung, so gibt es keine Sicherungskopie. An dieser Stelle muss man abwägen. Wir halten eine Sicherungskopie für wichtiger als einen Moment länger beim Speichern zu warten.

Klicken Sie die Option *Anfrage für Dateieigenschaften* (Word 2000/Word 97: *Automatische Anfrage für Dateieigenschaften*) an, werden Sie beim ersten Abspeichern einer neuen Datei nach Autor, Titel, Beschreibung und Stichwörtern für Ihren Text gefragt. Diese Informationen sind oft bei der Suche nach Texten hilfreich.

Selektieren Sie *Hintergrundspeicherung* (Word 2000/Word 97: *Speichern im Hintergrund)*, so können Sie während des Speichervorgangs weiterarbeiten. Wir würden Ihnen empfehlen, lieber auf Nummer Sicher zu gehen und diese Option auszuschalten, denn das Speichern ist ein wichtiger Vorgang, der ungestört ablaufen sollte.

Mit der Option *AutoWiederherstellen-Info speichern alle x Minuten* speichert Word Ihren Text selbsttätig nach Ablauf der eingestellten Zeit.

2.1.3 Dateiablage

Auf dem Registerblatt *Speicherort für Dateien* (Word 97: Registerblatt *Dateiablage*) finden Sie die für Word relevanten Verzeichnisse. Im Normalfall müssen Sie hier keine Änderungen durchführen, da die meisten Einstellungen bei der Installation von Word vorgenommen werden.

Nur für die ersten beiden Einträge, *Dokumente* und *Clipartgrafiken*, kann eine Anpassung auf Ihre Erfordernisse sinnvoll sein. *Dokumente* sollte auf Ihr Arbeitsverzeichnis verweisen, in dem Sie Ihren Text speichern, während für *Clipartgrafiken* das Verzeichnis vereinbart werden kann, aus dem Sie Ihre Grafiken in den Text laden.

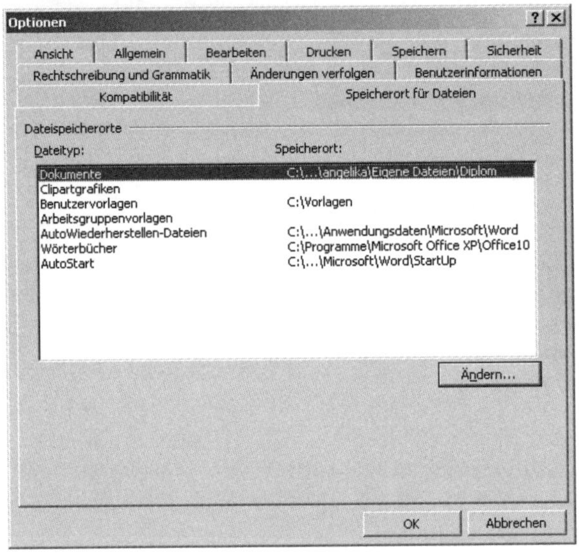

Bild 2.4: Einstellen der Ablage für Dateien

Möchten Sie ein Verzeichnis ändern, markieren Sie die entsprechende Zeile und selektieren Sie die Schaltfläche *Ändern* (Word 97: *Bearbeiten*). Wählen Sie im folgenden Dialogfeld den gewünschten Ordner aus oder erstellen Sie mit Hilfe der entsprechenden Schaltfläche einen neuen Ordner.

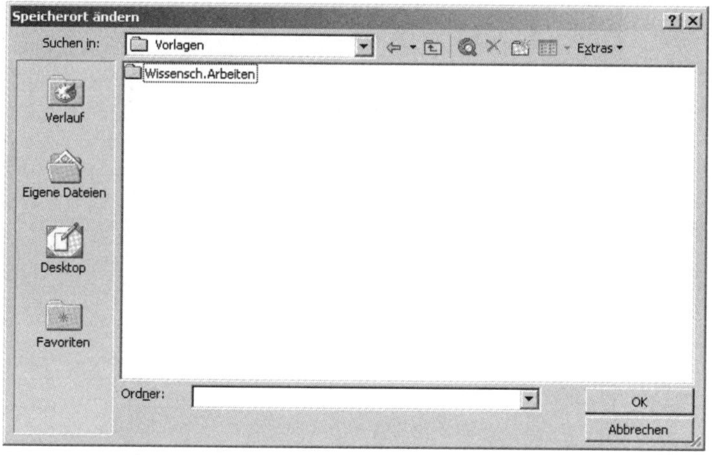

Bild 2.5: Neuen Ordner für die Dateiablage einstellen

2.2 Formate kopieren und kontrollieren

An dieser Stelle setzen wir voraus, dass Ihnen der Umgang mit Zeichen- und Absatzformaten keine Probleme bereitet. Wir möchten Ihnen in diesem Abschnitt allerdings drei hilfreiche Funktionen zeigen, die den Umgang mit Formaten vereinfachen. Zunächst sollen Zeichen- und Absatzformate kopiert werden. Zudem zeigen wir Ihnen, wie Sie feststellen können, wie die Formatierung von Zeichen oder Absätzen definiert wurde. Mit Hilfe der Absatzkontrolle können Sie einzelne Zeilen am Anfang oder am Ende einer Seite vermeiden.

2.2.1 Formate kopieren

Mit der Schaltfläche *Format übertragen* können Sie Formatierungen kopieren.

- ✓ Markieren Sie dazu den richtig formatierten Text,
- ✓ wählen Sie die Schaltfläche an und
- ✓ überstreichen Sie dann mit dem veränderten Cursor den Text, der formatiert werden soll.

Haben Sie im ersten Schritt nur Teile eines Absatzes markiert, kopieren Sie auf diese Art das Zeichenformat der Markierung. Wurde der gesamte Absatz markiert, wird beim Kopieren das Absatzformat übertragen.

Doppelklicken Sie auf die Schaltfläche *Format übertragen* können Sie so lange das Format auf nicht zusammenhängende Zeichen oder Absätze übertragen, bis Sie erneut auf *Format übertragen* klicken.

2.2.2 Formatierung überprüfen

Möchten Sie das Format von Text überprüfen, verwenden Sie dazu die Tastenkombination ⇧+F1. Dadurch verändert sich der Maus-Cursor in einen Pfeil mit Fragezeichen. Klicken Sie damit einfach auf den gewünschten Text. Danach öffnet sich der Aufgabenbereich und alle Formatierungseinstellungen der Textstelle für Zeichen und Absatz werden angezeigt.

Alternativ können Sie auch den Befehl *FORMAT Formatierung anzeigen* wählen.

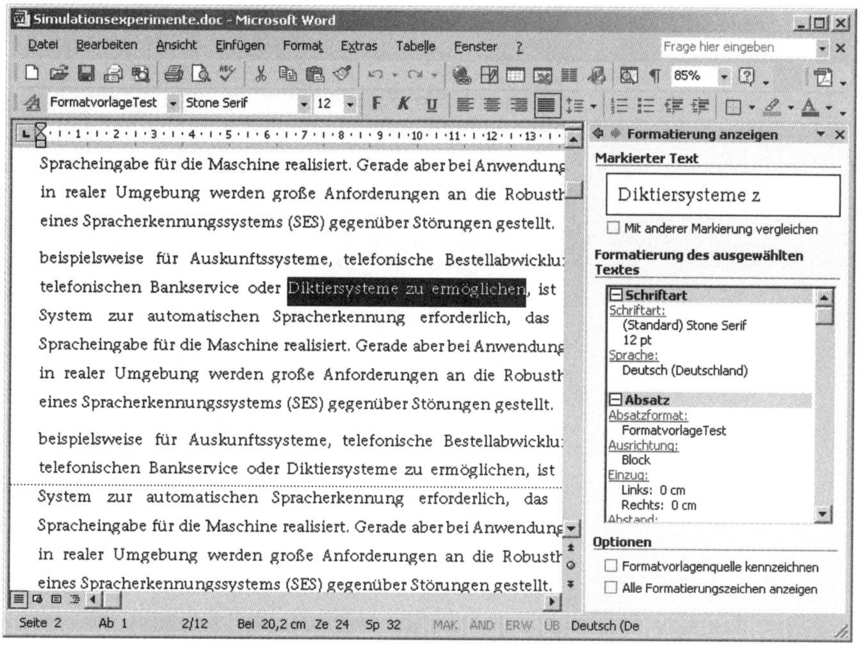

Bild 2.6: Formatierungsangaben

Word 97 Word 2000

In Word 2000 und Word 97 gibt es keinen Aufgabenbereich. Dort wird die Formatierung wie im folgenden Bild angezeigt. Um wieder weiterarbeiten zu können, verwenden Sie erneut den Befehl ⇧+F1 oder esc.

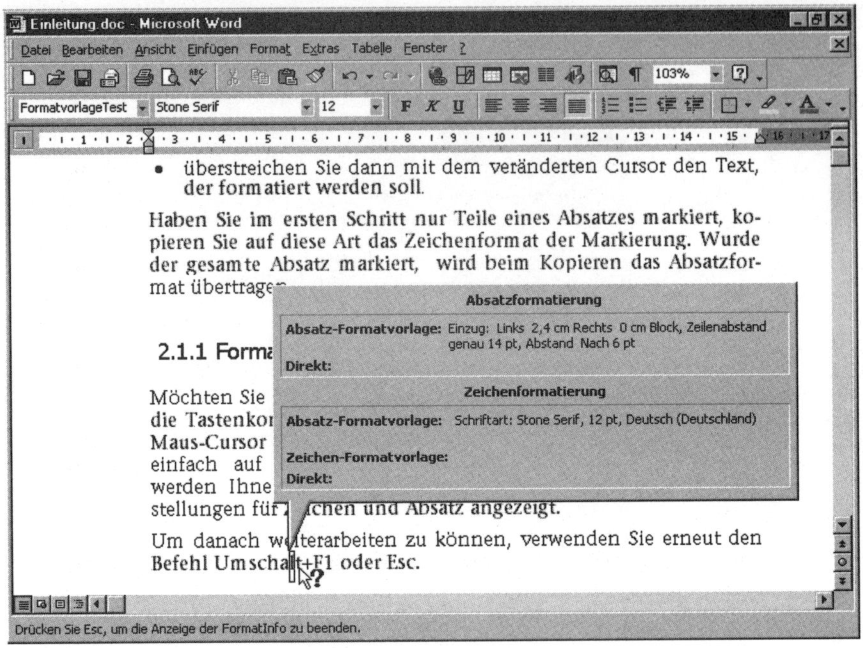

Bild 2.7: Formatierungsangaben in Word 2000

2.2.3 Absatzkontrolle

Auf dem Registerblatt *Zeilen- und Seitenumbruch* (Word 2000: *Zeilen- und Seitenwechsel*; Word 97: *Textfluß*) des Registerdialogfeldes *Absatz* lässt sich das Verhalten eines Absatzes im Text einstellen.

Schalten Sie die *Absatzkontrolle* ein, so verhindert Word so genannte Schusterjungen und Hurenkinder. Diese beiden Begriffe stammen aus der Sprache von Buchdruckern und Setzern. Als »Schusterjunge« wird die erste Zeile eines Absatzes, die als letzte, einzelne Zeile einer Seite erscheint, benannt. Ein »Hurenkind« ist eine einzelne, letzte Zeile eines Absatzes auf einer neuen Seite.

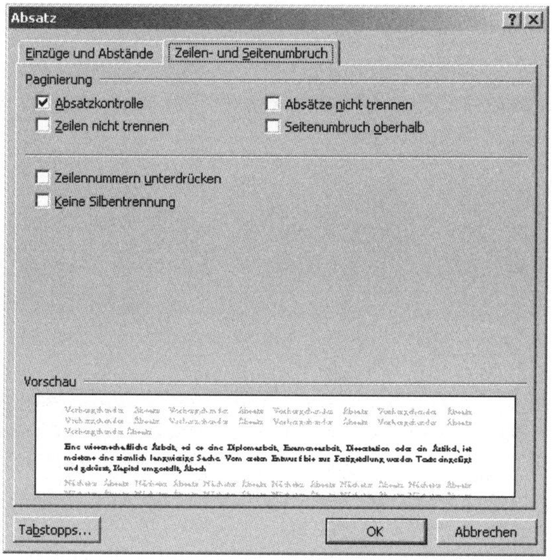

Bild 2.8: Formatierungseinstellungen

Wir empfehlen Ihnen, die *Absatzkontrolle* einzuschalten, damit Ihr Text die beiden genannten Unschönheiten nicht aufweist.

Schalten Sie die Option *Zeilen nicht trennen* ein, wird von Word innerhalb des Absatzes kein Seitenumbruch durchgeführt, d. h., der Absatz wird komplett auf einer Seite ausgegeben.

Möchten Sie erreichen, dass mehrere Absätze auf der gleichen Seite gedruckt werden, markieren Sie alle Absätze bis auf den letzten und schalten die Option *Absätze nicht trennen* ein. Die Option ist z. B. bei Tabellenüberschriften und Bildunterschriften sinnvoll, damit diese auf einer Seite zusammen mit der Tabelle oder dem Bild ausgegeben werden.

Mit *Seitenumbruch oberhalb* (Word 2000/Word 97: *Seitenwechsel oberhalb*) wird für den aktuellen Absatz eine neue Seite angefangen, d. h., der Absatz erscheint als Erstes auf der Seite.

2.3 Aufzählungen und Nummerierungen

Word bietet Ihnen die Möglichkeit, ohne großen Aufwand nummerierte Absätze oder mit einem »Blickfangpunkt« eingeleitete Aufzählungen zu erstellen.

2.3.1 Aufzählungen

Mit *FORMAT Nummerierung und Aufzählungszeichen* können Sie neue Aufzählungen erstellen oder das Format einer Aufzählung ändern (Word 97: *FORMAT Numerierung und Aufzählungen*). Markieren Sie dazu die Absätze, die mit einem Aufzählungszeichen versehen werden sollen. Mit Hilfe des Dialogfeldes *Nummerierung und Aufzählungszeichen* oder der Schaltfläche *Aufzählungen* werden von Word die Blickfangpunkte eingefügt. Wir möchten die Optionen des Registerblattes *Aufzählungszeichen* (Word 2000/ Word 97: *Aufzählungen*) im Folgenden beschreiben.

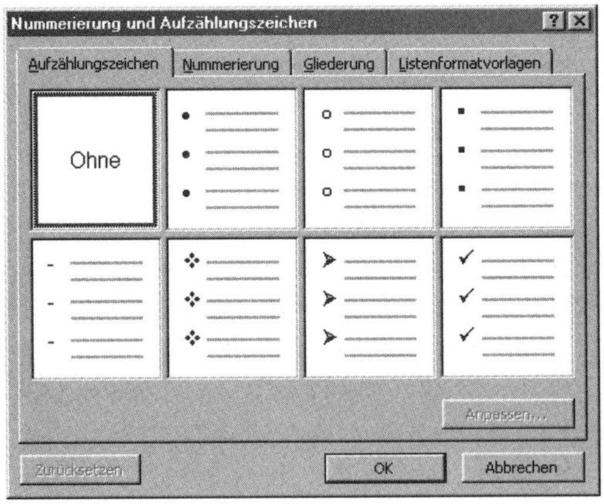

Bild 2.9: Zeichen für Aufzählungen

Word bietet Ihnen sieben vordefinierte Varianten für Ihre Aufzählungen an. Wählen Sie die gewünschte durch Anklicken des entsprechenden Feldes aus. (Word 2000/Word 97: Die Aufzählungszeichen der Word-Varianten unterscheiden sich zum Teil.)

Mit der Schaltfläche *Anpassen* rufen Sie das folgende Dialogfeld auf, das Ihnen die Gestaltung Ihrer Aufzählungen ermöglicht.

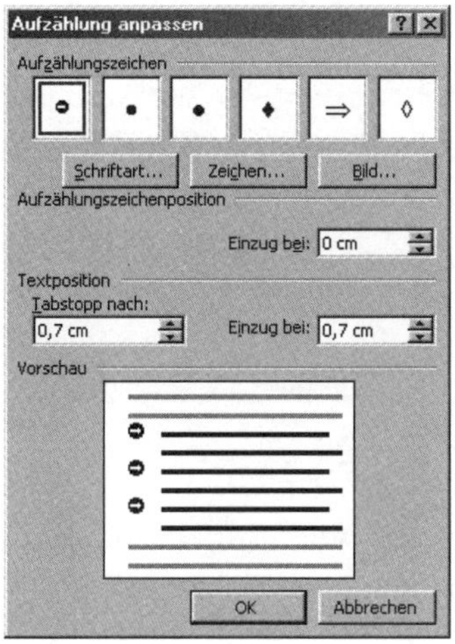

Bild 2.10: Bearbeiten von Aufzählungszeichen

Im oberen Teil des Dialogfeldes bestimmen Sie das gewünschte Aufzählungszeichen. Mit der Schaltfläche *Zeichen* rufen Sie das Dialogfeld *Sonderzeichen* auf, in dem Sie eine große Auswahl an möglichen Aufzählungszeichen finden. Die Größe sowie beispielsweise seine Farbe definieren Sie dann mit Hilfe der Schaltfläche *Schriftart*.

Darunter können Sie die *Aufzählungszeichenposition* hinter *Einzug bei* festlegen. Sie bestimmen dabei, ob die Aufzählungszeichen gleich vorne in der Zeile platziert werden (0 cm) oder ob sie eingerückt werden sollen. Im unteren Teil des Dialogfeldes definieren Sie einen so genannten hängenden Einzug. Sie legen zum einen über *Tabstopp nach* fest, wo der Text hinter dem Aufzählungszeichen beginnen soll, zum anderen definieren Sie, mit welchem Abstand zum linken Rand eine zweite, dritte etc. Zeile beginnt.

2.3.2 Nummerierungen

Das Format einer Nummerierung legen Sie auf dem Registerblatt *Nummerierung* des Dialogfeldes *Nummerierung und Aufzählungszeichen* (Word 97: Dialogfeld *Numerierung und Aufzählungen*) fest. Schneller können Sie Ihre Absätze nummerieren, wenn Sie die links abgebildete Schaltfläche einsetzen. Damit übertragen Sie die vereinbarte Nummerierung.

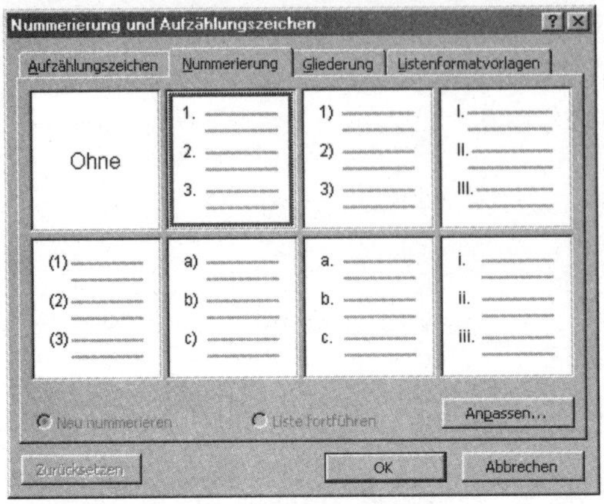

Bild 2.11: Bearbeiten der Nummerierung

Ebenso wie bei Aufzählungen können Sie mit Hilfe der Schaltfläche *Anpassen* ein weiteres Dialogfeld öffnen. Das Format lässt sich nach Ihren Vorstellungen zusammensetzen.

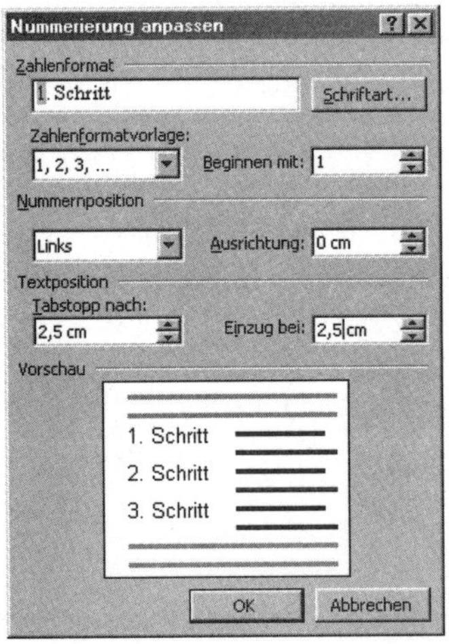

Bild 2.12: Bearbeiten von Aufzählungszeichen

Im Eingabefeld *Zahlenformat* (Word 2000/Word 97: *Nummerierungsformat*) definieren Sie alle Zeichen, die zusammen mit der Nummer dargestellt werden sollen, wie Klammern, Punkte oder im Beispiel das Wort »Schritt«. Darunter können Sie sowohl zwischen verschiedenen Formatierungsmöglichkeiten für die Zahlen wählen, als auch festlegen, bei welcher Zahl die *Nummerierung* beginnen soll. Unten legen Sie wie beim Aufzählungsformat einen Tabstopp und den Einzug für den Text der folgenden Zeilen des hängenden Einzugs fest.

2.4 Tabulatoren

Um Tabellen und Auflistungen ausrichten und formatieren zu können, stehen Ihnen in Word zwei Verfahren zur Verfügung: Tabulatoren und Tabellen. Wir beschreiben in diesem Abschnitt den Einsatz von Tabulatoren, während wir der Arbeit mit den Word-Tabellenfunktionen das Kapitel »Tabellen« gewidmet haben.

Wir bekamen bereits einige entnervte Anfragen, warum man in Word die Einträge in einer Tabelle nicht untereinander ausdrucken kann. Obwohl man die Leerzeichen genau zählen würde, seien die Tabelleneinträge im Ausdruck immer verschoben ...

Das Problem ist leicht beschrieben. Windows verwendet normalerweise Schriften mit proportionalem Zeichensatz, wie z. B. »Times Roman« aufgrund des leichter lesbaren Schriftbildes. Bei proportionalen Schriften sind die verschiedenen Buchstaben verschieden breit, also beispielsweise ist ein »i« schmaler als ein »w«. Das Leerzeichen hat eine definierte Breite. Wird eine Tabelle mit Hilfe von Leerzeichen formatiert, ist es daher Zufall, wenn die Einträge genau untereinander stehen, da jeder Buchstabe der Tabelle eine andere Breite aufweist. Mit Hilfe von Tabulatoren lässt sich eine genaue Ausrichtung erreichen.

Tabulatoren gelten immer absatzweise. Sollen Tabulatoren für mehrere aufeinander folgende Absätze vereinbart werden, so markieren Sie die gewünschten Absätze, bevor Sie Tabulatoren vereinbaren oder ändern.

2.4.1 Standard-Tabstopps

Word richtet Standard-Tabstopps für jeden Absatz ein, für den nicht explizit Tabulatoren vereinbart sind. Die Standard-Tabstopps werden auf dem Lineal durch dünne graue Linien auf dem unteren Rand des Lineals angezeigt.

Sie nutzen die Standard-Tabstopps, indem Sie sie mit der ⇥-Taste anspringen.

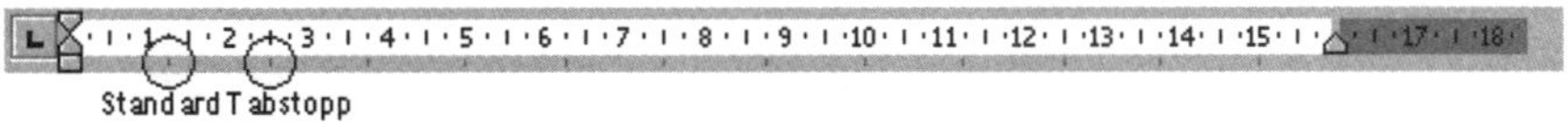

Bild 2.13: Standard-Tabstopps

2.4.2 Ausrichtung von Tabulatoren

Word kennt fünf Tabstopp-Arten: Links, Zentriert, Rechts, Dezimal und Vertikale Linie, die im folgenden Bild dargestellt sind. Auf dem Lineal werden die verschiedenen Typen mit entsprechenden Symbolen angezeigt.

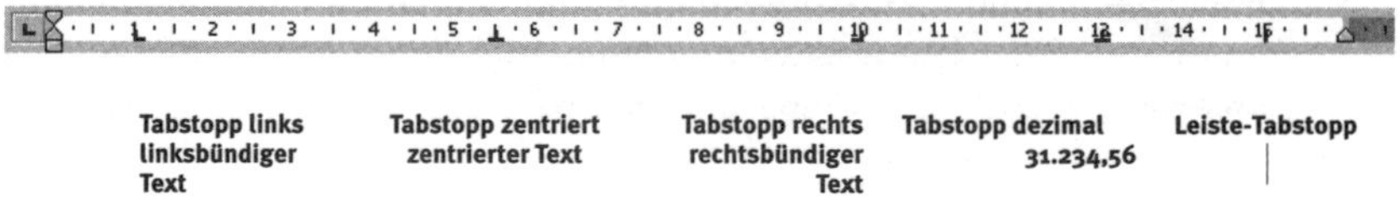

Bild 2.14: Ausrichtung von Tabulatoren

2.4.3 Tabulatoren mit der Maus setzen

Sie setzen einen Tabulator mit der Maus, indem Sie die gewünschte Stelle im Lineal anklicken. Der Tabulator wird für den aktuellen oder alle markierten Absätze vereinbart. Die Ausrichtung des Tabulators bestimmen Sie vor dem Setzen des Tabstopps, indem Sie auf die Schaltfläche ganz links auf dem Lineal solange klicken, bis das gewünschte Symbol für die Ausrichtung erscheint.

2.4.4 Tabulatoren über das Menü setzen

Tabulatoren lassen sich mit dem Befehl *FORMAT Tabstopp* genau setzen (Word 97: *FORMAT Tabulator*). Zusätzlich können Sie hier den Abstand der Standard-Tabstopps bestimmen und ein Füllzeichen definieren. Legen Sie ein Füllzeichen fest, wird der Raum bis zum Tabstopp statt mit Leerzeichen mit dem entsprechenden Füllzeichen versehen.

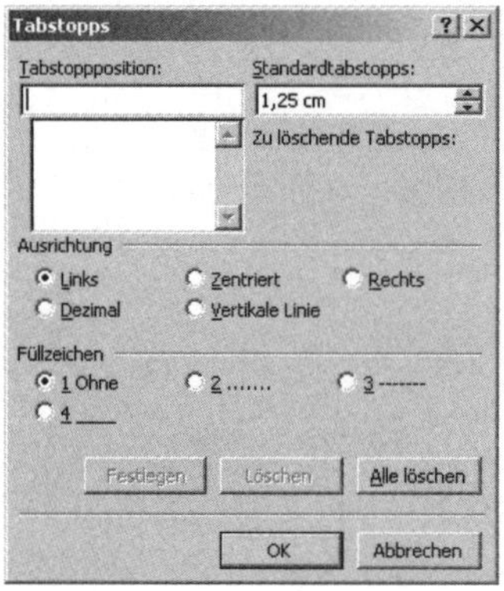

Bild 2.15: Tabstopps über das Menü setzen

2.5 Formatvorlagen

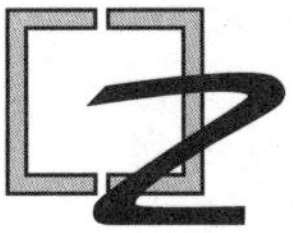

Zur Vereinfachung von Formatierungsvorgängen und zu Ihrer Unterstützung kennt Word so genannte Formatvorlagen. Formatvorlagen sind vordefinierte Formatierungsmuster, die auf Zeichen und Absätze angewandt werden können.

Insbesondere bei langen Texten ist die indirekte Formatierung mit Formatvorlagen unumgänglich, um Änderungen schnell für viele Absätze zur Verfügung zu stellen. Es ist einfach zu aufwändig, für jede Überschrift, für jede Bildunterschrift usw. die Formatierungen immer wieder neu einstellen zu müssen. Mit Hilfe einer Formatvorlage können Sie die gewünschte Formatierung mit einem einzigen Mausklick zuweisen.

2.5.1 Unterschiedliche Formatvorlagen

Word kennt vier Arten von Formatvorlagen: Absatz-, Zeichen-, Listen- und Tabellenformatvorlagen. Am wichtigsten sind die Absatz- und Zeichenvorlagen. In Word 2000 bzw. Word 97 gibt es auch nur diese. Mit Absatzformatvorlagen legen Sie die Schriftart, -größe und -auszeichnung, Einzüge und Abstände vor und nach einem Absatz fest. Zeichenformatvorlagen beziehen sich nur auf einzelne Zeichen. Damit können Sie beispielsweise die Schriftart und -größe sowie Position von Hochzahlen, Indizes oder Formatierung von Seitenzahlen festlegen. Mit Hilfe einer Listenvorlage definieren Sie Formate für Nummerierungen oder Aufzählungen, die Tabellenformatvorlagen legen bestimmte Formatierungen für Tabellen fest.

2.5.2 Zuweisen einer Formatvorlage

Eine Formatvorlage lässt sich einem oder mehreren markierten Absätzen am einfachsten mit Hilfe des links dargestellten Kombinationsfeldes der Format-Symbolleiste zuweisen. Selektieren Sie im Feld die gewünschte Vorlage, so werden der oder die Absätze im Text sofort formatiert. Zum Zuordnen einer Zeichenformatvorlage verfahren Sie entsprechend. Im Kombinationsfeld werden Absatzformatvorlagen rechts mit einer Absatzendemarke, Zeichenformatvorlagen mit einem »a« dargestellt.

Formatvorlagen können Sie auch mit Hilfe des Befehls *FORMAT Formatvorlagen und Formatierung* oder der links abgebildeten Schaltfläche zuweisen. Dann wird der Aufgabenbereich geöffnet.

In Word sind bereits standardmäßig einige Formatvorlagen definiert, die im Aufgabenbereich untereinander aufgeführt sind.

Bild 2.16: Aufgabenbereich *Formatvorlagen und Formatierung*

Formatvorlagen werden standardmäßig im Dokument selbst gespeichert. Sinnvoller ist es aber oft, sie in Dokumentvorlagen abzulegen und diese Dokumentvorlagen beim Schreiben als Grundlage des Textes zu verwenden. Die Arbeit mit Dokumentvorlagen beschreiben wir im nächsten Kapitel »Der Einstieg in Ihre Arbeit«.

Word 97 Word 2000

In Word 2000 bzw. Word 97 öffnen Sie mit dem Befehl *FORMAT Formatvorlage* das im folgenden Bild gezeigte Dialogfeld.

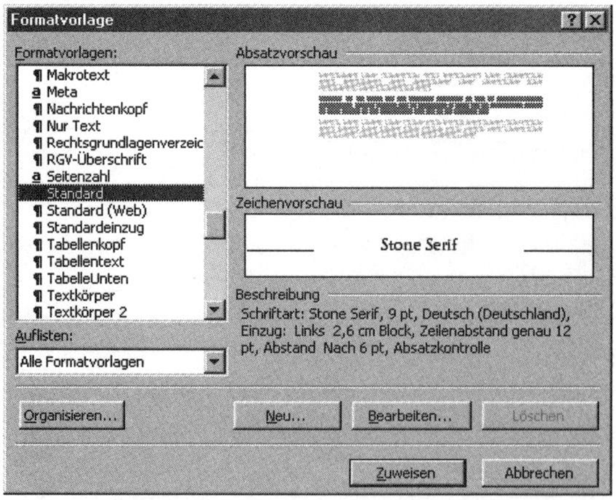

Bild 2.17: Dialogfeld *Formatvorlage* in Word 2000

2.5.3 Erstellen und Bearbeiten von Formatvorlagen

Sie können über den Aufgabenbereich eine neue Formatvorlage erstellen oder eine eigene oder vordefinierte Vorlage ändern.

Möchten Sie eine Formatvorlage ändern, schieben Sie den Maus-Cursor über die entsprechende Formatvorlage in der Liste im Aufgabenbereich. Dadurch wird rechts am Textfeld eine Schaltfläche mit einem Pfeil dargestellt. Klicken Sie auf diesen Pfeil, wird ein Menü aktiviert. Wählen Sie darin *Ändern* aus, so erscheint das in Bild 2.18 dargestellte Dialogfeld.

Möchten Sie eine neue Formatvorlage erstellen, klicken Sie im Aufgabenbereich auf die Schaltfläche *Neue Formatvorlage.* Sie aktivieren auch so das Dialogfeld, das Sie in Bild 2.18 sehen können.

Word 97 Word 2000

In Word 2000 bzw. Word 97 betätigen Sie im Dialogfeld aus Bild 2.17 die Schaltfläche *Neu* zum Erstellen einer neuen Formatvorlage bzw. *Bearbeiten* zum Ändern einer vorhandenen Vorlage.

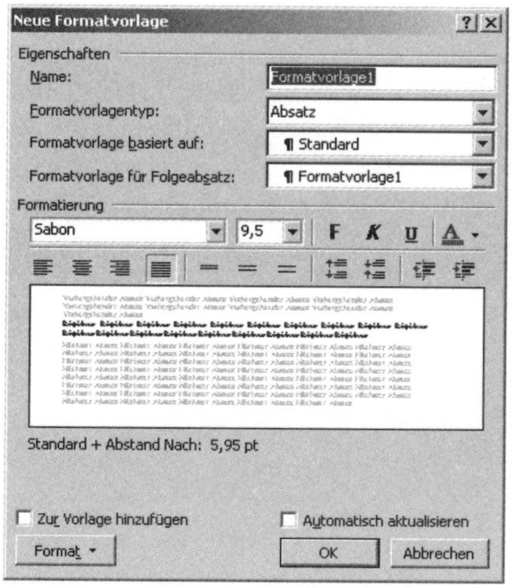

Bild 2.18: Neue Formatvorlage definieren

Wir werden Ihnen im Folgenden zeigen, wie Sie eine neue Formatvorlage definieren. Hinter *Name* geben Sie eine neue Bezeichnung für Ihre Formatvorlage an. Ob es sich um eine Absatz-, Zeichen-, Listen oder Tabenllenformatvorlage handeln soll, wird im Feld *Formatvorlagentyp* vereinbart.

Die Definition von Formatvorlagen lässt sich hierarchisch aufeinander aufbauend gestalten, d. h., über einen Eintrag in *Formatvorlage basiert auf* (Word 2000/Word 97: *Basiert auf*) vereinbaren Sie, dass Ihrer neuen Vorlage eine bestehende Formatvorlage zugrunde liegt. Die Einstellungen der unter

Formatvorlage basiert auf angegebenen Vorlage sind damit automatisch für Ihr neues Format festgelegt und können ergänzt werden.

Unter *Formatvorlage für Folgeabsatz* (Word 2000/Word 97: *Formatvorlage für nächsten Absatz*) legen Sie fest, in welchem Format der nächstfolgende Absatz im Text standardmäßig formatiert werden soll.

Unten im Dialogfeld definieren Sie, ob die neu erstellte Formatvorlage der aktiven Dokumentvorlage hinzugefügt werden soll, oder ob Sie sie nur im aktuellen Dokument speichern möchten. Haben Sie beim Erstellen des Dokuments nicht explizit eine Dokumentvorlage ausgewählt, so basiert das Dokument standardmäßig auf der Dokumentvorlage NORMAL.DOT. Für Ihre Arbeit ist es sinnvoll, eine neue Dokumentvorlage zu erstellen und neue Formatvorlagen entsprechend der neuen Dokumentvorlage zuzufügen.

2.5.3.1 Definition des Formats der Formatvorlage

Betätigen Sie die Schaltfläche *Format*, so wird Ihnen das folgende Auswahlmenü gezeigt.

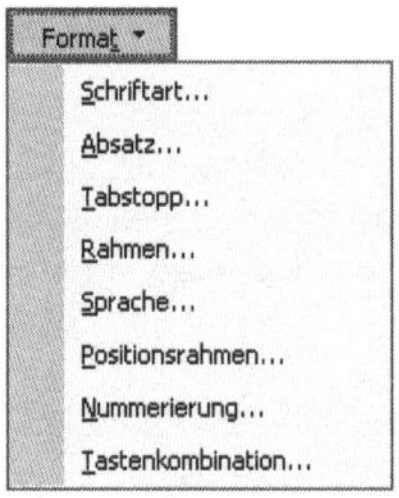

Bild 2.19: Menü zu *Format*

Mit den Befehlen verzweigen Sie zu den jeweiligen Dialogfeldern, mit denen Sie die entsprechenden Formate festlegen können.

2.6 Abschnitte

Mit der Hilfe von Abschnitten lassen sich Texte logisch unterteilen. Für jeden Abschnitt können Sie Einstellungen für Seitenlayout, Formatlage, Kopf- und Fußzeilen und einiges mehr vereinbaren. Durch die Verwendung von Abschnitten ist es beispielsweise möglich, in einen Text, der DIN A4 hochkant gesetzt ist, eine Tabelle im Querformat einzubauen. Dabei liegt die Tabelle in einem eigenen Abschnitt, für den DIN A4 quer definiert ist.

Ein neuer Abschnitt wird mit dem Befehl *EINFÜGEN Manueller Umbruch* (Word 2000/Word 97: *ManuellerWechsel)* erreicht.

Bild 2.20: Dialogfeld zum Einfügen von Seiten- oder Abschnittswechseln

Die ersten beiden Optionen im Dialogfeld beziehen sich nicht auf Abschnitte, sondern auf Seiten- und Spaltenumbrüche. Mit *Seitenumbruch* beginnen Sie eine neue Seite (Word 2000/Word 97: *Seitenwechsel*). Alternativ können Sie im Text auch die Tastenkombination Strg+↵ benutzen. Mit der Option *Spaltenumbruch* bzw. *Spaltenwechsel* wird bei einem mehrspaltigen Text entsprechend eine neue Spalte angefangen. Bei Selektion der Option *Textflussumbruch* wird der Text in der aktuellen Zeile unterbrochen und nach einer Tabelle, einem Bild oder einem anderen Element weitergeführt (Word 2000: *Textumbruchwechsel*; Word 97: Diese Option gibt es nicht).

In der Gruppe *Abschnittswechsel* stehen Ihnen vier Optionen zur Verfügung, einen neuen Abschnitt zu beginnen:

Mit *Nächste Seite* startet der neue Abschnitt auf einer neuen Seite und die Seitennummerierung wird fortlaufend weitergezählt. Für den neuen Abschnitt gelten die Einstellungen des vorherigen Abschnitts, bis Sie sie ändern.

Bei einem als *Fortlaufend* definierten Abschnitt beginnt der Abschnitt nicht auf einer neuen Seite, sondern der Abschnitt wechselt mitten im Text.

Durch die Optionen *Gerade Seite* bzw. *Ungerade Seite* wird der Beginn des Abschnitts auf die nächste gerade bzw. ungerade Seitenzahl gelegt. Das ist bei zweiseitigen Texten sinnvoll. Möchten Sie beispielsweise erreichen, dass die Kapitelanfänge jeweils auf einer rechten Seite beginnen, legen Sie einen eigenen Abschnitt für jedes Kapitel an, für den die Option *Ungerade Seite* angewählt ist.

Ein Abschnittswechsel wird nur in der Normal- oder der Gliederungsansicht durch eine doppelte Linie angezeigt, so wie es im nächsten Bild dargestellt ist. In der Layoutansicht können Sie nicht sehen, wo ein Abschnittswechsel erfolgt, es sei denn, Sie lassen sich mit der links dargestellten Schaltfläche Absatzmarken, Leerzeichen und andere nicht druckbare Zeichen anzeigen.

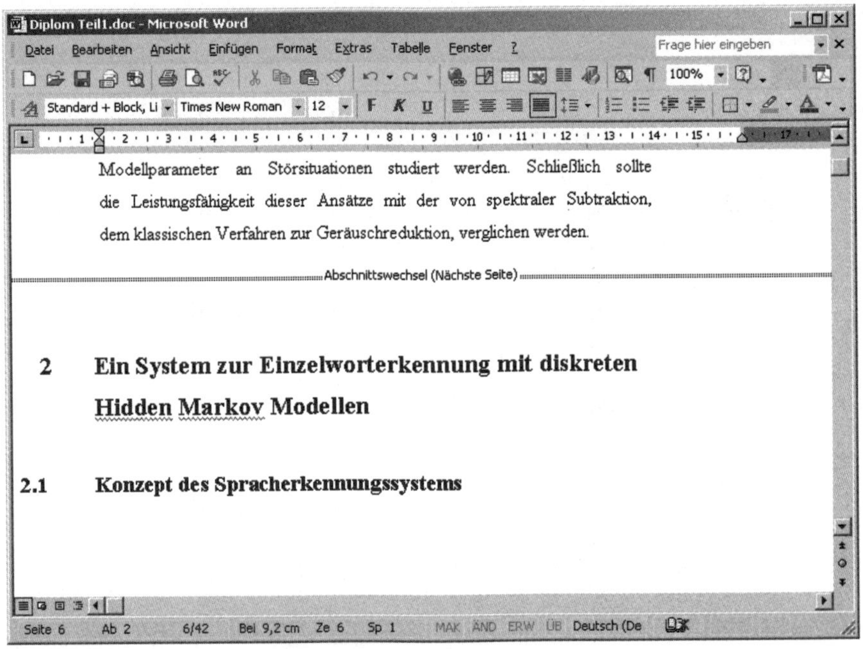

Bild 2.21: Abschnittswechsel in der Normalansicht

In welchem Abschnitt Ihres Textes sich die Eingabemarke gerade befindet, können Sie links in der Statuszeile ablesen. Hinter der Seitenangabe finden Sie die Nummer des aktuellen Abschnitts.

Bild 2.22: Statuszeile

2.7 Korrekturhilfen

In den folgenden Abschnitten möchten wir Ihnen die Funktionen erläutern, die Sie beim Korrigieren Ihrer Texte unterstützen. Neben Rechtschreib- und Grammatikprüfung gehört dazu die AutoKorrektur und vieles mehr.

2.7.1 Rechtschreibprüfung

Die Rechtschreibprüfung gehört zu den nützlichen Hilfsprogrammen von Word. Mit ihr können Sie schnell und einfach Ihren Text nach Schreibfehlern, vergessenen Zeichen und Buchstabendrehern durchsuchen.

Standardmäßig korrigiert Word nach der neuen Rechtschreibung. (Word 97 korrigiert nach der alten.) Sie können aber auch in Word 2002 oder Word 2000 die Korrekturhilfe für die alte Rechtschreibung anwählen (s.u.). Für Word 97 erhalten Sie die neue Rechtschreibung direkt von Microsoft, am einfachsten per Internet: www.microsoft.de.

Fremdwörter und Fachausdrücke, die die Rechtschreibprüfung nicht kennt und deshalb als falsch geschriebene Wörter anzeigt, können Sie in benutzerdefinierte Wörterbücher aufnehmen. Damit erweitern Sie den Wortschatz der Rechtschreibprüfung, d. h., je häufiger Sie die Rechtschreibprüfung verwenden, desto mehr Wörter werden dazugelernt. Die benutzerdefinierten Wörterbücher lassen sich ansehen und bearbeiten, so dass Sie hier eine Kontrollmöglichkeit über die hinzugefügten Wörter haben.

Sie rufen die Rechtschreibprüfung mit *EXTRAS Rechtschreibung und Grammatik*, der links dargestellten Schaltfläche oder der Taste F7 auf. Word beginnt dann mit der Überprüfung des Textes und zeigt Fehler und unbekannte Wörter in dem im folgenden Bild dargestellten Dialogfeld an. Haben Sie vor dem Aufruf der Rechtschreibprüfung Text markiert, wird nur der Text innerhalb der Markierung überprüft.

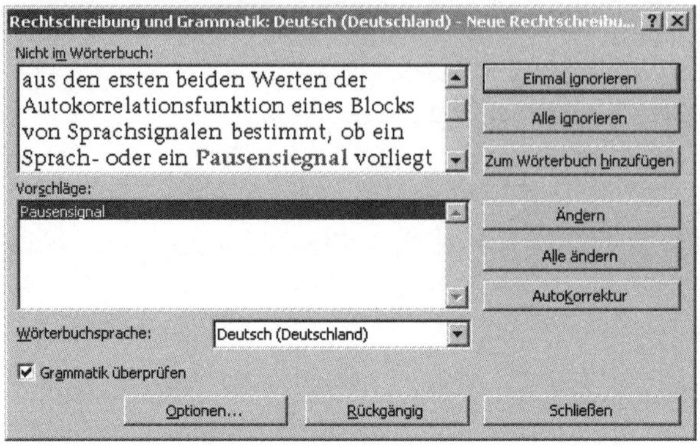

Bild 2.23: Dialogfeld *Rechtschreibung und Grammatik*

Im Feld *Nicht im Wörterbuch* wird das reklamierte Wort rot dargestellt. Das Listenfeld *Vorschläge* zeigt die Wörter aus dem Wörterbuch der Rechtschreibprüfung, die die richtige Schreibweise aufweisen könnten.

Mit der Schaltfläche *Einmal ignorieren* (Word 2000/Word 97: *Ignorieren*) übergehen Sie die Rechtschreibfehlermeldung und veranlassen Word, den Text weiter zu überprüfen und keine Änderung vorzunehmen. Mit Hilfe der Schaltfläche *Alle ignorieren* (Word 2000/Word 97: *Nie ändern*) weisen Sie Word an, sich das reklamierte Wort zu merken und im weiteren Verlauf der Rechtschreibprüfung nicht mehr als Fehler anzuzeigen. Diese Option wird dann benötigt, wenn beispielsweise spezielle Wörter oder Abkürzungen im Text vorkommen, die richtig geschrieben sind und die Sie nicht in Ihr benutzerdefiniertes Wörterbuch aufnehmen wollen.

Mit Hilfe der Schaltfläche *Zum Wörterbuch hinzufügen* (Word 2000/Word 97: *Hinzufügen*) nehmen Sie das von der Rechtschreibprüfung reklamierte Wort in Ihr aktuelles benutzerdefiniertes Wörterbuch auf. Word erlaubt Ihnen mehrere benutzerdefinierte Wörterbücher, so dass Sie beispielsweise ein Wörterbuch mit allgemeinen Ausdrücken und eines mit Fachbegriffen füllen können.

Die Schaltfläche *Ändern* tauscht das reklamierte Wort im Text gegen den im Feld *Vorschläge* selektierten Begriff aus. Der Text für die Änderung kann von Ihnen direkt im Dialogfeld bearbeitet werden, so dass Sie hier Korrekturen von Word korrigieren können. Übrigens können Sie den Text auch direkt im Dialogfeld per Hand ändern.

Die Schaltfläche *Alle ändern* (Word 2000/Word 97: *Immer ändern*) bewirkt ein automatisches Austauschen aller weiteren Vorkommen des reklamierten Wortes durch den Änderungstext, ohne dass Sie erneut gefragt werden.

Mit *AutoKorrektur* nehmen Sie das reklamierte Wort und seine richtige Version in die AutoKorrektur-Liste auf. Lesen Sie mehr zum Thema im entsprechenden Abschnitt in diesem Kapitel.

Mit Hilfe der Schaltfläche *Optionen* können Sie Einstellungen für die Durchführung der Rechtschreibprüfung vereinbaren. Sie können das Dialogfeld auch über *EXTRAS Optionen,* Registerblatt *Rechtschreibung und Grammatik,* erreichen.

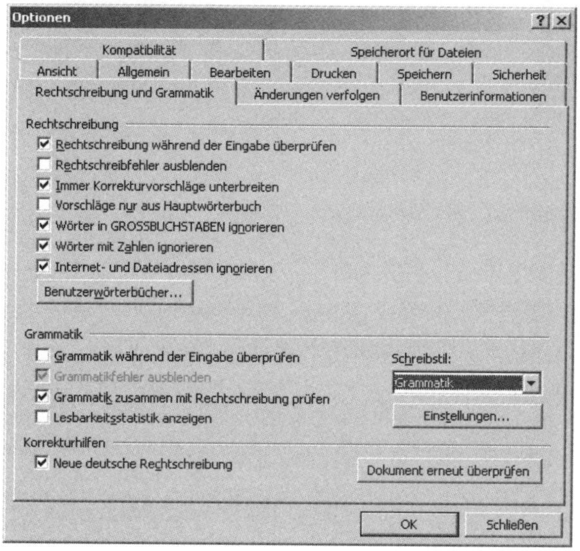

Bild 2.24: Optionen für die Rechtschreibprüfung

In der Gruppe *Rechtschreibung* bestimmen Sie mit *Immer Korrekturvorschläge unterbreiten*, ob die Vorschlagsliste ausgeschaltet werden soll (Word 97: *Immer vorschlagen*). Selektieren Sie *Vorschläge nur aus Hauptwörterbuch*, so ignoriert Word Ihre benutzerdefinierten Wörterbücher.

Mit den Optionen *Wörter in GROSSBUCHSTABEN ignorieren* und *Wörter mit Zahlen ignorieren* bestimmen Sie, dass entsprechende Wörter in Ihrem Text bei der Rechtschreibprüfung ignoriert werden. Deaktivieren Sie das Kontrollkästchen zu *Neue deutsche Rechtschreibung*, so überprüft Word Ihren Text nach den alten Rechtschreibregeln.

2.7.2 Grammatikprüfung

Word erlaubt eine deutsche Grammatikprüfung, d. h., Sie können Ihren Text auf grammatikalische Fehler untersuchen. Für die Grammatikprüfung lässt sich einstellen, wie gründlich eine Überprüfung der Texte vorgenommen werden soll.

Die Grammatikprüfung wird zusätzlich zur Rechtschreibprüfung vorgenommen. Rufen Sie das entsprechende Dialogfeld mit *EXTRAS Rechtschreibung und Grammatik* auf. Achten Sie darauf, dass in diesem Dialogfeld die Option *Grammatik überprüfen* selektiert ist.

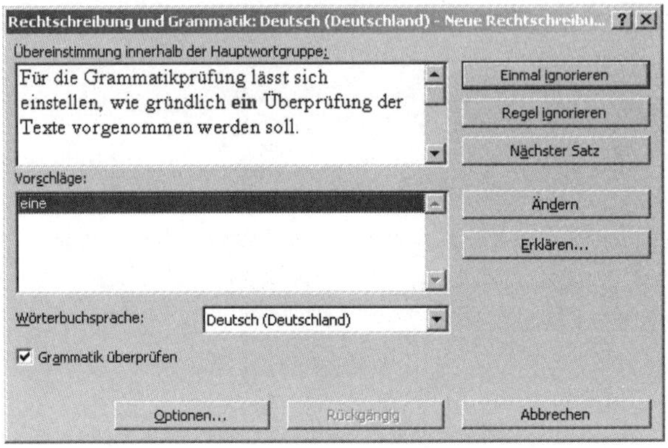

Bild 2.25: Dialogfeld *Rechtschreibprüfung und Grammatik*

Während bei der Rechtschreibprüfung Fehler in rot dargestellt werden, markiert Word mögliche grammatikalische Fehler in grün. Sie können den fehlerhaften Text direkt im Dialogfeld ausbessern.

Für die Grammatikprüfung verfügt Word über eine Vielzahl von Einstellungsmöglichkeiten. Das entsprechende Dialogfeld (2.24) rufen Sie über die Schaltfläche *Optionen* auf.

Sie können bestimmen, ob die Grammatikprüfung Ihren Text schon während der Eingabe überprüft. Diese Option sollten Sie nur wählen, wenn Sie über ein leistungsstarkes PC-System verfügen, denn die Prüfung erfordert einiges an Rechenleistung. Lassen Sie den Text während der Erfassung überprüfen, sollten Sie die Option *Grammatikfehler ausblenden* nicht selektieren, damit Grammatikprobleme durch grüne Schlangenlinien in Ihrem Text angezeigt werden.

Viele der Fehlerbeschreibungen, die die Grammatikprüfung ausgibt, sind wahrscheinlich nur für Germanisten aussagekräftig. Bei Besprechungen von Word in PC-Zeitschriften sind gerade die Grammatikfehlerbeschreibungen immer wieder Anlass zur Kritik gewesen.

Wir haben mit der Grammatikprüfung schon einige gute Erfahrungen gemacht, insbesondere Flüchtigkeitsfehler wie beispielsweise fehlende Pluralendungen, die die Rechtschreibprüfung nicht finden kann, können mit der Grammatikprüfung aufgespürt werden.

2.7.3 Thesaurus

»Wie könnte man es denn noch sagen?« ist ein Gedanke, der uns beim Schreiben sehr oft durch den Kopf geht. Und wenn wir dann zum siebenundzwanzigsten Mal »Prinzip« in einem Absatz geschrieben haben, weil uns kein anderes Wort dafür einfällt, hilft vielleicht der Thesaurus von Word.

Sie können in diesem Wortschatz, den Sie mit *EXTRAS Sprache Thesaurus* oder der Tastenkombination ⇧+F7 aufrufen, Synonyme nachschlagen. Für das Wort »Prinzip« haben wir es im folgenden Dialogfeld ausprobiert.

Bild 2.26: Dialogfeld *Thesaurus*

Unter *Bedeutungen* sind Substantive, Verben und Adjektive mit gleicher oder ähnlicher Bedeutung aufgeführt. In der Liste rechts finden sich die von Word ermittelten Synonyme. Das selektierte Synonym kann mit Hilfe der Schaltfläche *Ersetzen* anstelle des ursprünglichen Begriffs in Ihren Text eingesetzt werden. Mit *Nachschlagen* können Sie für das markierte Synonym die Suche nach weiteren Synonymen starten.

Sprachen Word 97 liefert Thesauri für Deutsch, Englisch und Französisch mit, Word 2000/Word 2002 zusätzlich auch für Italienisch. Weitere Sprachen kann man nachkaufen. Damit der passende Thesaurus angewählt wird, muss für den entsprechenden Textabschnitt die richtige Sprache ausgewählt sein, wie es weiter unten beschrieben wird.

2.7.4 Spracheinstellung

Bei fremdsprachigen Texten sind eine Rechtschreibprüfung und ein Thesaurus oft noch hilfreicher als bei deutschen Werken.

Mit Word werden standardmäßig die Rechtschreibprüfung und der Thesaurus in Englisch und in Französisch ausgeliefert. Auch eine entsprechende Silbentrennung für diese Sprachen ist vorhanden. Bei englischen Texten können Sie noch zusätzlich die Grammatik überprüfen.

Mit *EXTRAS Sprache Sprache festlegen* (Word 2000/Word 97: *Sprache bestimmen)* legen Sie die Sprache für einen markierten Text fest. Bei einer

Rechtschreibprüfung Ihres Textes wird je nach Sprachfestlegung das entsprechende Wörterbuch verwendet, so dass auch mehrsprachige Texte überprüft werden können.

Bild 2.27: Dialogfeld *Sprache*

Mit Hilfe der Aktivierung von *Rechtschreibung und Grammatik nicht prüfen* (Word 97: diese Option gibt es nicht) können Sie die Rechtschreibprüfung für einen markierten Text unterdrücken. Insbesondere für Tabellen, Zitate und Listen ist diese Option hilfreich, denn damit werden diese Bereiche bei der Rechtschreib- bzw. Grammatikprüfung übergangen, und Sie ersparen sich ein vielfaches Betätigen der Schaltfläche *Einmal ignorieren* bzw. *Alle ignorieren.*

2.7.5 AutoKorrektur

Schreiben Sie auch immer »udn« statt »und« oder »dei« statt »die«? Dann ist für Sie sicher auch die AutoKorrektur von großem Nutzen, denn damit können Sie Word veranlassen, Fehler sofort während des Schreibens zu korrigieren.

Es lassen sich mit der AutoKorrektur auch Abkürzungen für Begriffe definieren. Benötigen Sie beispielsweise in Ihrem Text sehr oft das Wort »Geräuschkompensationsverfahren«, lässt sich in der AutoKorrektur die Abkürzung »gkv« definieren. Schreiben Sie im Text später »gkv«, wird automatisch der Text »Geräuschkompensationsverfahren« eingesetzt. Somit vermeiden Sie Schreibarbeit und Fehler. Der Austausch findet nur statt, wenn hinter dem falschen Wort oder der Abkürzung ein Leerzeichen eingegeben wird.

Das Dialogfeld *AutoKorrektur* erhalten Sie über *EXTRAS AutoKorrekturoptionen* (Word 2000/Word 97: *AutoKorrektur*).

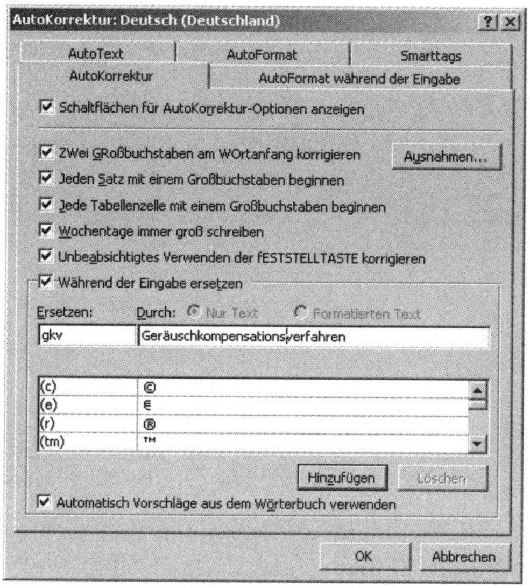

Bild 2.28: Dialogfeld *AutoKorrektur*

Ein häufiger Fehler bei der Erfassung von Texten sind Wörter, bei denen die ersten beiden Buchstaben in Großbuchstaben eingegeben wurden. Durch Selektion von *ZWei GRoßbuchstaben am WOrtanfang korrigieren* wird das zweite Zeichen von der AutoKorrektur in einen kleinen Buchstaben verändert.

Mit der Option *Jeden Satz mit einem Großbuchstaben beginnen* achtet Word darauf, dass jeder Ihrer Sätze mit einem großen Buchstaben anfängt.

Darunter können Sie mit *Jede Tabellenzelle mit einem Großbuchstaben beginnen* festlegen, wie Word mit Wortanfängen in Tabellen umgehen soll (diese Option gibt es weder in Word 2000 noch in Word 97).

Ist das Kontrollkästchen zu *Wochentage immer groß schreiben* aktiviert, korrigiert Word einen klein geschriebenen Wochentag automatisch (diese Option gibt es nicht in Word 97).

Durch *Unbeabsichtigtes Verwenden der fESTSTELLTASTE korrigieren* vermeiden Sie Schreibfehler durch eine betätigte Umschalttaste.

In der unteren Hälfte des Dialogfeldes geben Sie die Ersetzungsbegriffe an. Links finden Sie die »falschen« Schreibweisen oder die Abkürzungen, rechts den entsprechenden Ersetzungstext.

2.8 Silbentrennung

Um das Aussehen von Texten zu verbessern, sollten Sie Wörter trennen, damit nicht hässliche Lücken in den Texten entstehen. Drei Möglichkeiten für die Silbentrennung bietet Ihnen Word an.

2.8.1 Trennzeichen

Sie können direkt in dem zu trennenden Wort ein unsichtbares Trennzeichen eintippen. Steht das Wort am Zeilenende und wird getrennt, wird das unsichtbare Trennzeichen in einen Bindestrich umgewandelt.

Das normalerweise unsichtbare Trennzeichen geben Sie mit [Strg]+[-] ein. Am Bildschirm und im Ausdruck sehen Sie nichts von diesem Zeichen, wenn das Wort nicht an dieser Stelle getrennt wird.

Selektieren Sie die links dargestellte Schaltfläche, werden alle unsichtbaren Sonderzeichen angezeigt, wie es im Bild unten dargestellt ist. Für das Trennzeichen wird das Zeichen »¬« eingesetzt.

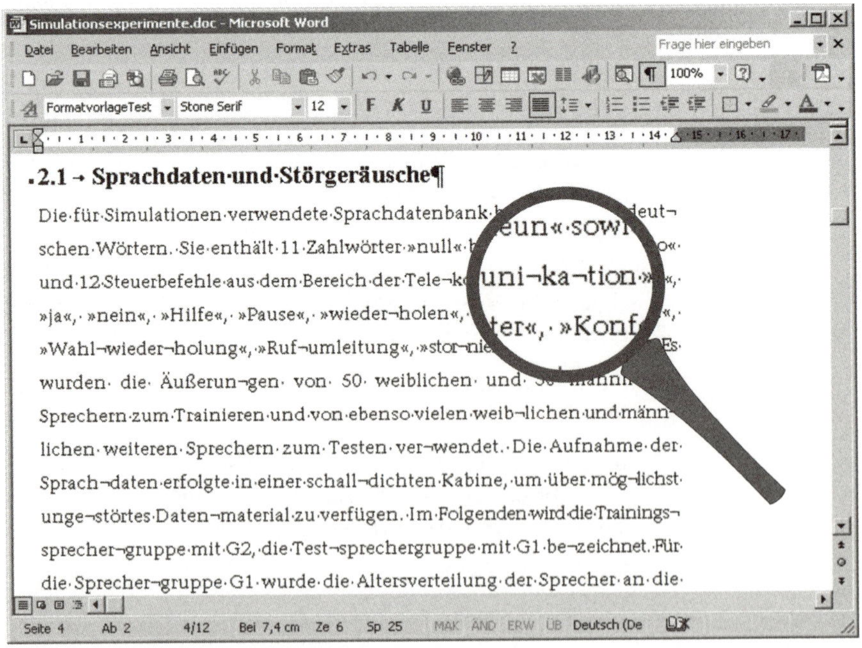

Bild 2.29: Unsichtbare Trennzeichen sichtbar gemacht

Auch normale Bindestriche wie in »Siemens-Nixdorf« werden von Word zur Silbentrennung verwendet. Dieses ist aber nicht immer gewünscht, wie das nachfolgende Beispiel zeigen soll.

Gesetzt den Fall, in Ihrem Text kommt die folgende mathematische Formel vor:

y=ax+bz-sin(x).

Word würde das Minuszeichen in der Formel als Trennungszeichen verwenden, wenn die Formel am Zeilenende stehen würde.

... Hier folgt eine Formel: y=ax+bz-
sin(x)........

In dieser Form ist die Formel nur noch schwer lesbar. Möchten Sie vermeiden, dass das Minuszeichen in der Formel zur Silbentrennung verwandt wird, müssen Sie einen geschützten Bindestrich eingeben. Dieser besondere, nicht trennbare Bindestrich wird mit ⇧+Strg+- in den Text eingefügt.

2.8.2 Automatische Trennung

Um einen bestehenden Text nachträglich besser durch Silbentrennungen umzubrechen, rufen Sie über *EXTRAS Sprache Silbentrennung* ein Dialogfeld auf. Selektieren Sie darin die Option *Automatische Silbentrennung*, trennt Word – während Sie Ihren Text schreiben – an den entsprechenden Stellen. Durch *Wörter in Großbuchstaben trennen* wird die Silbentrennung auch für Wörter durchgeführt, die nur aus Großbuchstaben bestehen.

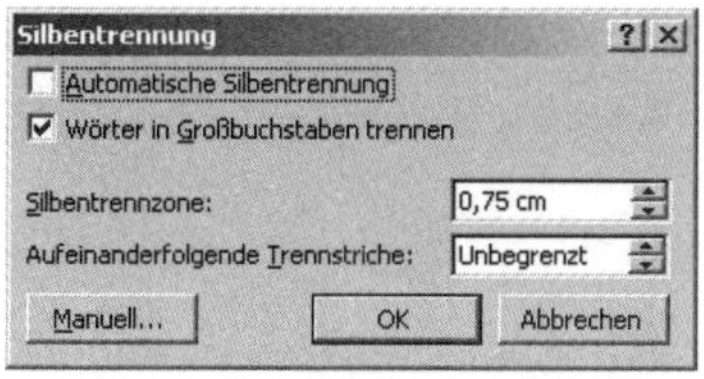

Bild 2.30: Automatische Silbentrennung

Die Breite der *Silbentrennzone* bestimmt den Bereich am linken Rand einer Zeile, in der Trennzeichen eingefügt werden. Die Anzahl der Zeilen, die hintereinander folgend mit einem Trennstrich enden, kann durch die Angabe einer entsprechenden Zahl für die Option *Aufeinanderfolgende Trennstriche* limitiert werden. Ein zehnzeiliger Absatz beispielsweise, in dem alle Zeilen am Ende einen Trennungsstrich aufweisen, sieht nicht gut aus und wirkt zerrissen.

2.8.3 Manuelle Trennung auf Vorschlag

Mit Hilfe der Schaltfläche *Manuell* erreichen Sie, dass Word Ihren Text auf mögliche Trennungsstellen hin durchsucht und Ihnen die Trennungsvorschläge in einem Dialogfeld präsentiert.

Die möglichen Trennungsstellen sind durch ein Trennungszeichen markiert. Eine dünne graue Linie zeigt das theoretische Ende der entsprechenden Textzeile an. Bewegen Sie den Cursor auf die gewünschte Trennung und bestätigen Sie sie mit *Ja* oder weisen Sie sie mit *Nein* ab.

Bild 2.31: Manuelle Silbentrennung

2.9 Kommentare

Word erlaubt Ihnen, unsichtbare Kommentare und Anmerkungen in einen Text einzufügen. Sie können sie wie gelbe Haftzettel verwenden, mit ihrer Hilfe also auf Anmerkungen, Erinnerungen und fehlende Daten verweisen. Außerdem ist es möglich, Änderungen an Kommentaren getrennt nach unterschiedlichen Bearbeitern zu verfolgen.

Ein Kommentar wird mit *EINFÜGEN Kommentar* an der Stelle in den Text eingefügt, an der der Cursor steht. Die Kommentare werden in farbigen Sprechblasen am rechten Rand eingefügt (dabei ist die Farbe abhängig vom Benutzer, der den Kommentar verfasst hat). Im Text werden an der entsprechenden Stelle farbige Klammern eingefügt, die beim Drucken nicht mit ausgegeben werden. Zudem wird die Symbolleiste *Überwachung* aktiviert.

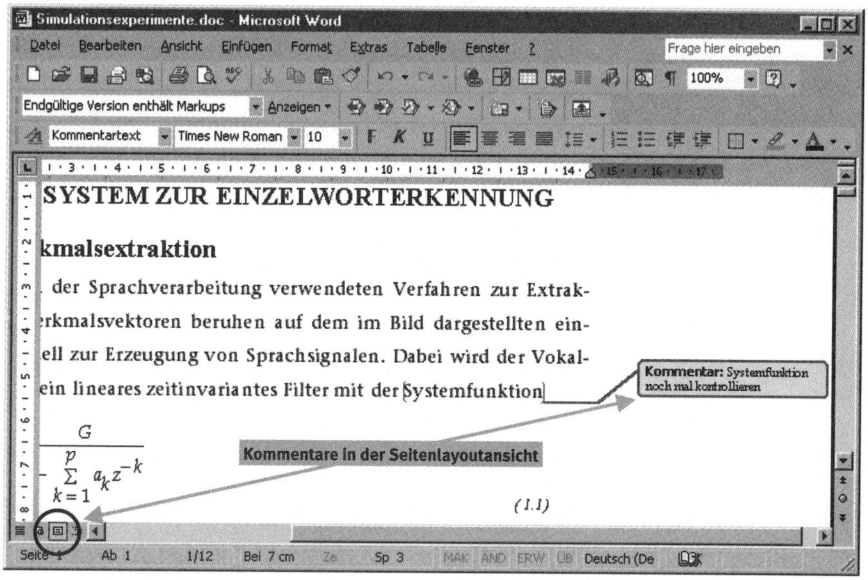

Bild 2.32: Einfügen eines Kommentars

Sollten Sie nicht, wie in obigem Bild, in der Seitenlayoutansicht, sondern in der Normalansicht arbeiten, öffnet Word zum Erfassen des Kommentars im unteren Teil des Bildschirms das so genannte Überarbeitungsfenster, so wie es im nächsten Bild dargestellt ist.

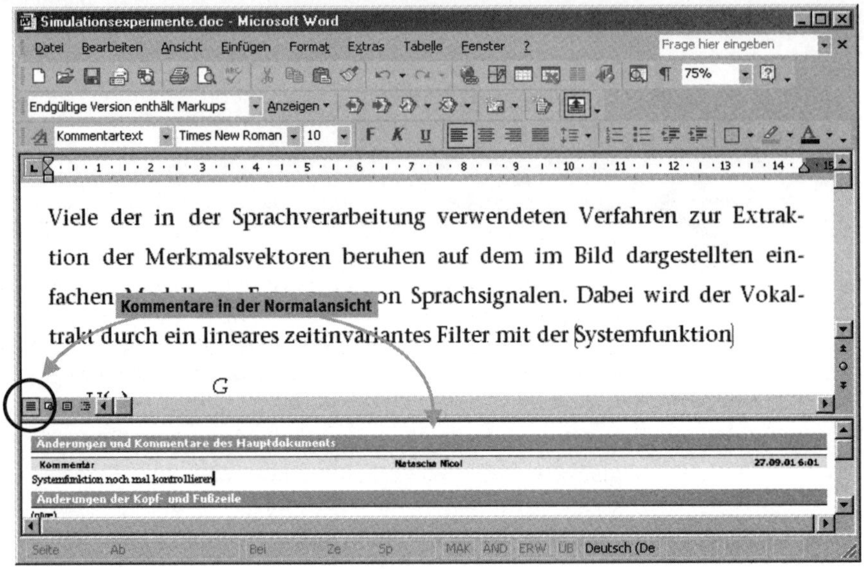

Bild 2.33: Kommentar im Überwachungsfenster

Sie sehen keine Markierung der Kommentare? Und das obwohl sicher welche im Text eingefügt wurden? Die Klammern im Text und die Sprechblasen in der Layoutansicht werden nur dann angezeigt, wenn im Menü von *ANSICHT* die Option *Markup* aktiviert ist.

Word 97 Word 2000

In Word 2000 und Word 97 werden die Kommentare durchnummeriert und die Initialen aus der *Benutzerinformation* verwendet. (Word 97: *Benutzer-Info*). Die Kommentare werden im Text durch eine gelbe Markierung angezeigt. Sind die Kommentarzeichen in Ihrem Text nicht zu sehen? Lassen Sie sich die verborgen formatierten Kommentarzeichen anzeigen, indem Sie auf dem Registerblatt *Ansicht*, das Sie über *EXTRAS Optionen* erreichen, in der Gruppe *Formatierungszeichen* die Option *Ausgeblendeter Text* anwählen (Word 97: Gruppe *Nichtdruckbare Zeichen*, Option *Verborgener Text*).

Um die Kommentare in Ihrem Text gezielt anzuspringen, gibt es mehrere Möglichkeiten:

Entweder Sie verwenden die Schaltfläche *Weiter* auf der *Überarbeitungs-Symbolleiste* oder Sie benutzen den Befehl *BEARBEITEN Gehe zu*, Strg+G oder die F5-Taste. Damit rufen Sie das Dialogfeld *Gehe zu* auf, über das Sie Kommentare gezielt anspringen können.

2.10 Sicherungskopien - ein absolutes Muss!

Schreiben Sie niemals eine Examensarbeit, ohne Sicherungskopien zu machen. Dazu, wie Sicherungen vorgenommen werden können, gibt es verschiedene Konzepte.

Das Sichern von geschriebenen Texten ist ein Arbeitsvorgang, den sich viele Computerbenutzer gerne sparen; denn es wird von vielen als lästig empfunden. Aufgrund von verschiedensten Erfahrungen, die wir selbst oder einige unserer Bekannten mit abstürzenden PCs oder Programmen, mit Viren und defekten Dateien und Disketten gemacht haben, möchten wir an dieser Stelle auf die Wichtigkeit von Sicherungen explizit hinweisen. Niemand braucht zu glauben, dass er/sie gegen Ausfälle oder Fehler von Soft- und Hardware gefeit sei. Meist passieren Abstürze auch nur in einer Stresssituation, wie beispielsweise am Tag vor der Abgabe. Die Ausreden »Mein PC ist gestern kaputt gegangen!« oder die noch plumpere Variante »Ich habe aus Versehen alle meine Texte gelöscht!« wurden inzwischen so oft vorgeschoben, dass sie kein Assistent oder Professor mehr glaubt.

Es ist sinnvoll, sich von Anfang an eine Strategie zur Sicherung anzugewöhnen und diese bis zum Ende beizubehalten. Wir möchten im Folgenden verschiedene Sicherungsverfahren für verschiedene Computeranwender beschreiben.

2.10.1 Für Vertrauensselige

Vertrauensselige glauben an ihren PC. Noch nie ist er abgestürzt, noch nie gab es damit Probleme. Wozu also sollen Datensicherungen gut sein, es ist doch alles auf der Festplatte gespeichert. Dabei wird leicht übersehen, dass ein 100 Seiten langer Text leichter abstürzt als ein einseitiger Brief.

2.10.2 Für Faule

Faule haben bereits bei Kommilitonen gehört, dass es manchmal Probleme mit dem PC geben kann. Aus diesem Grunde kopieren sie ab und zu ihre Dateien auf eine Diskette.

2.10.3 Für Vorsichtige

Vorsichtige wissen, dass es bisweilen Probleme mit Hard- und Software gibt. Ihnen ist aber auch bewusst, dass Disketten kaputt gehen können. Daher ist ihnen eine Diskette nicht sicher genug. Sie haben drei Diskettensätze und speichern die Dateien wechselweise auf die Diskettensätze A, B und C. Sollte also eine Diskette des aktuellen Diskettensatzes C defekt sein, ist die Diskette des Satzes vom Vortag, nämlich B, hoffentlich noch in Ordnung. Ansonsten gibt es mit Diskettensatz A noch die zwei Tage ältere Version.

Um zu wissen, welcher der aktuelle Diskettensatz für die Sicherung ist, sollte man die Sätze immer so aufstellen oder legen, dass beispielsweise der letzte Diskettensatz ganz hinten steht, somit der aktuelle der erste in der Reihe ist.

2.10.4 Für Profis

Profis, die täglich mit dem PC arbeiten, haben sich Sicherungsstrategien mit festem Ritual überlegt. Beispielsweise gibt es die Möglichkeit, Diskettensätze für jeden einzelnen Tag zu erstellen. Die Disketten werden mit den Tagen der Woche beschriftet und an jedem Tag wird nach der Arbeit – soviel Zeit muss täglich mit eingeplant werden – eine Sicherung auf die Disketten des aktuellen Tages gemacht.

Wählen Sie eine der Strategien aus. Zudem sollten Sie überlegen, wie sicher Sie die Disketten aufbewahren. Liegen sie direkt neben dem Uni-PC, zu dem jeder Zutritt hat, der gerade eine Diskette braucht? Liegen die Disketten im Falle eines Diebstahls oder Brandes direkt zu Hause neben dem PC? Oder werden sie herumgetragen und können verloren gehen? Oft ist es sinnvoll, zwei Diskettensätze zu führen und den einen beim PC, den anderen beispielsweise mit sich herumzutragen, im Auto oder an einer anderen Stelle aufzubewahren.

2.10.5 Datensicherungswerkzeuge

Wir möchten Ihnen in diesem Abschnitt drei Werkzeuge zum Sichern von Daten vorstellen, die dann eingesetzt werden können, wenn Ihre Datenbestände so groß geworden sind, dass ein einfaches Kopieren auf Disketten nicht mehr ausreicht. Das erste vorgestellte Werkzeug ist eine reine Softwarelösung, die beiden anderen erfordern den Kauf zusätzlicher Hardware.

2.10.5.1 Daten komprimieren mit WinZip

Das Programm WinZip ermöglicht die Komprimierung von Dateien, indem durch spezielle mathematische Verfahren die Daten gepackt werden. Insbesondere Word-Dateien lassen sich oft auf bis zu 10% ihrer Ausgangsgröße zusammenschrumpfen. Die komprimierten Daten werden in Archiven aufbewahrt, die sich auf Disketten kopieren lassen. In ein Archiv kann eine beliebige Anzahl von Dateien und Verzeichnissen hineinkomprimiert werden. Um die Daten wieder zu entpacken, benötigen Sie wiederum WinZip.

WinZip ist eine Shareware, d. h., Sie können die Software ausprobieren und zahlen bei Gefallen eine entsprechende Gebühr an den Autor. Eine Version zum Herunterladen vom Internet finden Sie unter *www.winzip.de*.

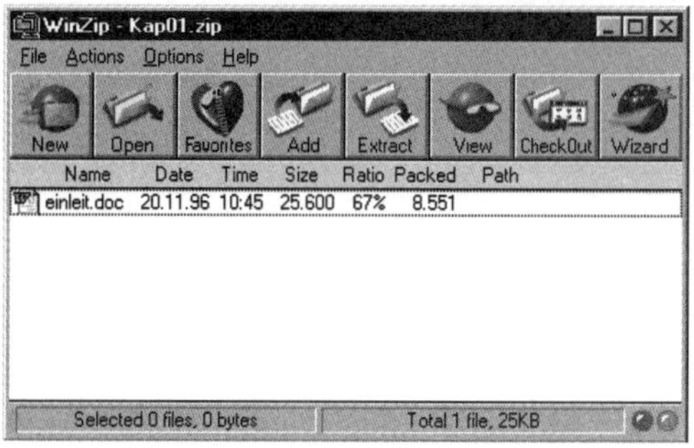

Bild 2.34: WinZip

2.10.5.2 Disketten- und Wechselplattenlaufwerke mit hoher Kapazität

Disketten- und Wechselplattenlaufwerke sind heute mit Kapazitäten von 100 MegaByte bis zum einem GigaByte erhältlich. Einige Produkte werden über die parallele Schnittstelle an einen PC angeschlossen, so dass nur sehr wenig Aufwand mit der Installation entsteht. Typische Produkte sind die ZIP- und JAZ-Laufwerke von IOMEGA oder die Syquest-Wechselplatten.

Eine Diskette oder Wechselplatte mit 100 oder mehr Megabyte an Kapazität sollte auch für die anspruchsvollsten Arbeiten ausreichen.

2.10.5.3 Bandlaufwerke

Eine weitere Möglichkeit sind Bandlaufwerke, die in preisgünstigen Varianten schon für weit unter 200,-- DM angeboten werden. Bandlaufwerke sichern auf spezielle Magnetbänder, die in der Anschaffung günstig sind.

Bandlaufwerke und ihre Software sind in der Handhabung nicht ganz so einfach wie die oben beschriebenen Disketten- oder Wechselplattenlaufwerke, dafür sind die Medien deutlich billiger. Die Sicherung auf Magnetbänder bietet den Vorteil, dass die Daten automatisch auf mehrere Bänder verteilt werden, wenn ein Band zur Sicherung nicht ausreicht.

2.10.5.4 CD-Brenner

Eine weitere Möglichkeit zur Datensicherung ist das »Brennen« von CD-Rs. CD-Rs sind einmal beschreibbare, CD-RWs mehrfach beschreibbare CDs. Mit Hilfe eines CD-Brenners können auf eine CD-R bzw. CD-RW 650 MB Daten aufgespielt werden.

2.11 Computerviren

Kaum ein Thema im Computerbereich hat in den letzten Jahren ein so großes Presseecho gefunden wie »Computerviren«. Wir möchten in diesem Abschnitt mit wenigen Worten die Grundprinzipien von Viren erklären, um Ihnen anschließend einige Tipps zu geben, wie Sie Ihren Computer vor Virusinfektionen schützen können.

Viren sind kleine Programme, die im Normalfall drei Eigenschaften haben. Erstens können sie sich selbst vervielfältigen, zweitens infizieren sie andere Programme und drittens können sie Funktionen ausführen, die unter Umständen Schäden an Ihrem Datenbestand verursachen.

Bei der Vielzahl der heute existierenden Viren sind die verschiedensten Techniken zur Programmierung eingesetzt worden. Wir möchten hier mit einfachen Worten einige der grundlegenden Virustechniken beschreiben, damit Sie einen Eindruck der Funktionsweise bekommen.

2.11.1 Infektion

Viren infizieren Programme oder Systembereiche des Betriebssystems, indem sie ihr eigenes Programm anhängen oder einschleusen. Ein Virus kann sich beispielsweise an ein Programm anhängen und dessen Startbefehle so manipulieren, dass beim Aufruf des Programms immer zuerst das Programm des Virus aufgerufen wird. In diesem Virusprogramm können Befehle zur weiteren »Fortpflanzung« und/oder zum Ausbruch einer »Krankheit« stehen.

So genannte Makro-Viren können beispielsweise auch Word-Textdateien infizieren. Kopieren Sie sich einen infizierten Text auf Ihre Platte und rufen Sie ihn mit Word auf, so übertragen Sie den Virus unbemerkt in Ihre eigenen Texte.

2.11.2 Fortpflanzung

Viren können sich fortpflanzen, indem sie auf der Festplatte oder auf im Laufwerk eingelegten Disketten nach weiteren infizierbaren Programmen suchen und sich dort anhängen oder einlagern. Bei jedem Aufruf des infizierten Programms können so ein oder mehrere neue Viren erzeugt werden. Ist der Virus auf einer Diskette und wird diese in einen anderen, bisher virenfreien PC eingelegt und werden Daten kopiert oder Programme aufgerufen, so ist die Wahrscheinlichkeit sehr hoch, dass die Infektion übergreift!

Wenn Sie ganz sicher gehen wollen, dass Ihr PC nicht von einem Virus befallen wird, dürfen Sie keine »fremden« Disketten einspielen.

2.11.3 Ausbruch der Krankheit

Bei den Tausenden von Viren, die heute bekannt sind, gibt es alle Varianten von harmlos bis zerstörerisch. Ein Virus kann nur ein paar Bildchen am Monitor zeigen, er kann aber auch Daten manipulieren oder zerstören!

Der Ausbruch einer Krankheit lässt sich schwer vorhersagen. Manche Viren werden sofort aktiv, andere schlummern auch eine längere Zeit unerkannt, bis ein bestimmtes Ereignis eintrifft, auf das sie programmiert sind. Bekannt geworden ist beispielsweise der Michelangelo-Virus, der am Geburtstag von Michelangelo aktiv wird.

2.11.4 Behandlungsmethoden

Auf dem Markt sind heute eine Vielzahl von Virus-Erkennungs-Programmen (Viren-Scanner) erhältlich. Diese versuchen, Viren aufgrund von Mustern und Merkmalen aufzuspüren und zu identifizieren. Sie sollten, da immer neue Viren auftauchen, über eine möglichst aktuelle Version eines Viren-Scanners verfügen. An Universitäten und Fachhochschulen bieten oft die Hochschulrechenzentren entsprechende Versionen an. So finden Sie beispielsweise unter *www.tu-berlin.de/www/software/virus/aktuell.shtml* die aktuellen Virenmeldungen mit Beschreibung.

Teilweise können die Viren auch mit einem Viren-Scanner entfernt werden, d. h., das Viren-Suchprogramm verfügt über entsprechende Programmteile, einen gefundenen Virus zu entfernen und damit Ihren PC zu »heilen«. Es gibt aber eine ganze Reihe von Viren, die sich nicht entfernen lassen oder deren Entfernung zu Schäden an den Daten führt. Hier hilft nur die brutale Methode: Formatieren! Fast alle Viren lassen sich durch eine Neuformatierung der Festplatte oder Diskette beseitigen, auch wenn es inzwischen ein paar resistente Mutationen gibt. Ärgerlich wird es aber erst, wenn Sie zur Beseitigung eines gefährlichen Virus, der Schäden anrichten könnte, Ihre Festplatte formatieren müssen und Sie über keine, eine sehr alte oder nur eine virenbefallene Sicherungskopie Ihrer Daten verfügen. Wir haben schon einmal eine ganze Nacht mit der Beseitigung eines Virus verbracht, der lange Zeit unerkannt eine größere Zahl von Disketten infiziert hatte. Seitdem sind wir sehr viel vorsichtiger geworden.

2.11.5 Tipps zur Vorsorge

Die TU Berlin bietet nicht nur eine Übersicht über die aktuellen Viren, sondern auch eine Internetseite mit Tipps zur Vorsorge. Diese Seite finden Sie unter: *www.tu-berlin.de/www/software/avprev.shtml.*

Der Einstieg in Ihre Arbeit

Arbeiten mit Dokumentvorlagen

Gliedern der Arbeit

Zentraldokumente

Nummerierung und Querverweise

Seitennummerierung

Kopf- und Fußzeilen

Fuß- und Endnoten

3.1 Arbeiten mit Dokumentvorlagen

Man verwendet Dokumentvorlagen, um verschiedenen Dokumenten ein gleiches Aussehen zu geben. Da in Dokumentvorlagen das Seitenlayout und die Zeichen- und Absatzformatierung für verschiedene Überschriften, Textteile, Bildunterschriften, Fußnoten usw. gespeichert werden, sind diese Einstellungen in allen Dokumenten mit gleicher Dokumentvorlage automatisch festgelegt.

Wir können uns gut daran erinnern, wie wir von einem guten Freund kurz vor Abgabe der Arbeit zu einem »Notfalleinsatz« gerufen wurden. 100 Seiten Text sollten neu formatiert werden, da der Professor meinte, eine andere Schrift und ein anderes Layout wären doch schöner.

Bei einem Text, der ohne Dokument- und Formatvorlagen geschrieben wurde, bedeutet das, dass praktisch jeder Absatz auf allen Seiten einzeln umformatiert werden muss. Arbeitet man dagegen mit Dokument- und Formatvorlagen, werden nur Änderungen an den Vorlagen vorgenommen, die sofort für das ganze Dokument gültig sind.

Eine Dokumentvorlage ist eine Datei, für die bestimmte Seiteneinstellungen sowie Formatvorlagen für Texte, Überschriften und Ähnliches definiert wurden. Dazu soll das folgende Bild die Verwendung von Dokumentvorlagen illustrieren. Wurde beispielsweise in einer Dokumentvorlage für die erste Überschrift ein bestimmtes Format festgelegt, so steht diese Einstellung in allen weiteren Dokumenten mit ein und derselben Formatierung zur Verfügung. Dasselbe gilt für alle weiteren Überschriften, Bildunterschriften, Kopfzeilen und vieles mehr, für die eine Formatvorlage in der Dokumentvorlage vorhanden ist.

Standardmäßig beruhen alle Word-Dokumente auf der Dokumentvorlage NORMAL.DOT. Es besteht aber die Möglichkeit, Dokumentvorlagen unter eigenem Namen für Briefe, Berichte, Artikel u. Ä. zu erstellen.

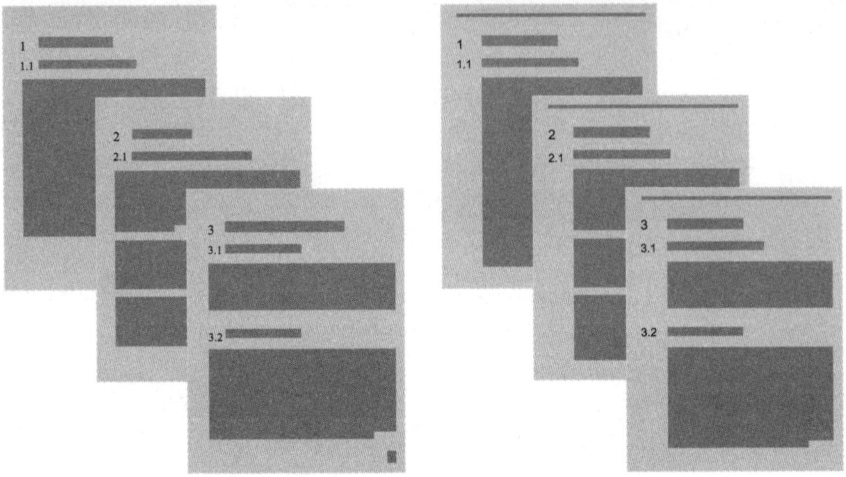

Bild 3.1: Dokumente mit zwei unterschiedlichen Dokumentvorlagen

Für die dem Buch beiliegende CD-ROM sind verschiedene Dokumentvorlagen erstellt worden, die Sie beim Schreiben Ihrer Arbeit unterstützen sollen. Suchen Sie sich anhand der Darstellungen und Beschreibungen im Anhang des Buches eine der Dokumentvorlagen aus. Wir werden im Laufe dieses Kapitels auch beschreiben, wie Sie eine bestehende Dokumentvorlage ändern und für Ihre individuellen Bedürfnisse anpassen können.

Um mit unseren vorbereiteten Dokumentvorlagen arbeiten zu können, müssen zunächst die Dokumentvorlagen der beiliegenden CD-ROM installiert werden. Lesen Sie den Ablauf der Einrichtung in Anhang A3, »Die CD-ROM zum Buch«, nach.

Öffnen Sie ein neues Dokument mit einer passenden Dokumentvorlage.

Aktivieren Sie mit dem Befehl *DATEI Neu* den Aufgabenbereich *Neues Dokument.*

Bild 3.2: Der Aufgabenbereich *Neues Dokument*

Unter der Überschrift *Mit Vorlage beginnen* werden Ihnen die zuletzt benutzten Vorlagen angezeigt. Mit einem Klick auf *Allgemeine Vorlagen* erreichen Sie das folgende Dialogfeld, in dem Ihnen eine Liste aller Dokumentvorlagen angezeigt wird, die Word im Ordner VORLAGEN findet (Word 2000/Word 97: Mit *DATEI Neu* aktivieren Sie dieses Dialogfeld sofort). Alle Ordner, die sich wiederum im Ordner VORLAGEN befinden, werden im Dialogfeld als Registerblätter dargestellt. Wählen Sie zunächst das richtige Registerblatt und dann die gewünschte Dokumentvorlage aus. Für das folgende Beispiel wurde darin AWDIPL1 selektiert.

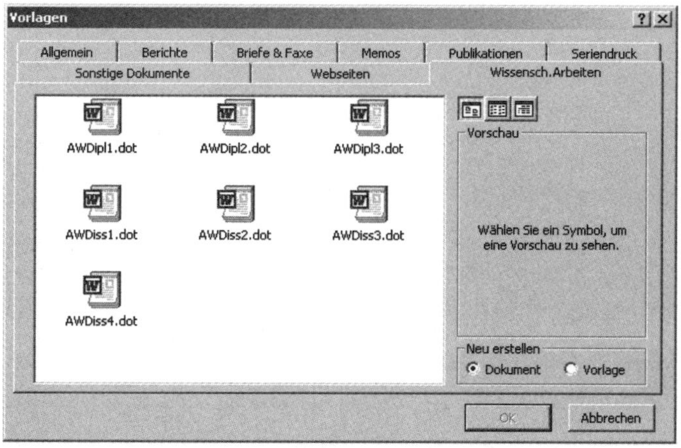

Bild 3.3: Auswahl einer Dokumentvorlage

3.1.1 Wenn Sie bereits zu schreiben begonnen haben ...

Haben Sie bereits mit dem Schreiben Ihrer Arbeit begonnen und zunächst keine spezielle Dokumentvorlage verwendet, so benutzt Word standardmäßig die Dokumentvorlage NORMAL.DOT. Sie können auch nachträglich eine andere Dokumentvorlage Ihrem Dokument zufügen.

Durch das Verbinden mit einer Dokumentvorlage werden Überschriften, Bildunterschriften, Textkörper usw. nach den Formatvorlagen der ausgewählten Dokumentvorlage formatiert, falls Formatvorlagen mit dem gleichen Namen existieren und sie den jeweiligen Absätzen zugewiesen wurden. Allerdings gibt es einige Formatierungen, die sich nicht ändern, auch wenn sie in der neuen Dokumentvorlage anders eingerichtet sind.

- ☑ Alle Einstellungen, die mit dem Befehl *DATEI Seite einrichten* vereinbart wurden, bleiben erhalten. Das heißt, an den zuvor eingestellten Seitenrändern, am Papierformat und der Seitenausrichtung sowie am Seitenlayout ändert die neue Dokumentvorlage nichts.
- ☑ Eingerichtete Kopf- und Fußzeilen bleiben erhalten, auch sie werden nicht auf die neue Dokumentvorlage übertragen.

Wir schlagen daher den folgenden Weg vor, um ein Dokument mit einer neuen Dokumentvorlage zu verbinden:

- ☑ Erstellen Sie mit *DATEI Neu* ein neues Dokument, für das Sie die gewünschte Dokumentvorlage gleich auswählen.
- ☑ Öffnen Sie dann Ihr bereits begonnenes Dokument und markieren den gesamten Inhalt mit Strg+A oder *BEARBEITEN Alles markieren.*
- ☑ Kopieren Sie die Markierung mit *BEARBEITEN Kopieren.*
- ☑ Wechseln Sie dann in das neu erstellte Dokument, indem Sie in der Menüleiste *FENSTER* selektieren und in der Auswahlliste das neu erstellte Dokument auswählen.
- ☑ Fügen Sie nun mit *BEARBEITEN Einfügen* den markierten Inhalt der alten Datei in das neue Dokument ein.
- ☑ Speichern Sie das neue Dokument unter einem anderen Namen als Ihre ursprüngliche Datei oder schließen Sie das ursprüngliche Dokument, bevor Sie das neue mit demselben Namen speichern. Word kann nämlich die neue Datei nicht unter dem alten Namen speichern, solange die alte Datei geöffnet ist.

Probleme Befinden sich in dem Text, den Sie kopieren möchten, Abschnittswechsel, so werden die Formatierungseinstellungen inklusive des Seitenlayouts des letzten Abschnitts auf das Dokument übertragen, in das Sie den Text kopieren. Löschen Sie also vor dem Kopieren in der Normalansicht alle Abschnittswechsel.

3.1.2 Dokumentvorlagen ändern

Sie werden in der von uns auf CD-ROM gebotenen Auswahl vielleicht genau die richtige Dokumentvorlage finden, vielleicht finden Sie aber nur eine, die fast so ist, wie sie sein sollte. Angenommen, Sie wollen eine der vorliegenden Dokumentvorlagen bearbeiten und ändern. Führen Sie dazu die folgenden Schritte durch.

Öffnen Sie die Dokumentvorlage,

für die die wenigsten Änderungen notwendig sind. Wählen Sie dazu den Befehl *DATEI Öffnen,* als wollten Sie ein Dokument laden, und klicken Sie dann im Aufgabenbereich auf *Weitere Dokumente*. In dem damit aktivierten Dialogfeld sollten Sie unter *Dateityp* den Eintrag *Dokumentvorlagen* auswählen.

Wenn Sie nicht mehr wissen, wo sich die Dokumentvorlagen befinden, können Sie das in Word nachsehen. Wählen Sie den Befehl *EXTRAS Optionen* und selektieren das Registerblatt *Speicherort für Dateien* (Word 97: *Dateiablage*). Sehen Sie dort den Speicherort für *Benutzervorlagen* nach. Stellen Sie den benötigten Pfad ein, im Beispiel wurde im Ordner VORLAGEN der Unterordner WISSENSCH.ARBEITEN geöffnet, und öffnen Sie dann die gewünschte Dokumentvorlage.

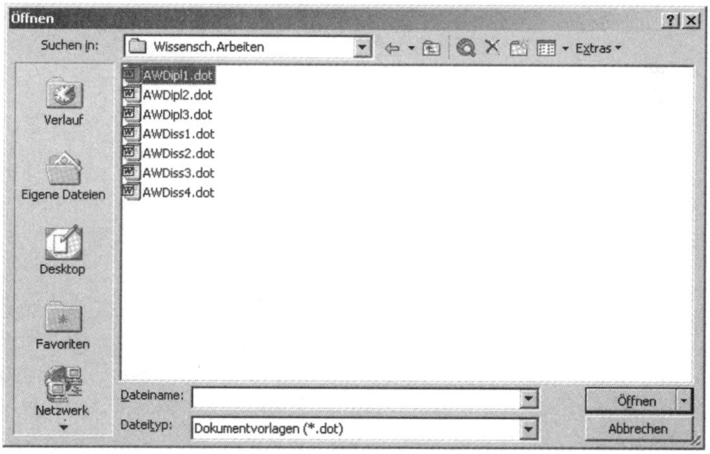

Bild 3.4: Dokumentvorlage öffnen

In dem mehr oder weniger leeren Dokument, das dann geöffnet wird, können Sie, wie im vorherigen Kapitel beschrieben, mit dem Befehl *FORMAT Formatvorlagen und Formatierung* Änderungen an den Formatvorlagen der Dokumentvorlage vornehmen.

3.1.3 Dokumentvorlage automatisch aktualisieren

Bisweilen verwendet man eine Dokumentvorlage für mehrere Kapitel, weiß aber, dass sie noch nicht 100%ig fertig ist. Es ist also sehr wahrscheinlich, dass einige Formate beim Arbeiten noch verändert werden. Dann ist es sinnvoll, in den einzelnen Dokumenten mit dem Befehl *EXTRAS Vorlagen und Add-Ins* festzulegen, dass die Formatvorlagen des Dokuments bei Änderungen der Dokumentvorlage automatisch aktualisiert werden sollen.

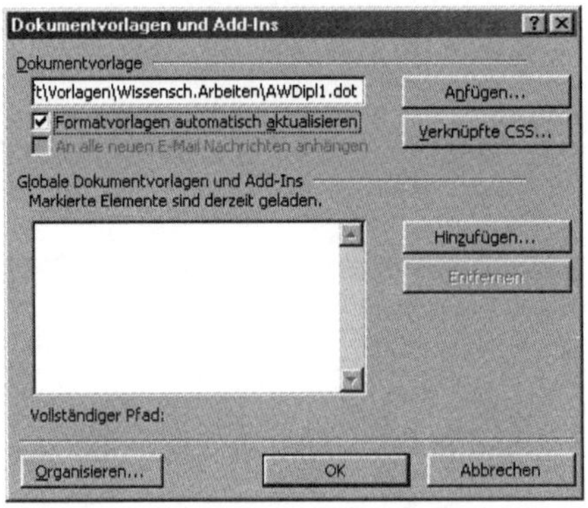

Bild 3.5: Formatvorlagen eines Dokuments automatisch entsprechend der Dokumentvorlage aktualisieren

Nun können Sie bei Bedarf die Dokumentvorlage öffnen und ändern, die Änderungen werden beim Öffnen eines Dokuments automatisch übernommen.

3.1.4 Makros zur Verfügung stellen

Makros sind Word-Programme, die in der Programmiersprache Word-Basic bzw. Visual Basic für Applikationen programmiert worden sind und Ihnen fertige Abläufe zur Verfügung stellen.

Sie können Makros aus einer anderen Dokumentvorlage verwenden, indem Sie die Dokumentvorlage mit den Makros zum aktuellen Dokument dazu laden. Damit benutzen Sie zwar weiter Ihre aktuelle Dokumentvorlage, aber die Makros einer anderen Dokumentvorlage stehen Ihnen zusätzlich zur Verfügung. Dazu kopieren Sie entweder die Dokumentvorlage mit den Makros in den Ordner *Startup* (wo der sich befindet, können Sie mit *EXTRAS Optionen* auf dem Registerblatt *Speicherort für Dateien* (Word 97: *Dateiablage*) für *Autostart* nachsehen) oder Sie verfahren so:

☑ Öffnen Sie mit dem Befehl *EXTRAS Vorlagen und Add-Ins* das in Bild 3.5 dargestellte Dialogfeld.

- Betätigen Sie die Schaltfläche *Hinzufügen*.
- Wählen Sie im Dialogfeld den benötigten Pfad aus.

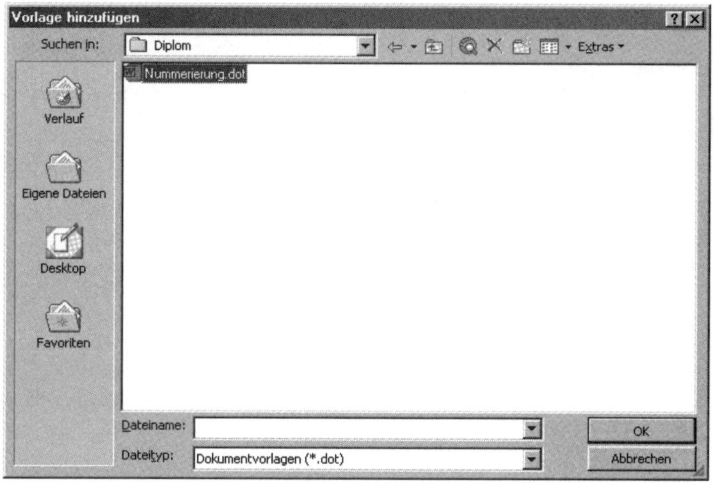

Bild 3.6: Auswahl der Dokumentvorlage mit Makros

- Wählen Sie die Dokumentvorlage aus, die die Makros enthält, und bestätigen Sie die Auswahl.

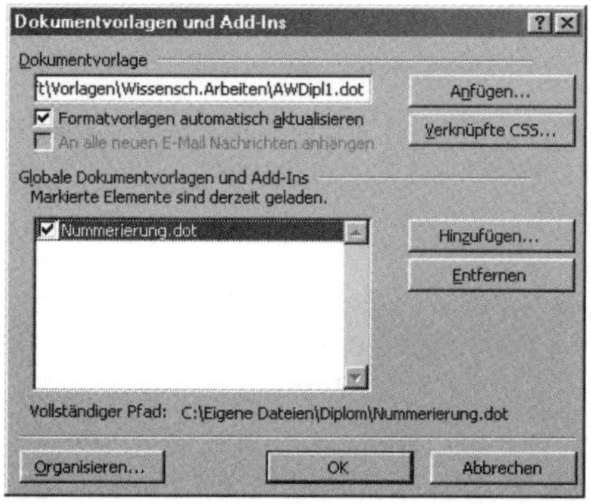

Bild 3.7: Objekte einer Dokumentvorlage dazu laden

Jede im unteren Fenster angezeigte und angeklickte Dokumentvorlage stellt Ihnen ihre Makros im aktuell geladenen Dokument zur Verfügung.

3.2 Gliedern der Arbeit

In der Gliederungsansicht verschafft man sich leicht einen besseren Überblick über den Text einer geladenen Datei. Zudem ist es sehr einfach, eine Grob- und Feingliederung für Ihren Text zu erstellen, Umstellungen vorzunehmen und Dokumente umzustrukturieren, d. h. beispielsweise Überschriften auf- bzw. abzustufen.

Wenn man einen längeren Text schreiben möchte, beginnt man gewöhnlich damit, zunächst eine Grobgliederung zu erstellen, die dann immer weiter verfeinert wird. Laut der Norm DIN 1421 sollen wissenschaftliche Texte in höchstens drei Stufen gegliedert werden, damit die Gliederungsnummern noch übersichtlich, gut lesbar und leicht ansprechbar bleiben. Darüber scheinen sich unserer Erfahrung nach viele Leute beim Schreiben ihrer Arbeit wenig Gedanken zu machen. Wir haben Arbeiten mit fünf und sechs Gliederungsebenen gesehen, also beispielsweise 4.3.1.4.2.5. Wir sind der Meinung, dass eine solche Nummer nichts zur Übersichtlichkeit beitragen kann, denn oft werden damit doch nur winzige Kapitelchen bezeichnet, die problemlos ohne eigene Überschriften zusammengefasst werden könnten.

Ansichten Wir schlagen Ihnen für Ihre weitere Arbeit folgende Vorgehensweise vor: Verwenden Sie für Grob- und Feingliederung sowie zum Umstellen die Gliederungsansicht, zum Schreiben von Text hingegen die Normal- oder Seitenlayoutansicht. Die unterschiedlichen Ansichten können Sie über *ANSICHT* oder mit Hilfe der Schaltflächen links unten über der Statuszeile festlegen.

Nachdem Sie die Dokumentvorlage für Ihre Arbeit festgelegt haben, können Sie direkt am Bildschirm schrittweise die Gliederung Ihrer Arbeit entwickeln.

Aktivieren Sie die Gliederungsansicht,

indem Sie mit dem Befehl *ANSICHT Gliederung* in diesen Modus wechseln oder indem Sie auf der horizontalen Bildlaufleiste am unteren Bildschirmrand die vierte Schaltfläche auswählen. Damit sollte auf Ihrem Bildschirm das folgende Bild angezeigt werden. Zum einen wurde eine neue Symbolleiste, die Leiste Gliederung, eingefügt, zum anderen erscheint ein Rechteck oder Minuszeichen in der ersten Zeile vor einer »1«, dahinter dann die Einfügemarke. Die »1« ist Teil unserer Dokumentvorlage AWDIPL1, in einer anderen Dokumentvorlage wird sie eventuell nicht angezeigt. Wir haben die Dokumentvorlage so eingestellt, dass die Kapitel automatisch von Word nummeriert werden. Wir werden diese Möglichkeiten im Abschnitt »Nummerierung und Querverweise« gesondert besprechen.

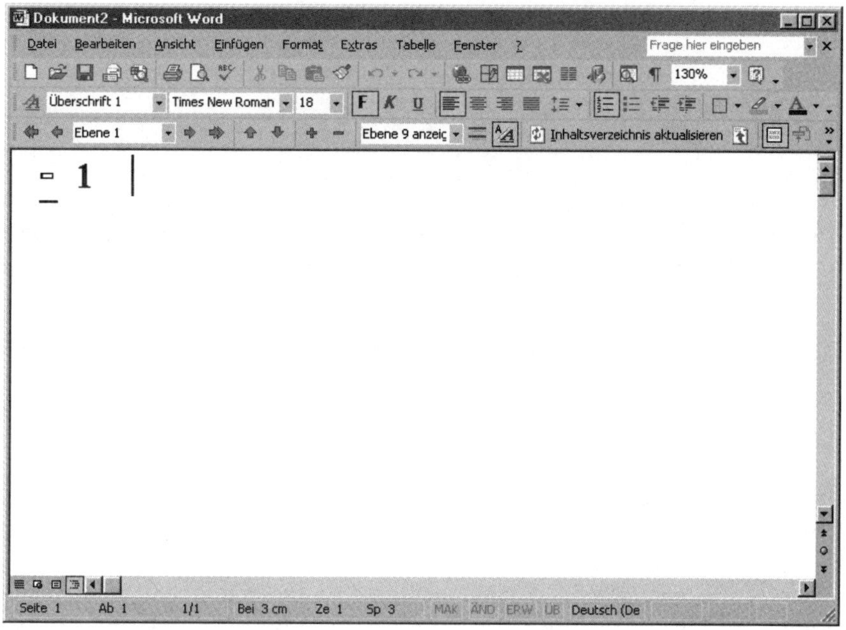

Bild 3.8. Gliederungsansicht

Nummerierung An dieser Stelle nur der Hinweis: Fügen Sie nie mit der Hand Zahlen als Nummerierung ein! Schon bei der kleinsten Umstellung stoßen Sie hier auf das Problem, dass Ihre Nummerierung nicht mehr stimmt. Word stellt Funktionen zur Verfügung, die auch nach einer Umstellung die Nummerierung wieder automatisch richtig durchführen.

Beginnen Sie mit dem Eingeben der Grobgliederung.

Mit jedem ↵, das Sie auf Ihrer Tastatur eingeben, wird ein neuer Gliederungspunkt mit durchgehender Nummerierung geöffnet, wie Sie es im folgenden Bild sehen können. Für alle Gliederungspunkte wird hierbei zunächst die Absatzformatvorlage *Überschrift 1* vergeben, wie es Ihnen das erste Feld auf der Formatierungssymbolleiste anzeigt.

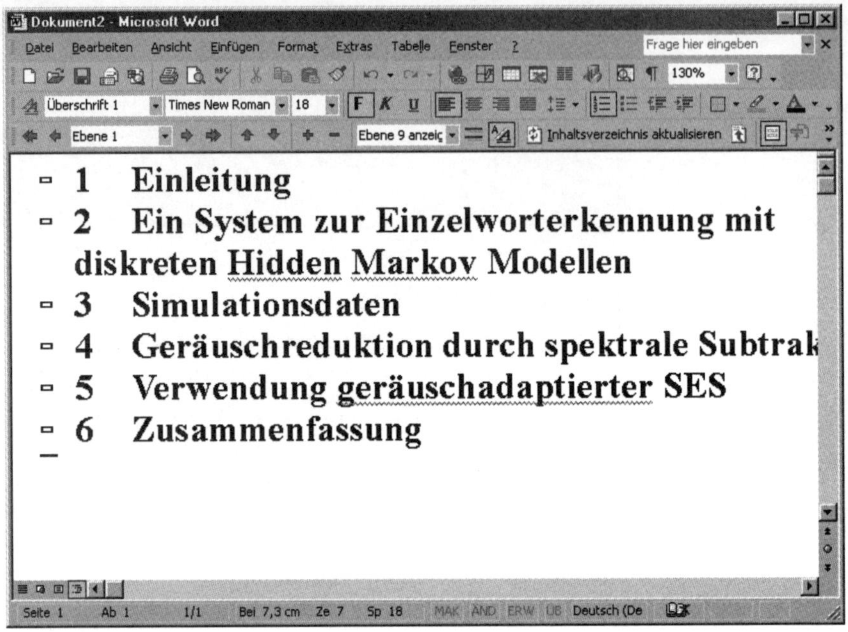

Bild 3.9: Grobgliederung

Für die Verfeinerung der Gliederung wird die nächste Gliederungsebene eingerückt.

Erstellen Sie die Feingliederung.

☑ Stellen Sie die Texteinfügemarke hinter eine Zeile der Grobgliederung, nach der ein Unterpunkt eingefügt werden soll.

☑ Fügen Sie nun mit ⏎ eine neue Zeile ein, die automatisch mit der nächsten Nummer der Grobgliederung nummeriert wird.

☑ Klicken Sie die Schaltfläche *Tiefer stufen* auf der Gliederungs-Symbolleiste an oder betätigen Sie die ⇥-Taste, um den Gliederungspunkt abzustufen.

Sie erzeugen einen neuen Gliederungspunkt eine Ebene tiefer, der automatisch mit der Formatvorlage dieser Ebene, *Überschrift 2,* formatiert wird.

☑ Mit einem weiteren ⏎ erzeugen Sie einen neuen Gliederungspunkt derselben Gliederungsstufe.

Im folgenden Bild wurden für das zweite Kapitel zwei weitere Gliederungsebenen eingefügt. Auch hier erfolgte die Nummerierung automatisch durch Word.

Wie Sie im Bild sehen können, ist jeder Zeile der Gliederung ein Zeichen vorangestellt. Dabei bedeutet das Pluszeichen, dass dieser Gliederungspunkt weitere Unterpunkte enthält. Ist die Zeile mit einem Minuszeichen versehen, gibt es zu dem Gliederungspunkt keine weiteren Unterteilungen.

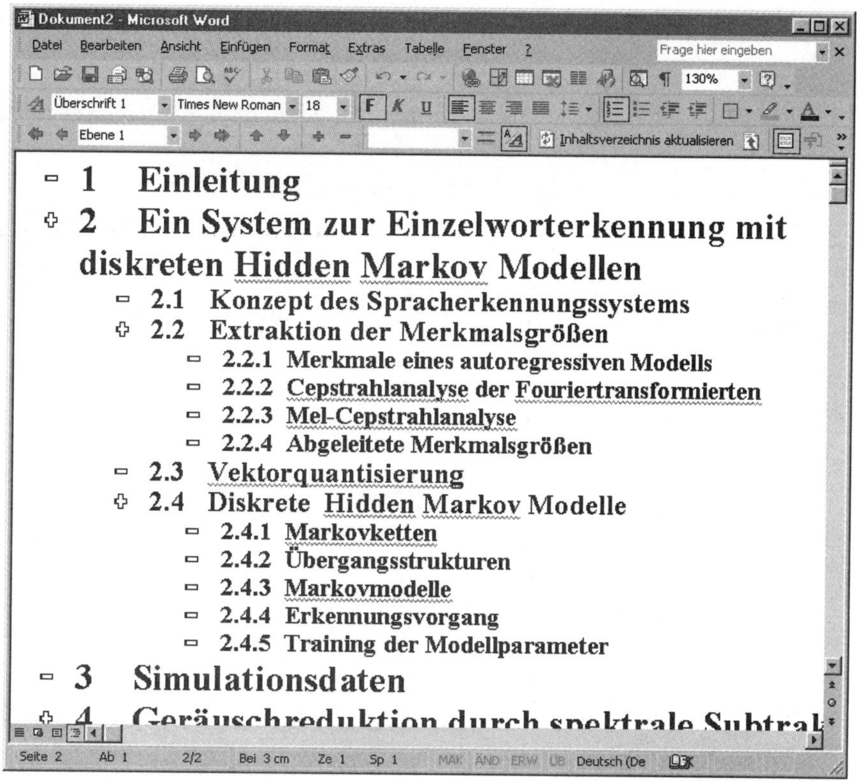

Bild 3.10: Gliederung des zweiten Kapitels

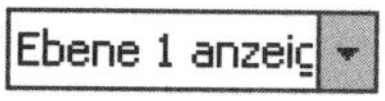

Über das links abgebildete Kombinationsfeld *Ebene anzeigen* lässt sich festlegen, wie viele Gliederungsebenen angezeigt werden sollen. Mit der Auswahl von *Ebene 1 anzeigen* wird beispielsweise nur die oberste Ebene (*Überschrift 1*) angezeigt, mit der Auswahl von *Ebene 2 anzeigen* wird dazu die zweite Ebene (*Überschrift 2*) gezeigt usw. Dann sind die Zeichen vor den jeweiligen Zeilen wichtig, um anzuzeigen, dass es weitere Untergliederungen gibt. *Alle Ebenen anzeigen* zeigt Überschriften sowie Texte an.

Word 97 Word 2000

In Word 2000/Word 97 lassen sich mit den Zahlen auf der Gliederung-Symbolleiste die Gliederungsebenen aus- und einschalten. Mit der Schaltfläche 1 wird beispielsweise nur die oberste Ebene (*Überschrift 1*) angezeigt, mit der Schaltfläche 2 wird dazu die zweite Ebene (*Überschrift 2*) gezeigt usw. Die Schaltfläche *Alle* zeigt Überschriften sowie Texte an.

Die Schaltflächen mit »+« und »-«-Zeichen erlauben das Anzeigen einer Ebene mehr (+) oder weniger (-).

Ein großer Vorteil der Gliederungsansicht ist, dass man sehr einfach Umstellungen und Umstrukturierungen auch an großen Dokumenten vornehmen kann.

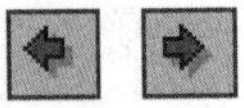

Diese Schaltflächen erlauben das Hoch- oder Herabstufen von Überschriften.

Diese Schaltfläche wandelt eine Überschrift in Text des Textkörpers um.

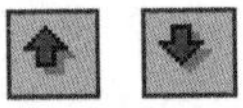

Hiermit können Gliederungspunkte verschoben werden.

Beim Benutzen der Schaltflächen ist allerdings Vorsicht geboten. Dabei ist es wichtig zu beachten, bis zu welcher Ebene vor dem Vorgang die Gliederungspunkte eingeblendet waren. Das folgende Beispiel soll den Unterschied verdeutlichen. Zunächst sind im linken Teilbild alle Ebenen bis auf die oberste ausgeblendet. Mit der Schaltfläche zum Herabstufen wurde die zweite Überschrift tiefer gestuft, damit wird aus Punkt 2 Punkt 1.1. Gleichzeitig werden dabei aber auch alle Gliederungspunkte, die unter der Gliederungsebene 2 liegen mit heruntergestuft, d. h., aus dem vorherigen Punkt 2.1 wurde so 1.1.1 usw. Das kann man allerdings erst sehen, wenn man sich vier Gliederungsstufen ansieht, wie dies das rechte Teilbild anzeigt.

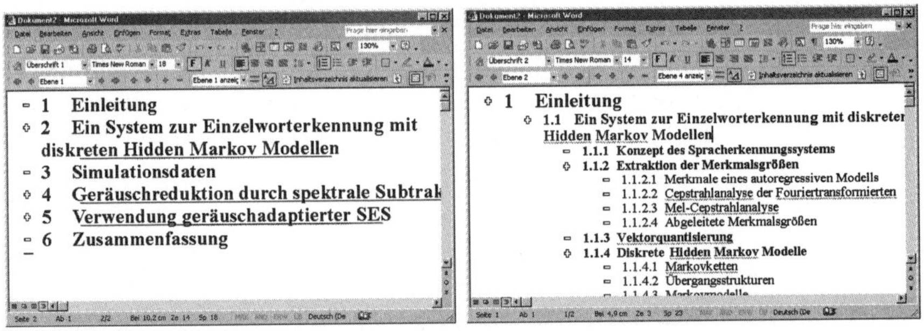

Bild 3.11: Links: vor dem Herunterstufen, Rechts: heruntergestuftes Kapitel 2

Im zweiten Fall wurden, wie es das folgende linke Teilbild zeigt, alle Ebenen angezeigt und dann der Punkt 2 herabgestuft. Dabei stand die Texteinfügemarke in der Zeile der zweiten Überschrift, damit wurde auch nur dieser Gliederungspunkt herabgestuft, aus 2 wurde 1.1. Die folgenden Gliederungspunkte behielten ihre ursprüngliche Ebene bei, die Nummerierung wurde automatisch angepasst.

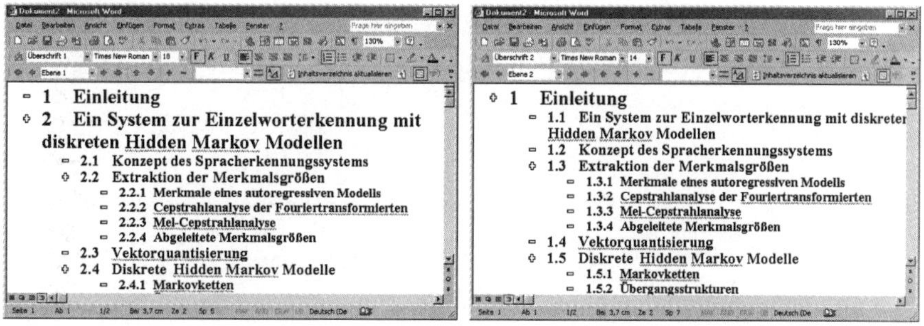

Bild 3.12: Links: vor dem Herunterstufen,
Rechts: herunter gestufte erste Gliederungsebene von Kapitel 2

Ausgeblendete Gliederungsebenen Sind Gliederungsebenen ausgeblendet, werden automatisch beim Markieren eines Gliederungspunktes alle darunter liegenden Gliederungspunkte und Texte mit selektiert. Beim Verschieben oder Umstufen werden alle markierten darunter liegenden Ebenen ebenfalls verschoben oder umgestuft.

In der Gliederungsansicht lassen sich auch Umstellungen innerhalb des Textes sehr einfach vornehmen. Soll beispielsweise das gesamte Kapitel 5 vor Kapitel 4 geschoben werden, so

- ☑ lassen Sie sich nur die oberste Ebene der Gliederung anzeigen.
- ☑ Markieren Sie dann die Überschrift von Kapitel 5 und
- ☑ betätigen Sie die Schaltfläche *Nach oben*, um das Kapitel 5 eins weiter nach vorne zu schieben. Damit wird aus Kapitel 5 Kapitel 4 und umgekehrt aus Kapitel 4 Kapitel 5. Das gilt auch für sämtliche Unterpunkte.

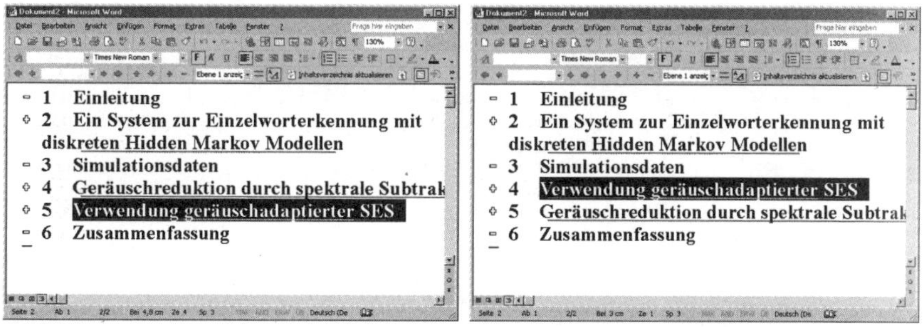

Bild 3.13: Links: vor dem Verschieben, Rechts: Kapitel 5 wurde vor Kapitel 4 geschoben

Die beiden folgenden Bilder sollen demonstrieren, wie wichtig es ist, das Umstellen erst dann auszuführen, wenn nur die oberste Gliederungsebene angezeigt wird. Im linken Teilbild, vor dem Verschieben, wurden drei Gliederungsebenen angezeigt. Befindet sich nun die Eingabemarke in der Überschrift des 5. Kapitels und Sie betätigen erneut die Schaltfläche *Nach Oben*, wird automatisch aus dem davor liegenden Kapitel 4.2 Kapitel 5.1. Auch hier ist es also wichtig, darauf zu achten, wie viele Gliederungsebenen angezeigt werden, um vorhersagen zu können, was Word tun wird.

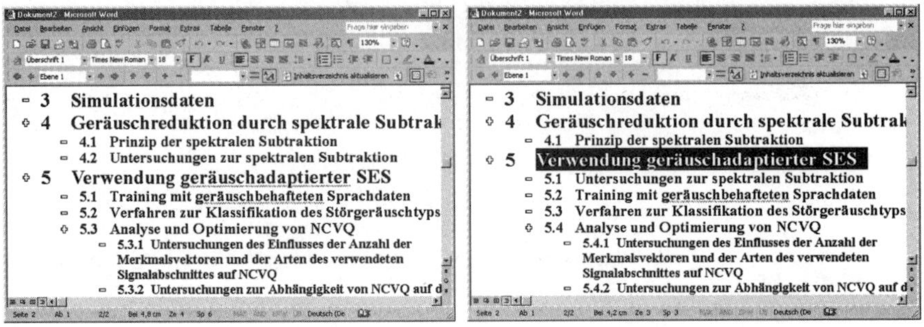

Bild 3.14: Links: Kapitel 5 soll nach vorne verschoben werden,
Rechts: Überschrift 5 wurde vor 4.2 verschoben

Das Verschieben und Umstufen von Gliederungsebenen lässt sich auch nur mit der Maus durchführen. Stellen Sie dazu den Maus-Cursor auf eines der Plus- oder Minuszeichen im Zeilenbeginn. Dabei verwandelt sich der Maus-Cursor in einen Doppelpfeil. Schieben Sie nun nach rechts oder links, so können Sie mit Hilfe der Maus herab- bzw. heraufstufen. Schieben Sie den Maus-Cursor nach oben oder unten, können Sie den Gliederungspunkt verschieben. Verschieben Sie mit Hilfe Ihrer Maus, werden alle Ebenen unterhalb der markierten automatisch mit verschoben.

Nur für eine Überschrift aufklappen Möchten Sie sich nur für eine bestimmte Überschrift die Ebenen darunter anzeigen lassen, so klicken Sie doppelt auf das Pluszeichen vor der entsprechenden Überschriftenebene.

Wenn Sie nicht mit Masterdokumenten arbeiten möchten, sollten Sie jetzt, wenn die Gliederung fertig ist, für jedes Kapitel eine eigene Word-Datei anlegen. Erfassen Sie nicht Ihre gesamte Arbeit in einer einzigen Datei!! Wie Sie die Nummerierung der einzelnen Kapitel vornehmen, das Inhaltsverzeichnis und andere Verzeichnisse anlegen, lesen Sie in Kapitel 10, »Die Arbeit beenden«.

3.3 Masterdokumente

Masterdokumente (in Word 2000 bzw. Word 97 hießen sie noch Zentraldokumente) eignen sich hervorragend, um lange Texte zu organisieren. Festlegungen, wie Dokumentvorlagen und Seiteneinstellungen in Masterdokumenten, gelten für alle Kapitel. Zudem sind Nummerierungen, Querverweise zwischen den Kapiteln sowie das Erstellen eines Inhaltsverzeichnisses für Masterdokumente wesentlich vereinfacht.

Die Idee eines Masterdokuments ist die Folgende: Um umfangreiche Dokumente effektiv verwalten zu können, erstellt man ein so genanntes Masterdokument, in dem sich Verweise auf alle Dateien befinden, die zum Gesamttext gehören. Die Dateien, auf die verwiesen wird, werden als Unterdokumente (Word 2000/Word 97: Filialdokumente) bezeichnet. Unterdokumente können einzeln abgespeichert und auch einzeln unabhängig vom Masterdokument bearbeitet werden.

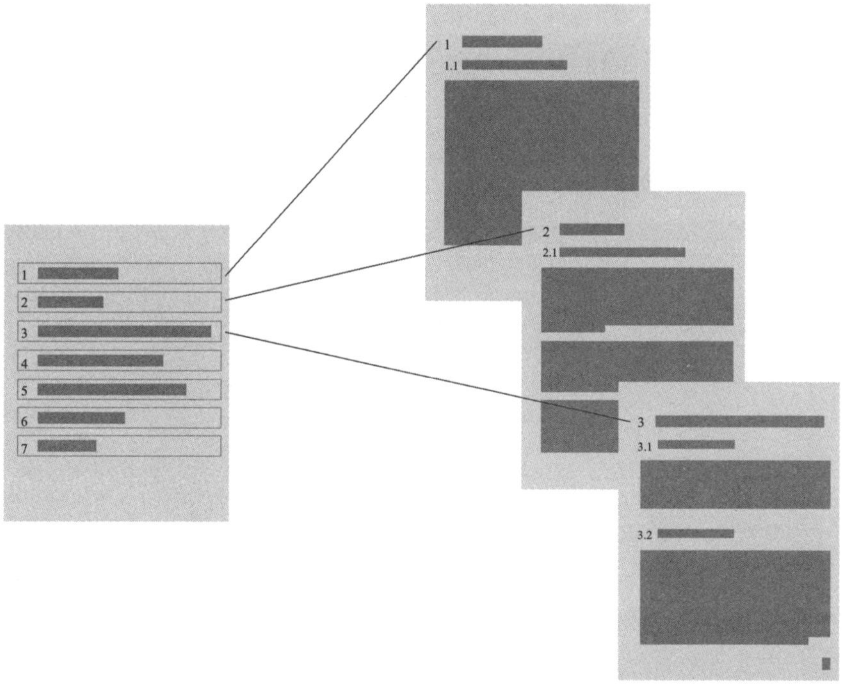

Bild 3.15: Masterdokument mit Unterdokumenten

Änderungen in der Reihenfolge von Kapiteln sind in einem Masterdokument sehr einfach vorzunehmen, ohne dass man nacheinander viele Dateien öffnen und Kapitel umbenennen oder die Nummerierung ändern muss, da die Nummerierung der Kapitel von Word einfach in der Reihenfolge vorgenommen wird, in der die Unterdokumente im Masterdokument eingetragen sind. Ebenso können Sie einen langen Text als Masterdokument drucken, ohne jede einzelne Datei vor dem Drucken öffnen zu müssen.

Erstellen Sie für jedes Kapitel ein Unterdokument.

Verfahren Sie dazu folgendermaßen:

- ☑ Lassen Sie sich nur die oberste Ebene der Gliederung anzeigen,
- ☑ markieren Sie alle Überschriften und
- ☑ wählen Sie dann die Schaltfläche *Unterdokument erstellen.* (Word 2000: *Filialdokument erstellen,* Word 97: Sie können die Schaltfläche *Filialdokument erstellen* erst auswählen, wenn Sie mit dem Befehl *ANSICHT Zentraldokument* in die Zentraldokumentansicht umgeschaltet haben.)

Ein Unterdokument wird durch einen dünnen grauen Rahmen um das Kapitel und das links dargestellte Zeichen gekennzeichnet.

Markieren der Überschriften Falls Sie eine einzelne Überschrift markieren, um daraus ein Unterdokument zu erzeugen, markieren Sie sie mit Hilfe des Plus- oder Minuszeichens. Dann ist gewährleistet, dass alle Überschriftsebenen, die unter der markierten liegen, mit markiert werden. Ansonsten kann es passieren, dass zwar aus der Überschrift der Ebene eins ein Unterdokument erzeugt wird, die Überschriften der Ebene zwei jedoch nicht zu diesem Unterdokument dazugehören.

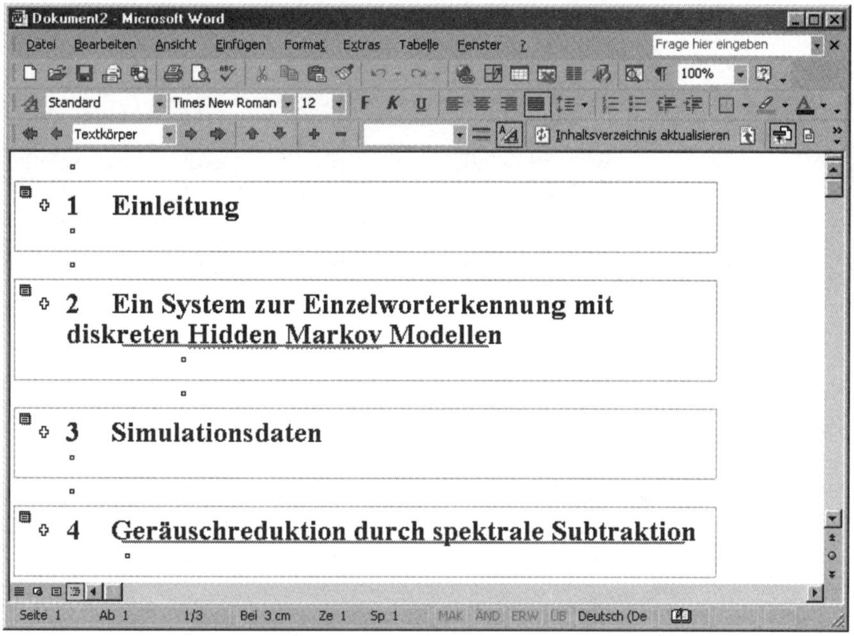

Bild 3.16: Masterdokumentansicht mit Unterdokumenten

Speichern Sie nun das Masterdokument. Wir haben im Beispiel das Dokument in das Unterverzeichnis C:\EIGENE DATEIEN\DIPLOM unter dem Namen DIPLOM.DOC gespeichert, wie Sie es im folgenden Bild sehen können. Im Windows Explorer können Sie auch feststellen, dass Word im Ordner DIPLOM noch weitere Dateien gespeichert hat.

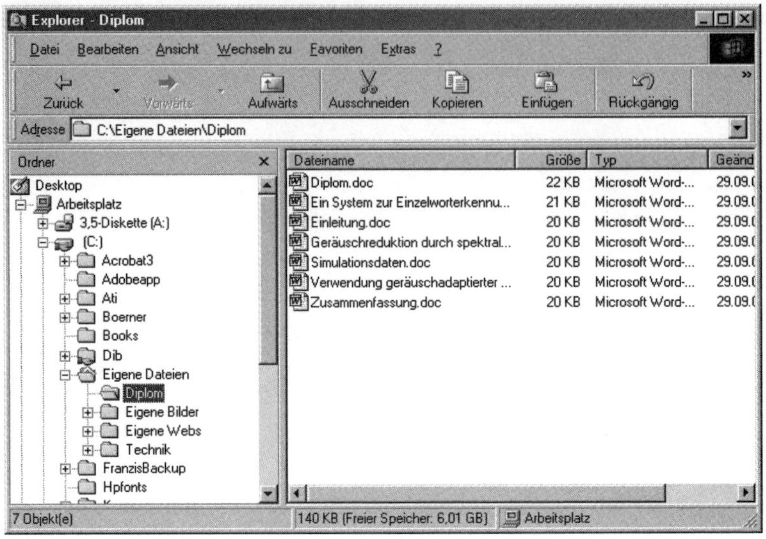

Bild 3.17: Master- und Unterdokumente im Explorer

Sie finden darin alle zuvor angelegten Unterdokumente als eigenständige Dateien.

3.3.1 Mit Masterdokumenten arbeiten

Sie haben ein Masterdokument mit mehreren Unterdokumenten erzeugt; nun stellt sich die Frage, wie Sie damit weiterarbeiten. Laden Sie ein Masterdokument neu, so erscheint es in der im folgenden Bild dargestellten Form. Dabei werden alle Unterdokumente als so genannte Hyperlinks dargestellt. So bezeichnet man die blau dargestellten unterstrichenen Texte. Die Technik der Hyperlinks kennen Sie vielleicht bereits aus dem Internet.

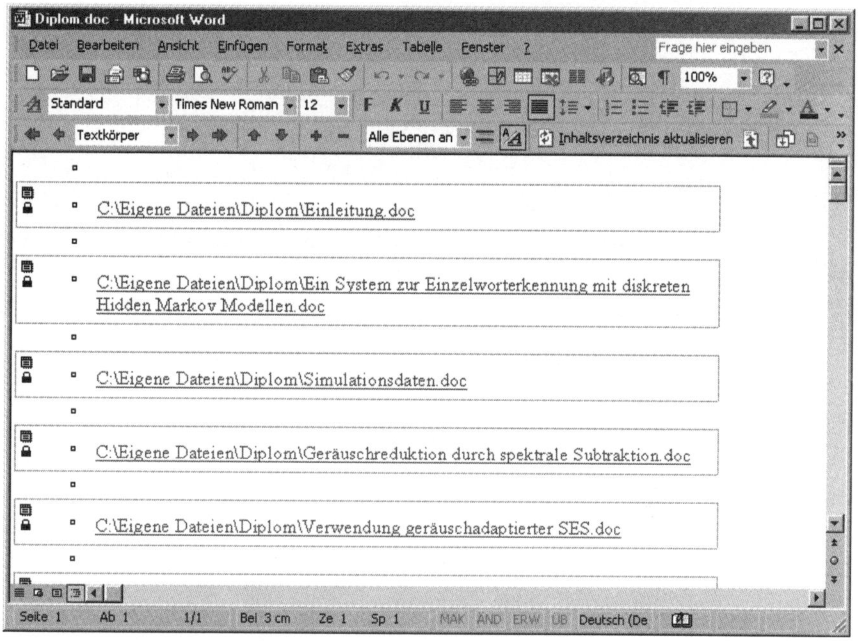

Bild 3.18: Masterdokument mit Hyperlinks

3.3.1.1 Öffnen eines Unterdokuments

Klicken Sie zusammen mit der [Strg]-Taste auf einen Hyperlink, so wird automatisch das damit verbundene Dokument geladen und angezeigt. In den vorherigen Versionen von Word war ein Klick auf den Hyperlink ausreichend, um ein Dokument zu laden.

Nummerierungen Lassen Sie sich nicht davon irritieren, dass in einem so geladenen Unterdokument die Kapitelnummerierung nicht stimmt. In der Regel beginnt die erste Gliederungsebene in jedem Unterdokument mit eins. Wird das entsprechende Dokument im Masterdokument angezeigt oder gedruckt, erfolgt die Nummerierung korrekt.

3.3.1.2 Schließen eines Unterdokuments

Wechseln Sie mit dem Befehl *DATEI Schließen* zurück zum Masterdokument oder klicken Sie auf die Schaltfläche *Zurück* auf der Web-Symbolleiste.

3.3.1.3 Texte von Unterdokumenten im Masterdokument anzeigen

Möchten Sie im Masterdokument den gesamten Text anzeigen, verwenden Sie dazu die Schaltfläche *Unterdokumente erweitern*. Schalten Sie dann in die Normal- oder die Seitenlayoutansicht, so können Sie ganz normal Ihre Texte erfassen oder editieren. Verwenden Sie die gleiche Schaltfläche, um die Unterdokumente wieder zu reduzieren.

3.3.1.4 Unterdokumente auf neuer Seite beginnen

Das folgende Bild zeigt das Dokument mit reduzierten Unterdokumenten in der Normalansicht. Sie können darin sehen, dass die einzelnen Unterdokumente durch Abschnittswechsel voneinander getrennt sind.

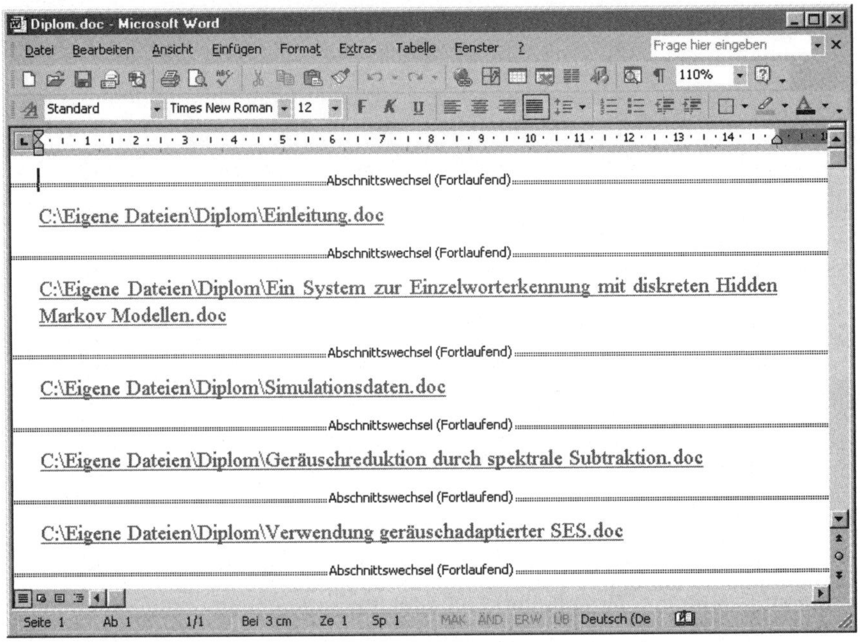

Bild 3.19: Masterdokument in der Normalansicht

Sollen Ihre Kapitel der ersten Gliederungsebene auf einer neuen Seite beginnen, so können Sie für die einzelnen Abschnittswechsel einstellen, dass mit dem Abschnittswechsel eine neue Seite begonnen werden soll. Verwenden Sie dazu den Befehl *DATEI Seite einrichten*. Auf dem Registerblatt *Layout* (Word 2000/Word 97: *Seitenlayout)* können Sie unter *Abschnittsbeginn* einstellen, ob der Abschnittswechsel fortlaufend, also ohne Seiten- oder Spaltenwechsel, sein soll. Oder ob der neue Abschnitt auf einer neuen oder gar auf der nächsten geraden oder ungeraden Seite starten soll.

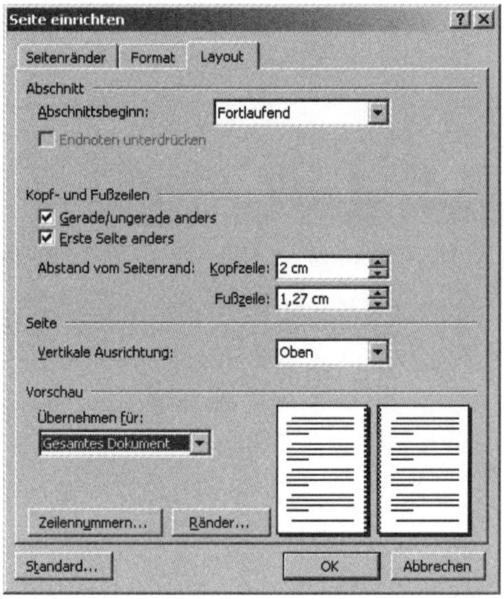

Bild 3.20: Art des Abschnittswechsels definieren

Mit der Einstellung des Dialogfeldes im vorherigen Bild stellen Sie für alle Abschnittswechsel des gesamten Dokuments ein, dass der neue Abschnitt auf einer neuen Seite beginnt. Um eine solche Einstellung für das gesamte Dokument festzulegen, muss unter *Übernehmen für* (Word 2000/Word 97: *Anwenden auf*) die Auswahl *Gesamtes Dokument* anstelle der Standardeinstellung *Aktuellen Abschnitt* getroffen werden.

3.3.2 Masterdokument umstrukturieren

Möchten Sie Ihr Dokument umstrukturieren, wechseln Sie in die Gliederungsansicht und verwenden dann die Schaltfläche *Masterdokumentansicht*. Klicken Sie das Zeichen des Unterdokuments an, das Sie verschieben möchten, und ziehen Sie es an eine andere Stelle.

Word verhält sich beim Umstrukturieren unterschiedlich je nach gewählter Ansicht. Sind die Unterdokumente nicht erweitert, d. h. sind nur die Hyperlinks auf die Dokumente zu sehen, kann nicht beliebig umstrukturiert werden. In dieser Ansicht kann nur die Position der Unterdokumente innerhalb des Masterdokuments geändert werden. Oftmals erhalten Sie die Fehlermeldung »Ein gesperrtes Zentral- oder Unterdokument kann nicht bearbeitet werden«, denn für ein erfolgreiches Umstrukturieren benötigen Sie im Masterdokument Leerzeilen zwischen den einzelnen Unterdokumenten. Diese Leerzeilen haben aber zur Folge, dass Word zusätzliche Abschnittswechsel in den Text einbaut.

Besser funktioniert die Umstrukturierung, wenn die Unterdokumente alle mit Hilfe der links dargestellten Schaltfläche *Unterdokument erweitern* erweitert werden. Dann können Sie ohne Einschränkungen die Unterdokumente und ihre Inhalte neu anordnen.

3.3.2.1 Neues Unterdokument einfügen

Möchten Sie dem Masterdokument ein weiteres Unterdokument zufügen,

- ☑ schalten Sie zunächst in die Masterdokumentansicht um.

- ☑ Verwenden Sie dann die Schaltfläche *Unterdokumente erweitern*,
- ☑ platzieren Sie Ihren Maus-Cursor an die gewünschte Stelle und fügen mindestens eine Leerzeile ein.
- ☑ Geben Sie die Überschrift der ersten Gliederungsebene des neuen Unterdokuments ein und
- ☑ formatieren Sie die Überschrift mit der Formatvorlage *Überschrift 1*.

- ☑ Verwenden Sie dann die Schaltfläche *Unterdokument erstellen*, um ein neues Unterdokument zu erzeugen.

3.3.2.2 Unterdokument im Masterdokument löschen

Soll ein eingefügtes Unterdokument aus dem Masterdokument herausgenommen werden,

- ☑ schalten Sie zunächst in die Masterdokumentansicht.
- ☑ Markieren Sie das Unterdokument und
- ☑ löschen Sie es mit der Entf-Taste.

Beachten Sie hierbei, dass damit nur der Eintrag im Masterdokument entfernt wird, die Datei selbst befindet sich noch auf Ihrer Festplatte.

Gelöschtes Unterdokument Wurde ein Unterdokument versehentlich gelöscht, verwenden Sie den Befehl *BEARBEITEN Rückgängig*, um es wieder einzufügen.

3.3.2.3 Unterdokument in Text umwandeln

Möchten Sie aus einem Unterdokument wieder normalen Text machen,

- ☑ schalten Sie in die Masterdokumentansicht,

- ☑ erweitern Sie die Unterdokumente mit der links dargestellten Schaltfläche und

☑ verwenden Sie dann die Schaltfläche *Unterdokument entfernen*, um das Unterdokument in einen ganz gewöhnlichen Gliederungspunkt zurückzuwandeln.

3.3.3 Mit Unterdokumenten arbeiten

Möchten Sie Texte erfassen, klicken Sie entweder im Masterdokument den Hyperlink auf das entsprechende Dokument mit gedrückter [Strg]-Taste an (Word 2000/Word 97: nur klicken) oder Sie öffnen das gewünschte Dokument, ohne dass das Masterdokument geladen wird. Oft ist es vorteilhaft, mit Unterdokumenten als eigenständigen Dokumenten zu arbeiten, weil es beispielsweise nicht so viel Zeit zum Speichern in Anspruch nimmt.

Möchten Sie mit der richtigen Nummerierung oder über einige Kapitel hinweg drucken, öffnen Sie das Masterdokument und die aktuelle Version des Textes wird durch den Hyperlink automatisch mit dem Masterdokument verbunden.

Dokumentvorlage im Unterdokument Wenn Sie ein Unterdokument öffnen, kann es passieren, dass dafür eine andere Dokumentvorlage zum Formatieren verwendet wird als für das Masterdokument. Sie können dieselbe Dokumentvorlage erzwingen, indem Sie in *EXTRAS Vorlagen und Add-Ins* das Optionsfeld *Formatvorlagen automatisch aktualisieren* aktivieren.

3.3.3.1 Gesperrtes Unterdokument

Sollten Sie das Unterdokument nicht geschlossen haben, sondern über *FENSTER* in der Menüleiste in das Masterdokument gewechselt sein, so finden Sie für das gerade bearbeitete Unterdokument ein kleines Vorhängeschloss unter dem Zeichen des Unterdokuments. Damit wird Ihnen angezeigt, dass das Dokument gerade in Arbeit ist und Sie vom Masterdokument aus keine Änderungen daran vornehmen können. Versuchen Sie trotzdem, Änderungen an diesem Unterdokument im Masterdokument vorzunehmen, werden Sie feststellen, dass Word die Arbeit verweigert. Erst wenn das Unterdokument geschlossen wurde, wird es im Masterdokument wieder freigegeben.

3.3.3.2 Unterdokument in anderes Verzeichnis speichern

Möchten Sie die Unterdokumente in getrennten Verzeichnissen speichern, um beispielsweise jeweils den Text bei den zu einem Kapitel gehörenden Bildern und anderen Dokumenten aufzuheben, muss darauf geachtet werden, dass die Verbindung zwischen dem Master- und dem Unterdokument nicht unterbrochen wird. Gehen Sie daher wie im Folgenden beschrieben vor:

☑ Öffnen Sie zunächst das Masterdokument.

- ☑ Klicken Sie mit gedrückter Strg-Taste auf den Hyperlink, um das Unterdokument zu öffnen.
- ☑ Verwenden Sie nun den Befehl *DATEI Speichern unter*.
- ☑ Wählen Sie im Dialogfeld den neuen Pfad für das Unterdokument aus.
- ☑ Schließen Sie das Unterdokument mit *DATEI Schließen* und
- ☑ schließen Sie danach das Masterdokument.
- ☑ Löschen Sie zum Schluss die alte Datei im Windows Explorer, damit keine Verwechslungen zwischen den beiden Unterdokumenten aufkommen können.

Bei dem beschriebenen Vorgang ist vor allem das vorherige Öffnen des Masterdokuments wichtig, damit die Verbindung zwischen Master- und verschobenem Unterdokument erhalten bleibt. Nur wenn das Masterdokument aktiviert ist, kann es Vorgänge speichern, die an seinen Unterdokumenten vorgenommen werden.

Verschieben von Unterdokumenten Verschieben Sie niemals Unterdokumente mit dem Windows Explorer, da dann keine Verbindung mehr zwischen dem Masterdokument und den Unterdokumenten besteht. Falls dies versehentlich bereits geschah, können Sie ein Unterdokument wieder in ein Masterdokument einfügen, wie im Abschnitt »Wenn Sie bereits zu schreiben begonnen haben ...« weiter unten im Kapitel beschrieben wird.

3.3.3.3 Unterdokument umbenennen

Word verwendet zum Speichern automatisch die Überschrift, unabhängig davon, ob es sich um ein oder mehrere Wörter handelt. Manchmal möchte man solche Konstrukte gerne in Namen umändern, die kürzer und griffiger sind. Auch hierbei ist es wieder wichtig, die Datei aus dem Masterdokument heraus umzubenennen, damit Word die Verbindung zu dem Unterdokument mit neuem Namen speichert.

- ☑ Öffnen Sie zunächst das Masterdokument mit dem Unterdokument, dessen Name geändert werden soll.
- ☑ Klicken Sie mit gedrückter Strg-Taste auf den Hyperlink, um das Unterdokument zu öffnen.
- ☑ Verwenden Sie nun den Befehl *DATEI Speichern unter*.
- ☑ In dem Dialogfeld zu *Speichern unter* können Sie nun den neuen Namen eingeben.
- ☑ Schließen Sie das Unterdokument mit *DATEI Schließen* und
- ☑ schließen Sie danach das Masterdokument.

☑ Sie können die Datei mit dem alten Namen im Windows Explorer löschen, um Verwechslungen auszuschließen.

3.3.3.4 Unterdokument teilen

Werden Unterdokumente zu groß, können auch sie unterteilt werden. Sie können Unterdokumente in zwei Teile teilen, aber auch ineinander verschachteln. Verwenden Sie dazu jeweils die Masterdokumentansicht.

Um ein Unterdokument zu unterteilen,

☑ erweitern Sie zunächst die Unterdokumente,

☑ platzieren Sie dann den Maus-Cursor auf das »+« oder »-«-Zeichen der ersten Überschrift, die im zweiten Unterdokument als erste Überschrift erscheinen soll.

☑ Wählen Sie nun die Schaltfläche *Unterdokument teilen* aus, um an dieser Stelle ein weiteres Unterdokument anzulegen.

Das folgende Bild zeigt im linken Teilbild das Unterdokument vor, im rechten nach der Teilung. Beide Unterdokumente sind nach dieser Teilung gleichberechtigt.

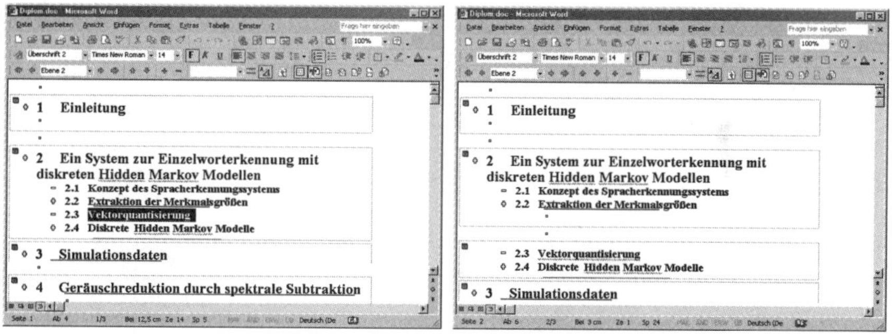

Bild 3.21: Geteiltes Unterdokument

Um ein Unterdokument zu verschachteln,

☑ erweitern Sie zunächst die Unterdokumente,

☑ stellen Sie dann den Maus-Cursor vor die Überschrift, die im geschachtelten Unterdokument als erste Überschrift erscheinen soll.

☑ Wählen Sie nun die Schaltfläche *Unterdokument erstellen* aus, um im Unterdokument ein weiteres anzulegen.

Das folgende Bild zeigt im linken Teilbild das Unterdokument vor, im rechten nach der Teilung. Im Bild kann man deutlich erkennen, dass das zweite Unterdokument eine Filiale des ersten Unterdokuments ist. Diese Art der

Schachtelung ist sinnvoll, wenn Sie ein Kapitel in mehrere Abschnitte unterteilen möchten.

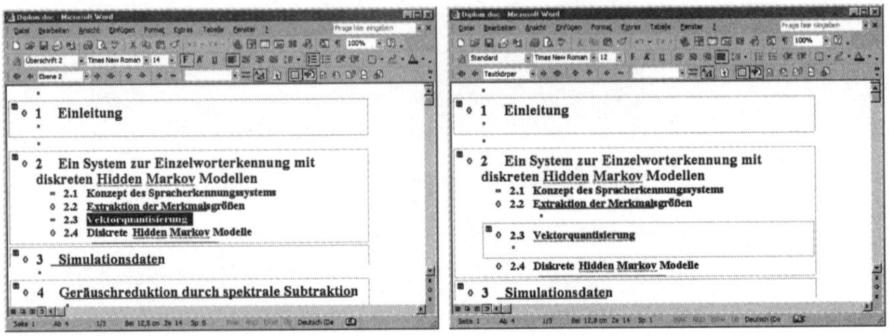

Bild 3.22: Unterteiltes Unterdokument

Geteiltes Unterdokument Haben Sie ein Unterdokument versehentlich oder an der falschen Stelle geteilt, verwenden Sie den Befehl *BEARBEITEN Rückgängig*, um die Teilung aufzuheben. Ist das Teilen bereits einige Zeit her und ein Revidieren nicht mehr möglich, verbinden Sie die Unterdokumente wie im nächsten Abschnitt beschrieben.

3.3.3.5 Zwei Unterdokumente miteinander verbinden

Sie können zwei Unterdokumente miteinander verbinden und so daraus ein einziges definieren. Markieren Sie mit der Maus das erste Unterdokument, betätigen Sie die Umschalttaste und klicken dann das zweite an. Selektieren Sie danach die Schaltfläche *Unterdokument verbinden*, um die beiden markierten Dokumente zu einem zu verbinden.

Unterdokumente verbinden Falls Word den Befehl *Verbinden* nicht ausführt, kann es daran liegen, dass Sie beim Markieren des ersten Unterdokuments eine nachfolgende Leerzeile mit markiert haben. Löschen Sie diese und versuchen Sie es noch einmal.

3.3.4 Wenn Sie bereits zu schreiben begonnen haben ...

Angenommen, Sie haben Ihren bisher geschriebenen Text mit einer Dokumentvorlage versehen, wie zuvor beschrieben, und Sie haben die einzelnen Kapitel gegliedert. So empfehlen wir als nächsten Schritt, ein Masterdokument zu erstellen. Gehen Sie dabei folgendermaßen vor:

☑ Öffnen Sie mit *DATEI Neu* ein neues Dokument, für das Sie die gewünschte Dokumentvorlage auswählen.

☑ Betätigen Sie dann die Schaltfläche *Unterdokument einfügen.*

☑ Wählen Sie im geöffneten Dialogfeld *Unterdokument einfügen* das gewünschte Dokument aus.

Basiert das Masterdokument auf einer anderen Dokumentvorlage als das Unterdokument, erhalten Sie eine entsprechende Warnung angezeigt.

Zudem kommt es häufig vor, dass es in den Dokumentvorlagen beider Dokumente Formatvorlagen mit dem gleichen Namen gibt. Dann fragt Word nach, ob die Formatvorlage des Unterdokuments umbenannt werden soll. Bejahen Sie diese Frage, hängt Word einfach eine »1« an den Namen der Vorlage. Verneinen Sie die Frage nach der Umbenennung, werden die im Masterdokument definierten Werte für die gleichnamigen Vorlagen verwendet.

3.4 Nummerierung und Querverweise

Die Nummerierung von Kapiteln, Tabellen, Bildern oder Formeln kann mit entsprechenden Funktionen von Word automatisch erfolgen. Querverweise ermöglichen zudem automatisch aktualisierte Verweise auf Kapitel-, Tabellen-, Bilder- oder Formelnummern.

Word-Anfänger sind oft versucht, Kapitel, Tabellen u. Ä. mit der Hand zu nummerieren, beispielsweise die erste Überschrift mit »1«, die erste der folgenden Gliederungsebene mit »1.1«, dann mit »1.1.1« usw. zu benennen. Dies ist bei einem zweiseitigen Text zunächst auch kein Problem. Stellen Sie sich jedoch vor, Sie bemerken beim Schreiben Ihrer Arbeit, dass Kapitel 3.4 vor Kapitel 3.1 geschoben werden muss, so müssen Sie dann alle Kapitelnummern inklusive der niedrigeren Gliederungsebenen suchen und ändern. Verwenden Sie zudem Verweise auf eine der geänderten Kapitelnummern, sind im Folgenden auch diese zu ändern; vor allem aber zunächst einmal zu finden!

3.4.1 Nummerieren von Kapiteln

Kapitel können auf verschiedene Arten nummeriert werden. Bild 3.23 zeigt zwei Möglichkeiten, Text zu nummerieren. Dabei ist der erste mit arabischen Zahlen, der zweite mit einem System von römischen Zahlen, Buchstaben und Nummern bezeichnet.

In der Schule haben wir im Deutschunterricht gelernt, dass Nummerierungen mit römischen Zahlen, Buchstaben und arabischen Zahlen durchzuführen seien, und auch der Duden verwendet beispielsweise eine Nummerierung aus römischen und arabischen Zahlen sowie kleinen Buchstaben. In den meisten wissenschaftlichen Arbeiten ist das allerdings nicht üblich.

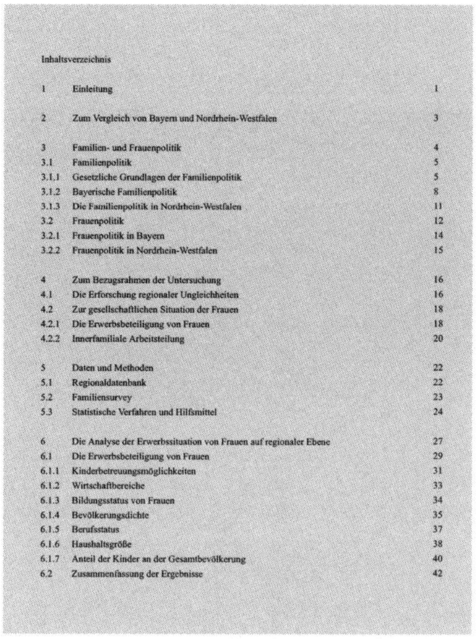

Inhaltsverzeichnis

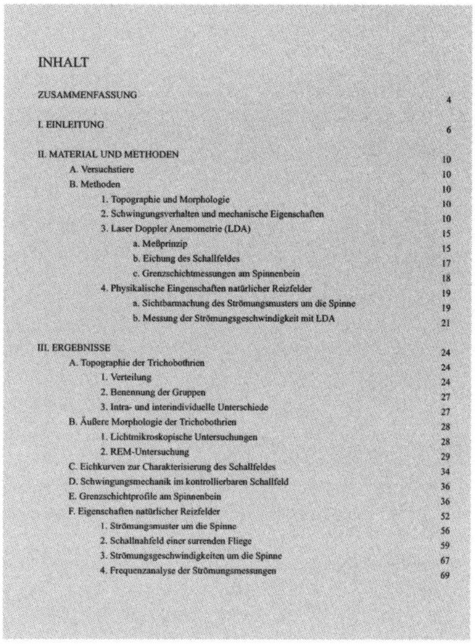

INHALT

Bild 3.23: Inhaltsverzeichnisse mit verschiedenen Arten der Nummerierung

Die Norm DIN 1421 schreibt zur Nummerierung von Kapiteln eines wissenschaftlichen Textes arabische Zählnummern vor. Dabei können die Abschnitte der ersten Stufe in weitere Gliederungsstufen unterteilt und nummeriert werden. Für eine Gliederungsnummer soll immer zwischen zwei Stufen ein Punkt gesetzt werden. Am Ende einer Gliederungsnummer hat laut DIN-Norm kein Punkt zu stehen, die Nummerierung »1.1.2.« entspricht also nicht der DIN-Norm.

Möchten Sie Überschriften nummerieren oder deren Nummerierung ändern, bearbeiten Sie am besten die entsprechende Formatvorlage.

- ☑ Verwenden Sie den Befehl *FORMAT Formatvorlagen und Formatierung,*
- ☑ selektieren Sie im Aufgabenbereich im Feld der Formatvorlagen *Überschrift 1*,
- ☑ öffnen Sie mit einem Klick auf das Dreieck am rechten Rand das Kontextmenü und
- ☑ klicken Sie auf *Ändern.*

Word 97 Word 2000

In Word 2000/Word 97 verwenden Sie den Befehl *FORMAT Formatvorlage*, selektieren die Formatvorlage *Überschrift 1* und klicken auf die Schaltfläche *Bearbeiten.*

- ☑ Klicken Sie im so geöffneten Dialogfeld auf die Schaltfläche *Format* und
- ☑ wählen Sie in der Liste *Nummerierung* aus.
- ☑ Wechseln Sie am Ende auf das Registerblatt *Gliederung.*

In dem so aktivierten Dialogfeld stehen verschiedene Möglichkeiten der Nummerierung zur Auswahl. Klicken Sie einfach das Feld mit der gewünschten Nummerierung an.

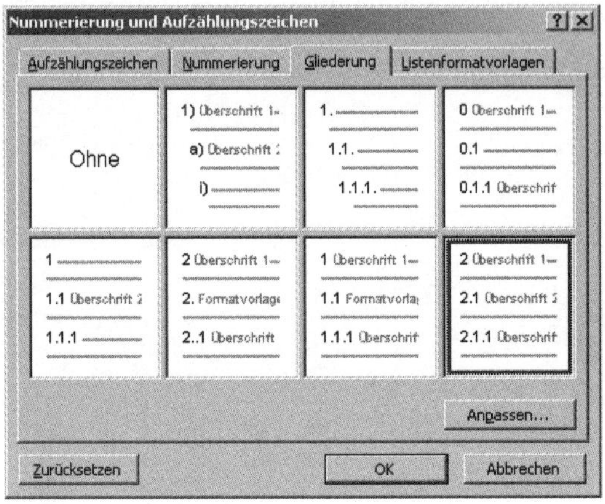

Bild 3.24: Nummerierung für Kapitel auswählen

Mit Hilfe der Schaltfläche *Anpassen* rufen Sie das im folgenden Bild gezeigte Dialogfeld auf. Sie können hier eigene Nummerierungsversionen erstellen.

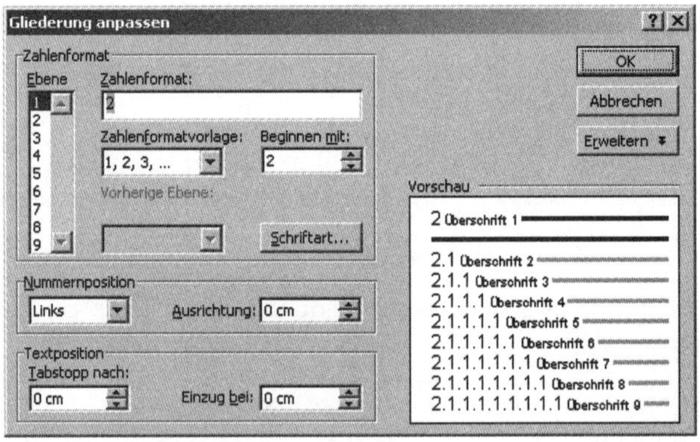

Bild 3.25: Dialogfeld zum Formatieren der Kapitelnummerierung

Darin wählen Sie links zunächst die Ebene aus, für die rechts daneben das Nummerierungsformat festgelegt wird. Sie können ebenso festlegen, bei welcher Zahl die ausgewählte Ebene zu zählen anfangen soll.

Kapitelnummerierung ohne Masterdokument Falls Sie mit einzelnen Dateien arbeiten, die nicht über ein Masterdokument miteinander verbunden sind, brauchen Sie diese Einstellung, um für das zweite Kapitel festzulegen, dass die Nummerierung der ersten Überschriftenebene mit »2« und nicht mit »1« beginnt.

3.4.2 Nummerieren von Tabellen, Bildern und Formeln

Sowohl zu einer Tabelle als auch zu einem Bild gehört eine Beschreibung sowie eine laufende Nummer. Dazu verwendet man in der Regel für Tabellen Tabellenüberschriften, für Bilder Bildunterschriften. Auch Formeln im Text werden häufig mit Nummern versehen.

3.4.2.1 Tabellenüberschriften

Zu einer Tabelle gehört eine Beschreibung des Inhalts. Sie sollte möglichst knapp gehalten werden, aber so vollständig sein, dass eine Tabelle mit ihrer Hilfe verstanden werden kann, ohne dass man die zugehörige Textstelle suchen und lesen muss. Hinter den Text der Tabellenüberschrift gehört in der Regel kein Schlusspunkt. Die Tabellenüberschrift soll zudem eine eindeutige Nummer enthalten. Dazu können entweder alle Tabellen einer Arbeit mit Tabelle 1 bis Tabelle 234 durchnummeriert werden oder Sie können die Tabellen in jedem einzelnen Kapitel nummerieren, z. B. mit Tabelle 2.1 bis Tabelle 2.22, dann weiter mit Tabelle 3.1 bis Tabelle 3.12.

Für die Nummerierung von Tabellen stellt Word eine spezielle Funktion zur Verfügung. Verwenden Sie den Befehl *EINFÜGEN Referenz* und wählen Sie dann *Beschriftung* aus (Word 2000/Word 97: *EINFÜGEN Beschriftung).* In dem Dialogfeld, das Sie mit diesem Befehl aktivieren, sollten Sie zunächst hinter *Bezeichnung* (Word 97: *Kategorie*) im aufgeklappten Kombinationsfeld *Tabelle* selektieren. Word schlägt standardmäßig eine einfache Nummerierung mit Tabelle 1 usw. vor, wie Sie im folgenden Dialogfeld sehen können. Möchten Sie die angezeigte Art der Nummerierung verwenden, können Sie bereits jetzt mit *OK* bestätigen.

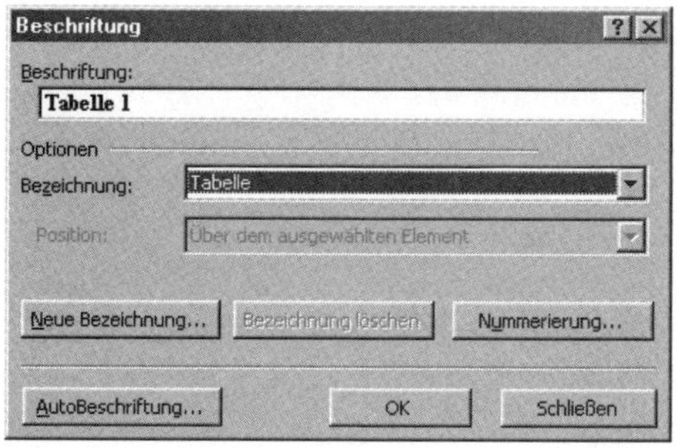

Bild 3.26: Einfügen einer Tabellennummerierung

Soll die Art der Nummerierung geändert werden, selektieren Sie die Schaltfläche *Nummerierung*. In dem so aktivierten Dialogfeld besteht die Möglichkeit, durch Auswahl des Optionsfeldes *Kapitelnummer einbeziehen*, wie Sie es im folgenden Bild sehen können, eine kapitelweise Nummerierung zu erzeugen.

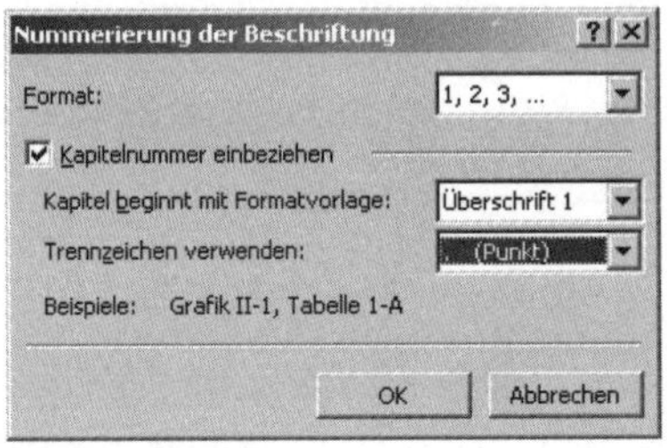

Bild 3.27: Format der Nummerierung wird festgelegt

Die Option *Kapitel beginnt mit Formatvorlage*: *Überschrift 1* erzeugt eine Nummerierung, bei der die Nummer des Kapitels der ersten Ebene verwendet wird. Im Feld darunter kann das Trennzeichen ausgesucht werden. In der Regel wird dazu ein Punkt verwendet, es sind aber auch Zeichen wie der Bindestrich oder ein Doppelpunkt möglich. Bestätigen Sie Ihre Auswahl, so wird die geänderte Nummerierung in das Eingabefeld im Dialogfeld *Beschriftung* eingetragen.

Einbezogene Kapitelnummer Kapitelnummern lassen sich nur dann einbeziehen, wenn die Kapitel auch nummeriert wurden. Verwenden Sie für die einzelnen Kapitel keine Nummerierung, so ist es auch nicht möglich, die Kapitelnummer in der Beschriftung zu verwenden.

Sie können, wenn Sie möchten, im Dialogfeld bereits den Text der Tabellenüberschrift in das Eingabefeld hinter der Tabellennummer eintragen und dann die Beschriftung bestätigen. In Ihrem Text wird damit automatisch die Tabellenüberschrift mit der Formatvorlage *Beschriftung* eingetragen, die Sie bei Bedarf bearbeiten können.

Tabellennummerierung und -formatierung leicht gemacht In Abschnitt 3.4.3, »Die Nummerierung-Symbolleiste«, wird die Symbolleiste Nummerierung mit den zugehörigen Makros beschrieben. Sie stellt unter anderem ein Makro zur Verfügung, das eine Tabellenüberschrift der Kategorie »Tabelle« oder »Tab.« mit einer Nummerierung unter Einbeziehung der Kapitelnummer erzeugt sowie die passende Formatvorlage zuweist.

3.4.2.2 Bildunterschriften

Ebenso wie Tabellen erhalten auch Bilder Beschriftungen und eine Nummerierung. Während sich die Beschriftung der Tabellen über einer Tabelle befindet, werden Bilder normalerweise unterschrieben. Word schlägt als Beschriftung von Bildern die Kategorie *Abbildung* vor (Word 2000: auch *Bild*).

Möchten Sie die Kategorie *Bild* benutzen, verwenden aber eine Dokumentvorlage, in der die Kategorie »Bild« nicht angelegt ist, erfordert dies zunächst das Anlegen einer neuen Kategorie. Klicken Sie dazu auf die Schaltfläche *Neue Bezeichnung* (Word 2000/Word 97: *Neue Kategorie)* im Dialogfeld *Beschriftung*. Damit öffnen Sie das Dialogfeld, das im folgenden Bild zu sehen ist.

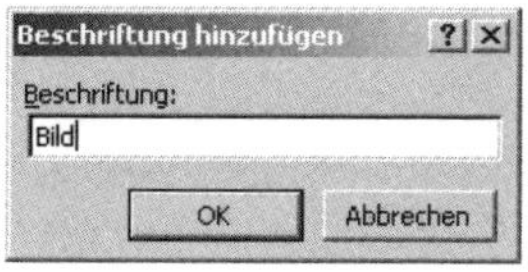

Bild 3.28: Anlegen einer neuen Kategorie

Tippen Sie einfach das Wort »Bild« in das Eingabefeld ein und bestätigen Sie die neue Bezeichnung.

Die Nummerierung erfolgt, wie sie zuvor eingestellt war. Haben Sie bereits eine Nummerierung für Tabellen verwendet, die die Kapitelnummer mit einbezieht, so wird für die neue Kategorie diese Nummerierung ebenfalls vorgeschlagen. Die Bildunterschrift wird dann auch mit dem Absatzformat *Beschriftung* eingefügt.

Leider hat Word das Zuordnen von Formatvorlagen so gelöst, dass jeder Beschriftung, unabhängig von der Kategorie, dieselbe Formatvorlage zugewiesen wird. Für eine Überschrift sollte aber beispielsweise der Abstand zum Text, also oberhalb der Überschrift, größer sein als zu dem eingefügten Element, beispielsweise der Tabelle, wie Sie im folgenden Bild links sehen können. Anders sollte bei einer Bildunterschrift der Abstand zum Text, also nach der Bildunterschrift, größer sein, als der davor zum Bild (siehe dazu im folgenden Bild rechtes Teilbild). Das bedeutet, dass man sinnvollerweise verschiedene Formatvorlagen für Tabellenüberschriften und Bildunterschriften erstellt und z. B. einer Bildunterschrift nach dem Einfügen in den Text die entsprechende Formatvorlage zuweisen sollte.

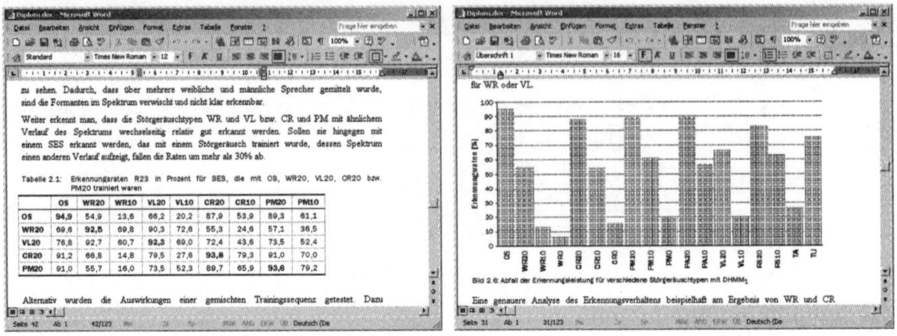

Bild 3.29: Links: Tabelle mit Tabellenüberschrift, rechts: Bild mit Bildunterschrift

Bildernummerierung und -formatierung leicht gemacht Die Symbolleiste Nummerierung (siehe Abschnitt 3.4.3, »Die Nummerierung-Symbolleiste«,) stellt unter anderem ein Makro zur Verfügung, das eine Bildunterschrift der Kategorie »Bild«, »Abbildung« oder »Abb.« mit einer Nummerierung unter Einbeziehung der Kapitelnummer erzeugt sowie die passende Formatvorlage zuweist.

3.4.2.3 Nummerierung von Formeln

Zum Nummerieren von Formeln gibt es zwei Möglichkeiten. Entweder werden alle Formeln durchnummeriert oder man nummeriert nur diejenigen, auf die man später verweisen möchte. Da man das vorher in der Regel aber nicht unbedingt weiß, ist es meistens einfacher, alle Formeln mit einer Nummer zu versehen. Auch zum Nummerieren von Formeln kann die Beschriftungsfunktion verwendet werden, allerdings muss sie leicht abgeändert werden. Formeln nummeriert man normalerweise mit arabischen Zahlen in runden Klammern. Auch sie können entweder durchgängig in der gesamten Arbeit mit (1), (2) usw. oder kapitelweise mit (2.1), (2.2) usw. nummeriert werden.

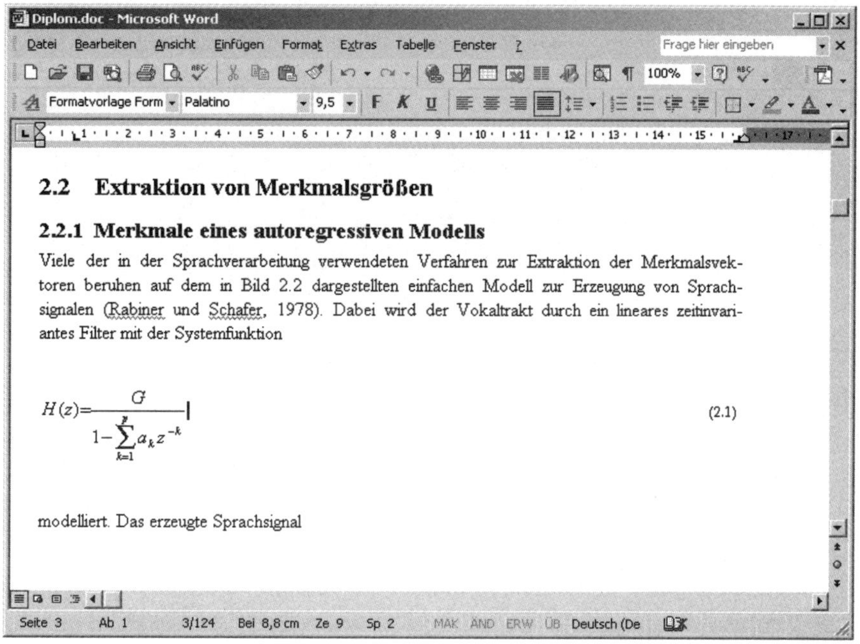

Bild 3.30: Formel mit Nummerierung

Sie sollten für Formeln im Text ein spezielles Absatzformat verwenden, das rechts in der Zeile einen rechtsbündigen Tabulator verwendet. Dann können Sie nach dem Einfügen der Formel einen Tabstopp einfügen und *EINFÜGEN Referenz Beschriftung* wählen. Wie Sie in den vorgegebenen Kategorien sehen können, wird standardmäßig eine Kategorie *Formel* angegeben (Word 2000/ Word 97: *Gleichung*). Eine Nummerierung in der Form »Formel 1«, »Formel 2« etc. ist jedoch eher ungewöhnlich. Um das gewünschte Format verwenden zu können, legen Sie ebenfalls eine neue Kategorie an. Wählen Sie dazu die Schaltfläche *Neue Bezeichnung* (Word 2000/Word 97: *Neue Kategorie*) aus und tippen in das Eingabefeld nur das Zeichen »(«. Bestätigen Sie die Eingabe und stellen Sie mit der Schaltfläche *Nummerierung* das Format der gewünschten Nummerierung ein. Fügen Sie dann im Dialogfeld *Beschriftung* in der Eingabezeile unter *Beschriftung* noch das fehlende Zeichen »)« ein, so ist die Nummerierung für Formeln erzeugt.

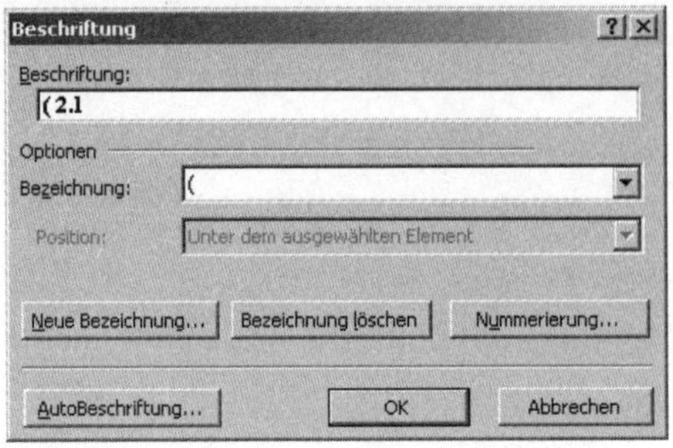

Bild 3.31: Erzeugte Formelnummerierung

Word fügt nach der ersten Klammer (automatisch ein Leerzeichen ein. Falls Ihnen das nicht gefällt, müssen Sie es einzeln bei jeder Beschriftung löschen.

Formelnummerierung und -formatierung leicht gemacht Auf der Symbolleiste Nummerierung (siehe Abschnitt 3.4.3, »Die Nummerierung-Symbolleiste«,) finden Sie ein Makro zur Nummerierung von Formeln unter Einbeziehung der Kapitelnummer.

3.4.3 Die Nummerierung-Symbolleiste

Auf der Symbolleiste Nummerierung finden Sie Schaltflächen, um eine Tabellen-, Bilder- und Formeln-Nummerierung und Formatierung per Knopfdruck zu erzeugen.

Möchten Sie die Symbolleiste Nummerierung verwenden, muss zunächst die Dokumentvorlage, die die Symbolleiste enthält, in das Verzeichnis STARTUP kopiert oder so zur Verfügung gestellt werden, wie in Abschnitt 3.1.4, »Makros zur Verfügung stellen«, beschrieben.

Wählen Sie den Befehl *ANSICHT Symbolleisten* und dann *Nummerierung*, um die Symbolleiste anzuzeigen, falls sie nicht automatisch angezeigt wird.

In der folgenden Tabelle möchten wir Ihnen kurz die hier verwendeten Makros der Symbolleiste vorstellen.

Tabelle 3.1: Beschreibung der hier benötigten Schaltflächen der Nummerierung-Symbolleiste

Schaltfläche	Funktionalität
Tabellennummer	erzeugt eine Tabellenüberschrift mit Kategorie »Tabelle« oder »Tab.« und einer Nummerierung unter Einbeziehung der Kapitelnummer.
Bildnummer	erzeugt eine Bildunterschrift mit den Kategorien »Bild«, »Abbildung« oder »Abb.« sowie einer Nummerierung des Bildes unter Einbeziehung der Kapitelüberschrift.
Formel einfügen	erzeugt eine Formel-Nummerierung unter Einbeziehung der Kapitelnummer und startet den Formel-Editor.
Alle Felder aktualisieren	aktualisiert eingefügte Feldfunktionen und Querverweise.
{a}	zeigt die Feldfunktionen im Text an. Wird die Schaltfläche erneut betätigt, wird die Feldfunktionenansicht wieder zurück in die Ergebnisansicht geschaltet.

3.4.3.1 Nummerierung von Tabellen

Um die Tabellenüberschrift mit Hilfe der entsprechenden Schaltfläche auf der Symbolleiste Nummerierung zu erstellen, gehen Sie so vor:

- ☑ Positionieren Sie den Maus-Cursor in einer leeren Zeile über der Tabelle, wo die Tabellenüberschrift eingefügt werden soll.
- ☑ Klicken Sie auf die Schaltfläche *Tabellennummer*.

Tabellennummer

Sie aktivieren damit das folgende Dialogfeld, in dem Sie festlegen können, ob Ihre Tabelle mit »Tab.« oder dem ausgeschriebenen Wort »Tabelle« überschrieben werden soll. Klicken Sie zudem an, ob die Tabellenüberschrift für die erste oder eine andere Tabelle des Kapitels eingefügt wird. Geben Sie am Ende den Beschreibungstext für die Tabelle ein und bestätigen Sie die Auswahl mit der OK-Schaltfläche.

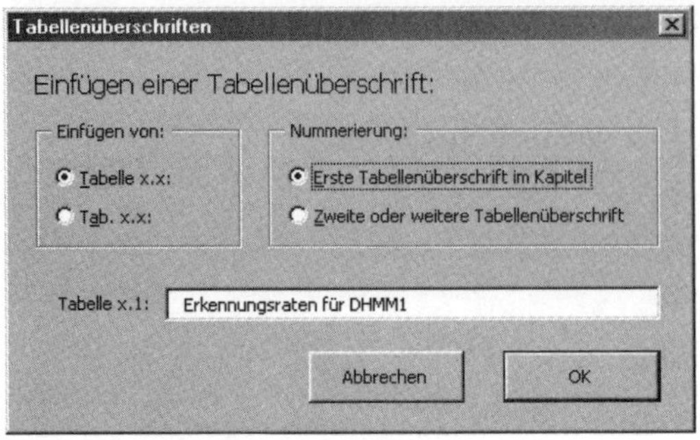

Bild 3.32: Einfügen einer Tabellenüberschrift

Mit der in Bild 3.32 abgebildeten Einstellung wird die im folgenden Bild dargestellte Tabellenüberschrift erzeugt. Falls Ihre verwendete Dokumentvorlage die Formatvorlage »Tabellenüberschrift« enthält, wird die Zeile zudem automatisch mit dieser Formatvorlage versehen.

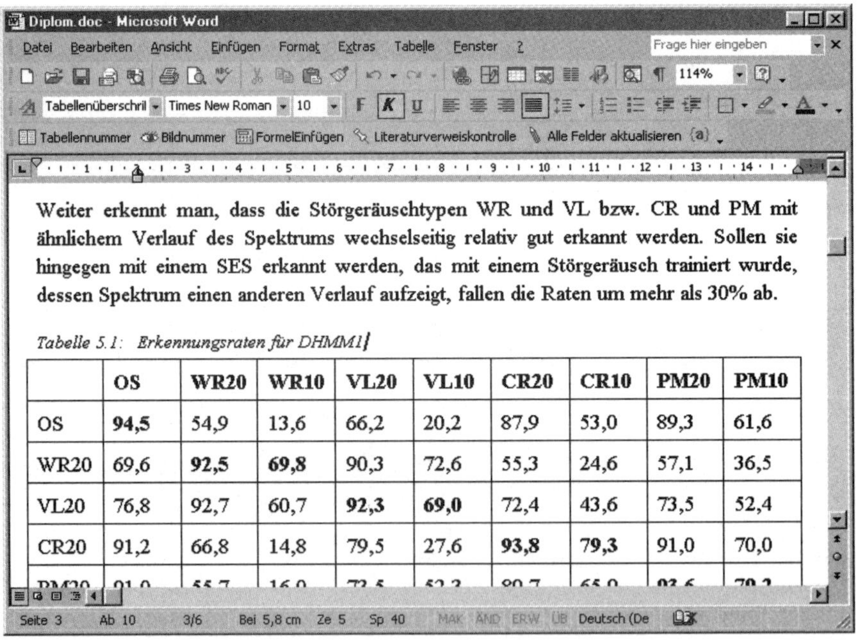

Bild 3.33: Eingefügte Tabellenüberschrift

Das Makro fügt zum Nummerieren der Tabellen so genannte Feldfunktionen ein. Um eine beliebige Tabelle im Kapitel zu nummerieren, wird die Feldfunktion

{ FVREF "Überschrift 1" \n }.{ SEQ Tabelle }

eingetragen. Der erste Teil der Feldfunktion übernimmt die Nummer der aktuellen Überschrift der obersten Überschriftenebene, der zweite Teil der Feldfunktion zählt einfach für die jeweils nächste Tabelle um Eins hoch. Damit würden alle Tabellen der gesamten Arbeit von Eins bis beispielsweise 111 durchgezählt. Damit die erste Tabelle jedes Kapitels zwar eine neue Kapitelnummer, aber als Bildnummer wieder eine Eins erhält, wird für die erste Tabelle eines Kapitels die zweite Feldfunktion geändert zu:

{ FVREF "Überschrift 1" \n }.{ SEQ Tabelle \r 1 }

Daher ist es wichtig, im Dialogfeld anzugeben, welche Tabelle die erste im Kapitel ist.

Geschweifte Klammern Geschweifte Klammern für Feldfunktionen sind keine gewöhnlichen Klammern, sondern müssen mit der Tastenkombination Strg+F9 eingefügt werden. Sonst erkennt sie Word nicht als Klammern einer Feldfunktion, sondern vermutet normalen Text anstelle einer Feldfunktion.

3.4.3.2 Nummerierung von Bildern

Möchten Sie ein Bild mit einer Bildunterschrift ergänzen, verwenden Sie dazu die Schaltfläche *Bildnummer* der Nummerierung-Symbolleiste. Sie öffnen damit das folgende Dialogfeld. Legen Sie darin fest, ob Sie die Bezeichnung »Bild«, »Abbildung« oder die Abkürzung »Abb.« verwenden möchten. Wie zuvor zum Einfügen der Tabellenüberschrift müssen Sie zudem angeben, ob es sich um die Bildunterschrift des ersten oder eines anderen Bildes des Kapitels handelt. Tippen Sie zum Schluss die Beschreibung des Bildes ein und bestätigen die Angaben.

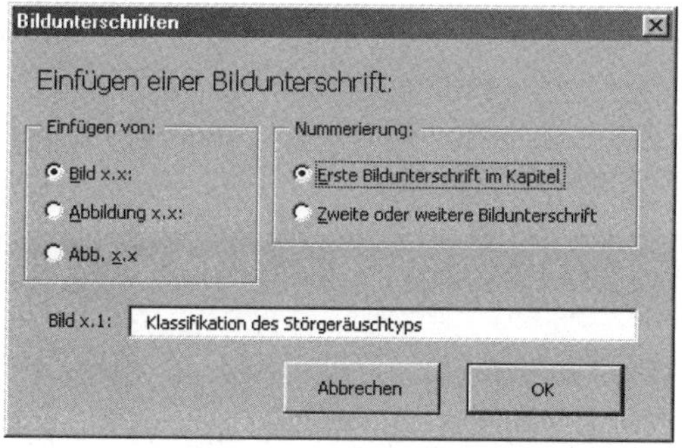

Bild 3.34: Einfügen einer Bildunterschrift

Existiert in der Dokumentvorlage, die Sie verwenden, eine Formatvorlage »Bildunterschrift«, so wird automatisch die Bildunterschrift mit dieser Formatvorlage formatiert. Wenn Sie bisher die Formatvorlage noch nicht vorgesehen haben, können Sie sie für die Dokumentvorlage erstellen und im Weiteren verwenden.

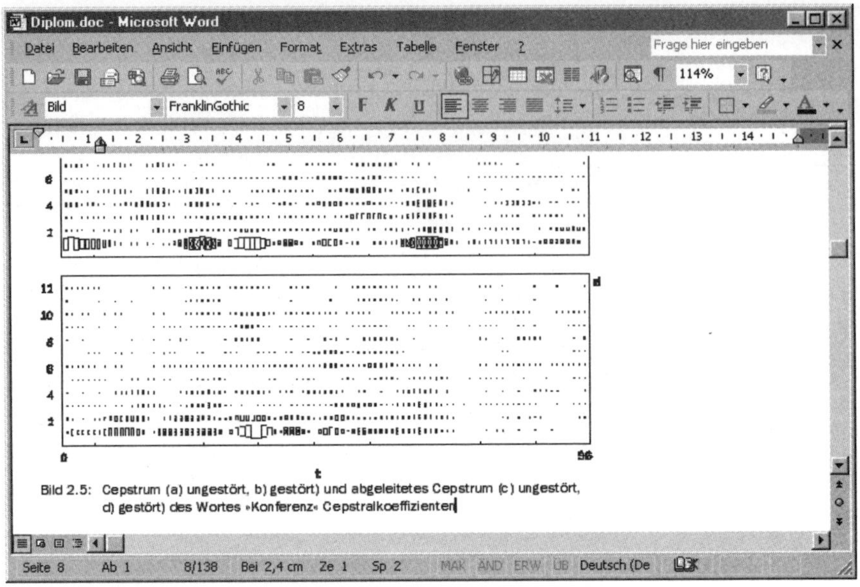

Bild 3.35: Eingefügte Bildunterschrift

3.4.3.3 Reihenfolge von Tabellen oder Bildern ändern

Sie können jederzeit auch vor einer Tabelle eine neue einfügen, wenn Sie dann die Nummern aktualisieren. Zum Aktualisieren der Felder in einem Text finden Sie auf der Nummerierung-Symbolleiste die Schaltfläche *Alle Felder aktualisieren.* Alternativ können Sie mit [Strg]+[A] den gesamten Text markieren und mit [F9] aktualisieren. Dasselbe gilt natürlich auch für Bilder.

Eine neue erste Tabelle oder ein neues erstes Bild einfügen Soll eine Tabelle oder ein Bild vor der oder dem ersten eingefügt werden, ist darauf zu achten, dass die Feldfunktion der folgenden Tabelle bzw. des folgenden Bildes entsprechend bearbeitet wird.

- ☑ Fügen Sie zunächst die neue erste Tabelle ein.
- ☑ Verwenden Sie dann die Schaltfläche *Feldfunktionen anzeigen* oder [alt]+[F9], um in die Feldfunktionsansicht umzuschalten.
- ☑ Löschen Sie in der Feldfunktion der Tabellenüberschrift (der Bildunterschrift), die nun nicht mehr zur ersten Tabelle (zum ersten Bild) gehört, die Zeichen »\r 1«, die einen Neuanfang bei Eins erzwingen.
- ☑ Schalten Sie danach mit der Schaltfläche *Feldfunktionen anzeigen* um, um wieder die Ergebnisse der Feldfunktionen angezeigt zu bekommen.

3.4.4 Nummerierung von Formeln

Zum Nummerieren von Formeln gibt es zwei Möglichkeiten. Entweder werden alle Formeln durchnummeriert oder man nummeriert nur diejenigen, auf die man später verweisen möchte. Da man das vorher in der Regel aber nicht unbedingt weiß, ist es meistens einfacher, alle Formeln mit einer Nummer zu versehen. Da die Word-eigene Beschriftungsfunktion für Formeln gleich mehrere Mängel aufweist, haben wir für das Buch eine eigene entwickelt, die Sie mit Hilfe der Schaltfläche *Formel einfügen* der Nummerierung-Symbolleiste einfügen können.

Legen Sie zunächst fest, ob die Formeln, die Sie einfügen, linksbündig oder zentriert dargestellt werden sollen. Geben Sie zudem wie bereits zuvor an, ob die einzufügende Formel die erste im Kapitel oder eine andere ist.

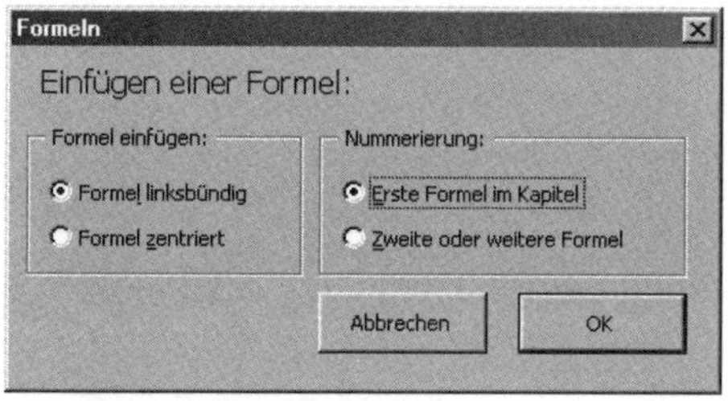

Bild 3.36: Formel einfügen

Nach der Bestätigung der Angaben wird an der Stelle, an der die Eingabemarke steht, eine Tabelle eingefügt, in deren letzte Zelle die Feldfunktion definiert wird, in der Zelle davor wird der Formel-Editor aufgerufen.

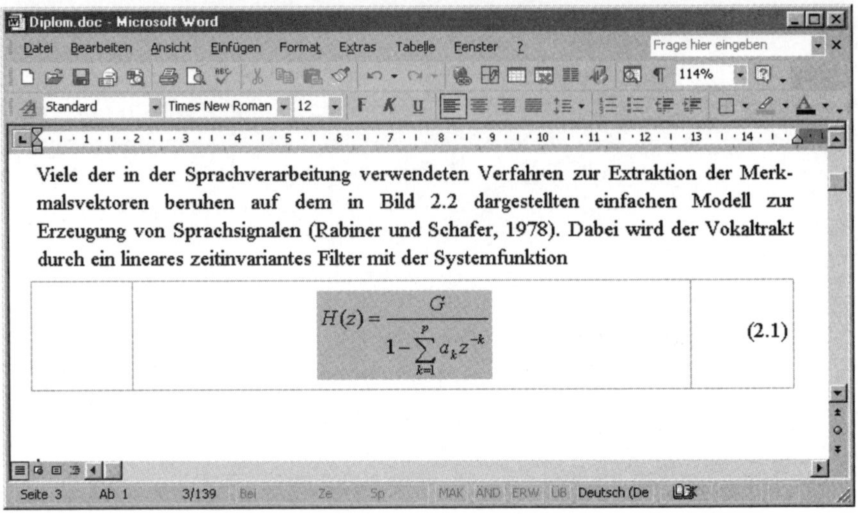

Bild 3.37: Zentriert eingefügte Formel

Die Arbeit mit der Tabelle ist nötig, um die Nummerierung der Formel in der Höhe mittig zur Fromel ausrichten zu können. Die Rahmen der Tabelle werden automatisch ohne Farbe definiert, so dass im Ausdruck keine Linien erscheinen. Soll die Tabelle zentriert dargestellt werden, werden drei Zellen eingefügt, dabei sind die erste und die letzte gleich breit. Die mittlere ist zentriert formatiert, so dass eine eingegebene Formel genau in der Mitte des Textes erscheint. Ansonsten besteht die eingefügte Tabelle nur aus zwei Zellen.

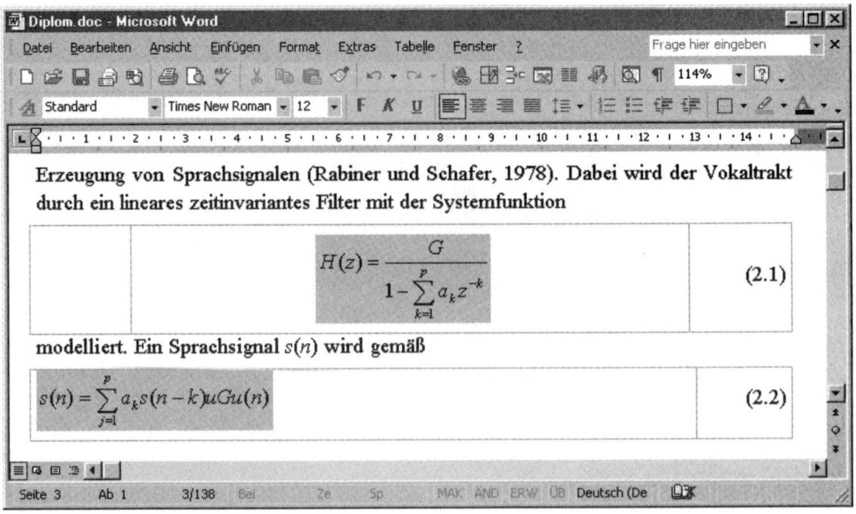

Bild 3.38: Linksbündig eingefügte Formel

Haben Sie für Formel die Formatvorlage »Formel« mit Abständen nach oben und unten definiert, wird diese Formatvorlage automatisch auf die Zeile mit der eingefügten Tabelle übernommen.

3.4.4.1 Reihenfolge von Formeln ändern

Es ist kein Problem, vor einer Formel eine andere einzufügen, wenn danach alle Feldfunktionen aktualisiert werden. Verwenden Sie dazu die Schaltfläche *Alle Felder aktualisieren* der Nummerierung-Symbolleiste.

Möchten Sie eine Formel vor der ersten im Kapitel einfügen, müssen Sie die Feldfunktion der Formel ändern, die zuvor an erster Stelle stand. Schalten Sie mit der Schaltfläche *Feldfunktionen anzeigen* um in die Feldfunktionenansicht. Löschen Sie in der Nummerierung der zweiten Formel den Parameter »\r 1« und schalten Sie erneut mit der Schaltfläche *Feldfunktionen anzeigen* aus der Feldfunktionenansicht zurück.

3.4.5 Querverweise erstellen

Angenommen, Sie möchten in Ihren Text den Verweis auf eine bestimmte Tabelle aufnehmen. Platzieren Sie die Eingabemarke an die Stelle, an der Sie den Verweis einfügen möchten, verwenden den Befehl *EINFÜGEN Referenz* und wählen dann *Querverweis* aus (Word 2000/Word 97: *EINFÜGEN Querverweis*). Wählen Sie links im Dialogfeld den *Verweistyp* aus, also *Tabelle*. Dann werden darunter alle Tabellen mit dem Anfang der Tabellenüberschrift angezeigt, so dass Sie die richtige durch Anklicken markieren können. Wählen Sie nun noch aus, was als Verweis eingefügt werden soll. Der übliche Verweis erfolgt mit *Nur Kategorie und Nummer*, dann wird beispielsweise *Tabelle 2.3* eingefügt. Es besteht aber auch die Möglichkeit, den Text der Tabellenüberschrift oder die gesamte Überschrift einzufügen.

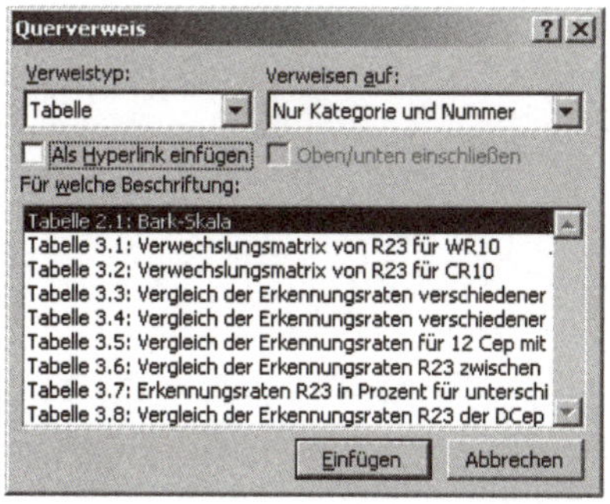

Bild 3.39: Querverweis auf Tabelle einfügen

Im Dialogfeld sehen Sie, dass Sie einen Querverweis auch als Hyperlink einzufügen können. Das hat den Vorteil, dass Sie bei gedrückter [Strg]-Taste per Klick die Stelle anspringen können, auf die verwiesen wird.

Word 97 Word 2000

In Word 2000/Word 97 reicht ein einfacher Klick aus. Klickt man allerdings aus Versehen auf einen solchen Verweis, springt man natürlich auch an diese Stelle, obwohl das dann nicht erwünscht ist.

Möchten Sie anstatt auf eine Tabelle auf ein Bild verweisen, selektieren Sie entsprechend als *Verweistyp* den Eintrag *Bild*. Zum Verweis auf eine Formel wählen Sie als Verweistyp die Klammer, die zur Formelnummerierung verwendet wird.

Querverweise sind zudem auch auf Kapitelüberschriften möglich. Wenn Sie als Verweistyp *Überschrift* selektieren, können Sie die Kapitelnummer, den Überschriftentext oder die Seite, auf der sich die ausgewählte Überschrift befindet, einfügen.

3.4.5.1 Kapitelübergreifende Querverweise

Möchten Sie Querverweise erstellen, die kapitelübergreifend sind, beispielsweise in Kapitel 5 einen Verweis auf eine Überschrift in Kapitel 2, so machen Sie das am einfachsten in Ihrem Masterdokument.

- ☑ Laden Sie das Masterdokument, gehen Sie in die Masterdokumentansicht und erweitern Sie alle Unterdokumente.
- ☑ Platzieren Sie die Eingabemarke an die Stelle, an die der Verweis eingetragen werden soll.
- ☑ Verwenden Sie nun den Befehl *EINFÜGEN Referenz Querverweis*.

Sie können danach bei Bedarf das Masterdokument speichern und schließen und im Unterdokument weiterarbeiten. Öffnen Sie das Unterdokument einzeln, stimmt die erste Zahl der Nummerierung, die auf das Kapitel verweist, nicht mehr. Aktualisieren Sie das Unterdokument, so erscheint oft die Meldung **Fehler! Verweisquelle konnte nicht gefunden werden.** Diese Fehlermeldung kommt zustande, weil das Dokument, auf das verwiesen wird, nicht geöffnet und somit nicht gefunden wird. Aktualisieren Sie später alle Felder im erweiterten Masterdokument, werden die Fehlermeldungen wieder durch die richtigen Verweise ersetzt.

Arbeiten Sie ohne Masterdokumente sind kapitelübergreifende Verweise, die sich automatisch aktualisieren, nicht möglich. Sie können solche Verweise nur selbst eintragen und müssen selbst darauf achten, dass sie nach Umstellungen der Kapitel noch korrekt sind.

3.4.6 Aktualisieren von Nummerierungen und Querverweisen

Nach dem Umstellen oder Löschen von Text stimmen oft Nummerierung und Querverweise nicht mehr. Lassen Sie dann Word Nummerierung und Querverweise aktualisieren.

- ☑ Am besten Sie öffnen dazu das Masterdokument und erweitern die Unterdokumente.
- ☑ Verwenden Sie dann die Schaltfläche *Alle Felder aktualisieren* der Nummerierung-Symbolleiste.

Alternativ können Sie zum Aktualisieren auch folgendermaßen vorgehen:

- ☑ Markieren Sie das gesamte Dokument mit dem Befehl *BEARBEITEN Alles markieren* oder der Tastenkombination [Strg]+[A].
- ☑ Betätigen Sie dann die Funktionstaste [F9], um den Aktualisierungsvorgang zu starten.

Je nach der Größe eines Dokuments kann dieser Vorgang einige Zeit dauern.

3.5 Seitennummerierung

Um Seiten zu nummerieren, stehen Ihnen zwei Möglichkeiten zur Verfügung: Entweder fügen Sie mit dem Befehl *EINFÜGEN Seitenzahlen* oder mit *ANSICHT Kopf- und Fußzeile* eine Seitenzahl ein.

Der einfachste Weg, mit Seitenzahlen umzugehen, führt über den Befehl *EINFÜGEN Seitenzahlen*, durch den das folgende Dialogfeld geöffnet wird. Arbeiten Sie jedoch mit Kopf- oder Fußzeilen, empfehlen wir Ihnen, darin Ihre Seitenzahl einzugeben.

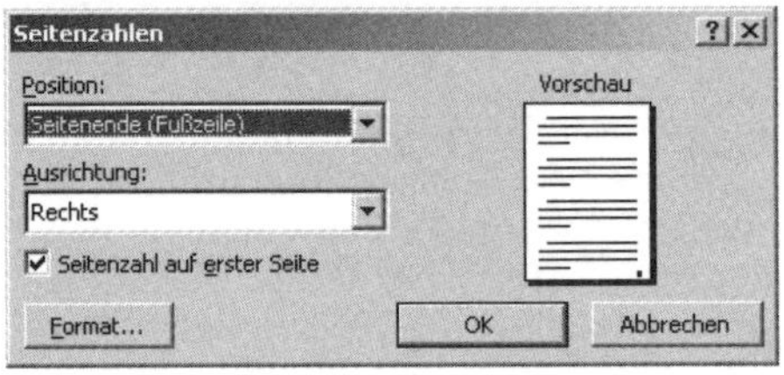

Bild 3.40: Einfügen einer Seitenzahl

Im Dialogfeld können Sie zunächst einmal die Position festlegen, an der die Seitenzahl erscheinen soll. Legen Sie fest, ob die Seitenzahl am Seitenanfang oder am Seitenende positioniert werden soll. Zudem können Sie auswählen, ob die Seitenzahl *Zentriert*, *Links* oder *Rechts* stehen soll. Verwenden Sie ein Format, das rechte und linke Seitenformatierung unterscheidet, können Sie mit *Innen* und *Außen* die Position der Seitenzahl für eine Doppelseite bestimmen.

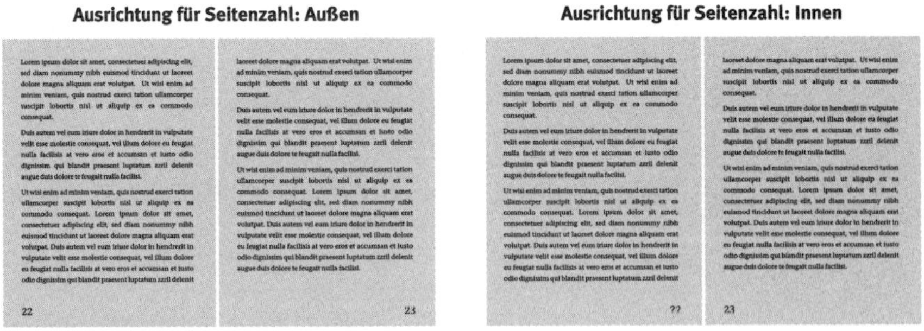

Bild 3.41: Ausrichtung von Seitenzahlen

Im folgenden Dialogfeld bestimmen Sie das Format der Seitenzahlen. Dieses Dialogfeld können Sie ebenso zum Ändern einer vorgegebenen Seitenzahl verwenden. Neben der gewöhnlichen Nummerierung mit arabischen Zahlen lassen sich Ihre Seiten auch mit Buchstaben oder römischen Zahlen zählen.

Für Examensarbeiten ist eine Seitennummerierung, in die die Kapitelnummerierung mit einbezogen wird, eher ungewöhnlich. Im mittleren Teil des Dialogfeldes kann man solche Seitennummerierungen erzeugen. Das bedeutet, für jedes Kapitel werden die Seiten separat gezählt, so dass das erste Kapitel beispielsweise die Seiten 1-1 bis 1-10, das zweite 2-1 bis 2-22 usw. enthält.

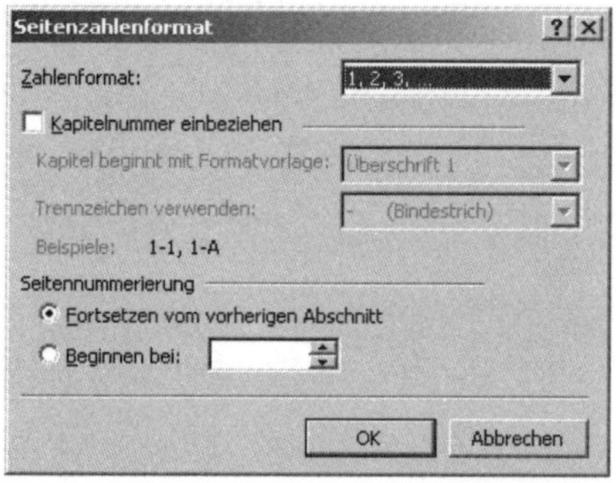

Bild 3.42: Formatieren von Seitenzahlen

Die Standardeinstellung im unteren Gruppenfeld lässt Word Dokumente, die in einzelne Abschnitte getrennt sind, unabhängig von den Abschnittsgrenzen durchzählen. Dies ist die richtige Einstellung, wenn Sie Masterdokumente verwenden, für die der Text in Abschnitte unterteilt wurde. Das bedeutet, auch wenn Sie die Unterdokumente einzeln bearbeiten, werden die Seitenzahlen beim Druck aus dem Masterdokument heraus für das gesamte Dokument durchgängig gezählt.

Mit der Einstellung *Beginnen bei* (Word 2000/Word 97: *Beginnen mit*) können Sie Word dazu zwingen, mit einer bestimmten Seitenzahl bei der Nummerierung des aktuellen Dokuments zu beginnen. Dies ist wichtig, wenn Ihr Text aus mehreren Teilen besteht, die nicht in einem Masterdokument zusammengefasst sind. Auch dann soll natürlich eine durchgängige Nummerierung der Seiten erstellt werden.

Nicht fortlaufende Seitennummerierung Sollte in Ihrer Arbeit das Problem auftreten, dass Ihre Seitenzahlen in jedem Kapitel wieder bei 1 beginnen anstatt fortlaufend zu zählen, kontrollieren Sie, ob eine fortlaufende Nummerierung für den Abschnitt eingestellt wurde. Verwenden Sie dazu den Befehl *EINFÜGEN Seitenzahlen*. Mit der Schaltfläche *Format* wechseln Sie in ein weiteres Dialogfeld, in dem im Gruppenfeld *Seitennummerierung* das Optionsfeld zu *Fortsetzen vom vorherigen Abschnitt* aktiviert sein sollte.

Löschen der Seitenzahlen Möchten Sie die eingegebene Seitenzahl löschen, aktivieren Sie, wie im folgenden Abschnitt beschrieben, die Kopf-/ Fußzeilenansicht, markieren die Seitenzahl und ihren Positionsrahmen und löschen beide mit der Entf-Taste.

3.6 Kopf- und Fußzeilen

Kopf- und Fußzeilen enthalten neben der Seitenzahl oft weitere Informationen wie den Namen der Arbeit oder aber auch die Überschriften der ersten beiden Gliederungsebenen zur besseren Orientierung.

Die mit AW beginnenden Dokumentvorlagen auf der CD-ROM (z. B. AWDIPL1.DOT) enthalten mindestens die Seitenzahl in einer Kopf- oder Fußzeile. Da Kopf- und Fußzeilen das Lesen von langen Texten und die Orientierung in einem langen Dokument erheblich vereinfachen, würden wir im Allgemeinen zur Verwendung einer Kopfzeile mit der Überschrift mindestens der 1. Gliederungsebene raten.

Die Dokumentvorlagen AWDIPL*.DOT und AWDISS*.DOT unterscheiden sich wesentlich dadurch, dass die ersten einseitig, die zweiten zweiseitig formatiert sind. Für Haus-, Diplom- und die meisten Examensarbeiten werden nur die Vorderseiten eines Papiers bedruckt und die Rückseiten bleiben leer, sie werden also nur einseitig bedruckt. Das bedeutet, wie Sie im folgenden Bild links sehen können, dass die Kopfzeile für jede Seite gleich ist.

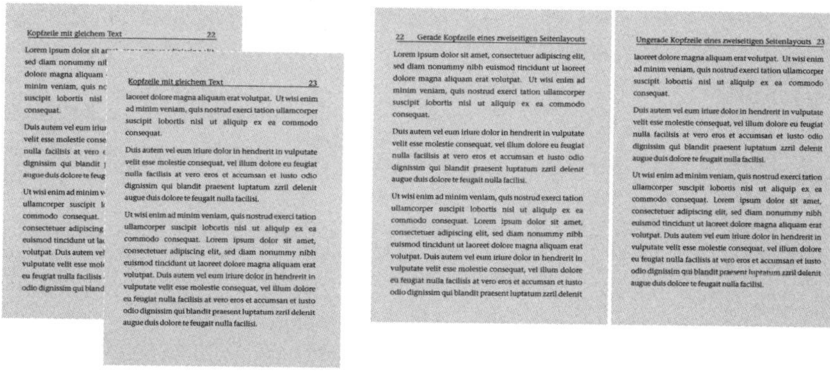

Bild 3.43: Links einseitiges, rechts zweiseitiges Seitenlayout

Dissertations- oder Habilitationsschriften hingegen werden in der Regel zweiseitig wie ein Buch bedruckt. In einem solchen Fall werden die Seitenzahlen mal links, mal rechts eingefügt, wenn sie wie in obigem Bild außen auf der Seite stehen sollen.

Word unterscheidet zwischen ungeraden und geraden Seiten. Im Druck enthalten rechte Seiten ungerade Seitenzahlen, wie dies auch im vorliegenden Buch und im rechten Teilbild des obigen Bildes der Fall ist.

Verwenden Sie eine Dokumentvorlage mit eingestellter Kopf- und Fußzeile, werden Sie vermutlich die folgenden Seiten überspringen können. Für diejenigen, die jedoch Kopf- und Fußzeilen einstellen oder ändern möchten, haben wir im Folgenden eine Einführung in das Arbeiten mit Kopf- und Fußzeilen aufgenommen. Dazu werden wir zunächst darstellen, wie Kopf- und Fußzeilen erstellt werden und dann, anhand von Beispielen, ein- und zweiseitige Kopf- und Fußzeilen schrittweise erklären.

3.6.1 Erstellen von Kopf- und Fußzeilen

Sie fügen in Ihrem Text eine Kopf- oder Fußzeile ein, indem Sie den Befehl *ANSICHT Kopf- und Fußzeile* auswählen. Dadurch ändert Word unter Umständen die Ansicht Ihres Dokuments, da in der Normalansicht Kopf- und Fußzeilen nicht angezeigt werden. Das ist nur in der Seitenlayoutansicht möglich.

Sie sehen im folgenden Bild, dass zum Einfügen einer Kopfzeile ein gestrichelter Bereich mit der Texteinfügemarke angezeigt wird. Zusätzlich wird eine spezielle Symbolleiste aktiviert, die verschiedene Funktionen enthält, die das Arbeiten mit Kopf- und Fußzeilen erleichtern.

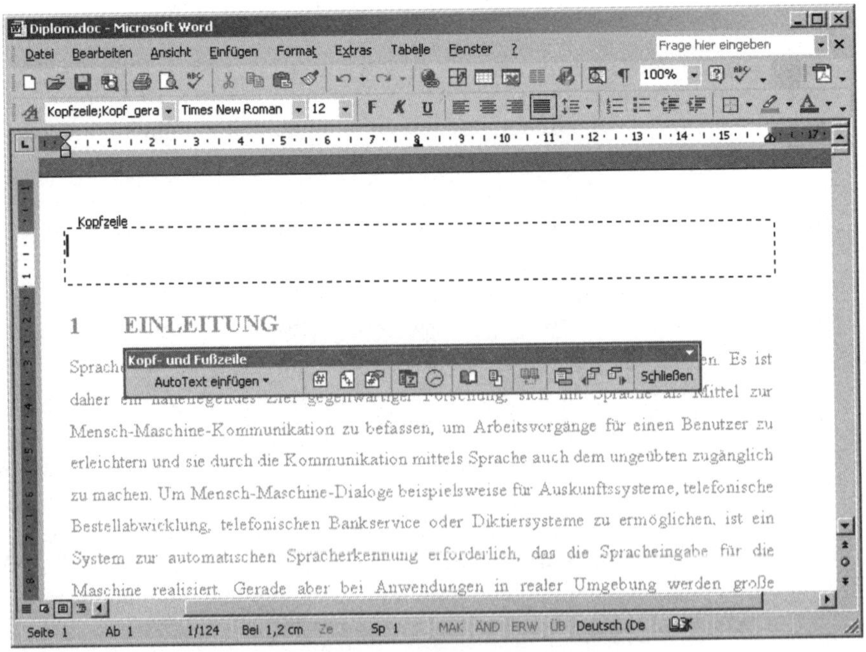

Bild 3.44: Seitenlayoutansicht beim Einfügen einer Kopfzeile

Sie können nun als einfachste Variante Text eingeben, der auf jeder Seite als Kopfzeile wiederholt wird. Der Text einer Kopfzeile kann linksbündig, zentriert, rechtsbündig oder auch mit negativem Einzug dargestellt werden. Sie können auf dem Lineal sehen, dass dazu zwei Tabulatoren voreingestellt sind: ein zentrierender und ein rechtsbündiger.

Mit den links dargestellten Schaltflächen können Sie per Tastendruck die Seitenzahl und die Gesamtseitenzahl einfügen sowie die Formatierung für die Seitenzahlen festlegen.

Mit den beiden folgenden Schaltflächen lässt sich das Datum oder die Uhrzeit einfügen.

Sehr hilfreich ist auch die Schaltfläche, die links zu sehen ist, da Sie damit das Dialogfeld zu *Seite einrichten* aus dem Menü *DATEI* aufrufen können. Mit der zweiten links dargestellten Schaltfläche lässt sich der Text des Dokuments aus- bzw. einblenden.

Die letzten drei Schaltflächen mit Symbolen können dazu verwendet werden, sich andere Kopf- oder Fußzeilen anzeigen zu lassen. Mit der ersten springen Sie von einer Kopf- zur Fußzeile der selben Seite und umgekehrt. Die zweite zeigt die vorherige Kopfzeile (bzw. Fußzeile) an und die letzte die nächste. Um sich zwischen den Kopf- und Fußzeilen zu bewegen, können Sie ebenso die Pfeiltasten nach oben oder unten verwenden.

Die links dargestellte Schaltfläche ermöglicht das Verbinden und Lösen der Einstellungen für Kopf- und Fußzeilen eines Abschnittes mit dem vorhergehenden. Das bedeutet, alle Einstellungen, die im vorherigen Abschnitt für eine Kopfzeile vorgenommen wurden, werden, wenn die Schaltfläche *Wie vorherige* aktiv ist, auch für den aktuellen Abschnitt verwendet.

Diese Option sollte im Folgenden in allen besprochenen Beispielen aktiviert sein.

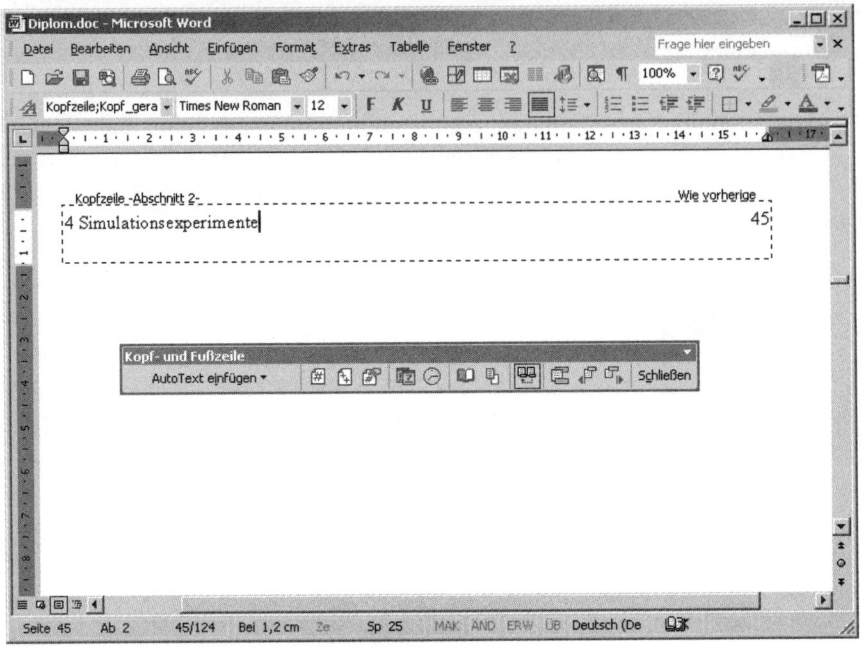

Bild 3.45: Einstellungen wie vorherige Kopfzeile

In den nächsten Beispielen werden wir den Umgang mit den folgenden Kopfzeilen besprechen:

☑ Einfache einseitige Kopfzeile, die einen festen Text sowie die Seitenzahl enthält.

☑ Einseitige Kopfzeile, die mit der ersten Gliederungsebene verknüpft wird und neben der Seitenzahl den Text der aktuellen ersten Überschrift anzeigt.

☑ Zweiseitige Kopfzeile, die außen die Seitenzahlen anzeigt und innen die Überschriften der ersten bzw. zweiten Gliederungsebene darstellt. Dabei wird für die linke, gerade Kopfzeile die jeweilige Überschrift der ersten Gliederungsebene, auf der rechten die der zweiten Ebene verwendet.

Auch wenn wir im Folgenden ausschließlich den Umgang mit Kopfzeilen besprechen, können Sie, wenn Sie Fußzeilen verwenden möchten, analog verfahren.

3.6.1.1 Kopfzeile mit festem Text und Seitenzahl

Als erstes Beispiel soll in der Kopfzeile der Name der Arbeit als Text eingegeben werden. Rechtsbündig soll zusätzlich die aktuelle Seitenzahl erscheinen.

☑ Wählen Sie zunächst den Befehl *ANSICHT Kopf- und Fußzeile* aus.

- ☑ Geben Sie nun den Text ein.
- ☑ Löschen Sie den mittleren Tabulator, indem Sie ihn anklicken und auf die Arbeitsfläche herunterziehen.
- ☑ Schieben Sie, falls das nötig sein sollte, den rechtsbündigen Tabulator soweit nach rechts oder links, dass er rechts am Rand der weißen Markierung auf dem Lineal steht.
- ☑ Bewegen Sie die Texteingabemarke mit Hilfe der Tabulatortaste nach rechts.

- ☑ Fügen Sie nun mit der Schaltfläche *Seitenzahl einfügen* die Seitenzahl ein.

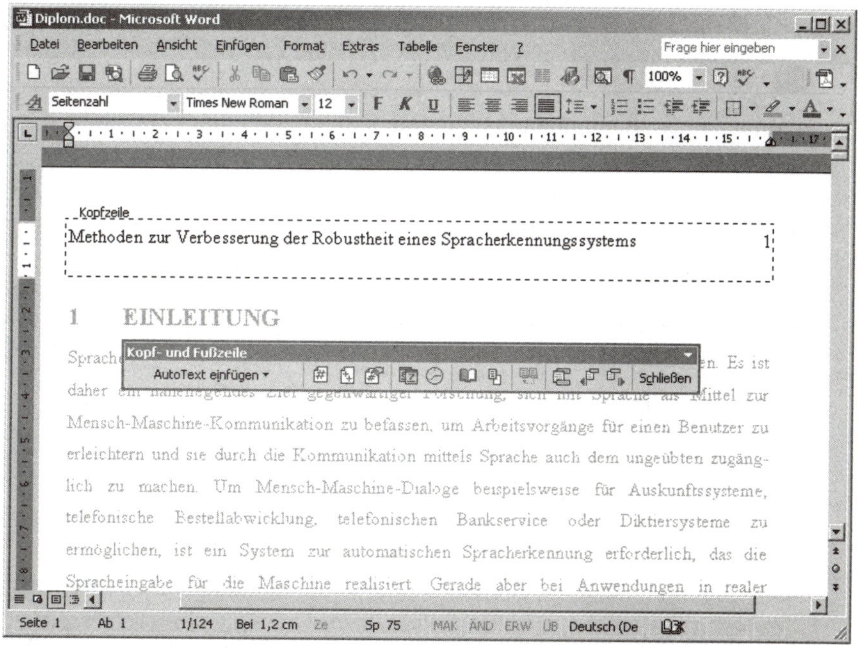

Bild 3.46: Eingefügte Kopfzeile

- ☑ Sie verlassen die Kopfzeile und gelangen zurück in Ihren Text, wenn Sie die Schaltfläche *Schließen* auf der Symbolleiste Kopf- und Fußzeilen anklicken oder mit einem Doppelklick auf Ihren Textkörper.

3.6.1.2 Kopfzeile mit Text und Nummer der Überschrift der ersten Gliederungsebene

Um sich in einem Text wirklich orientieren zu können, ist es hilfreich, die Überschrift der ersten Gliederungsebene in die Kopfzeile mit aufzunehmen, da dann beim Durchblättern auf einen Blick klar wird, zu welchem Kapitel der Text gerade gehört. Wir werden nun schrittweise beschreiben, wie der Text der Überschrift einer bestimmten Gliederungsebene in die Kopfzeile übernommen werden kann. Word verwendet dazu so genannte Feldfunktionen. (Die Beschreibung für Word 2000 bzw. Word 97 finden Sie auf Seite 116.)

☑ Wählen Sie zunächst den Befehl *ANSICHT Kopf- und Fußzeile* aus.

☑ Verwenden Sie den Befehl *EINFÜGEN Feld.*

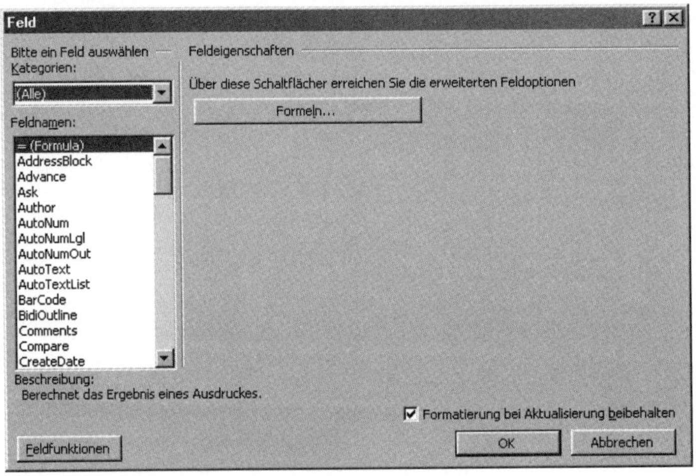

Bild 3.47: Eine Feldfunktion einfügen

☑ Wählen Sie oben links die Kategorie *Verknüpfungen und Verweise* aus.

☑ Klicken Sie im Auswahlfenster *Feldnamen* die Funktion *StyleRef* an.

Diese Funktion fügt den Text ein, der mit einer vorgegebenen Formatvorlage formatiert wurde.

☑ Wählen Sie dann im mittleren Auswahlfenster die Formatvorlage *Überschrift 1* aus.

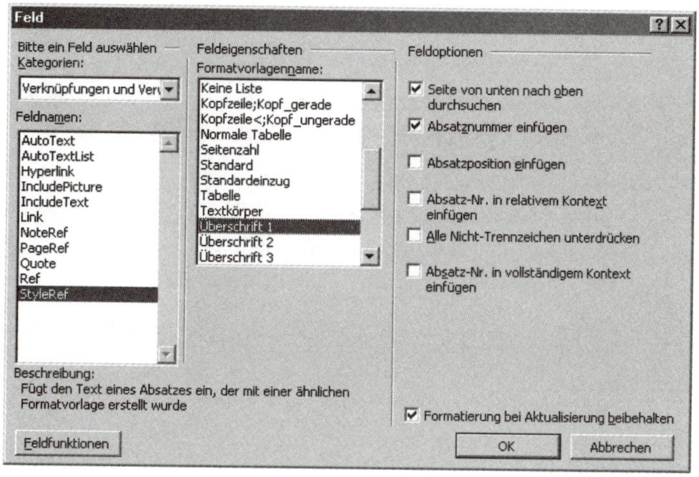

Bild 3.48: Auswahl der Verweisfunktion StyleRef

- ☑ Klicken Sie dann ganz rechts die Feldoptionen *Seite von unten nach oben durchsuchen* und *Absatznummer einfügen* an.
- ☑ Bestätigen Sie mit OK und fügen Sie in der Kopfzeile ein Leerzeichen ein.

Mit der soeben beschriebenen Befehlsfolge wurde die Nummer der aktuellen Überschrift in der Kopfzeile eingefügt. Mit der ersten Feldoption legen Sie fest, dass Word die aktuelle Seite von unten nach oben nach der entsprechenden Formatvorlage durchsucht. D. h., es wird die unterste Überschrift, die mit der Formatvorlage Überschrift 1 formatiert wurde, für die Kopfzeile verwendet. Möchten Sie das nicht, lassen Sie das entsprechende Häkchen einfach weg. Wird auf der aktuellen Seite keine passende Formatvorlage gefunden, sucht Word vom Anfang der aktuellen Seite bis zum Anfang des Dokuments nach ihr. Damit ist garantiert, dass entweder eine aktuelle auf der Seite neu auftretende Überschrift in die Kopfzeile aufgenommen wird oder die Überschrift, die zuletzt aktuell war und auf einer der vorherigen Seiten steht.

Im Folgenden wird beschrieben, wie Sie eine zweite Feldfunktion einfügen, die den Text für die Kopfzeile festlegt.

- ☑ Rufen Sie erneut das Dialogfeld *Feld* auf und wählen Sie nun unter *Feldoptionen* die Option *Seite von oben nach unten durchsuchen* aus.
- ☑ Löschen Sie den mittleren Tabulator auf dem Lineal, indem Sie ihn mit der Maus anklicken und einfach nach unten ziehen.
- ☑ Betätigen Sie dann die -Taste auf Ihrer Tastatur und fügen Sie rechts mit Hilfe der Schaltfläche *Seitenzahl einfügen* die aktuelle Seitenzahl ein. Falls der rechte Tabulator außerhalb des auf dem Lineal weiß angezeigten Ab-

schnitts steht, ziehen Sie ihn mit der Maus so weit nach links, bis er über dem kleinen Dreieck, fast auf dem weißen Teil des Lineals, steht.

☑ Bestätigen Sie die eingefügte Kopfzeile mit der Schaltfläche *Schließen* oder durch Doppelklick auf den Textkörper.

Die eingefügten Feldfunktionen werden in einem der beiden im folgenden Bild dargestellten Modi angezeigt. Entweder Sie sehen das Ergebnis der Feldfunktion oder die Feldfunktion selbst. Umschalten können Sie zwischen den beiden Ansichten mit der Tastenkombination [alt]+[F9].

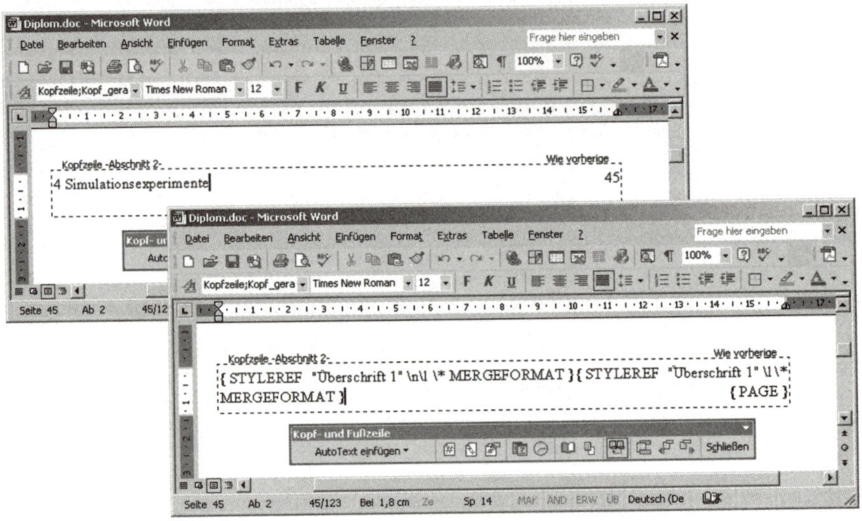

Bild 3.49: Links: Ergebnis der Feldfunktionen, Rechts: Feldfunktionen

Wir Sie im Bild sehen können, werden drei Feldfunktionen verwendet, um die Kopfzeile zu definieren. Feldfunktionen werden durch die geschweiften Klammern gekennzeichnet. Die beiden ersten Feldfunktionen STYLEREF sehen fast gleich aus. Sie suchen nach der dahinter in Anführungszeichen angegebenen Formatvorlage. Der Schalter \l bewirkt, dass nach dieser Formatvorlage auf der Seite von unten nach oben gesucht wird, der Schalter \n in der ersten Feldfunktion sorgt dafür, dass nur die Kapitelnummer der angegebenen Überschrift eingesetzt wird. Mit der dritten Feldfunktion wird die Seitenzahl angezeigt.

Word 97 Word 2000

In Word 2000/Word 97 werden die Feldfunktionen folgendermaßen eingefügt:

☑ Wählen Sie den Befehl *ANSICHT Kopf- und Fußzeile* aus, verwenden Sie den Befehl *EINFÜGEN Feld* und selektieren dann die Kategorie *Verknüpfungen und Verweise*.

- ☑ Klicken Sie im rechten Auswahlfenster die Funktion *StyleRef* (Word 97: *FVRef*) an. Durch diese Funktion wird Text eingefügt, der mit der noch vorzugebenden Formatvorlage formatiert wurde.
- ☑ Um die Formatvorlage festzulegen, klicken Sie nun auf die Schaltfläche *Optionen* und selektieren das Registerblatt *Formatvorlagen*.
- ☑ Wählen Sie im Auswahlfeld die Formatvorlage *Überschrift 1* aus und klicken Sie auf die Schaltfläche *Hinzufügen*.

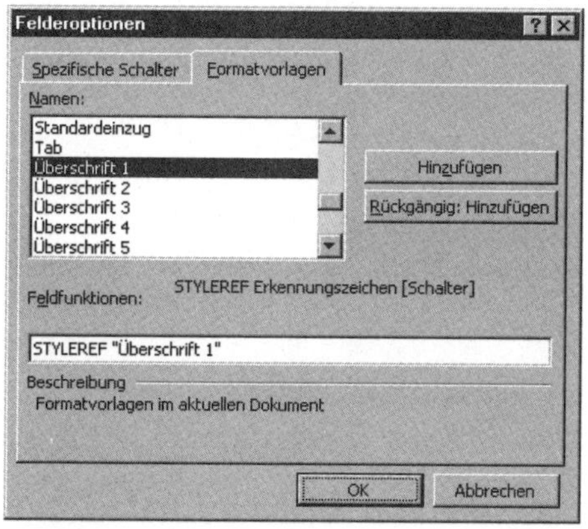

Bild 3.50: Verweis auf Überschrift 1 (Word 2000)

- ☑ Selektieren Sie danach das Registerblatt *Spezifische Schalter*, wählen Sie den Schalter *\n* aus und klicken auf die Schaltfläche *Hinzufügen*. Damit wird die Nummer der aktuellen Gliederungsebene eingefügt.

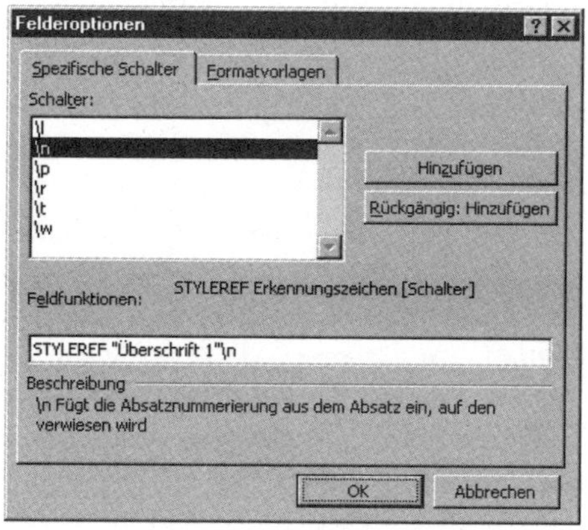

Bild 3.51: Schalter setzen (Word 2000)

- ☑ Bestätigen Sie alle Dialogfelder und tippen Sie dann in der Kopfzeile ein Leerzeichen ein.
- ☑ Wiederholen Sie nun die Befehlsfolge, fügen Sie erneut die Feldfunktion ein, allerdings diesmal ohne den Schalter *\n*.

Oft möchte man am Kapitelanfang auf die Kopfzeile verzichten, da, wie im folgenden Bild links, die Kopfzeile und Überschrift direkt übereinander mit exakt demselben Text stehen. Verzichtet man am Kapitelanfang auf die Kopfzeile, betont man besonders den Anfang eines neuen Kapitels, da die Seite etwas anders aufgebaut ist, wie es das rechte Teilbild des folgenden Bildes zeigt.

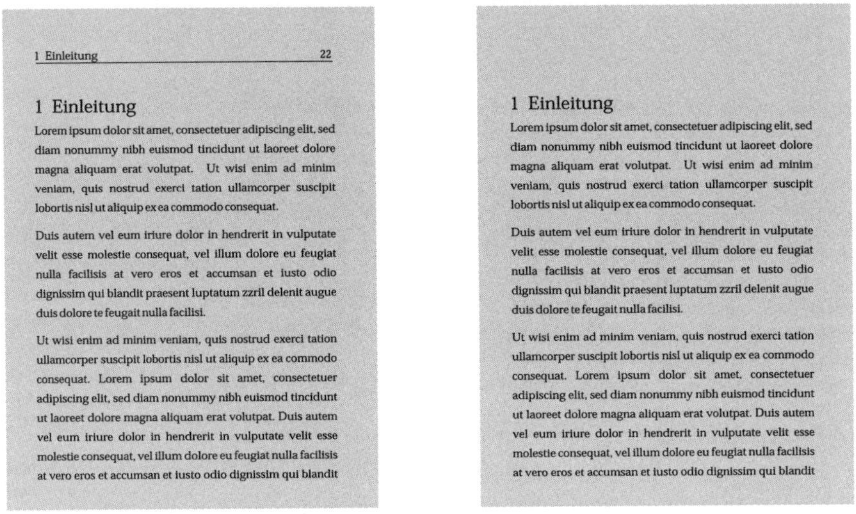
1 Einleitung 22

1 Einleitung

Lorem ipsum dolor sit amet, consectetuer adipiscing elit, sed diam nonummy nibh euismod tincidunt ut laoreet dolore magna aliquam erat volutpat. Ut wisi enim ad minim veniam, quis nostrud exerci tation ullamcorper suscipit lobortis nisl ut aliquip ex ea commodo consequat.

Duis autem vel eum iriure dolor in hendrerit in vulputate velit esse molestie consequat, vel illum dolore eu feugiat nulla facilisis at vero eros et accumsan et iusto odio dignissim qui blandit praesent luptatum zzril delenit augue duis dolore te feugait nulla facilisi.

Ut wisi enim ad minim veniam, quis nostrud exerci tation ullamcorper suscipit lobortis nisl ut aliquip ex ea commodo consequat. Lorem ipsum dolor sit amet, consectetuer adipiscing elit, sed diam nonummy nibh euismod tincidunt ut laoreet dolore magna aliquam erat volutpat. Duis autem vel eum iriure dolor in hendrerit in vulputate velit esse molestie consequat, vel illum dolore eu feugiat nulla facilisis at vero eros et accumsan et iusto odio dignissim qui blandit

1 Einleitung

Lorem ipsum dolor sit amet, consectetuer adipiscing elit, sed diam nonummy nibh euismod tincidunt ut laoreet dolore magna aliquam erat volutpat. Ut wisi enim ad minim veniam, quis nostrud exerci tation ullamcorper suscipit lobortis nisl ut aliquip ex ea commodo consequat.

Duis autem vel eum iriure dolor in hendrerit in vulputate velit esse molestie consequat, vel illum dolore eu feugiat nulla facilisis at vero eros et accumsan et iusto odio dignissim qui blandit praesent luptatum zzril delenit augue duis dolore te feugait nulla facilisi.

Ut wisi enim ad minim veniam, quis nostrud exerci tation ullamcorper suscipit lobortis nisl ut aliquip ex ea commodo consequat. Lorem ipsum dolor sit amet, consectetuer adipiscing elit, sed diam nonummy nibh euismod tincidunt ut laoreet dolore magna aliquam erat volutpat. Duis autem vel eum iriure dolor in hendrerit in vulputate velit esse molestie consequat, vel illum dolore eu feugiat nulla facilisis at vero eros et accumsan et iusto odio dignissim qui blandit

Bild 3.52: Erste Seite anders

Sie können eine andere Einstellung für die erste Seite eines Abschnitts erreichen, indem Sie in der Kopf- und Fußzeilenansicht mit der Schaltfläche *Seite einrichten* das folgende Dialogfeld aufrufen. Verwenden Sie auch alternativ den Befehl *DATEI Seite einrichten*. Wählen Sie im Registerdialogfeld das Registerblatt *Layout* (Word 2000/Word 97: *Seitenlayout)* aus und aktivieren das Kontrollkästchen zu *Erste Seite anders*. Wichtig ist nun noch die Einstellung ganz unten im Dialogfeld, damit legen Sie nämlich fest, dass diese Einstellung für das *Gesamte Dokument* gelten soll.

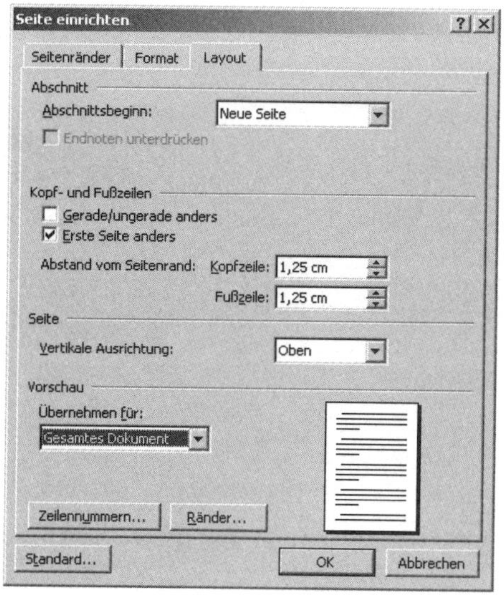

Bild 3.53: Einstellen des Seitenlayouts

Sie können nun mit der Schaltfläche *Nächste anzeigen* die Kopfzeilen kontrollieren. Beginnen Sie damit vorne in Ihrem Dokument. Aktivieren Sie die Kopf-/Fußzeilenansicht und springen mit der Schaltfläche *Nächste anzeigen* von der ersten Kopfzeile des ersten Abschnitts zur mit den Feldfunktionen festgelegten Kopfzeile des ersten Abschnitts, dann weiter zur ersten Kopfzeile des zweiten Abschnitts, dann zur Kopfzeile mit Feldfunktionen des zweiten Abschnitts, usw. Diese Taste erlaubt das Springen zwischen den Kopfzeilen, die wirklich unterschiedlich sind. Alle folgenden, die wie die aktuelle aussehen, werden dabei ausgelassen und erst, wenn eine Kopfzeile anders ist, wird sie angesprungen.

3.6.1.3 Zweiseitige Kopfzeile mit Texten und Nummern der Gliederungsebenen eins und zwei

Für zweiseitige Kopfzeilen muss zunächst ein zweiseitiges Seitenlayout eingestellt werden.

- ☑ Verwenden Sie dazu den Befehl *DATEI Seite einrichten.*
- ☑ Wählen Sie das Registerblatt *Layout* (Word 2000/Word 97: *Seitenlayout*) aus. Wie Sie es im folgenden Bild sehen können, wurde für *Kopf- und Fußzeile* eingestellt, dass *Gerade/ungerade anders* aussehen sollen. Ebenso soll die Kopfzeile der *Erste(n) Seite* anders gestaltet werden. Damit diese Einstellung nicht nur für den aktuellen Abschnitt gilt, ist es wichtig, unten im Dialogfeld für *Übernehmen für* (Word 2000/Word 97: *Anwenden auf*) *Gesamtes Dokument* einzustellen.

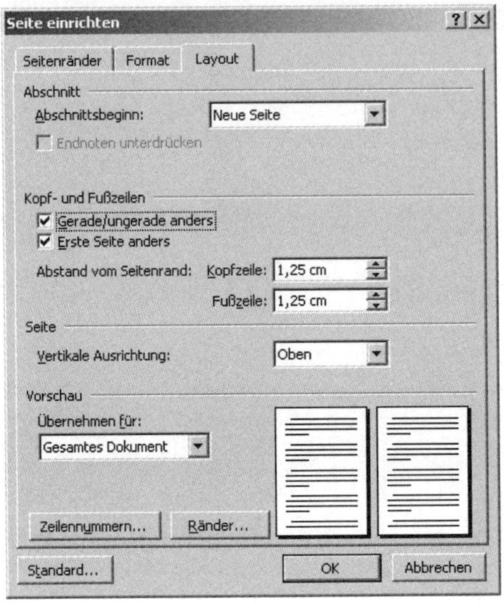

Bild 3.54: Einstellen des Seitenlayouts für doppelseitige Dokumente

Verwenden Sie nun den Befehl *ANSICHT Kopf- und Fußzeile*. Die angezeigten Kopf- und Fußzeilen unterscheiden sich. Ihnen werden drei verschiedene Kategorien angezeigt:

- ☑ Erste Kopfzeile
- ☑ Gerade Kopfzeile
- ☑ Ungerade Kopfzeile

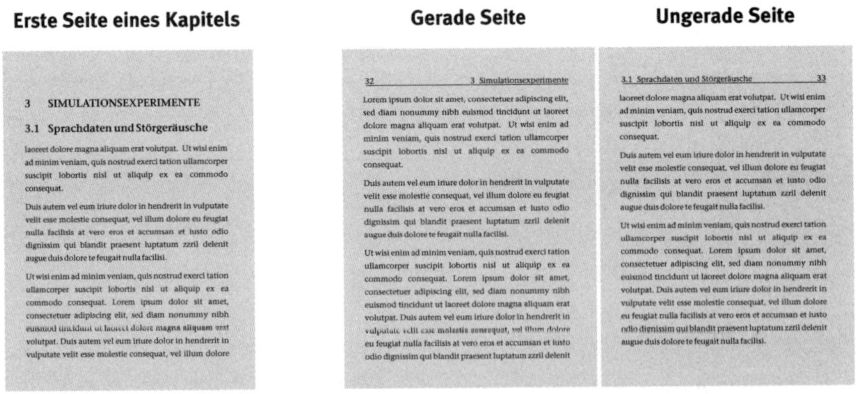

Bild 3.55: Drei verschiedene Kopfzeilen

Für die erste Kopfzeile wird, wie oben schon beschrieben, kein Eintrag vorgenommen. Für die gerade Kopfzeile soll links die Seitenzahl stehen, d. h., zunächst ist mit der entsprechenden Schaltfläche die Seitenzahl einzufügen. Danach löschen Sie wieder den mittleren Tabulator und schieben den rechten ganz an den Rand der weißen Markierung auf dem Lineal. Fügen Sie dann, wie oben beschrieben, die Feldfunktionen für die Nummer und den Text der Überschrift der ersten Gliederungsebene ein. Für die *Ungerade Kopfzeile* werden links die Nummer und Überschrift der zweiten Gliederungsebene dargestellt, indem Sie im Dialogfeld *Feld* die Formatvorlage *Überschrift 2* auswählen (Word 2000: im Dialogfeld *Felderoptionen*, Word 97: *Optionen für Felder*). Rechtsbündig wird die Seitenzahl angezeigt.

3.6.2 Löschen von Kopf- oder Fußzeilen

Möchten Sie eine Kopf- oder Fußzeile löschen, sorgen Sie dafür, dass alle Einträge in dem gestrichelten Rahmen gelöscht sind. Markieren Sie dazu alle Texte und Feldfunktionen und entfernen Sie sie mit der [Entf]-Taste.

3.6.3 Abstände für Kopf- und Fußzeilen

An welcher Position auf einer Seite eine Kopf- oder Fußzeile eingefügt wird, bestimmt die Einstellung der Registerkarte *Seitenränder*, die Sie mit dem Befehl *DATEI Seite einrichten* anzeigen können.

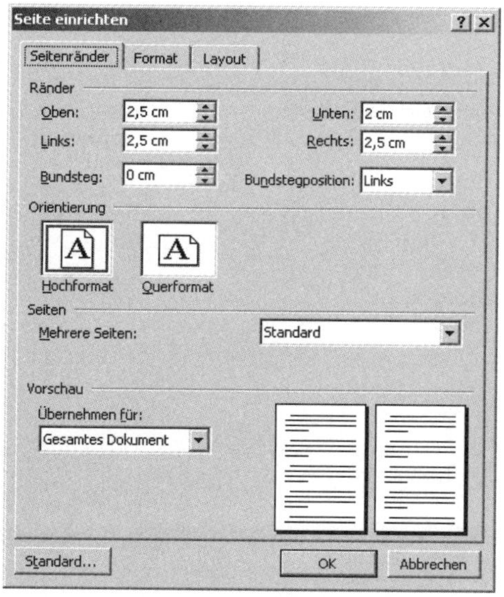

Bild 3.56: Ränder für Kopfzeile einrichten

Darin werden die Ränder einer Seite festgelegt und der Teil einer Seite definiert, der beschrieben wird, sowie die Abstände der Kopf- und Fußzeilen vom Seitenrand.

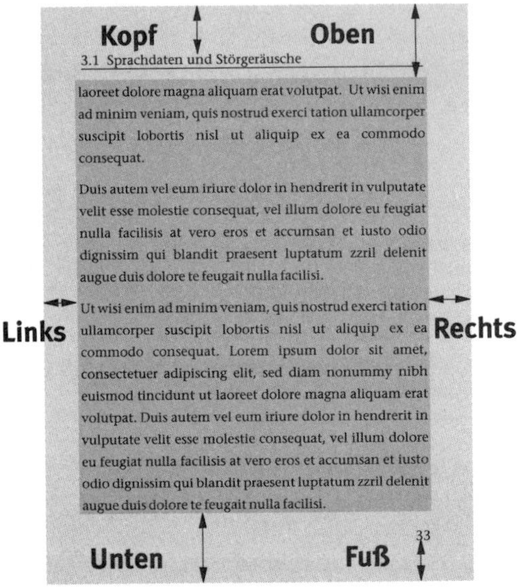

Bild 3.57: Abstände zum Seitenrand

3.6.4 Formatieren von Kopf- und Fußzeilen

Sie können den Text einer Kopf- oder Fußzeile formatieren wie anderen Text auch. Markieren Sie ihn und legen Sie mit *FORMAT Zeichen* seine Schriftart und Auszeichnung fest.

Sinnvoll ist es auch, für die Kopf- oder Fußzeile eine Formatvorlage anzulegen, in der die Zeichenformatierung, Linien und Tabulatoren definiert sind.

- ☑ Aktivieren Sie dazu die Kopfzeilenansicht,
- ☑ markieren die gesamte Zeile und
- ☑ wählen den Befehl *FORMAT Formatvorlagen und Formatierung* (Word 2000/Word 97: *FORMAT Formatvorlage)* .
- ☑ Ist im Aufgabenbereich die Formatvorlage *Kopfzeile* selektiert, klicken Sie auf das Dreieck am rechten Rand und wählen *Ändern* aus (Word 2000/ Word 97: klicken Sie auf die Schaltfläche *Bearbeiten)* .
- ☑ Wählen Sie in der Liste zur Schaltfläche *Format* aus, was Sie einstellen wollen.

Um eine Linie festzulegen, die die Kopfzeile vom Rest des Textes optisch trennt,

☑ wählen Sie in der Liste zur Schaltfläche *Format* die Option *Rahmen*.

☑ Wählen Sie in der Gruppe *Vorschau* die untere Linie des dargestellten Absatzes per Mausklick, wie im folgenden Bild, und klicken Sie dann eine geeignete Linienstärke an.

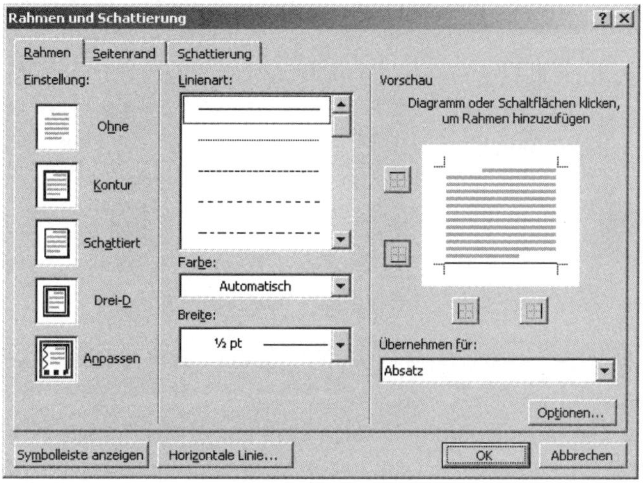

Bild 3.58: Erstellen einer Linie für eine Kopfzeile

Falls Sie möchten, können Sie mit Hilfe der Schaltfläche *Optionen* den Abstand der Linie zum Text der Kopfzeile vergrößern, der standardmäßig auf 1 pt (Word 97: 0 pt) eingestellt ist.

3.7 Fuß- und Endnoten

Fuß- und Endnoten dokumentieren Quellen und Literatur; sie enthalten Bemerkungen, Erläuterungen und weiterführende Hinweise, die nicht unmittelbar in den Text gehören. Fußnoten werden auf den jeweiligen Seiten, auf denen ein entsprechender Verweis steht, unten eingefügt, wohingegen Endnoten entweder am Ende eines Kapitels oder am Ende einer Arbeit eingefügt sind. Fuß- und Endnoten werden in der Regel durchnummeriert.

Ob man Fuß- oder Endnoten verwendet oder nicht, hängt in erster Linie vom Fachbereich ab, dem man angehört. Während viele Naturwissenschaftler normalerweise keine Fußnoten verwenden, halten sie Juristen, Geisteswissenschafter und Betriebswirte oft für unerlässlich.

3.7.1 Fuß- oder Endnoten einfügen

Der Umgang mit Fuß- oder Endnoten ist in Word im Gegensatz zum früheren Tippen mit der Schreibmaschine zum Kinderspiel geworden.

- ☑ Wählen Sie die Normalansicht, entweder mit Hilfe der links dargestellten Schaltfläche oder dem Befehl *ANSICHT Normal.*
- ☑ Sie fügen eine Fuß- oder Endnote mit dem Befehl *EINFÜGEN Referenz Fußnote* mit dem folgenden Dialogfeld ein (Word 2000/Word 97: *EINFÜGEN Fußnote).*

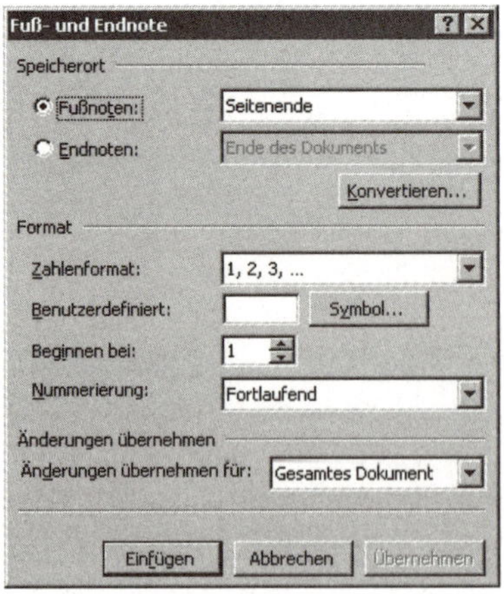

Bild 3.59: Dialogfeld zum Erstellen einer Fuß- oder Endnote

- ☑ Wählen Sie zunächst, ob Sie eine Fußnote oder eine Endnote einfügen möchten. Wir werden im Folgenden die Arbeit mit Fußnoten weiter besprechen, das Einfügen von Endnoten unterscheidet sich davon aber im Prinzip nicht.
- ☑ Danach steht die Wahl des Formats der Nummerierung an. Fußnoten werden standardmäßig mit hochgestellten verkleinerten arabischen Zahlen[1] durchgezählt. Früher wurden Fußnoten oft nicht mit Ziffern gezählt, sondern es wurden ein[*], zwei[**] und drei[***] Sternchen, dann ein Kreuz + usw. zur Kennzeichnung verwendet. Diese Möglichkeit besteht auch heute noch, sollte aber lieber nicht benutzt werden.
- ☑ Bestätigen Sie nun die Einstellungen des Dialogfeldes, wird am unteren Teil Ihres Bildschirms ein Fenster geöffnet, das bereits die richtige Nummerierung enthält und auf die Eingabe des Fußnotentextes wartet.

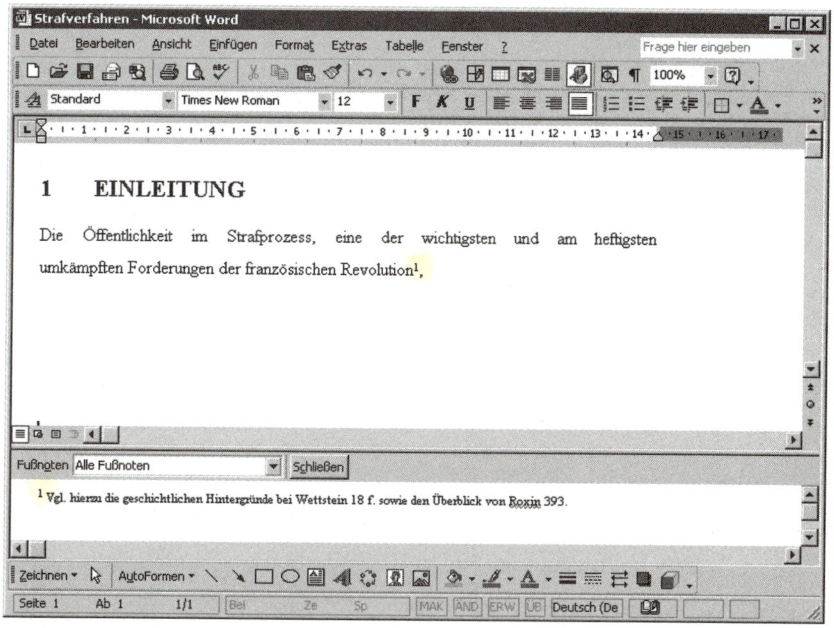

Bild 3.60: Unterteilter Bildschirm zum Eingeben einer Fußnote

- ☑ Mit Hilfe der Schaltfläche *Schließen* wird der Ausgangsbildschirm wieder angezeigt.

---

[1] Nummerierung für Fußnoten, die mit der Standardeinstellung eingefügt wurden.

[*] Früher oft verwendete Form, die erste Fußnote einer Seite zu kennzeichnen.

[**] Früher oft verwendete Form, die zweite Fußnote einer Seite zu kennzeichnen.

[***] Früher oft verwendete Form, die dritte Fußnote einer Seite zu kennzeichnen.

Werden weitere Fußnoten eingefügt, wird automatisch weiter nummeriert. Im Fenster der Fußnoten werden alle bisher erstellten angezeigt.

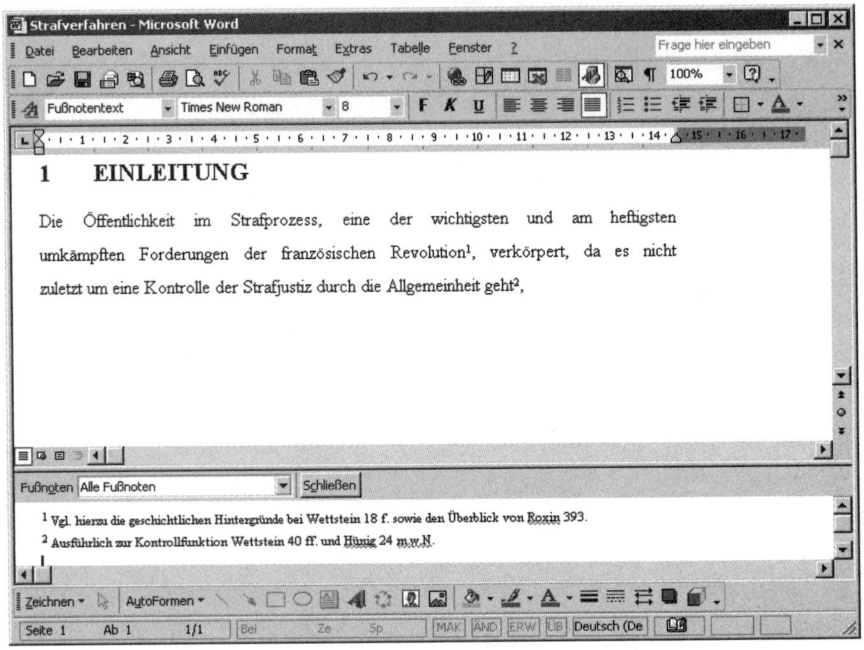

Bild 3.61: Zweite eingegebene Fußnote

Mit den Bildlaufleisten am rechten Rand des Fußnotenbereiches können Sie den dargestellten Ausschnitt verschieben. Wenn Sie den Cursor auf die Begrenzung zwischen Fußnotenbereich und Textfenster setzen, können Sie die Fenster auch vergrößern oder verkleinern.

Haben Sie Fuß- und Endnoten erstellt, werden sie in zwei verschiedenen Fenstern angezeigt und mit unterschiedlichen Zahlenformatierungen nummeriert. Die Standardeinstellung sieht vor, dass Fußnoten mit arabischen, Endnoten mit römischen Zahlen gezählt werden. Im folgenden Bild wird gezeigt, wie Sie aus dem Fenster der Fußnoten auf das Fenster der Endnoten wechseln können. (Der Eintrag *Alle Endnoten* erscheint jedoch nur dann im Dropdown-Menü, wenn Ihr Text eine Endnote aufweist.)

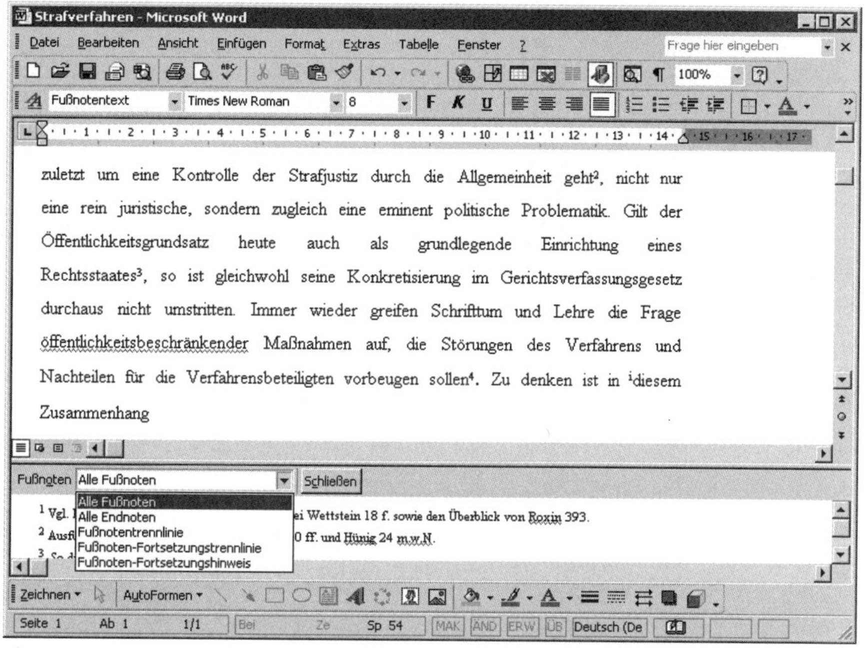

Bild 3.62: Drop-down-Menü zum Wechseln auf das Endnotenfenster

In der Normalansicht, die in den vorherigen Bildern verwendet wurde, werden die eingefügten Fußnoten nicht angezeigt. Word rechnet allerdings bei der Anzeige des Seitenumbruchs die eingefügten Fußzeilen automatisch mit ein. Möchten Sie Ihre Seite mit Fußnoten sehen, so wechseln Sie mit der links dargestellten Schaltfläche in die Seitenlayoutansicht.

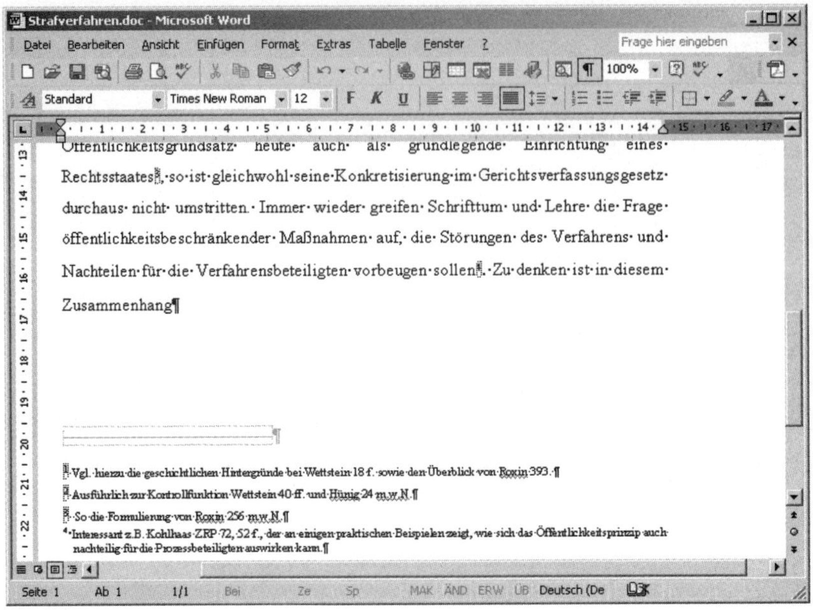

Bild 3.63: Text und Fußnoten in der Seitenlayoutansicht

Möchten Sie nicht fortlaufend, sondern seiten- oder kapitelweise nummerieren, können Sie das im Dialogfeld aus Bild 3.59 einstellen. (Word 2000/ Word 97: mit der Schaltfläche *Optionen* können Sie das Dialogfeld *Optionen für Fuß- und Endnoten* aufrufen.)

3.7.2 Mit Fußnoten/Endnoten arbeiten

Fußnoten können gelöscht, verschoben und direkt angesprungen werden. Zudem ist das Formatieren von Fußnotentexten und -zeichen möglich. Auch wenn hier nur von Fußnoten die Rede ist, verläuft das Arbeiten mit Endnoten entsprechend. Der einzige Unterschied bezieht sich auf die Lage einer Fuß- oder Endnote.

3.7.2.1 Fußnotentext zu einem Fußnotenzeichen lesen

Möchten Sie den Text zu einem bestimmten Fußnotenzeichen lesen, stellen Sie Ihren Maus-Cursor zum Fußnotenzeichen. Dadurch zeigt Word ein gelbes Rechteck mit dem dazugehörenden Fußnotentext an.

3.7.2.2 Fußnotentext zu einem Fußnotenzeichen editieren

Möchten Sie den Text zu einem bestimmten Fußnotenzeichen bearbeiten,

- ☑ markieren Sie das Fußnotenzeichen und

☑ klicken Sie es dann mit einem Doppelklick an oder wählen Sie den Befehl *ANSICHT Fußnoten* aus. Damit öffnen Sie das Fenster der Fußnoten und die Einfügemarke blinkt direkt vor dem aktuellen Fußnotentext.

3.7.2.3 Fußnoten löschen

Sie löschen eine Fußnote, indem

☑ Sie das Fußnotenzeichen, also die kleine Zahl im Text, zunächst markieren und

☑ dann mit Hilfe der [Entf]-Taste oder der Tastenkombination [Strg]+[X] löschen.

Damit verschwindet mit dem Fußnotenzeichen im Text auch der eingegebene Fußnotentext. Zudem werden alle danach auftretenden Nummern aktualisiert.

3.7.2.4 Fußnoten verschieben oder kopieren

Sie verschieben bzw. kopieren eine Fußnote, also sowohl das Fußnotenzeichen als auch den Fußnotentext, indem

☑ Sie das Fußnotenzeichen markieren und

☑ mit [Strg]+[X] oder dem Befehl *Ausschneiden* im Kontextmenü ausschneiden. Zum Kopieren verwenden Sie die Tastenkombination [Strg]+[C] oder *Kopieren* im Kontextmenü.

☑ Stellen Sie dann die Einfügemarke an die Stelle, an die die Fußnote eingefügt werden soll, und

☑ fügen Sie sie mit [Strg]+[V] oder *Einfügen* im Kontextmenü ein.

Damit aktualisiert Word automatisch alle betroffenen Nummern sowie die Reihenfolge der Fußnotentexte im Fußnotenfenster. Ebenso steht es Ihnen natürlich frei »drag and drop« zu verwenden, also direkt mit der Maus durch Ziehen und Verschieben der Markierung zu kopieren.

3.7.2.5 Springen zu eingefügten Fußnoten

Sie können in Ihrem Dokument zu einer bestimmten Fußnote springen, falls Sie deren Nummer kennen. Aktivieren Sie dazu mit *BEARBEITEN Gehe zu* oder der Tastenkombination [Strg]+[G] das folgende Dialogfeld. Wählen Sie links im Auswahlfeld *Fußnote* oder *Endnote* an und geben Sie dann rechts die Nummer der Fuß- oder Endnote ein.

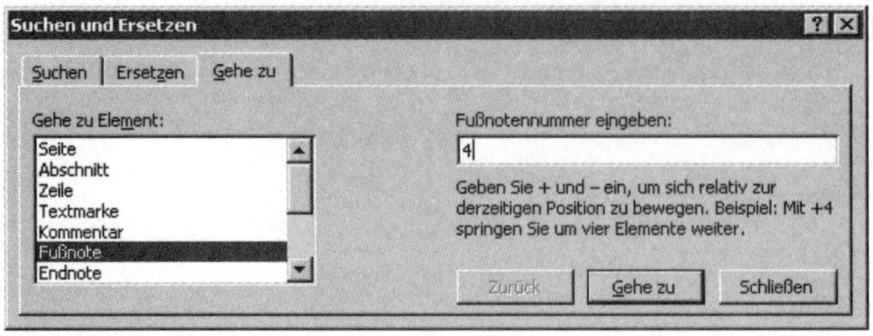

Bild 3.64: Zu einer Fußnote springen

Mit den Zeichen + oder - können Sie von der aktuellen Position der Einfügemarke aus zum nächsten bzw. vorherigen Fußnotenzeichen springen.

Die Schaltfläche *Browseobject auswählen* (Word 97: *Nach Objekt suchen*) auf der Bildlaufleiste rechts ermöglicht das gezielte Anspringen verschiedener Objekte in einem Word-Text. Klicken Sie die Schaltfläche an und selektieren das vierte Feld (Word 97: dritte Feld), wie im folgenden Bild. Verwenden Sie nun die Doppelpfeile zum Springen, die über und unter der Schaltfläche *Browseobject auswählen* (bzw. *Nach Objekt suchen*) zu finden sind, werden nacheinander alle Fußnoten in Ihrem Text angesprungen.

Bild 3.65: Nach Fußnote durchsuchen

3.7.2.6 Auf Fußnoten verweisen

Möchten Sie in Ihrem Dokument auf eine Fußnote verweisen, können Sie im Dokument oder in einem Fußnotentext einen Querverweis auf die entsprechende Fußnote einfügen.

- ☑ Positionieren Sie zunächst die Einfügemarke an der Stelle an der der Verweis aufgenommen werden soll und
- ☑ schreiben Sie den zum Verweis gehörigen Text, beispielsweise wie im folgenden Bild dargestellt.
- ☑ Rufen Sie dann mit *EINFÜGEN Referenz Querverweis* das ebenfalls im folgenden Bild dargestellte Dialogfeld auf (Word 2000/Word 97: *EINFÜGEN Querverweis*).
- ☑ Wählen Sie nun im Auswahlfenster *Verweistyp Fußnote* aus.
- ☑ Im Auswahlfenster zu *Verweisen auf* können Sie festlegen, ob der Verweis auf das Fußnotenzeichen oder die Seitenzahl gehen soll, auf der die entsprechende Fußnote eingefügt ist.

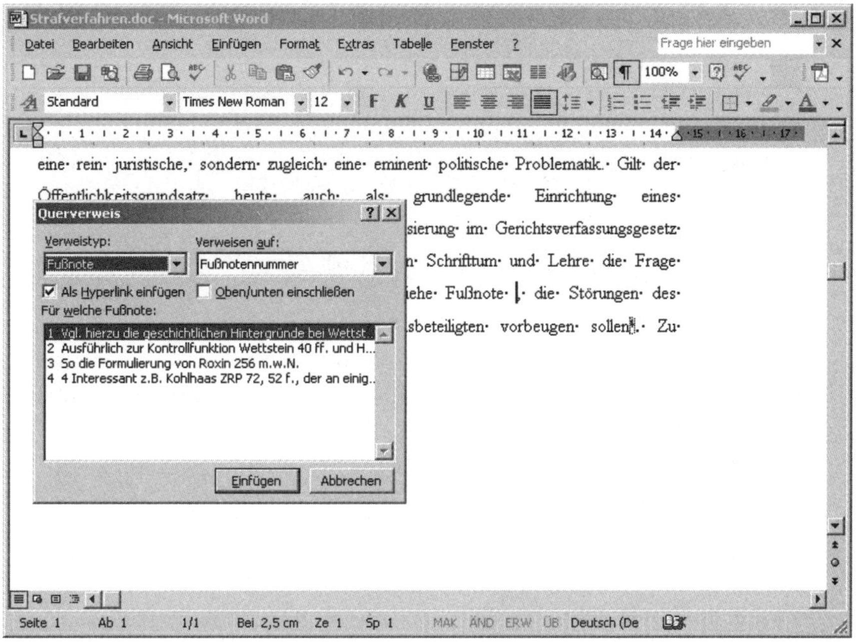

Bild 3.66: Verweis auf Fußnote einfügen

☑ Unten sind die eingefügten Fußnoten zu sehen. Selektieren Sie die Fußnote, auf die verwiesen werden soll. Es besteht die Möglichkeit, den Verweis als Hyperlink einzufügen. Das hat den Vorteil, dass beim Anklicken des Verweises Word automatisch zum entsprechenden Fußnotenzeichen springt.

☑ Wählen Sie danach die Schaltfläche *Einfügen*, um das Fußnotenzeichen im Dokument einzusetzen.

3.7.2.7 Fußnotentext und -zeichen formatieren

Vielleicht ist Ihnen bereits aufgefallen, dass Fußnotenzeichen und Fußnotentexten automatisch gleichnamige Formatvorlagen zugewiesen wurden. Für Fußnotenzeichen wurde eine Zeichenformatvorlage definiert, für Fußnotentexte eine Absatzformatvorlage.

Möchten Sie innerhalb des Fußnotentextes bestimmte Zeichenformatierungen vornehmen, so gehen Sie dabei vor, wie sonst auch innerhalb Ihres Dokuments. Sie können Fußnotentext beliebig bearbeiten und formatieren.

Dasselbe gilt für das Fußnotenzeichen, das im Dialogfeld zu *FORMAT Zeichen* als *Hochgestellt* formatiert wurde.

Möchten Sie festlegen, dass alle einzufügenden Fußnotenzeichen und/oder Fußnotentexte ein bestimmtes Format erhalten sollen, verändern Sie die Formatvorlagen.

3.7.2.8 Fußnoten in Endnoten umwandeln

Fußnoten lassen sich sehr einfach in Endnoten umwandeln und umgekehrt.

- ☑ Markieren Sie zunächst das Fuß-/Endnotenzeichen der Fuß-/Endnote, die umgewandelt werden soll.
- ☑ Klicken Sie es mit Doppelklick an und
- ☑ aktivieren Sie im Fußnotenfenster das Kontextmenü.
- ☑ Selektieren Sie darin die Option *In Endnoten umwandeln* (Word 2000/ Word 97: *In End-/Fußnoten umwandeln*).

Dadurch verschwindet nun beispielsweise die Fußnote aus dem Fußnotenbereich und wird im Weiteren im Endnotenbereich als Endnote angezeigt.

Tabellen einfügen

Tabellen formatieren

Der Umgang mit großen Tabellen

Tabelleninhalte sortieren

In Tabellen rechnen

Tabellen

4.1 Tabellen einfügen

Tabellen werden verwendet, um eine größere Menge von Daten übersichtlich darzustellen. Dieses Kapitel beschreibt, wie Sie Tabellen erstellen, formatieren, aber auch sortieren können. Zu einer Tabelle gehört eine Tabellenüberschrift, die eine Nummerierung und eine Beschreibung enthält, die ihren Inhalt möglichst knapp wiedergibt. Oft wird unter der Tabelle zudem die Quelle angegeben.

Es stehen Ihnen drei Wege offen, eine Tabelle in Ihr Dokument einzufügen. Die schnellste Möglichkeit ist über eine der Schaltflächen auf der Symbolleiste gegeben, die wir als Erstes besprechen möchten. Zudem lässt sich eine Tabelle mit Hilfe des Befehls *TABELLE Einfügen Tabelle* (Word 2000: *TABELLE Zellen einfügen Tabelle;* Word 97: *TABELLE Tabelle einfügen*) erstellen. Als weitere Variante besteht die Möglichkeit, eine Tabelle zu »zeichnen«. Diese Variante halten wir zum Neuerstellen einer Tabelle für nicht besonders geeignet. Sie ist u. U. aber sinnvoll, um bestehende Tabellen zu verändern.

4.1.1 Tabellen über die Symbolleiste einfügen

Verfahren Sie zum Erstellen einer Tabelle einfach nach folgender Liste:

- ☑ Bewegen Sie die Einfügemarke an die Stelle, an der Sie eine Tabelle einfügen möchten.
- ☑ Klicken Sie dann mit Ihrem Maus-Cursor auf die Schaltfläche *Tabelle einfügen.* Damit wird ein Fenster mit einem Raster angezeigt, das im folgenden Bild dargestellt ist.
- ☑ Markieren Sie mit gedrückter Maustaste in diesem Raster so viele Zeilen und Spalten, wie Sie in Ihrer Tabelle benötigen.
- ☑ Lassen Sie die Maustaste los, wird eine Tabelle mit der von Ihnen festgelegten Anzahl von Feldern in Ihrem Text an der Stelle der Einfügemarke aufgenommen.

Größe der Tabelle Soll die Tabelle mehr als vier Zeilen und fünf Spalten erhalten, die das Raster standardmäßig anzeigt, ziehen Sie einfach beim Markieren der Felder mit Ihrer Maus weiter in die entsprechende Richtung, also nach unten bzw. nach rechts. Dabei werden Sie feststellen, dass Word das Raster automatisch erweitert. Im Feld am unteren Ende des Rasters wird beim Ziehen die Größe der aktuell markierten Tabelle angezeigt.

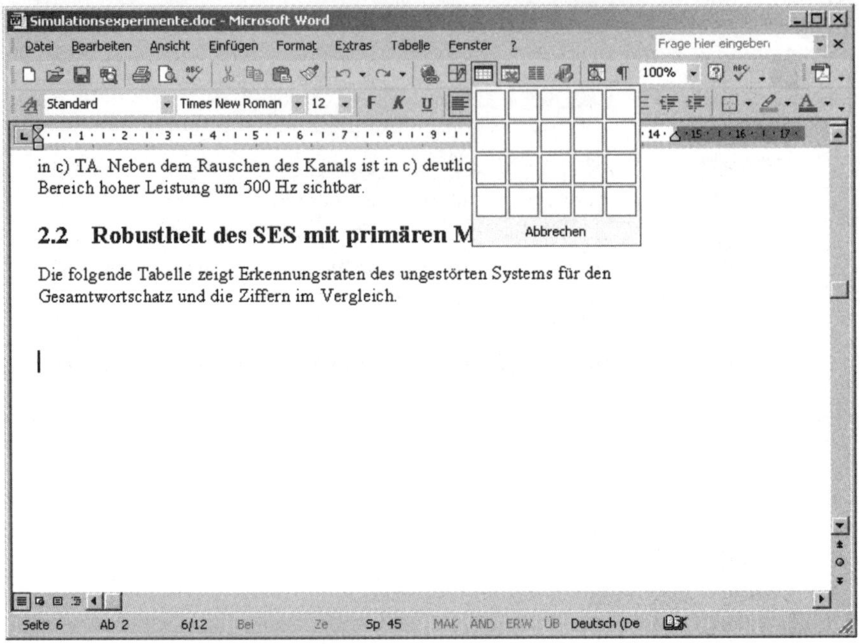

Bild 4.1: Raster zum Einfügen einer Tabelle

4.1.2 Tabellen über das Menü einfügen

Die zweite, etwas langwierigere Methode, eine Tabelle zu erstellen, verwendet den Befehl *TABELLE Einfügen Tabelle* (Word 2000: *TABELLE Zellen einfügen Tabelle;* Word 97: *TABELLE Tabelle einfügen*). In dem damit geöffneten Dialogfeld können Sie eintragen, wie groß Ihre Tabelle werden soll. Legen Sie hier auch die Breite der Spalten fest. Standardmäßig wird die Spaltenbreite *Auto* verwendet. Damit passt Word die Tabelle automatisch so ein, dass sie den maximal zur Verfügung stehenden Platz zwischen den Randbegrenzungen der Seite nutzt. Je nachdem, wie viele Spalten Sie angegeben haben, werden diese entsprechend in der Breite dimensioniert. Die Aktivierung von *Abmessungen für neue Tabellen speichern* garantiert ein einheitliches Aussehen der Tabellen (Word 2000: *Als Standard für alle neuen Tabellen verwenden;* Word 97: Diese Option gibt es im Dialogfeld nicht).

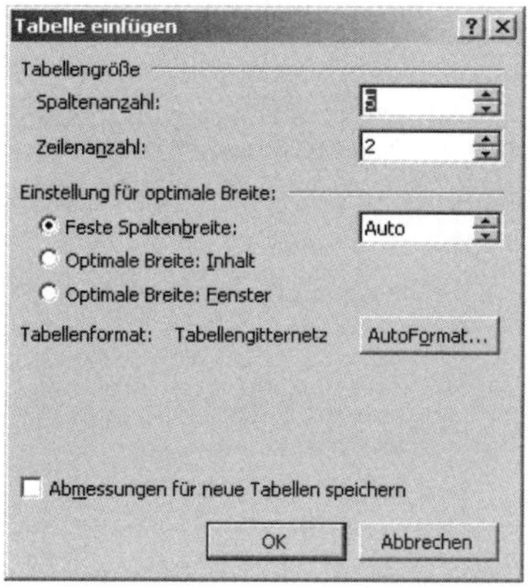

Bild 4.2: Dialogfeld zum Einfügen einer Tabelle

4.1.3 Text eingeben und mit Tabellen arbeiten

Die Tabelle, die Sie nun in Ihren Text eingefügt haben, wird mit einer einfachen Linie dargestellt. Werfen Sie einen Blick auf das Lineal unterhalb der Symbolleisten, so stellen Sie fest, dass auch dieses in mehrere Zellen unterteilt ist, die die Breite der Spalten angeben.

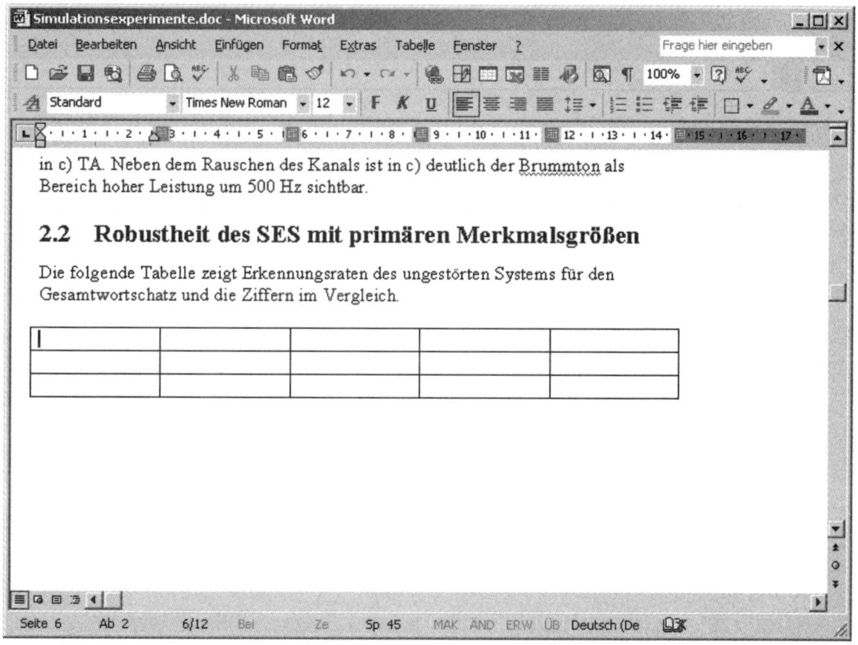

Bild 4.3: Eingefügte Tabelle

Sie können sich in jeder Zelle eine Zellenendemarke anzeigen lassen, die nicht gedruckt wird, beispielsweise um Leerzeichen zu finden, die zuviel eingefügt wurden. Das Ein- und Ausschalten der Zellenendemarken regelt die Schaltfläche ¶ *einblenden/ausblenden*.

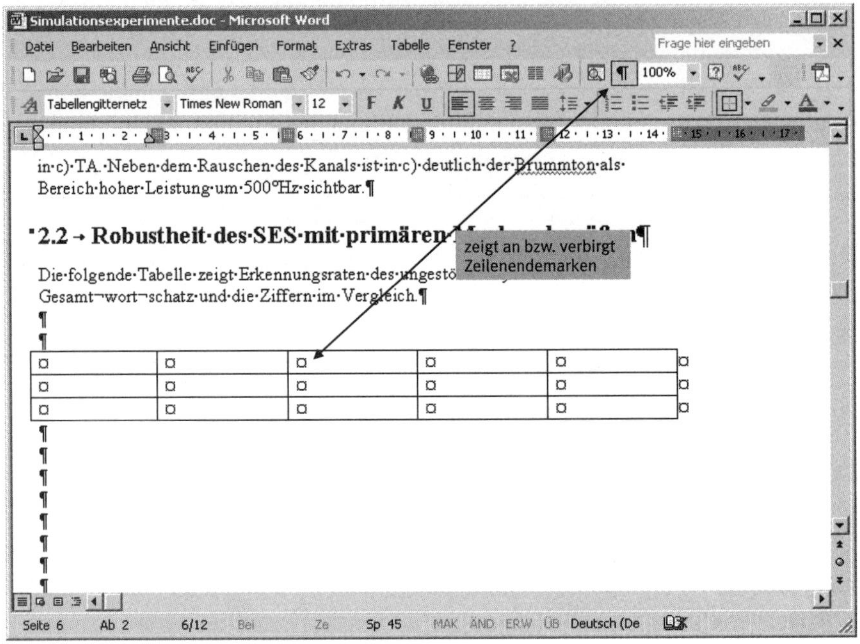

Bild 4.4: Eingefügte Tabelle mit Zellenendemarken

Nach dem Erstellen einer Tabelle blinkt die Einfügemarke bereits erwartungsvoll in der ersten Zelle. Sie können nun einfach Text eintippen.

Um in die nächste Zelle zu springen,

- verwenden Sie entweder die Pfeiltasten oder
- bewegen sich horizontal in der Tabelle mit der ⇥-Taste sowie mit der Tastenkombination ⇧+⇥ für die entgegengesetzte Richtung.

Verwenden Sie nicht die Eingabetaste, um eine Eingabe abzuschließen, da damit eine neue Zeile innerhalb einer Zelle eingefügt wird.

4.1.4 Tabelle vervollständigen

Das nächste Bild stellt eine Tabelle mit den im Folgenden verwendeten Bezeichnungen dar. Es zeigt, dass zu einer Tabelle eine Tabellenüberschrift gehört, die in der Regel über einer Tabelle steht. Sie sollte die Kategorie, also das Wort »Tabelle« enthalten, sowie eine laufende Nummer und Text, der den Inhalt der Tabelle charakterisiert. An das Ende einer Tabellenüberschrift gehört unserer Meinung nach nur dann ein Punkt, wenn es sich bei dem Text um einen vollständigen Satz handelt.

Nummerieren Sie bitte niemals eine Tabelle in Word mit der Hand Löschen Sie später in Ihrer Arbeit eine der Tabellen oder stellen Sie Textteile um, müssen Sie nämlich die Nummerierung der Tabellen »per Hand« ändern. Schwieriger wird es sogar noch, alle Verweise auf Tabellen zu suchen und anzupassen. Wir haben im Kapitel »Ihr Einstieg in die Arbeit« im Abschnitt »Nummerierung und Querverweise« beschrieben, wie Sie Tabellen nummerieren lassen können.

Es ist sinnvoll, für eine Tabellenüberschrift eine Formatvorlage mit einem hängenden Einzug zu verwenden, wie es das folgende Bild zeigt. Damit erreichen Sie, dass die zweite sowie weitere Zeilen unter dem Beginn des eigentlichen Textes der ersten Zeile anfangen. In den mitgelieferten Dokumentvorlagen sind die Formatvorlagen für Tabellenüberschriften bereits entsprechend eingerichtet.

Möchten Sie in einer Tabellenüberschrift einen Zeilenumbruch erzwingen, verwenden Sie dazu anstelle eines einfachen ↵ ein weiches Return, das Sie mit der Tastenkombination ⇧+↵ einfügen können. Damit wird eine neue Zeile, nicht aber ein neuer Absatz begonnen. Das hat den Vorteil, dass in der Tabellenüberschrift nicht das Absatzformat mit einem festgelegten vergrößerten Abstand zu anderen Absätzen verwendet wird, sondern alle Zeilen im gleichen Zeilenabstand voneinander stehen.

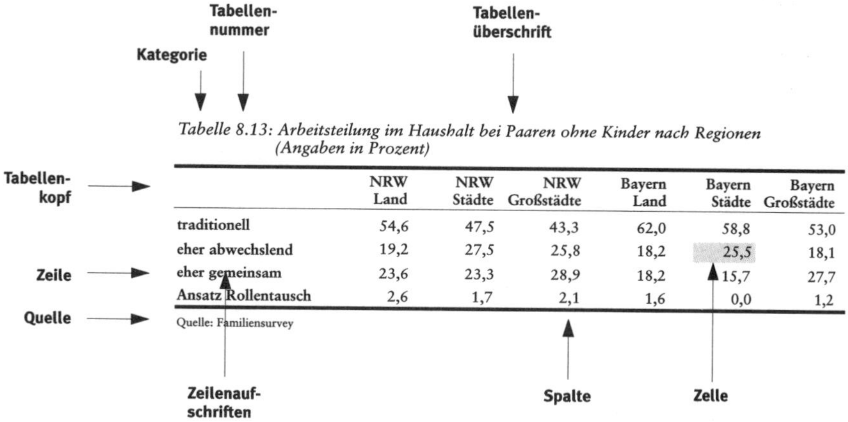

Tabelle 8.13: Arbeitsteilung im Haushalt bei Paaren ohne Kinder nach Regionen (Angaben in Prozent)

	NRW Land	NRW Städte	NRW Großstädte	Bayern Land	Bayern Städte	Bayern Großstädte
traditionell	54,6	47,5	43,3	62,0	58,8	53,0
eher abwechslend	19,2	27,5	25,8	18,2	25,5	18,1
eher gemeinsam	23,6	23,3	28,9	18,2	15,7	27,7
Ansatz Rollentausch	2,6	1,7	2,1	1,6	0,0	1,2

Quelle: Familiensurvey

Bild 4.5: Tabelle mit Bezeichnungen

4.1.5 Tabelle löschen

Sie löschen eine Tabelle, indem Sie zunächst die Einfügemarke in die Tabelle platzieren und danach die Befehle *TABELLE Löschen Tabelle* ausführen (Word 97: *TABELLE Tabelle markieren* sowie *TABELLE Zeilen löschen*).

Einzelne Zeilen oder Spalten entfernen Sie, indem Sie die Einfügemarke in eine Zelle der entsprechenden Zeile oder Spalte stellen und den Befehl *TABELLE Löschen Zeile* bzw. *Spalte* wählen.

Word 97

In Word 97 aktivieren Sie durch den Befehl *TABELLE Zellen löschen* das folgende Dialogfeld. Geben Sie nun durch Anklicken an, ob die Zeile oder die Spalte zur aktuellen Zelle gelöscht werden soll.

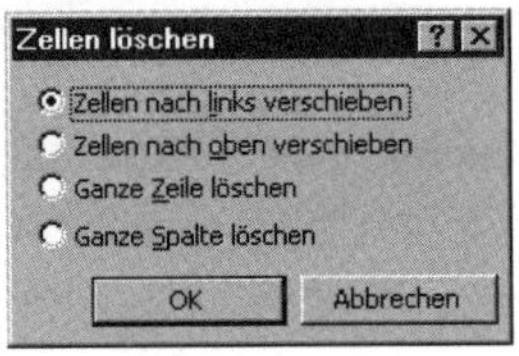

Bild 4.6: Spalten oder Zeilen löschen (Word 97)

4.2 Tabellen formatieren

Tabellen können fast beliebig formatiert werden. Dabei lassen sich sowohl die Tabelleneinträge als auch die Tabelle selbst formatieren. Dies sollte jedoch vor allem unter dem Gesichtspunkt geschehen, eine Tabelle besser lesbar zu machen.

Sie können in Tabellen Text formatieren, die Höhe und Breite von Zeilen und Spalten variieren sowie Rahmen und Linien bearbeiten. Voraussetzung für jeden Formatiervorgang ist das vorherige Markieren des Bereichs, der formatiert werden soll.

4.2.1 Markieren in Tabellen

Wir werden Ihnen in diesem Abschnitt zeigen, wie Sie einzelne Zellen, aber auch ganze Zeilen oder Spalten markieren können.

4.2.1.1 Markieren einer Zelle

Um eine Zelle zu markieren, schieben Sie den Maus-Cursor an den linken Rand der Zelle, die Sie markieren möchten, so wie es das folgende Bild darstellt. Erst wenn sich Ihr Maus-Cursor in einen Pfeil nach rechts umwandelt, klicken Sie die Zelle an.

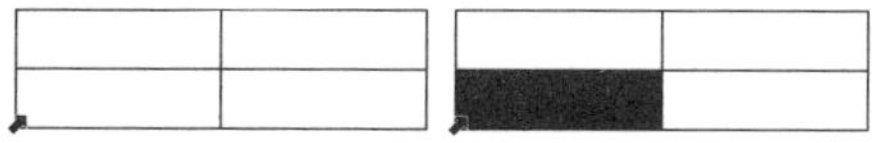

Einmal klicken

Bild 4.7: Markieren einer Zelle

Mit der Maus können Sie eine Zelle auch durch dreifaches Klicken in die gewünschte Zelle selektieren.

4.2.1.2 Markieren von Zeilen

Sie können eine komplette Zeile der Tabelle auf einmal markieren, indem Sie den Maus-Cursor vor die entsprechende Zeile stellen, wie es das folgende Bild demonstriert. Klicken Sie mit dem Maus-Cursor in der Form eines Pfeils nach rechts die entsprechende Zeile an.

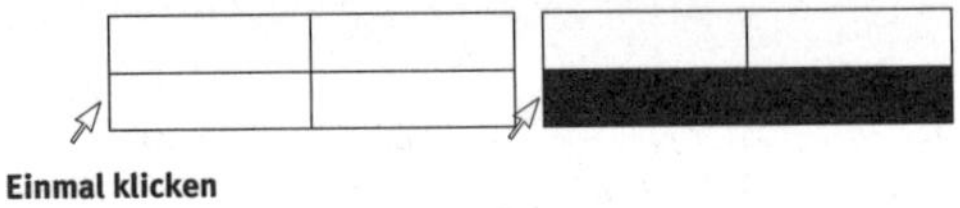

Bild 4.8: Markieren einer Zeile

Möchten Sie mehrere Zeilen markieren,

- ☑ klicken Sie die erste an,
- ☑ halten die Maustaste betätigt und
- ☑ ziehen nach unten, wie es das folgende Bild zeigt.

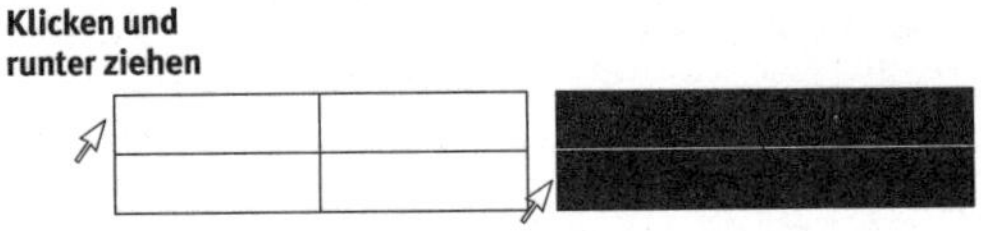

Bild 4.9: Zwei Zeilen markieren

Das Menü zu *TABELLE* stellt ebenfalls eine Option zur Verfügung, um eine Zeile mit einer Markierung zu versehen. Positionieren Sie dazu die Einfügemarke in eine Zelle der Zeile, die markiert werden soll, und führen Sie dann den Befehl *TABELLE Markieren Zeile* aus (Word 97: *TABELLE Zeile markieren*).

4.2.1.3 Markieren von Spalten

Sie wählen eine Spalte an, indem Sie den Maus-Cursor über einer Spalte so platzieren, dass er sich in einen schwarzen, nach unten zeigenden Pfeil verwandelt, wie Sie es im Bild sehen können. Klicken Sie dann die Spalte an.

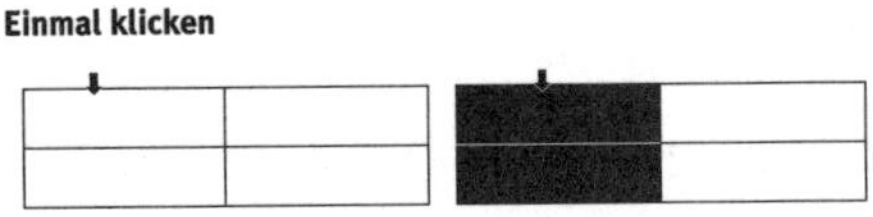

Bild 4.10: Markieren einer Spalte

Sollen mehrere Spalten markiert werden, selektieren Sie die erste Spalte, halten die Maustaste betätigt und ziehen dann nach rechts oder links. Achten Sie dabei darauf, dass Sie beim Markieren entweder ganz links oder ganz rechts beginnen, da Sie nur in eine Richtung ziehen können. Ziehen Sie in die Gegenrichtung, wird die Markierung automatisch wieder aufgehoben.

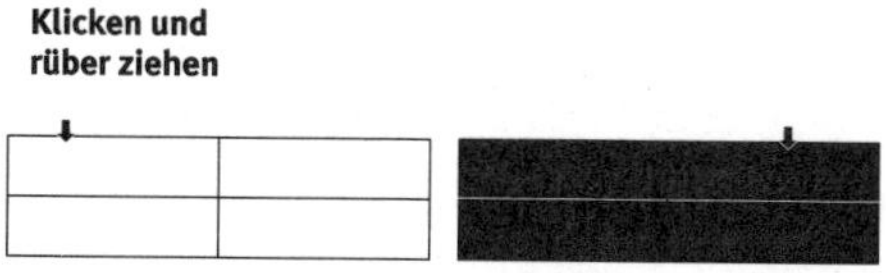

Bild 4.11: Zwei Spalten markieren

Im Menü zu *TABELLE* finden Sie alternativ den Befehl *Markieren Spalte* (Word 97: *TABELLE Spalte markieren*).

4.2.1.4 Markieren der gesamten Tabelle

Sie können die gesamte Tabelle markieren, indem Sie eine Zeile oder Spalte markieren und dann durch Ziehen des Maus-Cursors die Markierung auf die gesamte Tabelle ausweiten. Bei großen Tabellen ist sicher der Befehl *TABELLE Markieren Tabelle* schneller (Word 97: *TABELLE Tabelle markieren*). Alternativ können Sie auch auf den Verschiebepunkt links oben an der Tabelle klicken.

4.2.2 Tabelleneinträge kopieren und verschieben

Möchten Sie Einträge einer Tabelle kopieren und beispielsweise in eine andere Tabelle einfügen,

- ☑ markieren Sie zunächst die Zellen der zu kopierenden Einträge und
- ☑ kopieren Sie sie mit der Tastenkombination Strg+C.
- ☑ Platzieren Sie den Maus-Cursor in der anderen Tabelle in die Zelle, die der linken oberen Zelle des eingefügten Bereichs entspricht.
- ☑ Verwenden Sie zum Einfügen des kopierten Bereichs die Tastenkombination Strg +V.

Verfahren Sie zum Verschieben ebenso. Verwenden Sie anstelle der Tastenkombination zum Kopieren die Tasten Strg+X zum Ausschneiden der markierten Zellen.

4.2.3 Formatvorlage für Tabellen

Sie sollten versuchen, alle Tabellen Ihrer Arbeit weitgehend gleich zu gestalten, um ein einheitliches Bild zu schaffen.

- ☑ Verwenden Sie die gleiche Schriftart, -größe und Auszeichnung für alle Tabellenüberschriften. Dies ist bereits gegeben, falls Sie die Beschriftungsfunktion in *EINFÜGEN* oder die Schaltfläche *Tabellennummer* auf der

Nummerierung-Symbolleiste verwenden, da dabei automatisch die Formatvorlage eingestellt wird.

☑ Setzen Sie ebenso eine einheitliche Gestaltung für die Tabellenköpfe und die Zeilenaufschriften ein. Für Tabellenköpfe lassen sich eigene Formatvorlagen anlegen, die die Formatierung erleichtern. Ergänzen Sie dazu Ihre Dokumentvorlage um die Formatvorlage *Tabellenkopf* mit den entsprechenden Einstellungen.

☑ Auch der Rest der Tabellen sollte ein übereinstimmendes Schriftbild aufweisen; ebenso sollten die benutzten Zeilenabstände sowie Rahmen in allen Tabellen gleich sein. Verwenden Sie daher die Formatvorlage *Tabelle*.

Legen Sie mit dem Befehl *FORMAT Formatvorlage* die benötigte Formatvorlage an oder bearbeiten Sie die vorhandenen Vorlagen entsprechend.

4.2.3.1 Zeichenformat

Falls Sie viele große Tabellen verwenden, können Sie überlegen, ob Sie die Zeichengröße um einen oder einen halben Punkt kleiner wählen als den restlichen Text. Möchten Sie Ihre Tabelle abheben, besteht die Möglichkeit, sie mit einer anderen Schriftart zu versehen. Verwenden Sie beispielsweise eine serifenlose Schrift für Überschriften, können Sie dieselbe Schrift auch in einer kleineren Größe in Tabellen verwenden. Verwenden Sie aber nicht zu viele verschiedene Schriften, denn Ihre Arbeit sollte nicht zum Schriften-Sammelsurium werden.

4.2.3.2 Absatzformat

Oft ist das Absatzformat für den Standardtext in einer Dokumentvorlage 1,5-zeilig eingestellt. Zudem wird vor und nach jedem Absatz ein gewisser Abstand erzwungen. Diese Abstände werden auch für die einzelnen Zeilen bei Tabellen eingehalten. Für eine Tabelle ist das oft zu viel Platz zwischen den einzelnen Zeilen, wie es das folgende Bild links demonstriert. Vielmehr wäre es schön, einen kleineren Abstand zwischen den einzelnen Zeilen zu erreichen. Durch den 1,5-zeiligen Zeilenabstand wird zudem der Text nicht in der Mitte einer Zelle dargestellt. Sollen beispielsweise Rahmen um die Zellen eingefügt werden, sitzt der Text am oberen Rand des Rahmens. Dies ändert sich, wenn ein 1-zeiliger Zeilenabstand verwendet wird.

	NRW	Bayern
über 55	55,9%	75,4%
unter 55	43,6%	56,9%

1,5-zeiliger Zeilenabstand
Abstand vor & nach Absatz gleich

	NRW	Bayern
über 55	55,9%	75,4%
unter 55	43,6%	56,9%

1-zeiliger Zeilenabstand
Abstand vor & nach Absatz gleich

Bild 4.12: 1,5- und 1-zeilige Abstände in einer Tabelle

Aus diesem Grund ist es sinnvoll, in der verwendeten Dokumentvorlage die Formatvorlage *Tabelle* mit einem einfachen Zeilenabstand zu versehen. Damit die Zeilen nicht zu sehr aufeinander kleben, kann zudem vor und nach jedem Absatz ein 3 pt-Abstand eingestellt werden.

Es ist zweckmäßig, für die Tabellenüberschrift sowie für die Tabelle selbst festzulegen, dass ihre Zeilen und Absätze nicht getrennt werden dürfen. Damit verhindern Sie, dass die Tabelle durch einen Seitenumbruch getrennt wird.

☑ Verwenden Sie dazu im Absatz-Dialogfeld das Registerblatt *Zeilen- und Seitenumbruch* (Word 2000: *Zeilen- und Seitenwechsel;* Word 97: *Textfluß*).

☑ Klicken Sie die Optionen *Zeilen / Absätze nicht trennen* an.

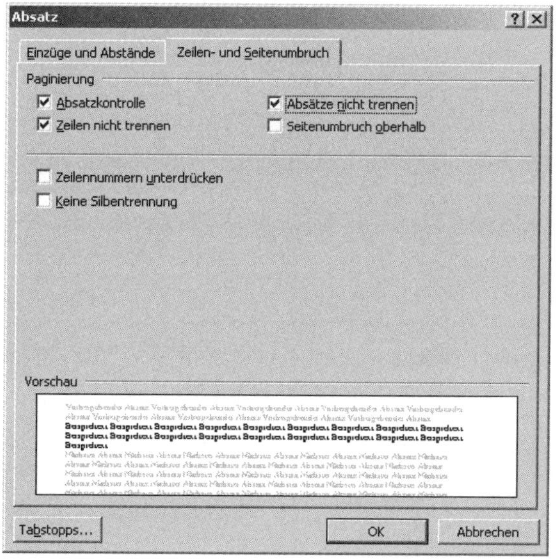

Bild 4.13: Zeilen und Absätze für Tabellenüberschriften und Tabellen nicht trennen

Mit der Option *Zeilen nicht trennen* wird kein Umbruch innerhalb eines Absatzes vorgenommen. Die zweite Option *Absätze nicht trennen* bedeutet, dass der Absatz, für den die Option aktiviert ist, nicht vom folgenden Absatz getrennt wird.

4.2.3.3 Rahmen und Schattierungen

Linien und Rahmen sollten in einer Tabelle in erster Linie dazu dienen, die Aussage der Tabelle schneller erfassen zu können. Natürlich kann man eine Tabelle mit Linien einfach, doppelt und gestrichelt »verschönern«. Dabei läuft man aber Gefahr, die Tabelle unnötig zu überladen, denn selten tragen viele Linien zur besseren Orientierung bei.

Oft werden nur zwei oder drei Linien als ausreichend empfunden und lösen das Karomuster vieler Tabellen ab. Im Folgenden können Sie dieselbe Tabelle zweimal mit verschiedenen Linien und Rahmen sehen. Da die Tabelle sehr klein und daher einfach zu überblicken ist, sind unserer Meinung nach in der ersten Tabelle zu viele Linien und Rahmen, die letztendlich keine verbesserte Orientierung ermöglichen.

		Menge des gefressenen Blattstückes			
		0	<1/3	1/3-2/3	>2/3
Sprühbelag	Niemöl	60	16	4	20
	Salatöl	0	0	0	100
Ölfilm	Niemöl	100	0	0	0
	Salatöl	0	0	0	100

Bild 4.14: Möglicher Rahmen für Tabelle

Wie die zweite Tabelle verdeutlicht, sind die senkrechten Striche nicht nötig, um die Spalten erkennen und lesen zu können. Die Abgrenzung der einzelnen Spalten ergibt sich aus den großen Abständen zwischen den Zahlenreihen. Ebenso halten wir bei einer Tabelle, die nur aus vier Zeilen besteht, waagrechte Linien für unnötig; der Überblick bleibt auch so erhalten.

		Menge des gefressenen Blattstückes			
		0	<1/3	1/3-2/3	>2/3
Sprühbelag	Niemöl	60	16	4	20
	Salatöl	0	0	0	100
Ölfilm	Niemöl	100	0	0	0
	Salatöl	0	0	0	100

Bild 4.15: Zweite Version der Tabelle

Rahmen können in der Formatvorlage vereinbart, aber auch im Nachhinein auf die Tabelle übertragen werden. Um Linien oder Rahmen einzufügen, muss zunächst der Bereich markiert werden, der mit Linien versehen werden soll. Wählen Sie dann den Befehl *FORMAT Rahmen und Schattierung* aus. Im Dialogfeld wird rechts als grau gestreiftes Feld der markierte Bereich dargestellt. Soll über der Markierung eine Linie eingefügt werden, klicken Sie auf den oberen Rand der grauen Fläche, so dass eine Querlinie angezeigt wird. Sie können jetzt für diese Linie unter *Linienart* eine bestimmte Linienstärke, doppelte, gepunktete oder gestrichelte Linien durch Anklicken auswählen. Darunter wählen Sie die Farbe und die Linienstärke aus.

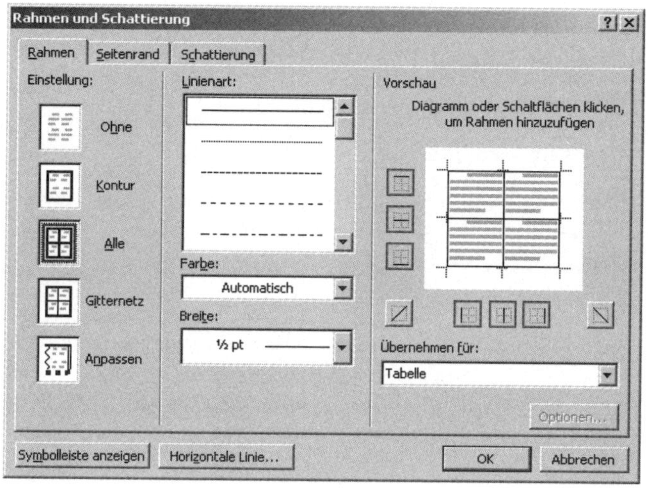

Bild 4.16: Dialogfeld zum Einstellen von Linien und Rahmen

Wurden, wie im Dialogfeld, mehrere Zellen einer Tabelle markiert, legt man mit den äußeren Linien des grauen Quadrats die Linien um die Markierung herum fest. Im abgebildeten Dialogfeld wurden diese etwas stärker als die Linien im Inneren einer Tabelle formatiert. Für alle Linien, die innerhalb der Markierung liegen, kann man eine Formatierung mit Hilfe einer senkrechten und waagrechten Linie im Innern der grauen Markierung festlegen.

4.2.4 Spaltenbreiten und Zeilenhöhen variieren

Die von Word erstellten Tabellen werden mit gleich breiten Spalten optimal an den vorhandenen Platz angepasst. Da Tabelleneinträge jedoch unterschiedlich breit sind, sind die von Word erzeugten Spaltenbreiten oft nicht praktikabel. Es ist daher wichtig zu wissen, wie sich Spalten vergrößern und verkleinern lassen.

Bewegen Sie dazu Ihren Maus-Cursor über eine Spaltengrenze. Der Cursor ist genau dann richtig positioniert, wenn er sich zu einem kleinen Doppelstrich mit einem Pfeil nach rechts und nach links verändert. Damit können Sie eine Linie bei gehaltener Maustaste verschieben.

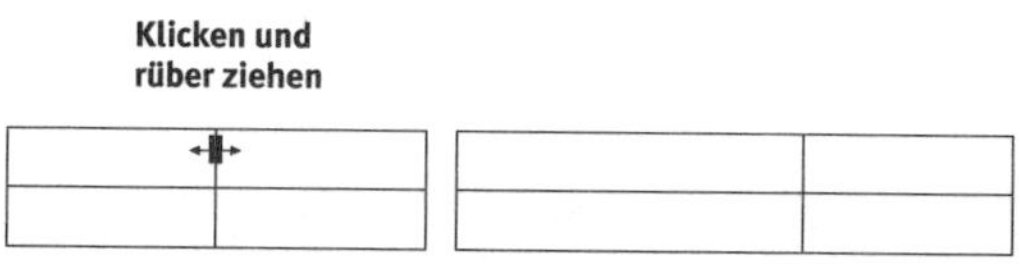

Bild 4.17: Spaltenbreite mit der Maus vergrößern

Dabei bleiben die äußeren Ränder der Tabelle unverändert. Vergrößern oder verkleinern Sie die linke Spalte, wird automatisch die Breite der weiter rechts liegenden Zellen so angepasst, dass sie auch weiter den verbleibenden Platz ausfüllen. Möchten Sie die Tabelle insgesamt kleiner machen, verschieben Sie die rechte äußere Linie.

Markierte Zelle Manchmal verändert man die Spaltenbreite und hat dabei nur eine Zelle der Spalte markiert. Dann ändert Word nur für diese eine Zelle die Breite. Ist dieser Vorgang nicht erwünscht, sollten Sie den Befehl *Rückgängig* anwählen.

Vielleicht ist Ihnen bereits beim Verschieben der Zellengrenzen aufgefallen, dass sich auch die Zellgrenzen auf dem Lineal verschoben haben. Auch mit Hilfe des Lineals lässt sich eine Einstellung der Spaltenbreiten der Tabelle vornehmen.

Um eine Spaltenbreite genau zu vereinbaren, können Sie mit Hilfe des Befehls *TABELLE Tabelleneigenschaften* ein Dialogfeld aufrufen und auf dessen Registerblatt *Spalte* die gewünschte Spaltenbreite in Zentimeter oder Prozent angeben (Word 97: *TABELLE Zellenhöhe und -breite*, Angabe nur in Zentimeter möglich).

Mit den Schaltflächen *Vorherige Spalte* und *Nächste Spalte* ist es möglich, auch die Einstellungen der anderen Spalten zu verändern, ohne das Dialogfeld verlassen zu müssen.

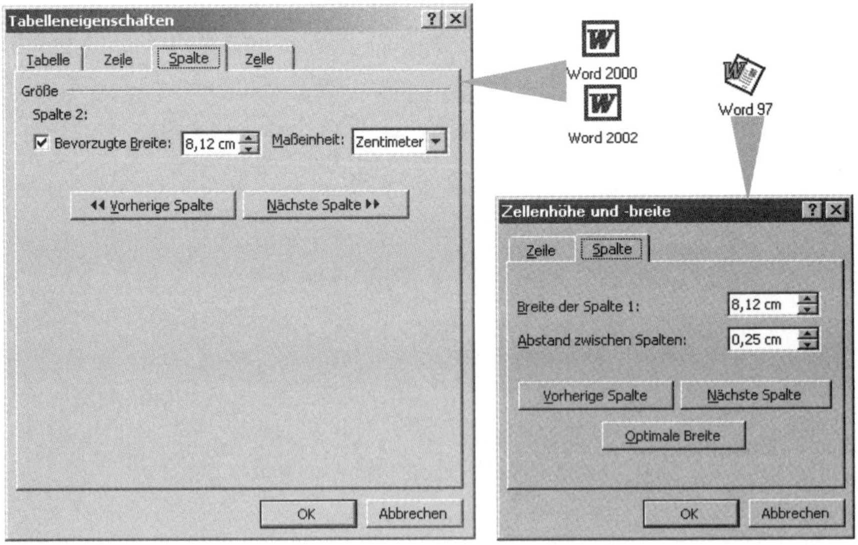

Bild 4.18: Spaltenbreite einstellen

Vielleicht haben Sie bereits festgestellt, dass Word für die Darstellung von Text in einer Zelle nicht die gesamte Breite einer Zelle ausnutzt, um zu vermeiden, dass die Texte direkt nebeneinander stehen. Den Abstand zwischen den Spalten können Sie selbst verändern. Wählen Sie dazu *Optionen* auf dem Registerblatt *Tabelle* des Dialogfelds *Tabelleneigenschaften*. Stellen Sie im Dialogfeld *Tabellenoptionen* die gewünschten Standardzellenbegrenzungen ein. Standard ist ein seitlicher Begrenzungswert von 0,19 cm. (Word 2000: Der Standardwert beträgt 0,12 cm; Word 97: Die Einstellung *Abstand zwischen Spalten* nehmen Sie im Dialogfeld *Zellenhöhe und -breite* vor, das Sie direkt vom Menü zu *TABELLE* aufrufen. Die Standardeinstellung beträgt 0,25 cm.)

Bild 4.19: Zellenbegrenzungen einstellen

Zu kleine Spalten Sind die Spalten in Ihrer Tabelle zu eng, doch Sie benötigen noch weiteren Platz, so können Sie den Abstand zwischen den Spalten verkleinern.

Verwenden Sie in einer Tabelle einen Eintrag, der größer ist als der Platz in einer Zelle, bricht Word den Text entsprechend um. Besteht der Zelleneintrag nur aus einem Wort und ist es somit für Word nicht möglich, an einer Wortgrenze einen Umbruch vorzunehmen, wird die aktuelle Spalte automatisch verbreitert bzw. Word trennt irgendwo im Wort. Dabei richtet sich der Umbruch in einer Tabelle nicht nach Trennregeln, sondern nach dem Platzangebot und ist somit oft überarbeitungsbedürftig. Möchten Sie Stellen in Wörtern vorgeben, an denen getrennt werden soll, verschieben Sie die Eingabemarke an die entsprechende Stelle und verwenden dann die Tastenkombination [Strg]+[-].

Möchten Sie in einer Zelle einen festen Umbruch definieren, verwenden Sie kein Return, weil Word so einen neuen Absatz anlegt. Haben Sie im Absatzformat einen Abstand vor und nach einem Absatz festgelegt, entstehen große Abstände zwischen Zeilen, die eigentlich zusammen gehören. Verwenden Sie daher die Tastenkombination [⇧]+[↵], um eine neue Zeile zu beginnen, so richtet sich der Abstand zwischen den Zeilen nur nach dem eingestellten Zeilenabstand.

Tabelle zeigt keinen Text an Uns ist es ein paar Mal passiert, dass Word bei der Texteingabe zwar die Zellenhöhe immer weiter vergrößert hat, als ob man mehrere Zeilen Text eingibt, aber in der Tabelle war nichts von einer Texteingabe zu sehen. Dieser Fehler war sofort behoben, nachdem wir in *FORMAT Absatz* den linken Einzug auf 0 cm gestellt hatten. Vorher war ein Einzug eingestellt, der größer war als die Breite der Zelle. Daher konnte kein Text in der Zelle angezeigt werden.

Die Zeilenhöhe regelt sich eigentlich über das angegebene Absatzformat. Sie kann aber bei Bedarf auf dem Registerblatt *Zeile* fest eingestellt werden. Aktivieren Sie das Registerblatt mit dem Befehl *TABELLE Tabelleneigenschaften* (Word 97: *TABELLE Zellenhöhe und -breite*). Sie können unter *Höhe definieren* ein Maß angeben (Word 97: *Höhe der Zeile*) und mit *Mindestens* bzw. *Genau* eine Mindesthöhe oder eine genau vorgegebene Höhe festlegen.

Alle Angaben lassen sich für die weiteren Zeilen der Tabelle mit Hilfe der Schaltflächen *Vorherige Zeile* und *Nächste Zeile* definieren, ohne das Dialogfeld zu verlassen.

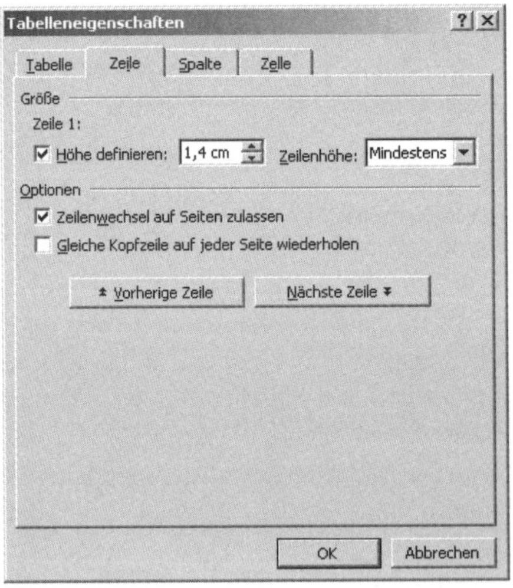

Bild 4.20: Dialogfeld zum Einstellen der Zellenhöhe

Alternativ können Sie die Begrenzungslinien für Zeilen auch mit der Maus vergrößern bzw. verkleinern. Dies geht allerdings nur in der Ansicht Seitenlayout. Schieben Sie dazu den Maus-Cursor auf die untere Begrenzungslinie der Zelle, deren Höhe variiert werden soll. Der Cursor wird über der Begrenzungslinie zu einer Doppellinie mit einem Pfeil nach oben und nach unten.

Klicken Sie damit auf die Linie und ziehen in die gewünschte Richtung. Betätigen Sie dabei die [Alt]-Taste, wird an der linken Bildschirmseite ein vertikales Lineal eingeblendet, das Ihnen auch den Wert der Zeilenhöhe angibt.

4.2.5 Tabulatoren in Tabellen

Auch innerhalb einer Tabelle lassen sich Tabulatoren setzen. Möchten Sie einen Eintrag am Tabulatorzeichen ausrichten, müssen Sie dazu die Tastenkombination [Strg]+[Tab] einsetzen. Verwenden Sie nur die [Tab]-Taste, springen Sie in der Tabelle in die folgende Zelle.

4.2.6 Zellen löschen, einfügen, verbinden und teilen

Nicht immer hat man eine Tabelle genau so konfiguriert, wie man sie nachher auch wirklich braucht. Daher sind die Funktionen zum Löschen oder Ergänzen von Zellen unerlässlich.

4.2.6.1 Zellen löschen

Sie löschen eine Spalte oder Zeile, indem Sie

- die Spalte bzw. Zeile anklicken (Word 97: markieren) und
- den Befehl *TABELLE Löschen Spalte/Zeile* ausführen (Word 97: *TABELLE Spalte/Zeile löschen*).

Löschen von Zellen Verwenden Sie zum Löschen beispielsweise die [Entf]-Taste Ihrer Tastatur, so löschen Sie damit nur die Eintragungen in der Tabelle, nicht aber die Zellen selbst.

Wählen Sie *TABELLE Löschen Zellen* aus, öffnet sich folgendes Dialogfeld. (Word 97: Das Dialogfeld öffnet sich, wenn Sie keine Spalte/Zeile markiert, aber Ihre Einfügemarke in der Tabelle platziert haben, während Sie den Befehl zum Löschen geben.) Im Dialogfeld fragt Word ab, wie die restliche Tabelle angeordnet werden soll, wenn die aktuelle Zelle oder Markierung gelöscht wird.

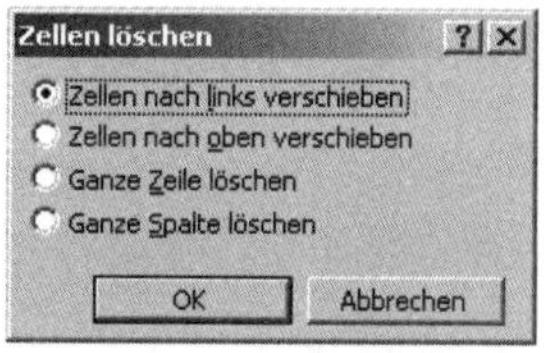

Bild 4.21: Dialogfeld zum Löschen von Zellen

4.2.6.2 Zellen einfügen

Um einzelne oder mehrere Zellen in eine Tabelle neu aufzunehmen, markieren Sie die gewünschte Anzahl von Zellen. Rufen Sie dann *TABELLE Zellen einfügen Zelle* auf, erhalten Sie fast das gleiche Dialogfeld wie in Bild 4.21 (Word 97: *TABELLE Zeile einfügen*).

Zeilen oder Spalten lassen sich in eine Tabelle einfügen, indem Sie die Einfügemarke an der gewünschten Stelle platzieren und den Befehl *TABELLE Zellen einfügen Spalten nach links/rechts* bzw. *Zeilen oberhalb/unterhalb* selektieren. (Word 97: *TABELLE Zeilen/Spalten einfügen.* Vor der aktuellen Zeile bzw. Spalte wird eine weitere eingefügt.) Auch über das Kontextmenü können Spalten und Zeilen eingefügt werden. Wurden zuvor mehrere Zeilen markiert, fügt Word genauso viele Zeilen neu ein.

Fügen Sie eine neue Spalte ein, so wird die Spaltenbreite automatisch so verändert, dass die Tabellenbreite gleich bleibt. Die Tabelle ist also nach wie vor so breit wie Ihr Textspiegel.

Word 97

Dies trifft für die Word 97-Version nicht zu. Ist die Tabelle zuvor optimal breit eingestellt gewesen, werden nun die letzten Spalten nach rechts aus dem Bereich herausgeschoben, den Sie zum Schreiben verwenden. Je nachdem, wie Ihre Bildschirmeinstellung ist, verschwinden sie eventuell sogar vom Bildschirm. Um dies zu ändern, markieren Sie am besten die ganze Tabelle und definieren eine Spaltenbreite, die dafür sorgt, dass Ihre Tabelle wieder auf das Blatt passt. Danach können Sie für die einzelnen Spalten die optimale Breite einzeln festlegen.

4.2.6.3 Zellen verbinden

Wir möchten Ihnen als Beispiel in diesem Abschnitt zeigen, wie es möglich ist, Text über mehrere Spalten hinweg zu zentrieren. Die Tabelle in Bild 4.14 weiter vorne im Kapitel ist dafür ein Beispiel. Während in der zweiten und den folgenden Zeilen vier Spalten mit Zahlen zu sehen sind, soll in der ersten Zeile der Text über den möglichen Kategorien der Größenangaben zentriert werden. Dazu zeigt das nächste Bild die Tabelle direkt nach der Eingabe ohne Formatierungen.

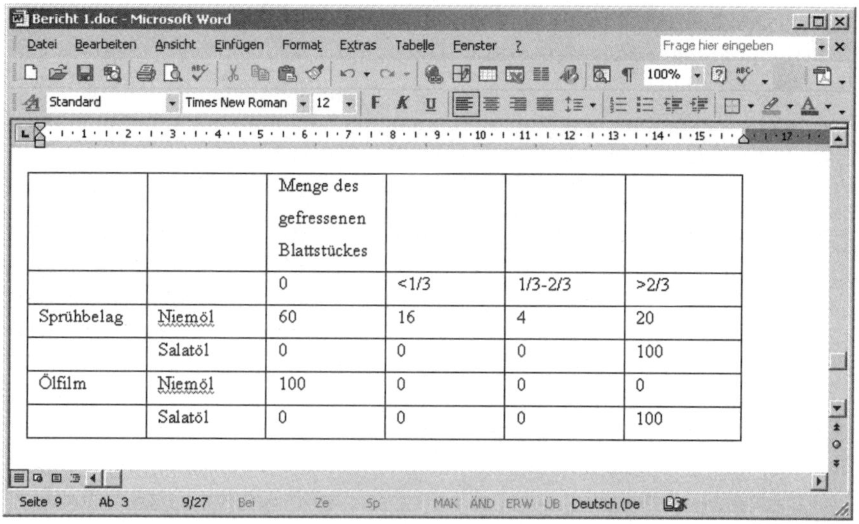

Bild 4.22: Eingegebene Tabelle

Verfahren Sie nun wie im Folgenden beschrieben:

- Markieren Sie in der ersten Zeile die Zellen der Spalten drei bis sechs und
- selektieren dann in *TABELLE* die Option *Zellen verbinden*. Wird der Befehl ausgeführt, erhalten Sie das folgende Bild.

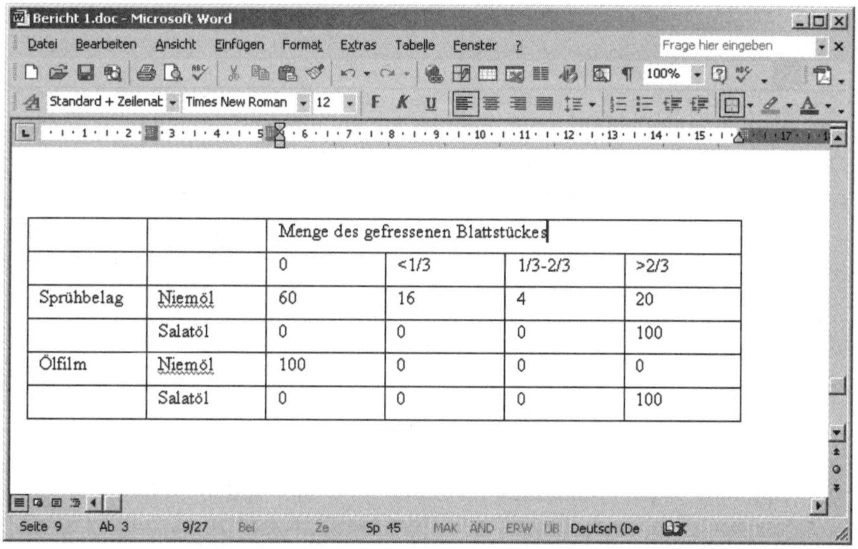

Bild 4.23: Markierte Zellen wurden verbunden

Alternativ können Sie hier das Radiergummi-Werkzeug der Symbolleiste Tabellen und Rahmen verwenden.

☑ Aktivieren Sie die Symbolleiste mit Hilfe der Schaltfläche *Tabellen und Rahmen*.

☑ Wählen Sie den Radiergummi aus und klicken Sie die Linie an (Word 97: zeichnen Sie damit die Linie nach), die gelöscht werden soll.

4.2.6.4 Zellen teilen

Wir möchten Ihnen in diesem Abschnitt zeigen, wie Sie die folgende Tabelle erstellen können, die aus einer Tabelle mit vier Zeilen und einer Spalte durch Teilen einzelner Zellen entstanden ist.

Tabelle 13: Bildungsdichte ausgewählter Bevölkerungsgruppen in Bayern 1987

<table>
<tr><td colspan="4">16-19-Jährige Jungen und Mädchen
37,0%</td></tr>
<tr><td colspan="2">Jungen
35,3%</td><td colspan="2">Mädchen
38,8%</td></tr>
<tr><td colspan="2">16-17-Jährige
Jungen und Mädchen
51,4%</td><td colspan="2">18-19-Jährige
Jungen und Mädchen
24,5%</td></tr>
<tr><td>Jungen
48,8%</td><td>Mädchen
54,1%</td><td>Jungen
23,6%</td><td>Mädchen
25,5%</td></tr>
</table>

☑ Beginnen Sie damit, eine vierzeilige, einspaltige Tabelle in den Text einzufügen.

☑ Zentrieren Sie die Ausrichtung der Texte für alle Zellen mit der Schaltfläche *Zentriert*.

☑ Markieren Sie danach die unteren drei Zellen (siehe folgendes Bild, mittleres Teilbild).

Bild 4.24: Zellen vor dem Teilen markieren

☑ Mit dem Befehl *TABELLE Zellen teilen*, über das Kontextmenü oder der Schaltfläche *Zellen teilen* der Symbolleiste Tabellen und Rahmen wird das folgende Dialogfeld aufgerufen, in dem Sie die Anzahl der gewünschten Spalten pro Zelle eintragen können.

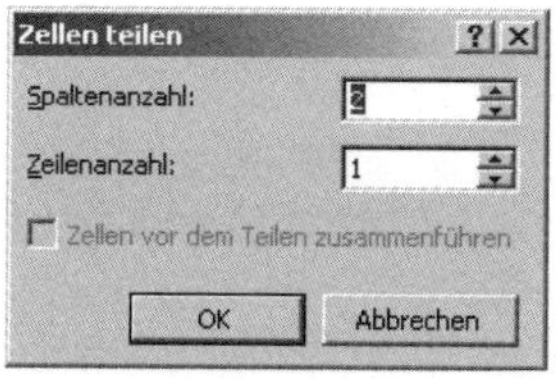

Bild 4.25: Eine Zelle in zwei teilen

- ☑ Bestätigen Sie die Anzahl, werden die Zellen der Markierung in ebenso viele gleich große Zellen unterteilt, wie Sie es im dritten Teilbild von Bild 4.24 sehen können.
- ☑ Fahren Sie nun fort, wie in Bild 4.26 dargestellt: Markieren Sie zunächst die unterste Zeile und
- ☑ wählen Sie erneut das Dialogfeld *Zellen teilen* aus, um aus den beiden unteren Zellen vier zu machen.

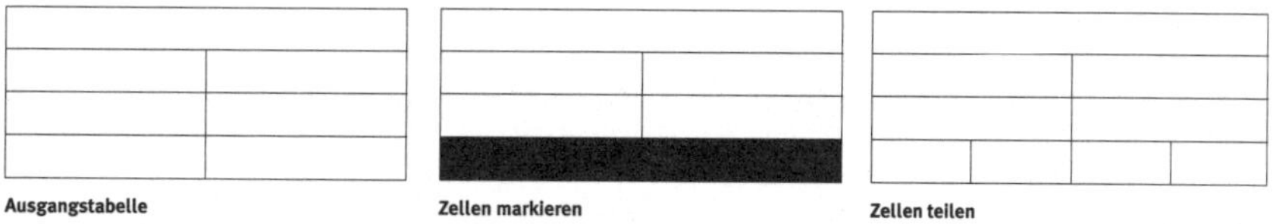

Bild 4.26: Markierte Zellen wurden verbunden

Sind Spalten verschieden groß, sollten aber eigentlich alle dieselbe Größe aufweisen, markieren Sie die entsprechende(n) Zeile(n) und verwenden die Schaltfläche *Spalten gleichmäßig verteilen* auf der Symbolleiste Tabellen und Rahmen, wählen die gleichnamige Option im Kontextmenü oder führen den Befehl *TABELLE AutoAnpassen Spalten gleichmäßig verteilen* aus (Word 97: *TABELLE Spalten gleichmäßig verteilen*).

Tipp am Ende Wenn gar nichts mehr geht, hat man oft schneller eine neue Tabelle erstellt und die Einträge umkopiert, als dass man versucht, die Formatierungsfehler wieder auszubügeln. Ansonsten gibt es auch noch die Möglichkeit, so oft den Befehl *Rückgängig* auszuwählen, bis man wieder einen Zustand der Tabelle erreicht hat, mit dem man weitermachen kann.

4.3 Der Umgang mit großen Tabellen

Sehr große Tabellen sind manchmal etwas schwierig in der Handhabung. Wir unterscheiden in diesem Abschnitt sehr lange und sehr breite Tabellen.

4.3.1 Lange Tabellen

Bei großen Tabellen, die länger als eine Seite sind, sollte man im *Absatz*-Dialogfeld die Option *Absätze nicht trennen* ausschalten. Manchmal gibt es Teile innerhalb der Tabelle, die nicht getrennt werden sollen, dann kann man diese Option gegebenenfalls für diese Abschnitte aktivieren.

Geht eine Tabelle über mehrere Seiten, wäre es schön, wenn man sich den Tabellenkopf auch auf der zweiten und dritten Seite ausgeben lassen könnte, um die Orientierung in der Tabelle zu behalten.

Im folgenden Bild sehen Sie eine eingefügte »lange« Tabelle, die sich auf zwei Seiten verteilt. Gerade für solche Tabellen mit Zahlenreihen ist ein wiederholter Tabellenkopf von Vorteil, um erkennen zu können, welche Werte in den einzelnen Spalten präsentiert werden.

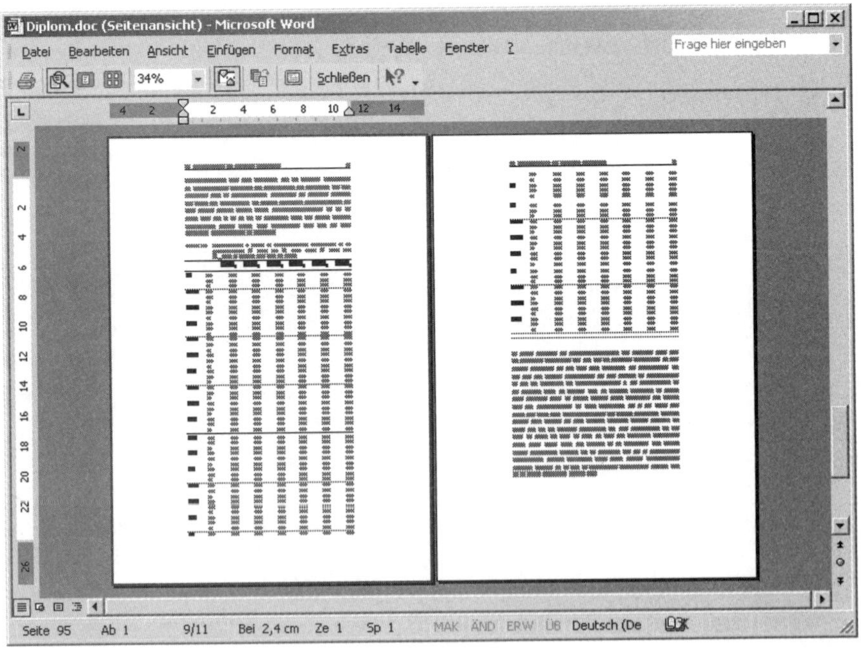

Bild 4.27: Lange Tabelle

Möchten Sie auf der zweiten und den folgenden Seiten einer Tabelle den Tabellenkopf wiederholen, wie es das folgende Bild rechts zeigt,

- ☑ markieren Sie den Tabellenkopf und
- ☑ wählen Sie den Befehl *TABELLE Überschriftenzeilen wiederholen* aus (Word 97: *TABELLE Überschrift*).

Damit wird die Tabelle am Ende der Seite umgebrochen und auf der zweiten Seite nach dem wiederholten Tabellenkopf fortgeführt.

Der Tabellenkopf der zweiten und aller weiteren Seiten kann allerdings nicht bearbeitet werden, da er automatisch vom ersten übernommen wird. Änderungen können deshalb nur im ersten Tabellenkopf vorgenommen werden.

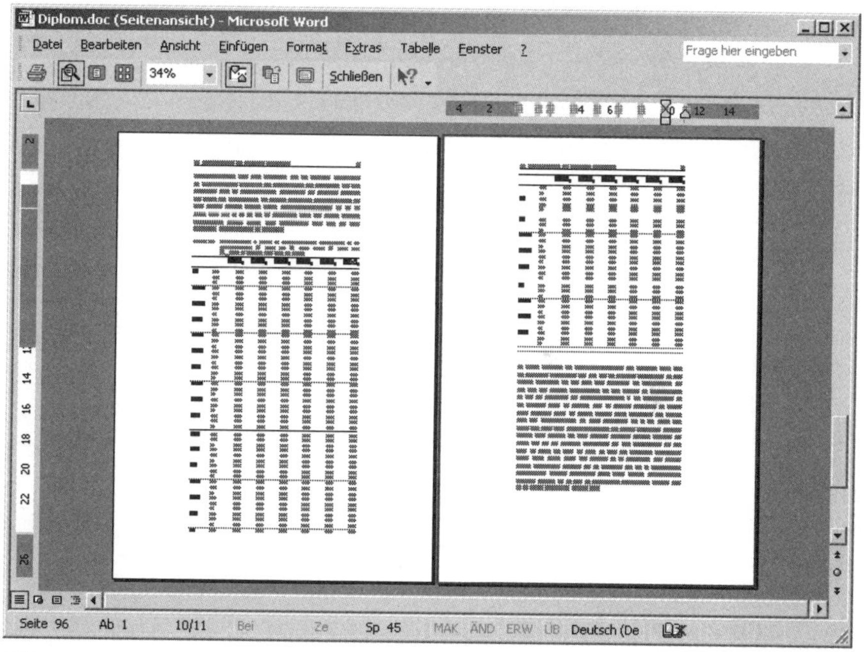

Bild 4.28: Lange Tabelle mit wiederholtem Tabellenkopf nach Umbruch

4.3.2 Breite Tabellen

Tabellen, die breiter als die eingestellte Seitenbreite sind, können auch im Querformat eingefügt werden. Um in einem hochformatigen Text eine Seite im Querformat einzufügen, ist vor und nach der Seite im Querformat ein Abschnittswechsel erforderlich.

- ☑ Fügen Sie an der Stelle, an der die Tabelle im Querformat eingefügt werden soll, mit *EINFÜGEN Manueller Umbruch* (Word 2000/Word 97:

Manueller Wechsel) einen Abschnittswechsel mit der Option *Nächste Seite* ein.

- ☑ Definieren Sie darunter einen weiteren Abschnittswechsel.
- ☑ Platzieren Sie Ihren Maus-Cursor zwischen die beiden Abschnittswechsel und wählen Sie den Befehl *DATEI Seite einrichten*.
- ☑ Stellen Sie auf dem Registerblatt *Papierformat* für den aktuellen Abschnitt *Querformat* ein.
- ☑ Fügen Sie nun zwischen den Abschnittswechseln die Tabelle ein.

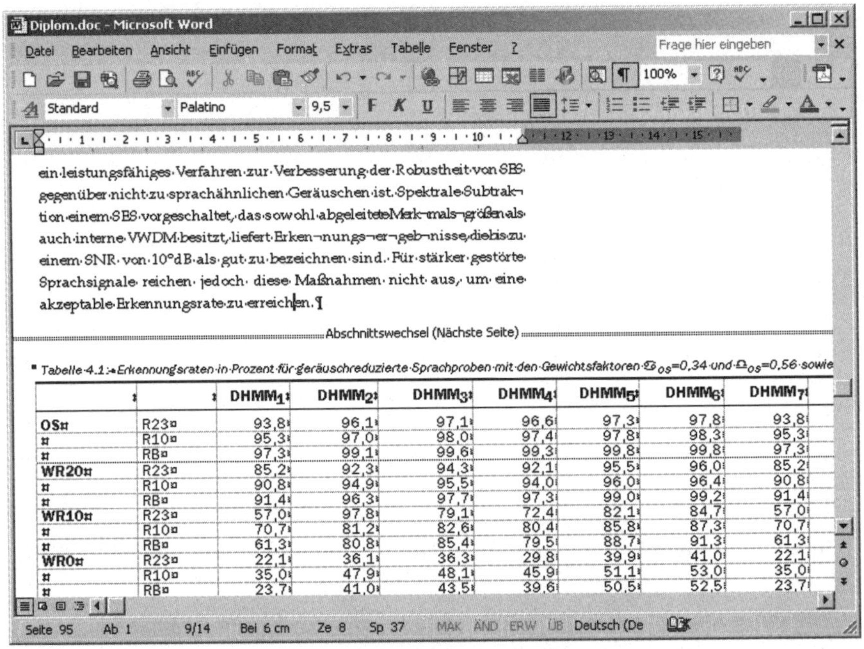

Bild 4.29: Breite Tabelle im Querformat mit Abschnittswechsel davor

Keine Zeile für Tabellenüberschrift Haben Sie die Tabelle auf der Seite im Querformat oben ohne eine Leerzeile davor eingefügt, stehen Sie vermutlich vor dem Problem, wie Sie nun für die Tabellenüberschrift eine Zeile vor der Tabelle einfügen können. Platzieren Sie dazu Ihren Maus-Cursor in die erste Zelle der Tabelle und verwenden dann die Tastenkombination [Strg]+[↵]. Dadurch erzwingen Sie einen Seitenumbruch und erhalten zusätzlich vor der Tabelle eine Leerzeile. Fügen Sie die Tabellenüberschrift ein, springen auf die vorherige Seite und löschen mit der [Entf]-Taste den erzwungenen Seitenumbruch.

Sollten Sie in Ihrer Arbeit für die erste Seite eines Abschnitts die Kopfzeile unterdrücken wollen, werden Sie nun das Problem haben, dass sowohl für die Seite mit der Tabelle im Querformat als auch für die folgende Seite keine Kopfzeilen angezeigt werden.

☑ Möchten Sie die Kopfzeilen für diese Seiten wieder einfügen, platzieren Sie Ihren Maus-Cursor auf der Seite im Querformat und klicken mit *DATEI Seite einrichten* auf dem Registerblatt *Seitenlayout* das Häkchen vor *Erste Seite anders* weg.

☑ Aktivieren Sie mit *ANSICHT Kopf- und Fußzeile* die Kopfzeile für die Seite im Querformat. Vermutlich müssen Sie den rechtsbündigen Tabulator auf dem Lineal für die Seite noch weiter nach rechts schieben.

☑ Platzieren Sie dann Ihren Maus-Cursor auf der folgenden Seite, die ja im folgenden Abschnitt auch wieder die erste Seite ist, und deaktivieren Sie auch für diese Seite die Option *Erste Seite anders*.

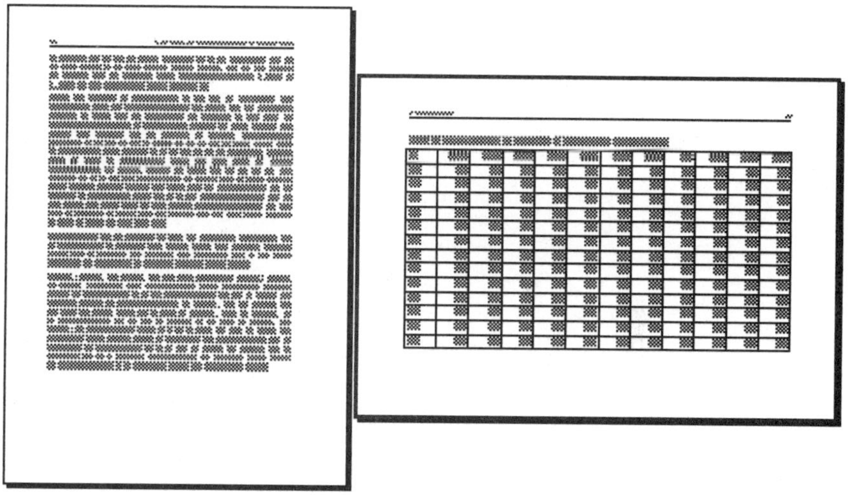

Bild 4.30: Breite Tabelle im Querformat mit Kopfzeile

4.3.2.1 Kopfzeile im Hochformat für Seite mit Tabelle im Querformat

Was, wenn für eine Tabelle, die auf einer Seite im Querformat eingefügt wird, die Kopfzeile trotzdem im Hochformat fortgesetzt werden soll? Standardmäßig schreibt Word eine Kopfzeile immer »oben« auf die Seite. Ist die Seite gedreht, wird auch die Kopfzeile gedreht. Daran lässt sich erst einmal nichts ändern. Um die Kopfzeile im Hochformat von der Vorseite fortzuführen, muss man ein wenig tricksen.

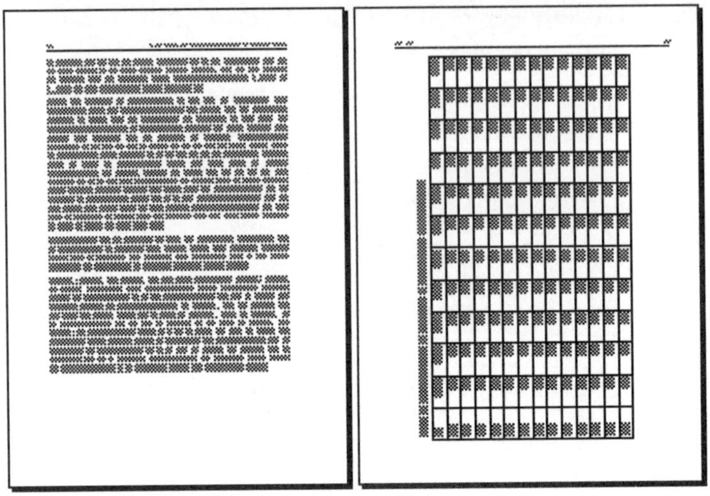

Bild 4.31: Breite Tabelle im Querformat mit Kopfzeile oben auf einer Hochformatseite

Im folgende Abschnitt soll beschrieben werden, wie Sie eine solche Kopfzeile für eine einseitige Seitenformatierung einfügen können. Wechseln Sie in die Seitenlayoutansicht und positionieren Sie zunächst Ihre Einfügemarke auf der Seite im Querformat.

☑ Aktivieren Sie mit *ANSICHT Symbolleisten Zeichnen* die entsprechende Symbolleiste.

☑ Klicken Sie auf die Schaltfläche *Textfeld* und ziehen Sie ein Rechteck auf, das so groß ist, dass Sie eine Kopfzeile für eine Seite im Hochformat einfügen können.

☑ Fügen Sie mit *EINFÜGEN Feld* die für die Kopfzeile benötigten Feldfunktionen ein. Wir haben diesen Vorgang ausführlich in Kapitel 3 im Abschnitt »Kopf- und Fußzeilen« beschrieben.

☑ Definieren Sie den rechtsbündigen Tabulator an derselben Stelle wie auf einer normalen Hochformatseite.

☑ Wählen Sie nun den Befehl *EINFÜGEN Feld* und selektieren in der Kategorie *Nummerierung* den Feldnamen *Page* (Word 97: *Seite*).

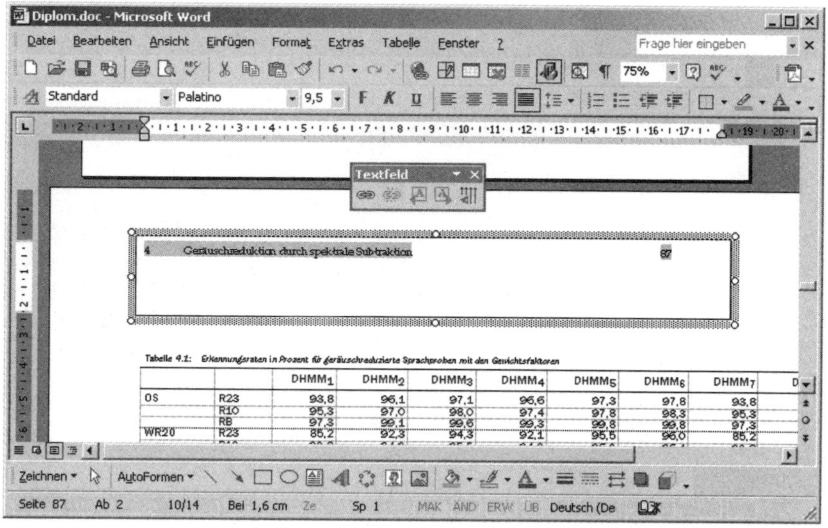

Bild 4.32: Tabelle im Querformat mit Textfeld

- Für das Textfeld sollten Sie eine weiße Füllfarbe und keine Umrisslinie festlegen.
- Mit einem Klick auf die Schaltfläche *Textrichtung ändern* der Symbolleiste Textfeld sorgen Sie dafür, dass der Text des Textfeldes auf der Seite stehend angezeigt wird.

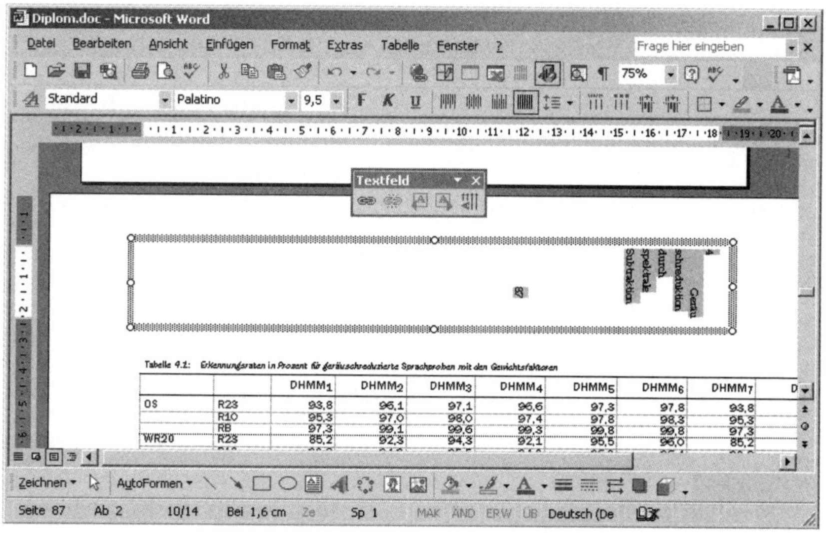

Bild 4.33: Textausrichtung gedreht

☑ Schieben Sie das Textfeld rechts an den Seitenrand. Verändern Sie dann Höhe und Breite des Feldes, wie im nächsten Bild gezeigt.

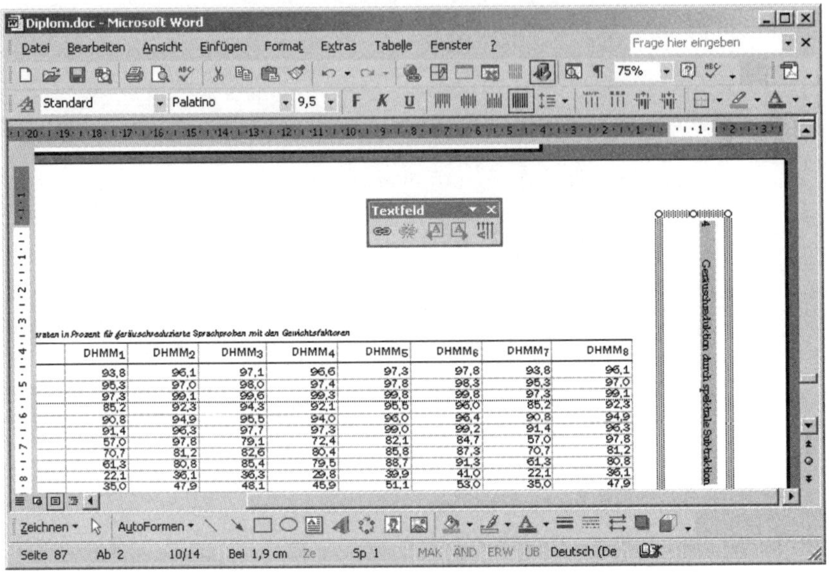

Bild 4.34: Form des Textfeldes verändert

☑ Zum Schluss können Sie mit Hilfe des Werkzeugs *Linie* der Zeichnen-Symbolleiste eine Linie unter dem Text der Kopfzeile platzieren.

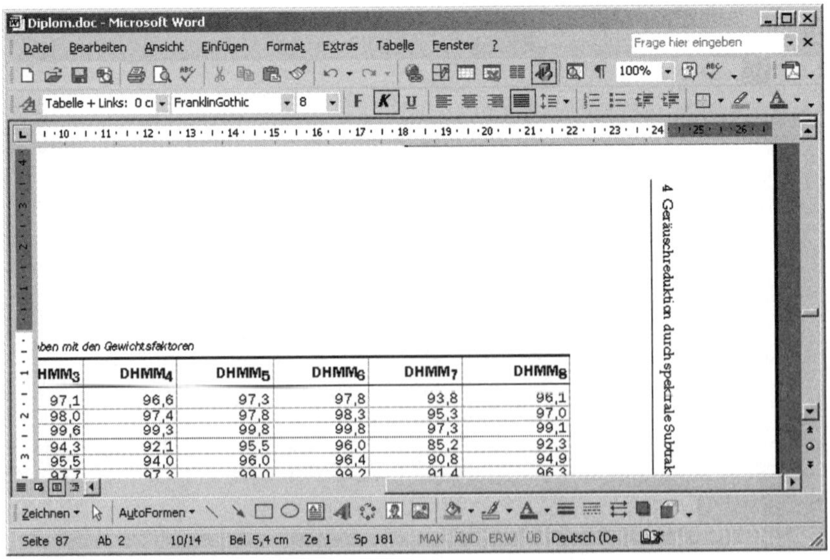

Bild 4.35: Linie unter der Kopfzeile

Wir haben zur Unterstreichung eine Linie gezeichnet, da die Position einer über Rahmen und Schattierung eingefügten Linie von der Größe des Textfeldes abhängig ist und so schwer zu positionieren war.

Um das Textfeld und die eingezeichnete Linie an die richtige Stelle zu platzieren, können Sie das Dialogfeld *Textfeld formatieren* bzw. *Autoform formatieren* zur Hilfe nehmen. Sie aktivieren die Dialogfelder, indem Sie das Textfeld oder die Linie mit der rechten Maustaste anklicken und im Kontextmenü den entsprechenden Aufruf auswählen.

Bis die gesamte Kopfzeile an genau der richtigen Stelle sitzt, werden Sie sicher einige Ausdrucke benötigen, da man am Bildschirm weder das Textfeld noch die Linie hundertprozentig korrekt positionieren kann.

4.3.2.2 Kopfzeile im Hochformat für Quertabelle bei zweiseitigem Seitenformat

Setzen Sie für Ihre Arbeit ein zweiseitiges Format ein, sind also die Kopfzeilen von einer geraden und einer ungeraden Seite unterschiedlich, kommt es bei Tabellen im Querformat mit Kopfzeilen im Hochformat zu einem Problem. Sie wissen in der Regel nicht im Voraus, ob die Tabelle letztendlich auf einer geraden oder ungeraden Seite stehen wird. Da aber die Kopfzeile für gerade und ungerade Kopfzeilen unterschiedlich sind, muss die Lösung variabel sein.

Es bietet sich hier die Verwendung verschiedener ineinander verschachtelter Feldfunktionen an. Dabei wird eine entsprechende Feldfunktion links und eine rechts in der Kopfzeile platziert. Wir möchten zunächst die Feldfunktion besprechen, die links auf der Seite eingefügt werden muss. Vereinfacht muss diese Feldfunktion folgendermaßen lauten: Wenn die aktuelle Seite eine ungerade Seite ist, dann soll die Überschriftennummer und der Überschriftentext der Gliederungsebene 2 eingefügt werden, wenn nicht, die aktuelle Seitenzahl. Dazu kann die Feldfunktion *IF* (Kategorie: *Dokumentautomation*) verwendet werden, die folgendermaßen definiert wird (Word 97: ersetzen Sie „IF“ durch „WENN“):

> { IF Ausdruck1 Operator Ausdruck2 Wenn-Wahr-Text Wenn-Falsch-Text }

Um festzustellen, ob die aktuelle Seite eine gerade oder eine ungerade ist, kann eine weitere Feldfunktion verwendet werden, nämlich die MOD-Funktion, die als

> =MOD(AusdruckA; AusdruckB)
> (Word 97: REST(AusdruckA; AusdruckB)

definiert wird. Die MOD-Funktion teilt »AusdruckA« durch »AusdruckB« und errechnet den Rest. In unserem Beispiel können wir sie wie

> =MOD({ PAGE };2) (Word 97: =REST({ SEITE };2))

verwenden, um die aktuelle Seitenzahl durch zwei zu teilen. Ist der Rest dieser Division größer als Null, wissen wir, dass die aktuelle Seite eine ungerade Seite ist, ist der Rest gleich Null, handelt es sich um eine gerade Seite.

Setzen wir alle besprochenen Feldfunktionen zusammen, beschreibt

{ IF {=MOD({PAGE};2)} > 0 "{STYLEREF 2\n} {STYLEREF 2}" {PAGE} }
bzw.

{ WENN {=REST({SEITE};2)} > 0 "{FVREF 2\n} {FVREF 2}" {SEITE} }

die benötigte Bedingung für die linke Seite. Die bereits in Kapitel 3 besprochene Feldfunktion STYLEREF, die von Word in der ausführlicheren Form { STYLEREF "Überschrift 2" } eingefügt wird, kann zu { STYLEREF 2 } verkürzt werden (Word 97: { FVREF 2 }). Sollen zwei Feldfunktionen hintereinander verwendet werden, müssen sie in Anführungszeichen eingeschlossen werden, da sonst Word bei einem Leerzeichen denkt, hier beginne der Wenn-Falsch-Text.

Um die Feldfunktion für das Testfeld einzugeben, tippen Sie sie am besten einfach ab. Beachten Sie dabei aber:

Geschweifte Klammern Geschweifte Klammern für Feldfunktionen sind keine gewöhnlichen Klammern, sondern müssen mit der Tastenkombination Strg+F9 eingefügt werden. Sonst erkennt sie Word nicht als Klammern einer Feldfunktion, sondern vermutet normalen Text anstelle einer Feldfunktion.

Für die Feldfunktion auf der rechten Seite kopieren Sie die eingetippte Feldfunktion und fügen Sie sie hinter der ersten ein. Hier noch ein Tipp: Aktualisieren Sie die Feldfunktion mit F9, bevor Sie sie kopieren, damit Sie sofort ein Ergebnis angezeigt bekommen. Ansonsten kann es passieren, dass Word die Kopie sozusagen unsichtbar einfügt. Sie schalten mit der Tastenkombination alt+F9 die Anzeige der Feldfunktionen ein und aus.

Fügen Sie für die rechte Feldfunktion einen Tabulator ein und ergänzen die beiden Feldfunktionen mit einem Tabstopp, um die rechte Ausrichtung der zweiten zu gewährleisten. Korrigieren Sie zudem die zweite Feldfunktion zu

{ IF {=MOD({PAGE};2)} > 0 {PAGE} "{STYLEREF 1\n} {STYLEREF 1}" }
bzw.
{ WENN { =REST({SEITE};2)} > 0 {SEITE} "{ FVREF 1\n} { FVREF 1}" }

Jetzt sollten Sie nur noch den Text des Textfeldes, wie im vorherigen Abschnitt beschrieben, senkrecht ausrichten und das Textfeld nach rechts verschieben.

4.4 Tabelleninhalte sortieren

Tabelleninhalte können sehr einfach alphabetisch oder numerisch sortiert werden.

Sie können für eine Tabelle verschiedene Schlüssel festlegen, nach denen die Zeilen einer Tabelle sortiert werden sollen. Dabei können Sie alphabetisch oder numerisch sortieren. Platzieren Sie zunächst die Einfügemarke in die zu sortierende Tabelle. Wählen Sie dann den Befehl *TABELLE Sortieren* aus, um ein Dialogfeld zu aktivieren, in dem als Schlüssel verschiedene Spalten festgelegt werden können.

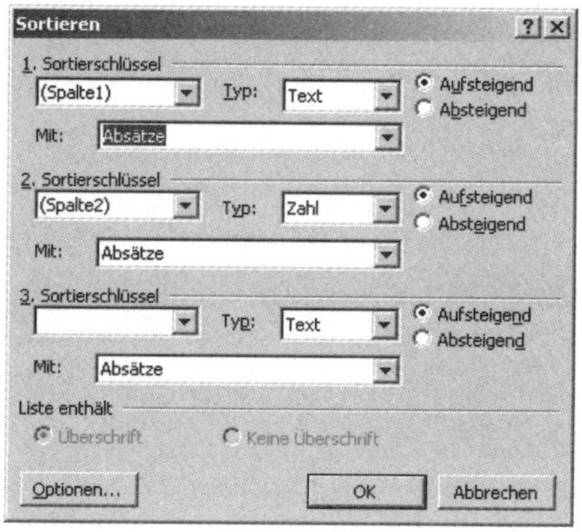

Bild 4.36: Tabelleneinträge sortieren

Eine Tabelle wird zunächst nach dem ersten Schlüssel sortiert. Kann bei einigen Zeilen die Sortierreihenfolge mit dem ersten Schlüssel nicht exakt festgelegt werden, weil die entsprechende Spalte gleiche Einträge enthält, wird der zweite Schlüssel für die Entscheidungsfindung hinzugezogen. Entsprechend kann auch noch ein dritter Schlüssel definiert werden.

Enthält Ihre Tabelle in der ersten Zeile eine Überschrift, die nicht mitsortiert werden soll, wählen Sie unten im Dialogfeld das Optionsfeld zu *Überschrift* an, damit sie nicht mitsortiert wird.

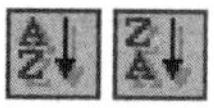

Auf der Symbolleiste Tabellen und Rahmen finden Sie ebenfalls zwei Schaltflächen, die Sie beim Sortieren unterstützen. Um sie zu verwenden, klicken Sie in die Spalte der Tabelle, nach der sortiert werden soll und verwenden dann die Schaltfläche *Aufsteigend* oder *Absteigend*, um die Tabelle entsprechend zu sortieren.

4.5 In Tabellen rechnen

Word erlaubt kleine Rechnungen in Tabellen. Sie können beispielsweise die vier Grundrechenarten (+, -, *, /) verwenden, aber auch einige Funktionen wie Summe, Mittelwert oder das Bilden von Maximal- und Minimalwerten.

Das nächste Bild soll demonstrieren, wie einzelne Zellen einer Tabelle benannt werden, um mit ihnen rechnen zu können. Wie Sie sehen, werden Spalten mit Buchstaben bezeichnet, Zeilen hingegen mit Zahlen. Wie in dem Spiel »Schiffe versenken«, das Sie sicher kennen, werden die einzelnen Zellen dann mit A1, B3, C5 usw. beschrieben. Diese Kennzeichnung nennt man »Zellbezug«.

	Spalte A	Spalte B	Spalte C	Spalte D	Spalte E
Zeile 1	Kreis **A1**	Bildungsdichte der 16-19jährigen 1961 in %	Bildungsdichte der 16-19jährigen 1987 in %	Zunahme absolut	Zunahme relativ **E1**
Zeile 2	Regensburg	26,0	46,7		
Zeile 3	Kronach	**B3**	29,1		
Zeile 4	Passau	29,6	47,5		
Zeile 5	Bayreuth	24,2	**C5**		
Zeile 6	Stadt München	25,3	49,1		
Zeile 7	Erlangen	31,3	52,7		
Zeile 8	Würzburg	33,7	53,7		**E8**

Bild 4.37: Benennung der Zellen einer Tabelle

Wir möchten Ihnen nun anhand obiger Tabelle zeigen, wie Sie in einer Word-Tabelle rechnen können. Dazu soll in Spalte D für jede Zeile die Differenz aus den beiden links daneben liegenden Zellen gebildet werden. Anschaulich gesprochen soll in Zelle D2 die Rechnung

Inhalt der Zelle C2 - Inhalt der Zelle B2

eingefügt werden. Verfahren Sie dazu folgendermaßen:

- ☑ Platzieren Sie zunächst die Einfügemarke in Zelle D2, also in die Zelle, in die das Rechenergebnis eingefügt werden soll.
- ☑ Rufen Sie dann mit *TABELLE Formel* das folgende Dialogfeld auf. Sie können darin erkennen, dass Word bereits einen Eintrag in das erste Eingabefeld unter *Formel* eingetragen hat. Dies geschieht immer, wenn Word über oder links neben der aktuellen Zelle Zahlen findet, die addiert werden könnten.

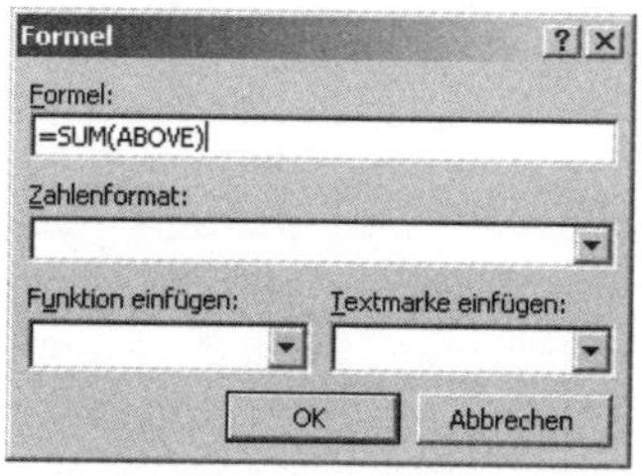

Bild 4.38: Formel eintragen

Eine Formel beginnt, wie Sie bereits am Standardeintrag von Word sehen können, immer mit einem Gleichheitszeichen.

- ☑ Da wir eine Differenz berechnen möchten, markieren Sie zunächst diesen Eintrag und
- ☑ überschreiben ihn mit dem Ausdruck »=C2-B2«, wie es das folgende Bild zeigt. Bestätigen Sie diese Eingabe, fügt Word das Ergebnis in die Zelle ein.

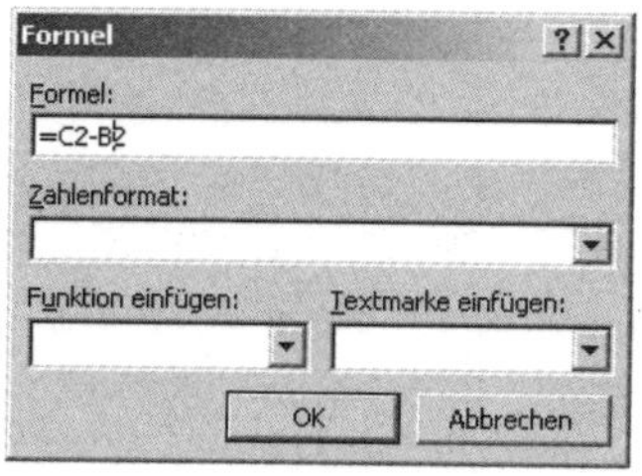

Bild 4.39: Berechnung der Differenz

Verfahren Sie ebenso für Additionen, Produkte und Quotienten. Sie können ebenso längere Formeln eingeben. Allerdings ist dabei darauf zu achten, dass auch Word nach dem Motto rechnet: Punktrechnung vor Strichrechnung. D. h., dass in einem Ausdruck zunächst die Produkte und Quotienten, dann die Summen und Differenzen berechnet werden. Verwenden Sie Klammern, wenn eine Addition vor einem Produkt berechnet werden soll. Möchten Sie beispielsweise den Mittelwert der Zellen A1, A2, B2 und B4 berechnen, geben Sie

= (A1+A2+B2+B4)/4

ein und **nicht**

= A1+A2+B2+B4/4.

Verwenden Sie den zweiten Ausdruck, so berechnet Word zunächst das Produkt B4/4 und addiert die anderen Zahlen zu diesem Ergebnis dazu.

4.5.1 Die Summenfunktion

Um bei Additionen Schreibarbeit zu sparen, stellt Word die Summenfunktion zur Verfügung. Dabei können Sie über mehrere Zellen gleichzeitig addieren, ohne eine lange Addition einzutippen. Bereits Bild 4.38 zeigt eine mögliche Schreibweise der Summenfunktion. Mit dem Argument *Above* der Funktion *SUM* werden alle Zellen addiert, die über der aktuellen Zelle stehen. Entsprechend können Sie *Left* als Argument verwenden, wenn Sie alle Zellen addieren möchten, die links vor der aktuellen Zelle liegen.

Liegen die zu addierenden Bereiche nicht zufällig genau über oder neben der aktuellen Zelle oder soll nicht über alle Zellen addiert werden, können Sie Bereiche auch so angeben, wie Sie es im folgenden Bild sehen können.

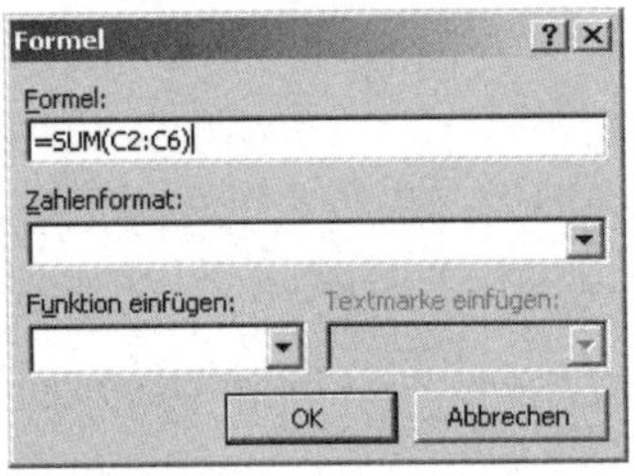

Bild 4.40: Berechnung einer Summe mit der Summenfunktion

Was soll das nun bedeuten? Summiert werden alle Felder, die zwischen C2 und C6 liegen. Der Doppelpunkt bedeutet also »bis«. Damit heißt der eingefügte Befehl: Summiere alle Felder von C2 bis C6. Bestätigen Sie diese Formel, so erhalten Sie das Ergebnis in der aktuellen Zelle. Sie können ebenso über einzelne nicht zusammenliegende Felder addieren. Möchten Sie die Inhalte der Zellen A1, B4 und C7 addieren, so können Sie im Dialogfeld

= SUM(A1;B4;C7)

eintragen. Die Zellbezüge werden also für einzelne nicht beieinanderliegende Zellen durch ein Semikolon voneinander getrennt.

4.5.2 Weitere Funktionen einfügen

Word stellt noch andere Funktionen zum Rechnen zur Verfügung. Sie lassen sich im Dialogfeld *Formeln* auswählen, wenn Sie den Pfeil neben dem Eingabefeld unter *Formel einfügen* betätigen und eine der vorgeschlagenen Funktionen auswählen.

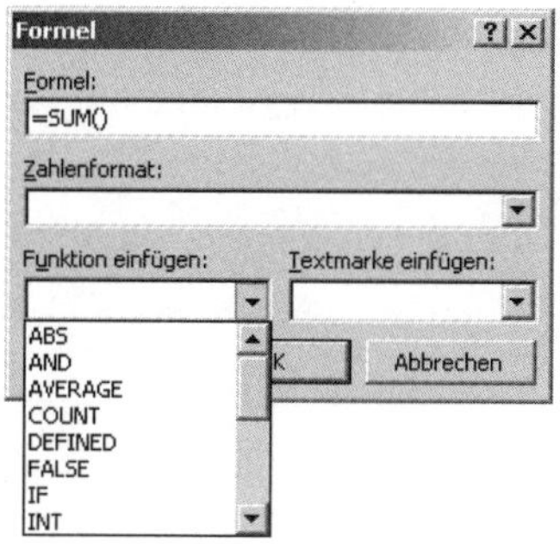

Bild 4.41: Funktion einfügen

Wählen Sie beispielsweise die Funktion *AVERAGE* aus, können Sie zwischen den Klammern das benötigte Argument gleich eintippen.

4.5.3 Ergebnisse aktualisieren

Sollten Sie im Nachhinein Zahlen Ihrer Tabelle ändern, müssen Sie dafür sorgen, dass die neuen Zahlen in die Rechnung mit einbezogen werden.

- ☑ Markieren Sie dazu die Zellen mit den Formeln und
- ☑ tippen auf die F9-Taste.

4.5.4 Zahlenformatierung

Sollen die berechneten Zahlen in einer Tabelle mit einem bestimmten Format angezeigt werden, beispielsweise mit zwei festen Nachkommastellen oder als DM-Betrag, können Sie dafür eine entsprechende Formatierung festlegen. Wählen Sie dabei beim Eingeben der Formel im Dialogfeld den Pfeil unter *Zahlenformat* aus, so erscheint eine Auswahlliste möglicher Formate.

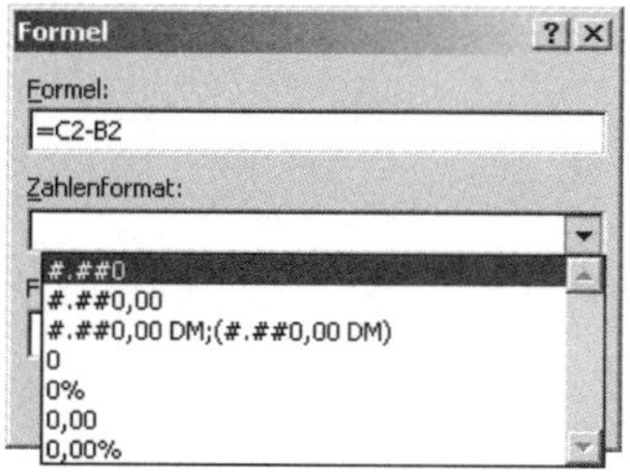

Bild 4.42: Liste der Zahlenformate

Zunächst einmal sehen Sie, dass sich die Zahlenformate im Wesentlichen aus zwei verschiedenen Platzhaltern zusammensetzen:

»#« Optionaler Platzhalter,

»0« Mussplatzhalter.

Ist im Format eine »0« als Platzhalter verwendet, so bleibt die Null auf jeden Fall stehen, wenn sie nicht durch eine andere Ziffer ersetzt wird; das »#«-Zeichen fällt dagegen weg, wenn es nicht benötigt wird. Das soll das folgende Beispiel verdeutlichen.

Das Ergebnis einer Berechnung soll 12345 bzw. 0,567 lauten. Links wird die Formatierung dargestellt und rechts die damit formatierte Anzeige der beiden Zahlen.

Tabelle 4.1: Auswirkung verschiedener Formate auf die Zahlen 12345 und 0,567

Format	12345	0,567
#.##0	12.345	1
#.##0,00	12.345,00	0,57
#.##0,00 DM; (#.##0,00 DM)	12.345,00 DM	0,57 DM
0	12345	1
0%	12345%	1%
0,00	12345,00	0,57
0,00%	12345,00%	0,57%

Anhand dieser Beispiele sehen Sie, dass Nullen als Platzhalter hinter dem Komma sinnvoll sein können, wenn Sie z. B. DM-Beträge benötigen und Ihre Zahlen rechtsbündig schreiben wollen. Sollten Sie mit Zahlen operieren, die mehr als zwei Nachkommastellen besitzen, die ungleich Null sind, wird auf- bzw. abgerundet. Ebenso rundet Word bei Zahlen mit Nachkommastellen, die Sie als ganze Zahl, d. h. ohne Nachkommastellen formatiert haben, auf bzw. ab.

4.5.5 Rechnen mit Excel-Tabellen

Für Tabellen, in denen größere Rechnungen vorgenommen werden, ist es sinnvoll, Excel zur Hilfe zu nehmen. Word ist weder leistungsfähig noch komfortabel genug, um ernsthaft damit rechnen zu können.

☑ Erstellen Sie die benötigte Tabelle mit allen Formeln in Excel.

☑ Markieren Sie dann den Teil der Tabelle, den Sie nach Word übertragen möchten, und

- ☑ kopieren Sie ihn mit Strg+C.
- ☑ Starten Sie dann Word,
- ☑ platzieren Sie den Maus-Cursor an der richtigen Stelle und
- ☑ fügen Sie die Tabelle mit Strg+V wieder ein.

Die Tabelle übernimmt die Formatierungen aus Excel, kann aber nach Belieben in Word formatiert und editiert werden.

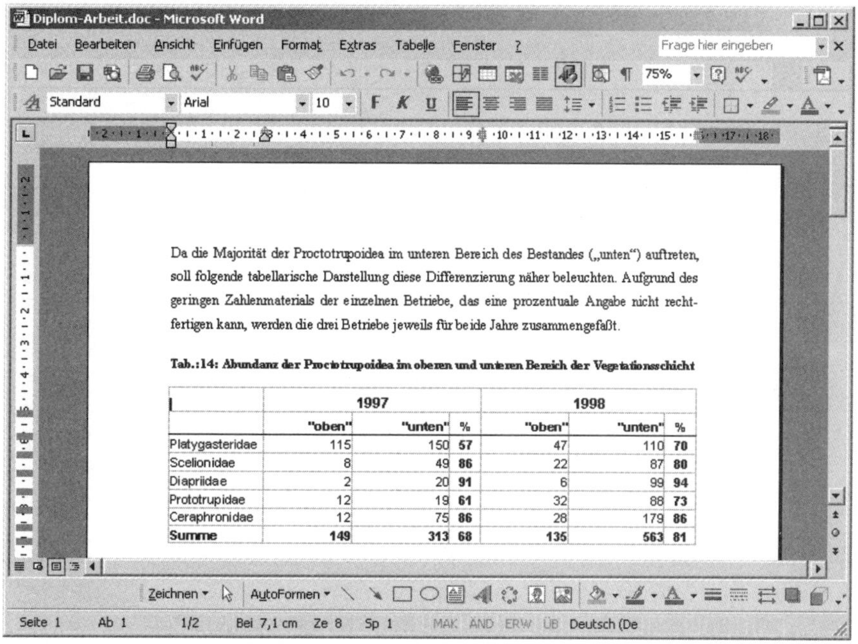

Bild 4.43: Aus Excel kopierte Tabelle

Sollen in Ihrer Tabelle unter Umständen später noch Zahlen oder Formeln ausgetauscht werden, ist es sinnvoll, die Tabelle als OLE-Objekt einzufügen, so dass eine Bearbeitung jederzeit möglich ist. Dabei fügen Sie die Tabelle in Word ein und können jederzeit mit einem Doppelklick auf die Tabelle diese aktivieren und in einem eigenen Excel-Fenster mit allen bekannten Excel-Funktionen bearbeiten. Klicken Sie wieder auf Ihr Dokument, wird der restliche Text wieder aktiviert und die Tabelle erscheint mit allen Änderungen im Text.

☑ Markieren und kopieren Sie die gewünschten Zellen der Tabelle in Excel.

☑ Starten Sie dann Word.

☑ Verwenden Sie den Befehl *BEARBEITEN Inhalte einfügen* und

☑ wählen Sie im Dialogfeld *Microsoft Excel-Arbeitsblatt-Objekt* aus. (Word 97: *Microsoft Excel 8.0-Tabelle-Objekt*. Klicken Sie außerdem den Haken vor *Über den Text legen* weg, sonst wird die Tabelle nicht mit dem Text verschoben, sondern bleibt immer an der eingefügten Stelle liegen.)

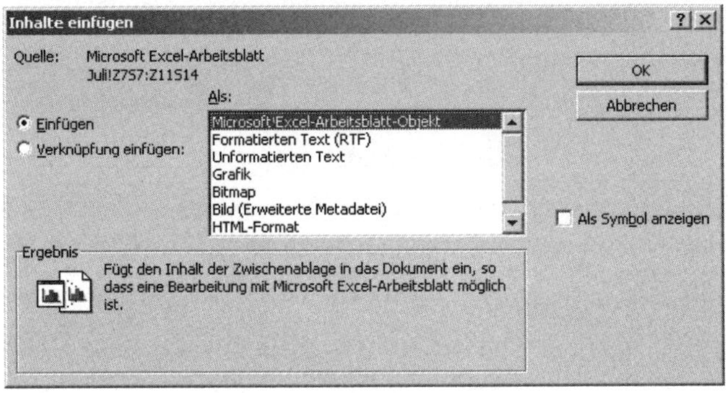

Bild 4.44: Excel-Tabelle als Objekt einfügen

Das folgende Bild zeigt die Tabelle im Word-Text. Links ist die eingefügte Tabelle zu sehen, rechts wurde die Tabelle mit einem Doppelklick zum Bearbeiten aktiviert.

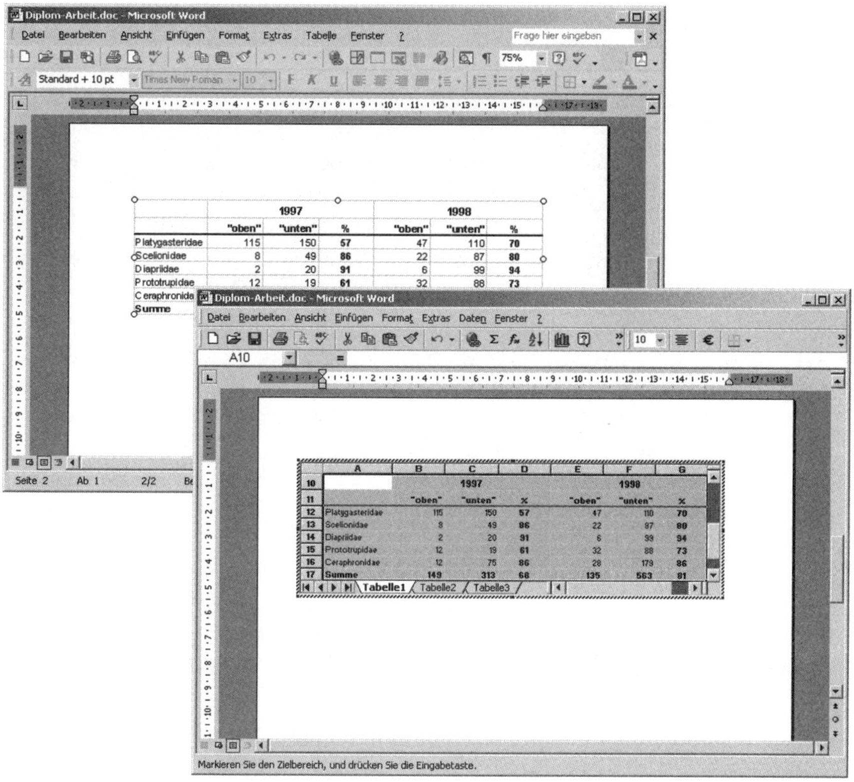

Bild 4.45: Links: eingefügte Tabelle, Rechts: zum Bearbeiten aktivierte Tabelle

Bilder und Diagramme

Bilder in Word

Grafiken

Erstellen von Diagrammen in MS-Graph

Diagramme mit MS-Excel

Bilder und Photos

5.1 Bilder in Word

Im Zeitalter der Textverarbeitung können Objekte wie Bilder, Diagramme, mathematische und chemische Formeln direkt im Text platziert werden. Damit sind die Zeiten vorbei, in denen Bilder ausgeschnitten und eingeklebt werden mussten oder Formeln mit der Hand »eingemalt« wurden. Der Anwender jedoch muss nun über entsprechendes Know-how verfügen, um Bilder in seinen Text einfügen zu können.

Die Möglichkeiten der Textgestaltung durch das Einbinden von Bildern und Objekten erlauben Ihnen, Ihre Texte am Bildschirm so aufzubereiten, wie sie später gedruckt werden. Allerdings haben die dafür eingesetzten Techniken ihren Preis, denn insbesondere Bilder liegen oft in sehr großen Dateien vor. Bei eingescannten Fotos sind Dateigrößen bis zu mehreren MegaBytes durchaus möglich.

Je mehr Bilder und Objekte Sie in Ihre Texte einfügen, desto leistungsfähiger sollte Ihr Computer sein. Die Bilder und Objekte benötigen viel Speicherplatz, und ihre Anzeige und Bearbeitung am Bildschirm erfordert entsprechende Rechenleistung. Das hat zur Folge, dass manchmal doch nur das Einkleben bleibt, wenn man nicht viel Geld investieren will.

Für die Arbeit mit Bildern, Diagrammen usw. sind Kenntnisse der zugrundeliegenden Techniken für das Einbinden der Objekte notwendig, damit Sie keine unliebsamen Überraschungen erleben. Wir haben verzweifelte Word-Anwender erlebt, die durch Unkenntnis und falsche Anwendung der Word-Möglichkeiten Textdateien von mehr als 80 MByte erzeugt hatten, bei denen alleine das Speichern des Textes mehrere Minuten dauerte.

5.1.1 Darstellungsarten

Grafiken, Diagramme und Fotos werden auf einem Computer in verschiedenen Formen und Techniken gespeichert. Die Methode der Speicherung bestimmt auch die Möglichkeiten der Weiterverarbeitung, den Speicherbedarf und die Verarbeitungsgeschwindigkeit. Wir unterscheiden im Folgenden drei Kategorien von Bildern: Grafiken, Diagramme und Fotos. Nicht immer lassen sich die drei Varianten klar voneinander trennen, aber für die Beschreibung der Grafikmöglichkeiten von Word soll uns diese Unterscheidung genügen.

5.1.1.1 Grafiken

Als »Grafiken« bezeichnen wir im weiteren Verlauf Vektorgrafiken. Bei Vektorgrafiken sind die Bestandteile eines Bildes, d. h. einer Grafik, als Vektoren gespeichert. Ein Vektor ist die Beschreibung eines grafischen Objektes, beispielsweise einer Linie. Für eine Linie werden nur die Koordinaten des Start- und Endpunktes, ihre Stärke und ihre Farbe abgelegt.

5.1.1.2 Diagramme

»Diagramme« sind ein Spezialfall von Vektorgrafiken. Ein Diagramm hat eine klare Funktion: Es dient zur Darstellung von Zahlenwerten. Die einzelnen Komponenten eines Diagramms, z. B. Linien, Balken, Punkte oder Achsen sind aus Vektoren zusammengesetzt.

5.1.1.3 Bilder und Fotos

Den Begriff »Bilder« haben wir zur Beschreibung von allen grafischen Darstellungen gewählt, die aus einzelnen Bildpunkten, so genannten Pixeln, zusammengesetzt sind. Solche Bilder werden auch als Bitmaps bezeichnet. Die Qualität einer Darstellung bemisst sich nach der Auflösung, also der Anzahl der Bildpunkte pro Fläche.

5.1.2 Zeichnungs- und Textebene

Grafiken, Bilder und Diagramme, im weiteren Verlauf des Kapitels auch zusammenfassend als Objekte bezeichnet, können von Word auf einer eigenen Zeichnungsebene positioniert werden. Die Zeichnungsebene lässt sich wie eine durchsichtige Folie beschreiben, die über Ihren Text gelegt wird. Im Unterschied zu einer Folie, deren Inhalte den darunterliegenden Text abdecken, können Objekte auf der Zeichnungsebene so eingestellt werden, dass sie Auswirkungen auf die Anordnung und Gestaltung des Textes in der Textebene haben.

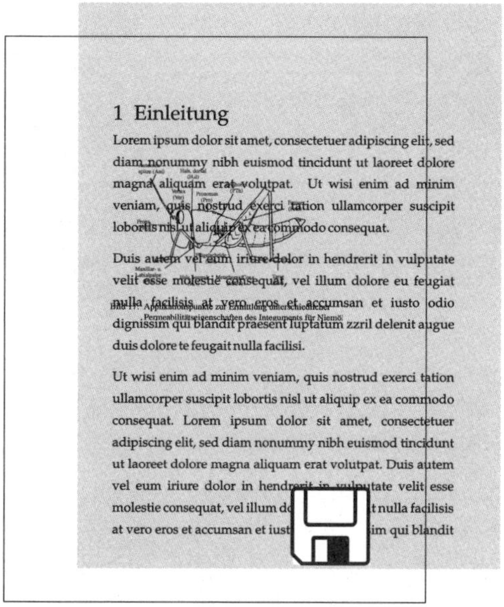

Bild 5.1: Text- und Zeichnungsebene

Nur in der Layoutansicht (*ANSICHT Seitenlayout*) werden die Text- und die Zeichnungsebene von Word übereinandergelegt und angezeigt. Das heißt, dass Sie Bilder, die Sie in der Zeichnungsebene eingefügt haben, in der Normalansicht nicht sehen können. In der Zeichnungsebene können Sie Objekte mit der Maus verschieben oder über das Menü punktgenau positionieren.

Fügen Sie hingegen Objekte in der Textebene ein, werden sie ein Bestandteil des Textes und sind somit auch in allen Word-Ansichten zu sehen. Allerdings gibt es in der Textebene weniger Freiheiten, ein Bild zu positionieren. Im Abschnitt 5.2.1.3, »Layout bzw. Textfluss«, erläutern wir, wie Sie Bilder zwischen Text- und Zeichnungsebene verschieben können.

Ob in der Text- oder Zeichnungsebene, Word verwendet zwei Techniken, um Bilder, Grafiken und Diagramme einzubinden:

- ☑ Sie können die Grafiken etc. als Fremddateien importieren, d. h., die Objekte liegen in einem Word bekannten Format als eigenständige Datei vor.
- ☑ Die zweite Variante bettet die Grafiken etc. als Objekte in die Texte in Word ein. Die Technik wird als »Object Linking and Embedding« (OLE) bezeichnet.

5.1.3 Einfügen von Grafiken

Word kann Grafikdateien in verschiedenen Formaten und Varianten im Text platzieren. Wählen Sie dazu den Befehl *EINFÜGEN Grafik* aus. Bei einer vollständigen Installation von Microsoft Office erhalten Sie die folgenden Auswahlpunkte:

- Wählen Sie *ClipArt*, so erhalten Sie ein Dialogfeld, in dem Sie sich ein Bild aus den von Microsoft mitgelieferten ClipArts heraussuchen können. Wir gehen darauf nicht weiter ein, da die ClipArts für wissenschaftliche Arbeiten weitgehend unbrauchbar sind.
- Selektieren Sie *Aus Datei*, so können Sie eine Datei in einem Word bekannten Grafik- oder Bildformat einbinden. Im nächsten Abschnitt finden Sie dazu weitere Informationen.
- Verfügen Sie über einen Scanner, so können Sie direkt aus Word heraus den Scanner ansteuern und die eingescannten Bilder in Ihren Text aufnehmen. Auch Bilder von einer digitalen Kamera können geladen und in den Text eingefügt werden. Wählen Sie dazu *Von Scanner oder Kamera* (Word 97: *Von Scanner*). In Abschnitt 5.6.3, »Scannen von Bildern und Photos«, gehen wir kurz auf das Scannen ein.
- Mit der Wahl *Organigramm* wird ein Organigramm in Ihren Text eingefügt und die Symbolleiste *Organigramm* geöffnet. Damit können Sie sehr einfach ein Organigramm nach Ihren Anforderungen gestalten.
- Mit der Option *Neue Zeichnung* wird eine leere Zeichnung in Ihren Text eingefügt, die Sie nach Belieben mithilfe der Symbolleiste Zeichnen gestalten können. Näheres dazu erfahren Sie in Kapitel 5.3.
- *AutoFormen* sind vordefinierte grafische Objekte, z. B. Linien, Pfeile, Rechtecke, Kreise und vieles mehr. In Abschnitt 5.3.1, »Der Word-Grafikeditor«, beschreiben wir unter anderem die Arbeit mit AutoFormen.
- Hinter dem Menüpunkt *WordArt* verbirgt sich ein Hilfsprogramm, das Ihnen die Gestaltung von Schriftzügen ermöglicht. Es wäre interessant, sich die Gesichter einiger Professoren vorzustellen, wenn sie Arbeiten vorgelegt bekämen, deren Titelseiten mit WordArt »aufgepeppt« wären.
- Möchten Sie ein *Diagramm* in Ihren Text aufnehmen, um Zahlen und Tabellen zu veranschaulichen, selektieren Sie den entsprechenden Befehl. Word ruft zur Erstellung von Diagrammen das Hilfsprogramm Microsoft Graph auf, das wir in Abschnitt 5.4, »Erstellen von Diagrammen mit MS Graph«, beschreiben.

5.1.3.1 Einfügen von Grafikdateien

Auf das Einfügen von Grafikdateien mit Hilfe des Befehls *EINFÜGEN Grafik Aus Datei* möchten wir im Folgenden ausführlicher eingehen. Mit dem Befehl wird das Dialogfeld *Grafik einfügen* (Word 2000: *Bild einfügen*) eingeblendet, in dem Sie die gewünschte Grafikdatei auswählen können. Die gezeigte Ansicht erhalten Sie, wenn Sie die Ansicht *Vorschau* im Dialogfeld auswählen.

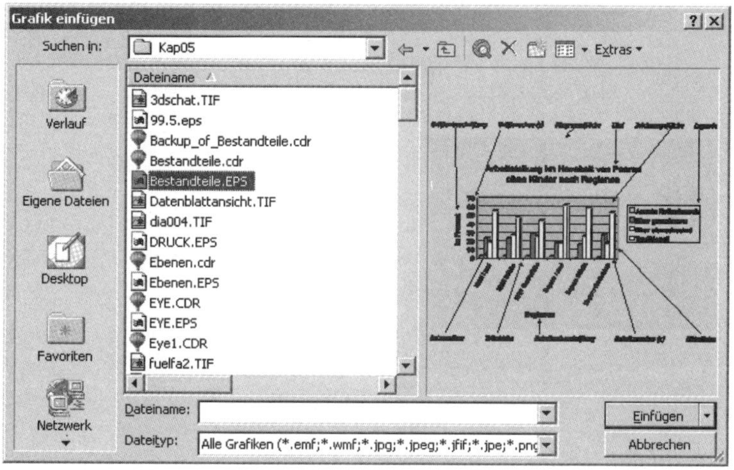

Bild 5.2: Dialogfeld zum Einfügen von Bildern

Wie Bilder in Ihr Dokument aufgenommen werden, ist von der Art des Einfügens abhängig. Es stehen Ihnen drei Möglichkeiten zur Verfügung. Sie wählen sie über das Dreieck neben der Schaltfläche *Einfügen* aus. Standard ist die Option *Einfügen*. (Word 97: Hier wird die Wahlmöglichkeit über die drei zum Teil anders lautenden Optionsfeldern rechts im Dialogfeld geregelt. Standardmäßig sind hier die Optionen *Mit Dokument speichern* und *Über Text legen* angeklickt.)

Mit der Standardeinstellung *Einfügen* (bzw. *Mit Dokument speichern* und *Über Text legen*) wird eine selektierte Grafikdatei als Kopie in den Text aufgenommen. Ihr Text vergrößert sich damit um die Größe der Grafik, d. h., der Platzbedarf beim Abspeichern des Textes nimmt deutlich zu. Ihre Grafik liegt somit zweimal auf Ihrer Festplatte vor: als Original und als Kopie im Text. Ändert sich Ihr Original, hat dies keine Auswirkungen auf die Kopie im Text, d. h., die Grafik im Text wird nicht aktualisiert.

Mit Hilfe der Option *Einfügen und Verknüpfen* im Dialogfeld *Grafik einfügen* (Word 97: *Verknüpfung zu Datei* und *Mit Dokument speichern* im Dialogfeld *Grafik einfügen*) können Sie Word anweisen, eine Verknüpfung zur gewählten Grafikdatei in den Text aufzunehmen. Word speichert zwar immer noch eine Kopie der Grafik mit dem Text ab, aber mit Hilfe einer Feldfunktion merkt sich Word, wo das Original der Grafik auf der Festplatte zu finden ist. Die Feldfunktion, beispielsweise {INCLUDEPICTURE "C:\\Eigene Dateien\\Diplom\\Kap05\\Bestandteile.eps" * MERGEFORMAT} (Word 97: {EINFÜGENGRAFIK "C:\\Eigene Dateien\\Diplom\\Kap05\\Bestandteile.eps" * FORMATVERBINDEN}), wird zum Einbinden der Grafik eingesetzt. Befindet sich die Grafik im selben Verzeichnis, wie der Text, in den Sie das Bild einbinden möchten, verkürzt sich die Feldfunktion zu {INCLUDEPICTURE "Bestandteile.eps" * MERGEFORMAT}. Der Pfad wird also nur angezeigt, wenn der Pfad zum Text und zum Bild unterschiedlich sind. Sie können sich die Feldfunktionen anzeigen lassen, wenn Sie im Registerdialogfeld *Optionen*, das Sie über *EXTRAS Optionen* erreichen, auf dem Registerblatt *Ansicht* die Option *Feldfunktionen* einschalten oder direkt mit [Alt]+[F9] die Anzeige der Feldfunktionen ein- oder ausschalten. Nehmen Sie Änderungen am Original vor, können Sie durch Aktualisierung der Feldfunktion ([F9]-Taste) die neue Version der Grafik anzeigen lassen. Beachten Sie bei Dateinamen in Feldfunktionen, dass bei der Angabe des Pfades einer Datei immer doppelte »\\« anstelle des einfachen »\« verwendet werden müssen.

Wählen Sie (ausschließlich) die Option *Verknüpfung zu Datei* wird keine Kopie der Grafik im Text abgelegt. Damit werden Ihre Texte kleiner und Sie können sie schneller speichern, aber beim Blättern durch den Text muss Word bei jedem Bild die Grafik neu importieren, was bei großen Bildern eine Zeit lang dauern kann.

Grafiken verknüpfen Wir empfehlen Ihnen, Fremdgrafiken und -bilder mit Hilfe der Option *Verknüpfung zu Datei* (Word 97: Sie sollten die Option *Mit Dokument speichern* ausschalten) einzubinden. Sie erhalten so die Sicherheit, dass nach einer Aktualisierung der Feldfunktionen die aktuelle Version einer Grafik in Ihrem Text dargestellt ist.

Aktualisieren von Bildern und Grafiken Normalerweise werden alle in den Text eingefügten Feldfunktionen in einem Zug aktualisiert, indem mit dem Befehl *BEARBEITEN Alles markieren* der gesamte Text selektiert und mit der [F9]-Taste die Aktualisierung ausgelöst wird. (Word 97: Diese Methode funktioniert nur für verknüpfte Bilder in der Textebene, aber nicht für die in der Zeichnungsebene. Hier bleibt Ihnen leider nichts anderes übrig, als alle Bilder, die aktualisiert werden sollen, nacheinander anzuklicken und mit F9 zu aktualisieren.)

Geometrische Symbole statt Bild Oft erscheint anstelle eines Bildes in der Zeichnungsebene ein Kästchen mit einem blaurotgrünen Dreieck, Viereck und Kreis, das anzeigt, dass das Bild von Word nicht dargestellt werden kann. Meistens lässt sich das Problem beheben, indem Sie das Bild aktualisieren. Sollte das nicht helfen, löschen Sie das Bild und fügen Sie es dann erneut ein.

Verknüpfungspfad Es ist nicht möglich, nachträglich festzustellen, mit welcher Datei ein Bild in der Zeichnungsebene eigentlich verknüpft ist. Microsoft empfiehlt, das Bild in die Textebene zu überführen und dort den Verknüpfungspfad anzusehen und gegebenenfalls zu ändern. Anschließend muss das Bild dann natürlich wieder in die Zeichnungsebene aufgenommen werden.

In Word 2002 und Word 2000 werden Bilder standardmäßig in die Textebene eingefügt. In Word 97 ist die Option *Über Text legen* im Dialogfeld *Grafik einfügen* standardmäßig selektiert, es sei denn, Sie möchten die Grafik in eine Tabelle einfügen. Durch *Über Text legen* wird die Grafik in die Zeichnungsebene, anderenfalls in die Textebene aufgenommen.

Wenn Sie Grafiken in Ihre Arbeit einbinden, empfehlen wir Ihnen, diese in der Textebene einzufügen, also in Word 97 die Option *Über Text legen* zu deaktivieren.

Ein Bild in die Zeichnungsebene aufzunehmen ist eigentlich nur dann interessant, wenn beispielsweise ein Text mit Grafiken für eine Werbebroschüre gestaltet werden soll. Dann könnten Text und Bilder frei zueinander angeordnet werden, um eine gute Gestaltung zu erreichen. Bei Examensarbeiten stehen Bilder in der Regel frei, d. h., es wird kein Text links oder rechts vom Bild positioniert.

Im Abschnitt 5.2.1.3, »Layout bzw. Textfluss«, wird beschrieben, wie Sie Bilder aus der Textebene in die Zeichnungsebene und umgekehrt bringen können.

5.1.4 Grafikformate

Die Anzahl der Grafikformate, die Word erkennen und konvertieren kann, hängt von der Anzahl der auf Ihrem System installierten Grafikfilter ab. Im Feld *Dateityp* wird das Grafikformat der Datei eingestellt. Die meisten Formate lassen sich an den Endungen der Dateinamen erkennen.

Anzeigen von Endungen Je nach Version und Einstellung zeigt Windows keine Endungen von Dateinamen im Windows Explorer und in vielen Dialogfeldern an. Sie können die Anzeige von Endungen für alle Windows-Programme zentral im Windows Explorer einschalten. Wählen Sie dort den Befehl *ANSICHT Ordneroptionen* und deaktivieren auf dem Registerblatt *Ansicht* den Eintrag *Dateinamenerweiterung bei bekannten Dateitypen ausblenden.* (Windows 95: Wählen Sie den Befehl *ANSICHT Optionen* und selektieren Sie die Option *Keine MS-DOS-Erweiterungen für registrierte Dateien*; Windows 2000: *EXTRAS Ordneroptionen*)

5.1.4.1 Vektorgrafikformate

Die folgenden Vektorgrafikformate werden unter anderem von Word erkannt:

Windows Metadateien (*.wmf) In Grafikdateien im Windows Metafile-Format sind die Grafiken als Windows-Grafikelemente abgelegt. Eine WMF-Datei beschreibt die Zusammensetzung einer Grafik aus grafischen Grundelementen von Windows.

HP Graphics Language (*.hgl) Die Hewlett Packard Graphics Language ist eine Ansteuerungs-Programmiersprache, ursprünglich für den Einsatz mit Plottern erstellt. In einer HPGL-Datei finden Sie die Plotterkommandos, die zum Zeichnen einer Grafik benötigt werden. HPGL ist ein Vektorformat.

Computer Graphics Metafile (*.cgm) Das CGM-Format ist ein international definiertes Vektorgrafikformat, das von sehr vielen Programmen unterstützt wird.

Encapsulated PostScript (*.eps) Das EPS-Format beinhaltet die Beschreibung einer Grafik in der Seitenbeschreibungssprache PostScript. PostScript ist eine Entwicklung der Firma Adobe und die z.Z. meistverwendete Ansteuerungssprache für Drucker im professionellen Bereich. Neben dem PostScript-Code enthalten EPS-Dateien ein Bild im TIFF-Format, das von Word zur Anzeige am Bildschirm genutzt wird. Um eine PostScript-Grafik ausgeben zu können, müssen Sie über einen PostScript-fähigen Drucker verfügen.

5.1.4.2 Pixelgrafikformate

Die folgenden Pixelgrafikformate können von Word verarbeitet werden:

Tagged Image File Format (*.tif) Das Tagged Image File-Format ist das am weitesten verbreitete Pixelgrafikformat. TIFF wurde von der Firma Aldus, dem Hersteller des DTP-Programms PageMaker, definiert. Es erlaubt schwarzweiße und farbige Grafiken, die auch komprimiert abgelegt werden können.

JPEG File Interchange Format (*.jpg) Das Format JPEG wird für die meisten Grafiken eingesetzt, die auf Webseiten im Internet gezeigt werden.

PC Paintbrush (*.pcx) Das PCX-Format des Grafikprogramms PC-Paintbrush, das zum Lieferumfang von Windows gehört, wird von sehr vielen Programmen unterstützt. Es ist ein Pixelformat für schwarzweiße und farbige Grafiken.

Windows Bitmaps (*.bmp) Das Windows Bitmap-Format BMP wird in erster Linie für Grafiken innerhalb der grafischen Benutzeroberfläche Windows eingesetzt.

5.1.5 OLE-Objekte

Word ermöglicht es Ihnen, Objekte, d. h. Zahlen, Grafiken und andere Arten von Daten, in Ihre Texte zu übernehmen. Ein Objekt, das mit einem anderen Programm erstellt und bearbeitet wird, wird als eingebettetes Objekt übernommen. Ein eingebettetes Objekt wird komplett mit allen Daten abgelegt. Zum Bearbeiten eines eingebetteten Objektes benötigen Sie wieder das Programm, mit dem Sie das Objekt erstellt haben. Diese Technik heißt »Verknüpfen und Einbetten von Objekten« oder englisch »object linking and embedding«, abgekürzt »OLE«.

Einer der Vorteile dieser Technik ist, dass Word über keine Kenntnisse des Objektes verfügen muss, denn zur Erstellung und Bearbeitung wird das entsprechende Programm aufgerufen. Dafür können Dateien mit OLE-Objekten sehr groß werden, denn alle Informationen eines Objektes werden komplett in Word gespeichert.

Die Grundidee von OLE beruht darauf, Programmen das Arbeiten mit einer Vielzahl von Daten zu ermöglichen. Ein Programm soll mit Texten, Grafiken, Diagrammen, Tonaufnahmen, Videobildern und vielem mehr umgehen können. Natürlich ist es nicht sinnvoll, in jedes Programm all die Funktionen einzubauen, die es für den Umgang mit den entsprechenden Daten benötigt, denn dann würden Dinosaurier-Programme entstehen.

Ein Objekt lässt sich mit einem Container vergleichen, in den die Daten gepackt sind. Der Container wird in ein Programm aufgenommen, oder, wie es in der OLE-Terminologie heißt, eingebettet. Das Programm, das das Objekt aufnimmt, weiß nichts über seinen Inhalt. Sollen die Daten in einem Container bearbeitet werden, wird das Programm aufgerufen, welches mit den Daten im Container, also im Objekt, umgehen kann.

Das aufnehmende Programm wird Client, Kunde, genannt, während das Programm für die Bearbeitung des Objektes als Anbieter, also als Server, fungiert.

Für die Bearbeitung von Objekten existieren verschiedene Techniken:

- Das Programm zur Bearbeitung des Objektes wird in einem eigenen Fenster geladen. Nach Beendigung der Bearbeitung wird das Fenster geschlossen und Sie kehren zu dem Programm zurück, in dem das Objekt eingebettet ist.

- Eine zweite Variante ist das so genannte In-Place-Editing. Hierbei werden in einem Programm Menüleisten, Symbolleisten und weiteres durch die Menüs und Symbole des zur Bearbeitung des Objektes benötigten Programms ersetzt. Das hat zur Folge, dass der äußere Eindruck bleibt, aber die Funktionalität sich ändert. Nach dem Ende der Manipulation am Objekt werden die ursprünglichen Menü- und Symbolleisten wieder eingeblendet.

OLE ist heute in zwei beschriebenen Versionen in den am Markt verbreiteten Produkten vertreten. OLE 1.0 bietet die prinzipiellen Möglichkeiten des Einbettens von Objekten, während OLE 2.0 die verschiedenen Applikationen noch weiter miteinander integriert.

Zum Lieferumfang von Word gehört das Programm MS Graph, das seine Leistungen über OLE bereitstellt. Wir beschreiben MS Graph und seine OLE-Funktionen im Abschnitt 5.4, »Erstellen von Diagrammen mit MS Graph«.

5.1.5.1 Vor- und Nachteile von OLE

Object-Linking-and-Embedding bietet die folgenden Vorteile:

- ☑ Sie benötigen keine zusätzlichen Informationen über ein Objekt, d. h., Sie müssen nicht wissen, wo dieses Objekt herstammt und wie die Verknüpfungen mit Word aussehen.
- ☑ Word startet für Sie die richtige Applikation zum Erstellen und Bearbeiten des Objektes.
- ☑ Ein eingebettetes Objekt wird vollständig in Ihrem Word-Text abgelegt. Sie benötigen keine weiteren Dateien.

Leider hat OLE auch Nachteile:

- ☑ Word-Texte mit eingebetteten Objekten können sehr groß werden, denn das eingebettete Objekt wird mit allen Informationen gespeichert.
- ☑ OLE benötigt sehr viel Ressourcen und Speicher Ihres Computers. Für eingebettete Objekte sollten Sie über ein leistungsstarkes System verfügen.
- ☑ Zum Bearbeiten eines OLE-Objektes müssen Sie über die entsprechende Applikation verfügen. Bekommen Sie z. B. einen Word-Text mit eingebetteten Objekten per Diskette von einem anderen Computersystem, so können Sie nur die Objekte ändern, für die Sie auf Ihrem System über die geeigneten Programme verfügen.
- ☑ Jedes OLE-Objekt in einem Text muss einzeln aktualisiert werden.

5.1.6 Platzhalter für Objekte

Die Anzeige von Grafiken und Bildern am Bildschirm, beispielsweise beim Blättern durch einen Text, dauert oft sehr lang. Je nach Größe der Bilder muss Word hier erhebliche Datenmengen bewegen. Da die Zeitspannen, die Word zum Anzeigen benötigt, bei der Arbeit mit dem Text sehr hinderlich sind, bietet Word die Option an, anstelle der Grafiken nur Platzhalter anzeigen zu lassen.

Mit *EXTRAS Optionen* rufen Sie das im folgenden Bild dargestellte Registerdialogfeld auf. Auf dem Register *Ansicht* lässt sich durch Einschalten der Option *Platzhalter für Grafiken* erreichen, dass alle Grafiken und Bilder als leere Rahmen am Bildschirm dargestellt werden.

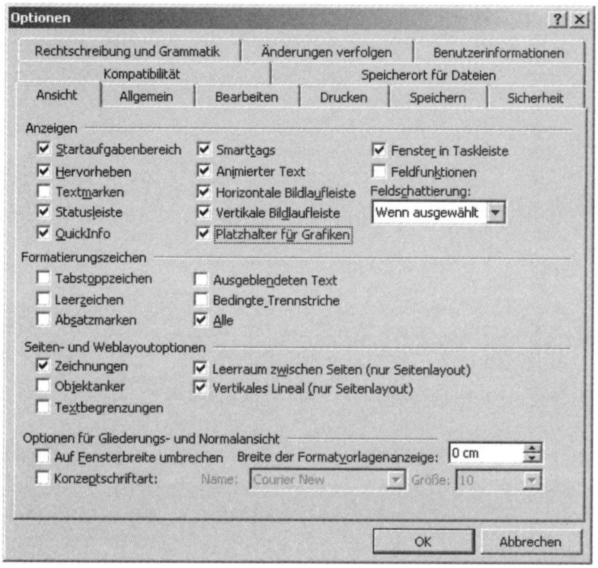

Bild 5.3: Registerdialogfeld *OPTIONEN* Registerblatt *Ansicht*

Beim Ausdruck und in der Seitenansicht werden die Bilder normal angezeigt.

5.1.7 Bildunterschriften

In fast jeder wissenschaftlichen Arbeit werden Bilder, Grafiken oder Diagramme verwendet. Zu jedem Bild gehört eine Bildunterschrift mit einer eindeutigen Nummer und einer Beschreibung des Bildes. Im Gegensatz zur Tabellenüberschrift gehört die Bildunterschrift unter ein Bild. Der noch häufig in Arbeiten verwendete Begriff »Abbildung« gilt oft als veraltet. Auch die bereits oft zitierte DIN-Norm verwendet nur noch den Begriff »Bild«.

Neben der Kategorie und der Nummer sollte eine Bildunterschrift einen kurzen Text enthalten, der das Bild beschreibt, so dass der Leser nicht erst im restlichen Text nach einer Beschreibung suchen muss, um das Bild verstehen zu können. Am Ende einer Bildunterschrift wird kein Punkt gesetzt.

Damit Bild und Bildunterschrift auch bei einer Neu- oder Umformatierung zusammen bleiben, d. h. damit nicht das Bild auf der einen Seite und die Bildunterschrift auf der nächsten Seite zu finden ist, sollte im Absatzformat des Bildes (*FORMAT Absatz* Registerblatt *Zeilen- und Seitenumbruch*; Word

2000: *Zeilen- und Seitenwechsel;* Word 97: *Textfluß*) *Absätze nicht trennen* aktiviert werden.

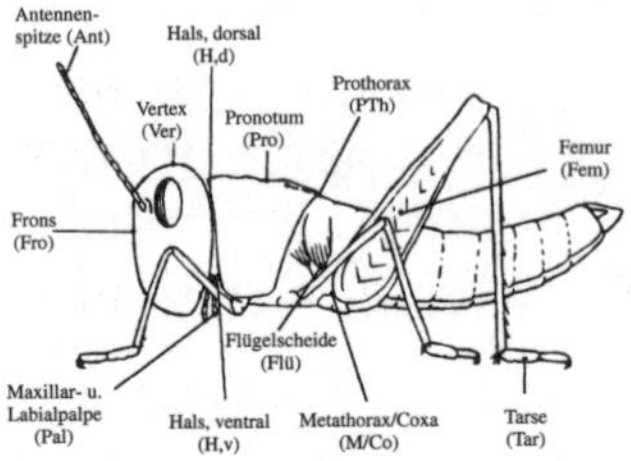

Bild 17: Applikationspunkte zur Ermittlung unterschiedlicher Permeabilitätseigenschaften des Integuments für Niemöl

Bild 5.4: Bild mit Bildunterschrift

Nummerieren Sie Ihre Bilder niemals, indem Sie die Ziffern direkt eintippen. Zunächst ist es natürlich einfacher, eine Zahl mit der Hand einzufügen anstatt sich den Abschnitt »Nummerierung und Querverweise« im Kapitel »Der Einstieg in Ihre Arbeit« durchzulesen. Aber das täuscht! In aller Regel schafft man es nicht, Arbeiten wie Examens- oder Diplomarbeiten ohne Umstellungen oder Einfügungen zu schreiben. Fügen Sie ein neues Bild ein, heißt das, Sie müssen die Nummern aller folgenden Bilder suchen und ändern. Was oft noch schwieriger ist: Sie müssen auch alle Verweise auf die folgenden Bilder im Text finden und auch diese bearbeiten. Haben Sie Word nummerieren lassen, erfolgt die Änderung automatisch, wenn ein neues Bild eingefügt oder gelöscht wird.

Verwenden Sie entweder die Beschriftungsfunktion von Word oder setzen Sie das von uns erstellte Nummerierungsmakro für Bilder auf der Nummerierung-Symbolleiste ein. Lesen Sie dazu mehr in Kapitel 3, Abschnitt »Nummerierung und Querverweise«.

5.2 Formatieren von Objekten

Alle Objekte lassen sich vielfältig formatieren und bearbeiten. Über *FORMAT Objekt* oder mit Hilfe der rechten Maustaste, Auswahlpunkt *Objekt formatieren*, erhalten Sie ein Registerdialogfeld, in dem Sie auf den verschiedenen Registern Eigenschaften des Objektes festlegen können.

Der Befehl *FORMAT Objekt* bzw. der Eintrag im Kontextmenü ändert sich entsprechend zu der Bezeichnung des Objektes, welches Sie vor Aufruf des Befehls selektiert haben. Im Menü könnte statt *Objekt* dann beispielsweise *Grafik* oder *AutoFormen* gezeigt werden.

In den folgenden Abschnitten zeigen wir als Beispiel die Registerblätter des Dialogfeldes für den Objekttyp *Grafik*. Die Einstellungsmöglichkeiten unterscheiden sich aber nur unwesentlich für andere Objekttypen.

5.2.1.1 Farben und Linien

Das Registerblatt zu *Farben und Linien* bietet Ihnen je nach Objekt Farbe, Art, Stärke und weitere Möglichkeiten zur Gestaltung Ihrer Objekte.

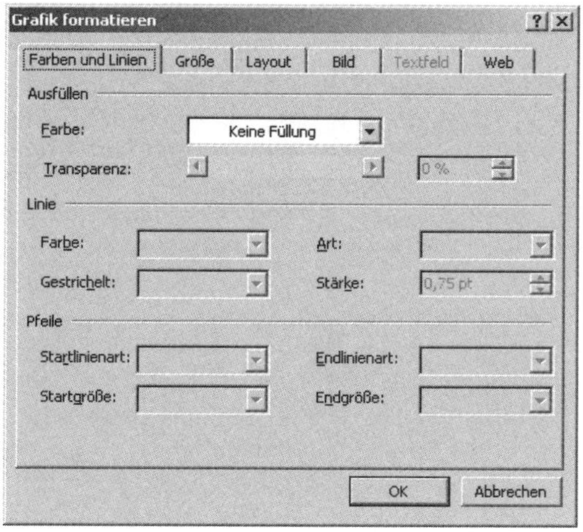

Bild 5.5: Farben und Linien

Welche Felder auf dem Registerblatt nutzbar sind, hängt vom gewählten Objekt ab.

5.2.1.2 Größe

Auf dem Registerblatt *Größe* lassen sich die Abmessungen eines grafischen Objektes detailliert angeben, ebenso wie für manche Objekte ein Drehwinkel.

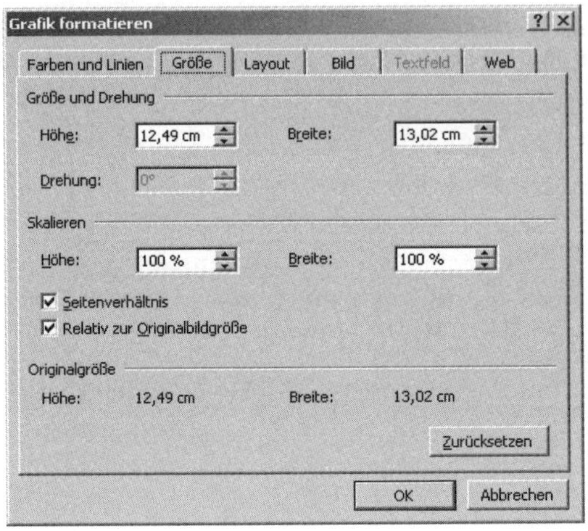

Bild 5.6: Größe eines Objektes bestimmen

In der Gruppe *Skalieren* können Sie das Objekt beliebig vergrößern und verkleinern.

Durch Einschalten der Option *Seitenverhältnis* erreichen Sie, dass beim Skalieren die Höhe und Breite immer um den gleichen Prozentsatz geändert werden (Word 97: *Punktraster verankern*).

Beim Formatieren von eingefügten Grafiken steht Ihnen *Relativ zur Originalbildgröße* zur Verfügung (Word 97: *Relativ zur originalen Bildgröße*). Damit wird eine Skalierung der Grafik nicht auf die zuletzt eingestellte Größe, sondern auf die ursprüngliche Bildgröße der Grafik bezogen.

Übrigens können Sie die Größe eines Objektes auch einfach mit der Maus ändern. Selektieren Sie ein Objekt im Text, wird es von acht kleinen Quadraten umgeben. Bewegen Sie den Maus-Cursor auf einen der vier Eckpunkte der Markierung und verschieben ihn bei gehaltener Maustaste, so verändert sich die Größe des Objektes.

Möchten Sie nur die Höhe oder nur die Breite der Grafik verändern, wählen Sie den entsprechenden Markierungspunkt und »ziehen« damit die Grafik auf die gewünschte Größe.

5.2.1.3 Layout bzw. Textfluss

Auf dem Registerblatt *Layout* des Dialogfeldes *Grafik formatieren* bestimmen Sie, wie sich der Text verhält, der ein Objekt umgibt (Word 97: Registerblatt *Textfluß*).

Das Layout bzw. der Textfluss eines Bildes kann nur dann eingestellt werden, wenn sich das Bild auf der Zeichnungsebene befindet. In Word 2002 und Word 2000 entscheidet die gewählte Umbruchart, auf welcher Ebene ein Bild abgelegt wird. Selektieren Sie die Option *Mit Text in Zeile*, so wird das Bild in der Textebene gespeichert, ansonsten in der Zeichnungsebene. In Word 97 werden die Auswahlmöglichkeiten auf dem Registerblatt *Textfluß* erst freigegeben, wenn auf dem Registerblatt *Position* die Option *Über Text legen* selektiert wird.

Durch die Selektion der entsprechenden Option können Sie also ein Bild von der Text- in die Zeichnungsebene und umgekehrt transferieren. Das ist beispielsweise notwendig, um bei verknüpften Bildern den Verknüpfungspfad einsehen zu können, denn dieser kann nur in der Textebene eingeblendet werden.

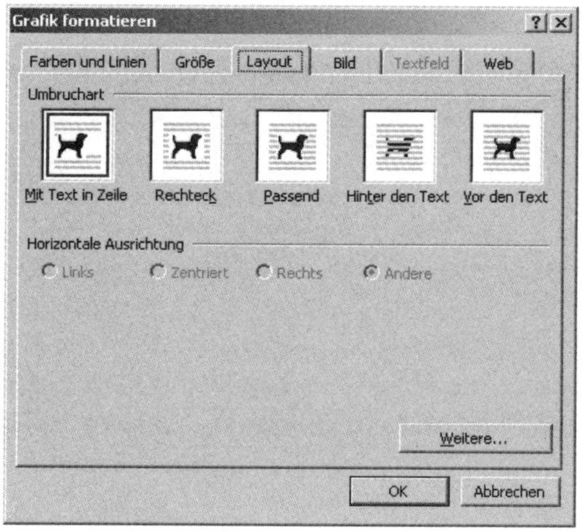

Bild 5.7: Textfluss um ein Objekt

Mit den Optionen für die Umbruchart können Sie festlegen, wie der Text um das Objekt herum angeordnet wird. Für wissenschaftliche Arbeiten wird wahrscheinlich fast immer die Option *Mit Text in Zeile* selektiert werden, damit das Objekt frei im Text steht.

5.3 Vektorgrafiken

In diesem Abschnitt wird die Arbeit mit Vektorgrafiken beschrieben. Word verfügt über einen eigenen Grafikeditor, der Ihnen die Erstellung und Bearbeitung von Vektorgrafiken ermöglicht. Kleine, einfache Zeichnungen lassen sich mit Hilfe des Grafikeditors schnell erstellen und in den Text aufnehmen.

5.3.1 Der Word-Grafikeditor

Zur Ergänzung, Verbesserung und Ausgestaltung Ihrer Texte und Diagramme können Sie grafische Zeichnungselemente einsetzen. Es stehen Ihnen beispielsweise Rechtecke, Ellipsen, Linien, Bögen und andere Objekte zur Verfügung.

Für das Erstellen und Bearbeiten von grafischen Objekten benötigen Sie die Zeichnen-Symbolleiste, die Sie am einfachsten mit der Schaltfläche *Zeichnen*, die auf der Standard-Symbolleiste angeordnet ist, aktivieren können.

Bild 5.8: Zeichnen-Symbolleiste

5.3.2 Erstellen eines Objektes

Grafische Objekte können an beliebigen Stellen auf Ihrem Text positioniert werden. Sie liegen, bildlich gesprochen, auf dem Text. Zuerst möchten wir Ihnen beschreiben, wie Sie ein einfaches Objekt, ein Rechteck, auf Ihre Tabellen platzieren können.

5.3.2.1 Zeichnen eines Objektes

Sie können beispielsweise ein Rechteck erzeugen, indem Sie in der Zeichnen-Symbolleiste die Schaltfläche *Rechteck* betätigen. Positionieren Sie dann den Cursor, der die Form eines kleinen Kreuzes angenommen hat, auf dem Text und ziehen Sie bei gedrückter Maustaste ein Rechteck auf. Erst wenn das Rechteck die von Ihnen gewünschte Größe hat, lassen Sie die Maustaste los. Nach dem Zeichenvorgang nimmt der Cursor wieder seine normale Form an.

Alternativ können Sie ein Objekt mit einem einfachen Mausklick in einer Standardgröße auf Ihrer Tabelle ablegen.

5.3.2.2 Mehrere gleichartige Objekte zeichnen

Möchten Sie mehrere Objekte der gleichen Art zeichnen, selektieren Sie die Schaltfläche mit dem Symbol durch einen Doppelklick. Das Symbol bleibt so lange aktiviert, bis Sie die [esc]-Taste auswählen.

5.3.2.3 Verschieben und Kopieren

Klicken Sie den Rand eines Objektes an, um es zu markieren. Die Markierung wird durch acht kleine Kreise sowie einen grünen Kreis, der als Drehpunkt bezeichnet wird, angezeigt. (In Word 2000 und Word 97 zeigen acht Quadrate die Markierung an.) Sie können selektierte Objekte einfach mit Hilfe Ihrer Maus verschieben. Zeigen Sie mit dem Cursor auf die Umrandung des Objektes, so verwandelt er sich in einen gekreuzten Doppelpfeil, der Ihnen den Verschiebungsmodus anzeigt. Klicken Sie mit diesem Pfeil das Objekt an und ziehen Sie daran bei betätigter Maustaste. Halten Sie während des Verschiebens die [⇧]-Taste gedrückt, so können Sie das Objekt nur waagrecht oder senkrecht zu seiner bisherigen Lage verschieben. Betätigen Sie beim Verschieben die [Strg]-Taste, so wird das angeklickte Objekt verdoppelt.

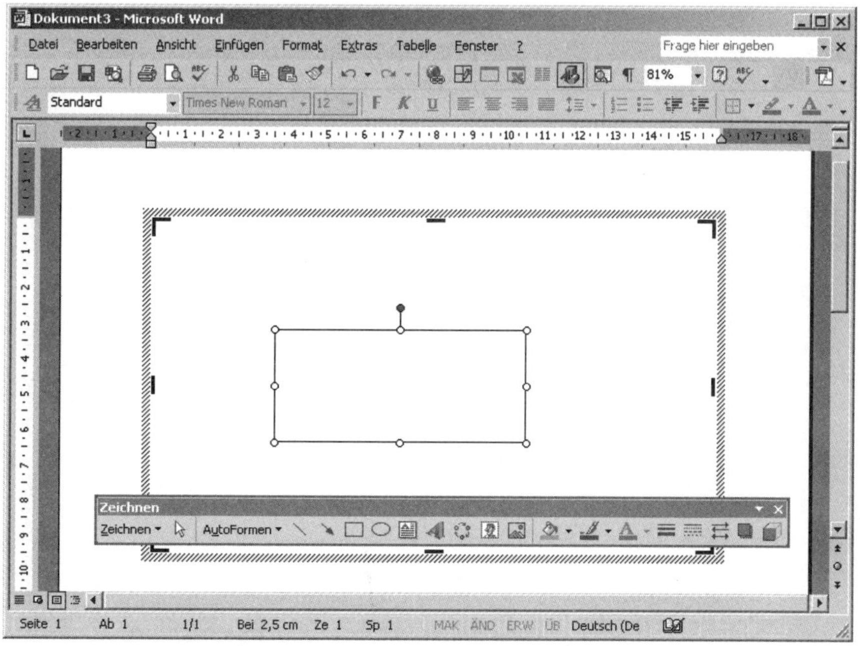

Bild 5.9: Markiertes Rechteck

5.3.2.4 Verkleinern und vergrößern

Ein markiertes Objekt lässt sich verkleinern oder vergrößern, indem Sie an den Kreisen (Word 2000/Word 97: Quadraten) ziehen, die seine Markierung anzeigen. Der Cursor verwandelt sich dabei in einen Doppelpfeil.

5.3.2.5 Drehen

Der kleine grüne Kreis funktioniert wie ein Hebel, an dem sich das Objekt drehen lässt. Wenn Sie den Cursor darauf setzen, verwandelt er sich in einen Drehpfeil. Ziehen Sie mit gedrückter Maustaste in die gewünschte Drehrichtung. (In Word 2000 und Word 97 verwenden Sie zum Drehen die Schaltfläche *Freies Drehen* der Zeichnen-Symbolleiste.)

5.3.2.6 Löschen von Objekten

Sie löschen markierte Objekte mit der [Entf]-Taste oder mit dem Befehl *BEARBEITEN Löschen Inhalt* (Word 2000/Word 97: *BEARBEITEN Markierung löschen)*.

5.3.3 AutoFormen

Unter dem Begriff »AutoFormen« werden in Word eine Vielzahl von grafischen Objekten bezeichnet, die alle über die Zeichnen-Symbolleiste erreicht werden können. Im folgenden Bild ist die aufgeklappte Liste der AutoFormen abgebildet.

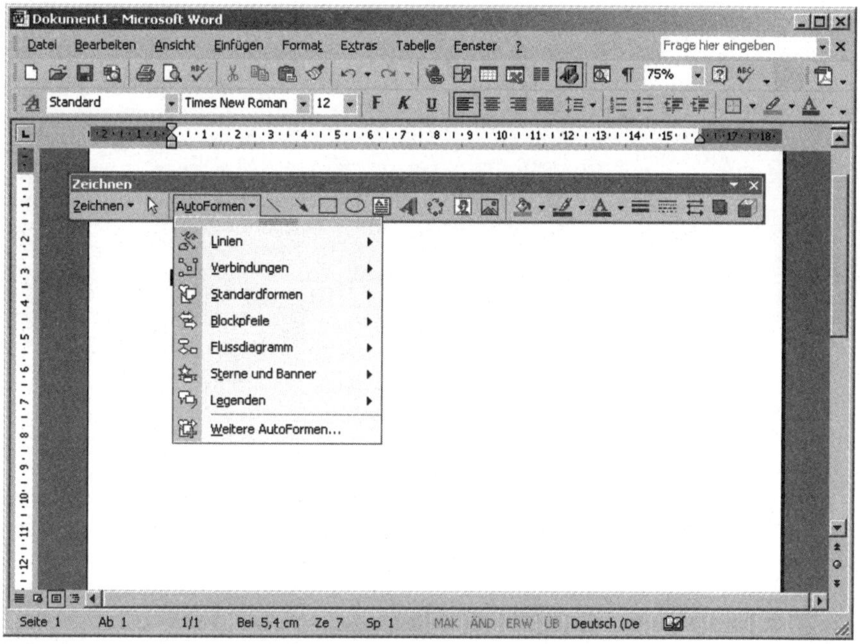

Bild 5.10: Liste der AutoFormen

Eigene AutoFormen-Symbolleisten Alle Menüs der Zeichnen-Symbolleiste, die am oberen Rand eine dicke graue Linie aufweisen (siehe Bild 5.10), können zu eigenständigen Symbolleisten umgewandelt werden. Klicken Sie mit der Maus auf die graue Leiste und ziehen Sie bei gehaltener Maustaste das Menü von der Zeichnen-Symbolleiste weg, so wird das Menü in eine Symbolleiste umgewandelt.

5.3.3.1 Linien und Pfeile

Die Schaltflächen auf der Symbolleiste dienen zur Erstellung von Linien, Pfeilen, Kurven sowie Freihandlinien auf Ihrer Tabelle.

Linien und Pfeile Beim Zeichnen von Linien und Pfeilen können Sie die folgenden Tasten einsetzen:

Halten Sie die ⇧-Taste gedrückt, während Sie die Linie ziehen, können Sie sie nur in Winkeln von 0°, 45°, 90°, 135° usw. zeichnen.

Betätigen Sie die Strg-Taste, wird die Linie bzw. der Pfeil vom Startpunkt aus gleichzeitig in zwei Richtungen gezeichnet.

Kurven Word zeichnet stetige Kurven, d. h., wenn Sie beim Zeichnen einer Kurve durch einen Mausklick absetzen, wird das nächste Kurvenstück nahtlos angesetzt. Ein Doppelklick beendet den Zeichenvorgang.

Freihandform Eine Freihandform kann aus geraden Linien oder Freihandlinien bestehen. Für Linien klicken Sie nur jeweils auf den Endpunkt, bei Freihandlinien zeichnen Sie bei gedrückter Maustaste. Ein Doppelklick oder ein Klick auf den Startpunkt beenden die Freihandform.

Freihandlinien Bei gedrückter Maustaste können Sie jede Art von Linie zeichnen, allerdings wird dabei eine ruhige Hand benötigt.

5.3.3.2 Standardformen

Alle Objekte der Standardformen-AutoFormen werden durch Aufziehen eines Rechtecks bei gehaltener Maustaste gezeichnet. Bei einigen Objekten wird, wenn sie markiert sind, zusätzlich zu den acht Markierungskreisen eine kleine gelbe Raute angezeigt. Durch Verschieben der Raute mit der Maus ändern Sie je nach Objekt das Verhältnis der Kantenlängen, die Breite des Rahmens oder andere Eigenschaften. Allgemein gilt:

- ☑ Wenn Sie die ⇧-Taste gedrückt halten, während Sie das gestrichelte Umrissfenster aufziehen, wird das gewählte Objekt so hoch wie breit.
- ☑ Halten Sie während des Zeichnens die Strg-Taste gedrückt, wird eine Standardform um ihren Mittelpunkt herum aufgezogen.

In die meisten Standardformen kann Text eingetragen werden. Rechtecke mit Text werden auch als Textfelder bezeichnet. Klicken Sie dazu das entsprechende Objekt um es zu markieren an, wählen auf der Symbolleiste das Symbol *Textfeld* und schreiben dann einfach los. Die Texte werden innerhalb des Objektes positioniert. Sie lassen sich beliebig formatieren.

5.3.3.3 Blockpfeile

Blockpfeile werden wie die oben beschriebenen Standardformen gezeichnet und verändert. Sie verfügen teilweise über mehrere gelbe Rauten zur Veränderung des Aussehens eines Blockpfeils. Mit Hilfe der gelben Rauten kann die Stärke des Pfeils sowie die Form der Pfeilspitze nach Ihren Vorstellungen angepasst werden.

5.3.3.4 Flussdiagrammsymbole

Flussdiagrammsymbole werden wie die oben beschriebenen Standardformen gezeichnet und verändert. Sie verfügen teilweise über mehrere gelbe Rauten zur Veränderung des Aussehens eines Flussdiagrammsymbols.

5.3.3.5 Sterne und Banner

Auch Sterne- und Banner-AutoFormen werden wie Standardformen behandelt. Alle Sterne und Banner können mit Hilfe von gelben Rauten in der Form verändert werden.

5.3.3.6 Legenden

Mit der Hilfe von Legenden können Sie beliebige Kommentare und Texte auf Ihrem Arbeitsblatt positionieren, ohne an das Raster der Tabelle gebunden zu sein. Nach dem Aufziehen einer Legende erscheint ein blinkender Eingabestrich, der Sie zum Eintippen von Text auffordert. Die Umschalttaste hat hierbei dieselbe Wirkungsweise wie beim Aufziehen einer Standardform.

Text in Legenden lässt sich mit Hilfe verschiedener Optionen aus dem Format-Menü bearbeiten. Durch doppeltes Anklicken des Rahmens oder mit Hilfe der rechten Maustaste öffnen Sie das Registerdialogfeld *AutoForm formatieren*. Den Text in Legenden können Sie bearbeiten, ebenso lässt sich eine Legende nachträglich vergrößern oder verschieben.

Bild 5.11: Grafik mit Legendentext

5.3.3.7 Weitere Autoformen

Unter *Weitere Autoformen* finden Sie kleine Bilder, die in 57 Kategorien eingeteilt sind. Die Eingabemöglichkeit von Stichworten erleichtert die Suche. Für wissenschaftliche Arbeiten sind sie allerdings kaum zu gebrauchen. (Word 97: Den Menüpunkt *Weitere Autoformen* gibt es nicht.)

5.3.4 Markieren von Objekten

Sie markieren ein grafisches Objekt, indem Sie es mit der Maus anklicken. An den Seiten des Objektes sollten Sie dann acht kleine Kreise sehen.

Ein rahmenloses Objekt ohne Füllung ist oft schwer zu selektieren. Stehen Sie vor diesem Problem, so sollten Sie sich den Verlauf des unsichtbaren Rahmens überlegen. Schieben Sie den Cursor in seine Nähe und bewegen Sie ihn dort, bis der Cursor sich in den weißen Pfeil umwandelt, mit dem Sie Objekte selektieren und verschieben können. Klicken Sie dann Ihr Objekt an.

Mehrere Objekte können Sie gleichzeitig selektieren, wenn Sie die einzelnen Objekte bei gedrückter Umschalttaste anwählen. Dadurch lassen sich mehrere Objekte zur gleichen Zeit verschieben und bearbeiten.

Eine zweite Methode zur Markierung mehrerer Objekte verbirgt sich hinter der Schaltfläche *Objekte markieren* der Zeichnen-Symbolleiste. Betätigen Sie die Maustaste, so können Sie bei gehaltener Taste ein gestricheltes Fenster aufziehen. Lassen Sie die Maustaste los, so werden alle Objekte innerhalb des Fensters selektiert.

Objekte markieren Haben Sie mit Hilfe der Schaltfläche *Objekte markieren* in den Markierungsmodus umgeschaltet, verhält sich Word anders als gewohnt: Sie können den normalen Text nicht mit der Maus markieren, bis Sie den Modus wieder ausschalten.

5.3.5 Bearbeiten von Objekten

Auf der Zeichnen-Symbolleiste finden Sie eine große Zahl von Befehlen zum Bearbeiten Ihrer Objekte. Die wichtigsten Befehle und Untermenüs möchten wir Ihnen in den folgenden Abschnitten vorstellen.

5.3.5.1 Farben, Linien und Pfeilformen

Die Füll- und Rahmenfarbe von Objekten bestimmen Sie über die Schaltflächen *Füllfarbe* und *Linienfarbe*. Dabei wird die zuletzt verwendete Farbe mit Hilfe der jeweiligen Schaltfläche übertragen. Möchten Sie eine andere Farbe wählen, klicken Sie das Dreieck rechts an der Schaltfläche an, um die Farbpalette zu aktivieren.

Zusätzlich können Sie über die Schaltflächen *Linienart* und *Strichart* Strichstärke und Linienvariante von Objekten bestimmen und mit Hilfe der Schaltfläche *Pfeilart* das Aussehen von Pfeilen einstellen.

5.3.5.2 Schatten

Über die Schaltfläche *Schatten* bietet Ihnen Word eine große Zahl von Schattenvarianten, die Sie beliebigen Objekten zuordnen können.

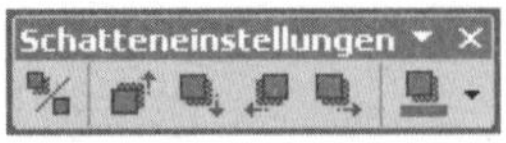

Bild 5.12: Schatten

5.3.5.3 Die dritte Dimension

Mit wenigen Mausklicks erzeugen Sie aus Ihren Objekten dreidimensionale Körper, die perspektivisch dargestellt und unterschiedlich »beleuchtet« werden können, um einen dreidimensionalen Effekt hervorzuheben.

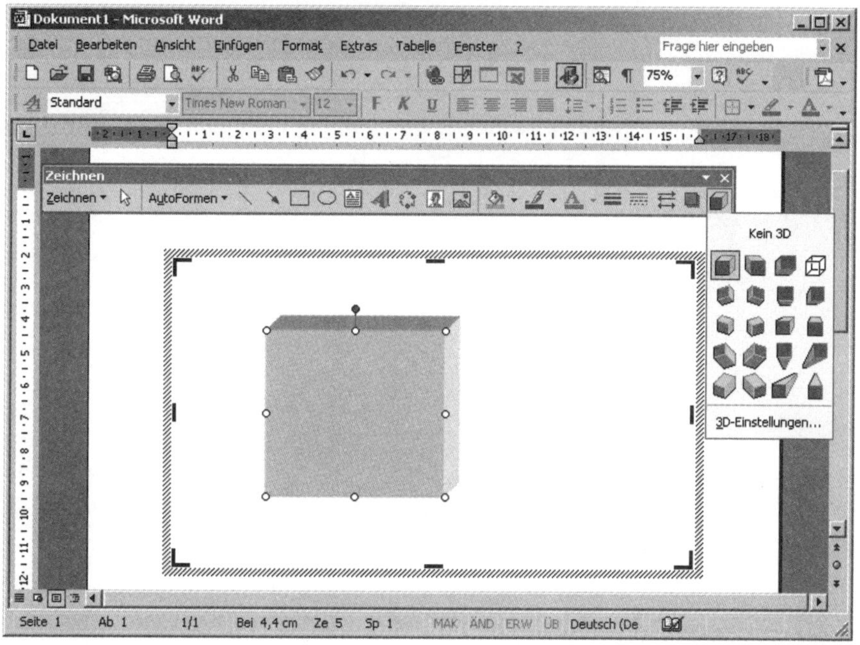

Bild 5.13: Dreidimensionale Objekte

Über den Punkt *3D-Einstellungen* im Menü zur Auswahl des dreidimensionalen Effekts blenden Sie eine weitere Symbolleiste ein.

Bild 5.14: Symbolleiste 3D-Einstellungen

Die Symbolleiste ermöglicht Ihnen das Drehen, Verzerren und Beleuchten von dreidimensionalen Körpern. Die Vielzahl der Varianten können in diesem Buch nicht beschrieben werden, hier empfehlen wir Ihnen auszuprobieren!

5.3.5.4 Ändern der Darstellungsreihenfolge

Grafische Objekte, die übereinander auf dem Arbeitsblatt liegen, werden in der Reihenfolge angeordnet, in der sie gezeichnet wurden: das zuerst gezeichnete als unterstes, das zuletzt erstellte zuoberst. Diese Reihenfolge können Sie bei Bedarf ändern.

Im Menü *Zeichnen* der Zeichnen-Symbolleiste finden Sie das Untermenü *Reihenfolge* mit den Schaltflächen *In den Vordergrund*, *In den Hintergrund*, *Eine Ebene nach vorne* und *Eine Ebene nach hinten*. Markieren Sie das Objekt und wählen Sie die gewünschte Schaltfläche aus, um die Anordnungsreihenfolge des Objektes zu ändern.

Bild 5.15: Symbolleiste Reihenfolge

Mit Hilfe der beiden Schaltflächen rechts können Sie ein Objekt auf oder unter Ihren Text platzieren.

5.3.5.5 Objekte gruppieren

Mehrere selektierte Objekte können Sie zu einer Gruppe zusammenfassen. Wählen Sie dazu auf der Zeichnen-Symbolleiste im Menü *Zeichnen* oder im Kontextmenü des Objektes den Befehl *Gruppierung*. Eine Gruppe lässt sich nur als Ganzes bearbeiten. Alle Attribute, die Sie der Gruppe geben, werden auf alle Einzelteile der Gruppe angewandt.

Durch *Gruppierung aufheben* oder durch den entsprechenden Befehl im Kontextmenü können Sie eine Gruppe wieder in ihre einzelnen Bestandteile auflösen. Dieser Befehl wird im Menü nur freigegeben, wenn Sie eine Gruppe markiert haben.

5.3.5.6 Ausrichten von Objekten

Mehrere markierte Objekte können horizontal oder vertikal ausgerichtet werden. Nutzen Sie dazu die entsprechenden Schaltflächen im Untermenü *Ausrichten oder Verteilen* in *Zeichnen* der Zeichnen-Symbolleiste.

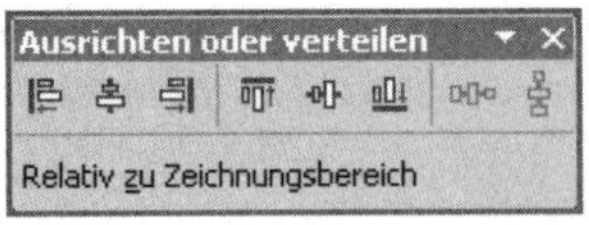

Bild 5.16: Symbolleiste Ausrichten und Verteilen

Die beiden Schaltflächen *Horizontal verteilen* bzw. *Vertikal verteilen* dienen dazu, die markierten Objekte gleichmäßig horizontal oder vertikal zwischen den äußersten markierten Objekten anzuordnen.

5.3.5.7 Am Raster ausrichten

Objekte lassen sich an einem unsichtbaren Hilfsgitter ausrichten, dessen Rasterhöhe und -breite Sie definieren können. Mit Hilfe dieses Rasters lassen sich Objekte schnell und genau positionieren. Wenn Sie beispielsweise mehrere Rechtecke Kante an Kante aneinanderlegen wollen, können Sie dies durch eine geeignete Rasterweite unterstützen.

Die gewünschten Werte stellen Sie ein, indem Sie im Dialogfeld *Zeichnungsraster*, das Sie mit der Schaltfläche *Zeichnen* auf der Zeichnen-Symbolleiste die Auswahl *Gitternetz* aufrufen (Word 97: Dialogfeld *Am Raster ausrichten*).

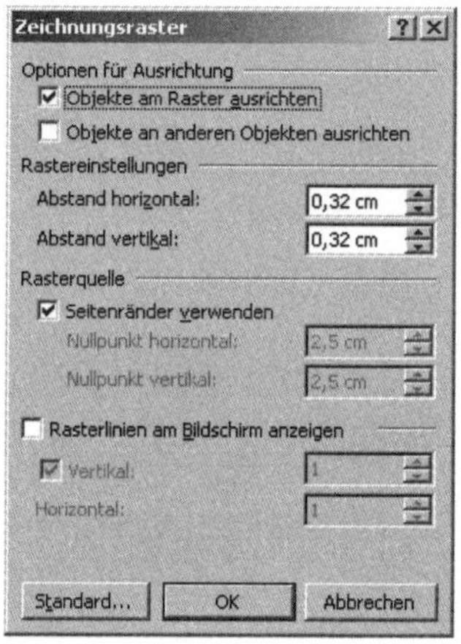

Bild 5.17: Gitternetzeinstellungen

Selektieren Sie die Option *Objekte an anderen Objekten ausrichten*, wird das unsichtbare Gitternetz durch die Ränder von AutoFormen gezogen (Word 97: Option *An Formen ausrichten*).

In Word 2002 und Word 2000 werden standardmäßig als *Rasterquelle* die Seitenränder verwendet. Soll das Raster von einer anderen Position des linken und oberen Seitenrandes gemessen werden, deaktivieren Sie das Optionsfeld *Seitenränder verwenden* und geben entsprechend die beiden Werte für den Nullpunkt an. (Word 97: Hier bestimmen Sie immer die Nullpunktwerte.)

Möchten Sie sich als Hilfsmittel die *Rasterlinien am Bildschirm anzeigen* lassen, selektieren Sie in Word 2002/Word 2000 die entsprechende Option.

Durch den Menüpunkt *Präzisionsausrichtung* in der Auswahl zu *Zeichnen* erhalten Sie die im folgenden Bild dargestellten Schaltflächen, mit denen Sie Objekte am Raster ausrichten können (Word 97: Menüpunkt *Am Raster ausrichten*).

Bild 5.18: Symbolleiste *Am Raster ausrichten*

5.3.5.8 Drehen oder Kippen von Objekten

Objekte lassen sich beliebig drehen und kippen. Verwenden Sie dazu die Schaltfläche *Freies Drehen* auf der Zeichnen-Symbolleiste oder die Möglichkeiten *Drehen oder Kippen* im Zeichnen-Symbolleistenmenü *Zeichnen*.

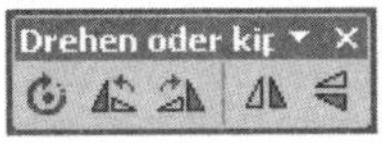

Bild 5.19: Symbolleiste *Drehen oder Kippen*

5.4 Erstellen von Diagrammen mit MS Graph

Für die Erstellung von Diagrammen mit dem PC stehen Ihnen eine Reihe von Möglichkeiten offen. Sie können beispielsweise das zum Lieferumfang von Word gehörende Programm MS Graph nutzen, eine Tabellenkalkulation wie Microsoft Excel oder Lotus 1-2-3 verwenden oder auch Spezialprogramme zur Diagrammerstellung einsetzen.

Wir möchten im Folgenden ausführlich die Möglichkeiten von MS Graph beschreiben, denn dieses leistungsfähige Programm zur Erstellung von Diagrammen wird mit Word mitgeliefert, d. h., es entstehen keine zusätzlichen Kosten und kein Aufwand. MS Graph bietet Ihnen die Möglichkeit, Diagramme als OLE-Objekte in Ihre Texte einzubinden.

Das im folgenden Bild dargestellte Diagramm ist mit Microsoft Graph erstellt.

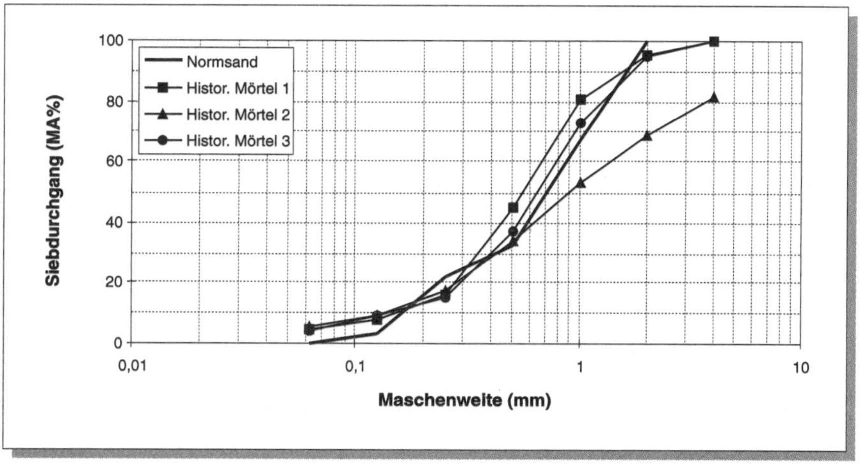

Bild 5.20: Diagramm mit MS Graph erstellt

MS Graph bietet im Wesentlichen die gleichen grafischen Möglichkeiten und Leistungen wie die Tabellenkalkulation Microsoft Excel. Wir werden Excel kurz ansprechen, denn das Programm bietet neben den Diagrammfunktionen vielfältige Möglichkeiten, um Zahlenmaterial zu verrechnen und aufzubereiten.

Arbeiten Sie mit Statistikprogrammen wie SPSS, Statgraphics oder anderen, so bieten diese Produkte in den PC-Versionen inzwischen fast alle umfangreiche Funktionen zur Erstellung von Diagrammen.

Wir werden MS Graph im Weiteren nur mit »Graph« bezeichnen. Da die Beschreibung von Graph in den Word-Handbüchern und in anderer Word-Literatur sehr kurz ausfällt, möchten wir Ihnen die Funktionen detailliert erläutern.

5.4.1 Erstellen eines Diagramms

Wir möchten Ihnen im Folgenden die Schritte zur Erstellung eines neuen Diagramms beschreiben. Die folgende Tabelle beinhaltet das Datenmaterial, das in einem Diagramm dargestellt werden soll.

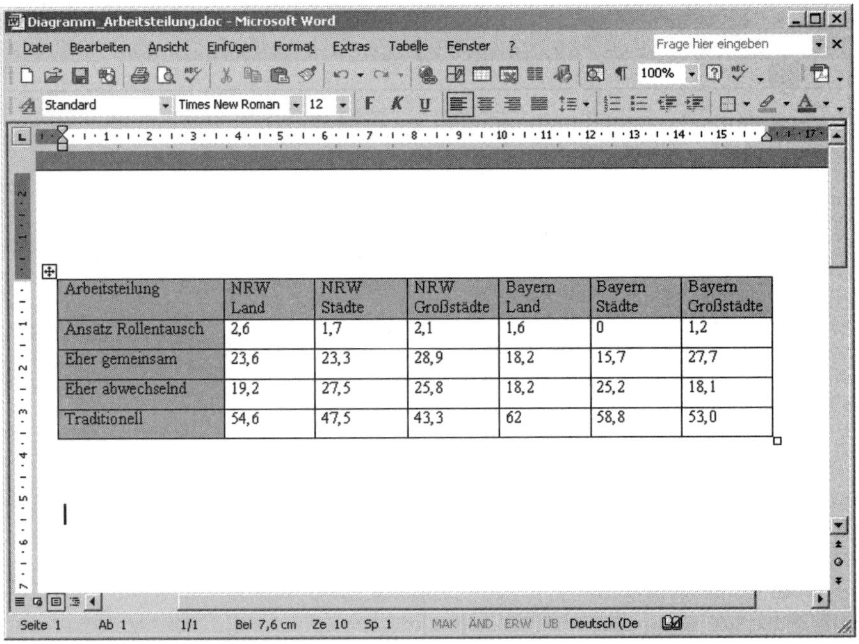

Arbeitsteilung	NRW Land	NRW Städte	NRW Großstädte	Bayern Land	Bayern Städte	Bayern Großstädte
Ansatz Rollentausch	2,6	1,7	2,1	1,6	0	1,2
Eher gemeinsam	23,6	23,3	28,9	18,2	15,7	27,7
Eher abwechselnd	19,2	27,5	25,8	18,2	25,2	18,1
Traditionell	54,6	47,5	43,3	62	58,8	53,0

Bild 5.21: Ausgangsdaten

Markieren Sie zuerst alle Spalten und Zeilen Ihrer Datentabelle. Wählen Sie dann den Befehl *EINFÜGEN Grafik Diagramm*, um aus den Ausgangsdaten ein Standarddiagramm zu erzeugen.

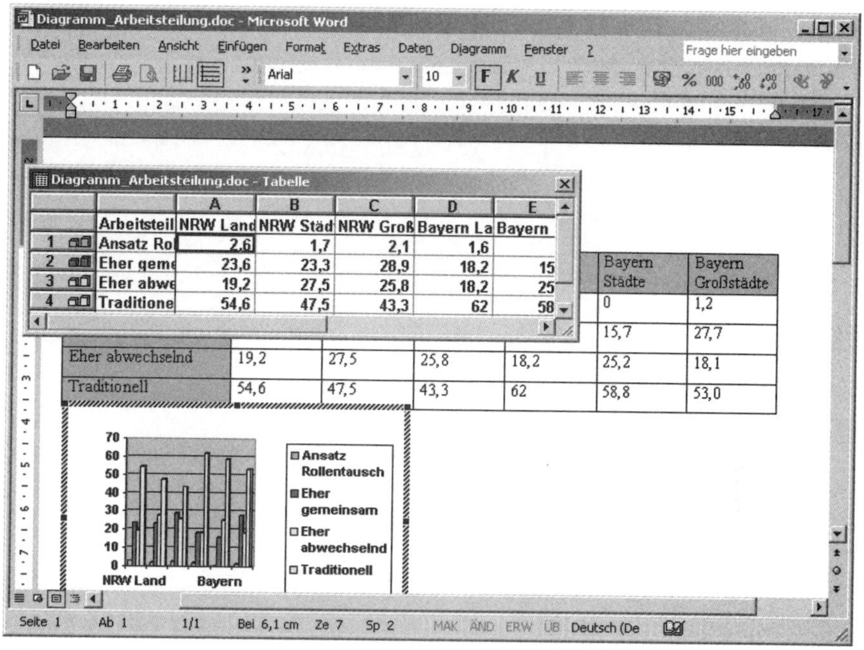

Bild 5.22: Eingefügtes Standarddiagramm

Beachten Sie dabei, dass Word eigene Musterdaten für das Diagramm verwendet, sollten Sie vorher keine Daten in Ihrem Text markiert haben.

5.4.2 Diagramm-Komponenten

Das Standarddiagramm lässt sich in vielfacher Weise verändern und auf Ihre Bedürfnisse anpassen. Sie können einzelne Komponenten durch Anklicken oder mit den Tasten [↑] und [↓] bei zur Bearbeitung markiertem Diagramm selektieren. Die Bezeichnung des markierten Diagrammteils wird im Namensfeld auf der Standard-Symbolleiste angezeigt.

Wir möchten Ihnen in diesem Abschnitt die Grundbestandteile eines Diagramms beschreiben. Wir gehen zwar davon aus, dass die Leser dieses Buches den grundsätzlichen Aufbau von Diagrammen kennen, aber wir möchten mit der Beschreibung der Diagrammbestandteile auch die Graph-spezifischen Begriffe einführen. Sollten Sie mit den Bezeichnungen vertraut sein, die Graph für seine Diagramme verwendet, so können Sie diesen Abschnitt überlesen.

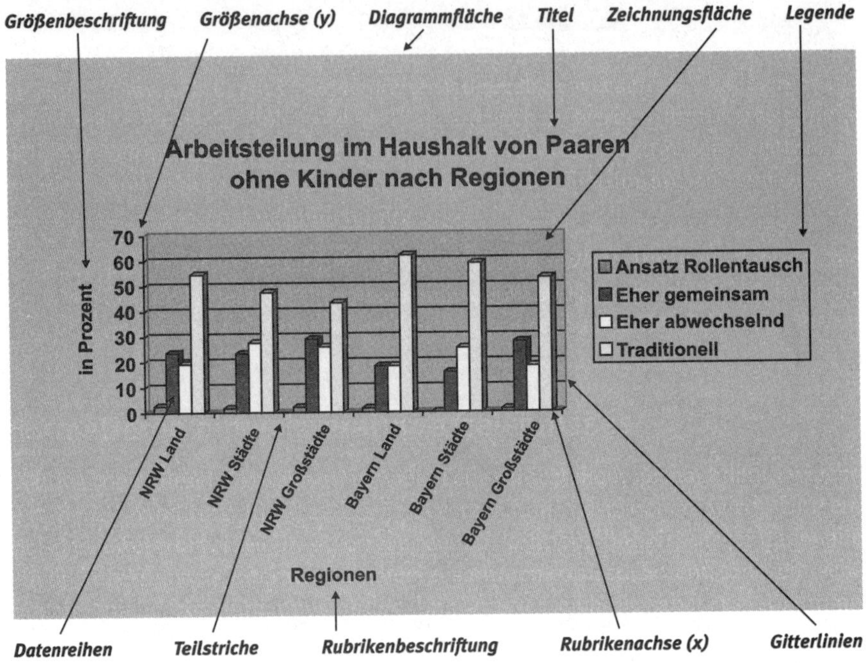

Bild 5.23: Bestandteile eines Diagramms

Die **Diagrammfläche** beinhaltet das ganze Diagramm. Auf ihr sind alle Bestandteile eines Diagramms angeordnet. Liegt ein Diagramm eingebettet auf Ihrem Arbeitsblatt, so ist das Diagramm auf einer Objektfläche definiert, die getrennt formatiert werden kann.

Die **Zeichnungsfläche** beinhaltet die Darstellung der eigentlichen Daten. Sie lässt sich innerhalb der Diagrammfläche verschieben und getrennt von dieser formatieren, d. h., Sie können beispielsweise bei selektierter Zeichnungsfläche die Größe und die Position ändern.

Der **Titel** dient als Überschrift für Ihre Grafik. Er kann beliebig positioniert werden.

Die **Legende** beschreibt die dargestellten Datenreihen. Sie lässt sich vielfach formatieren und beliebig auf der Diagrammfläche anordnen.

Die **Rubrikenachse** bildet die unabhängigen Werte ab, man bezeichnet sie auch als x-Achse. Die Skalierung und Einteilung kann von Ihnen bestimmt werden. Der Text für die Beschreibung der Werte der Rubrikenachse wird standardmäßig unter das Diagramm auf die Diagrammfläche gesetzt.

Die **Größenachse**, auch als y-Achse bezeichnet, zeigt die abhängigen Werte an. Die Bezeichnung für diese Werte steht im Normalfall links neben der Achse. Sowohl diese Texte als auch die Skalierung der Werte der Größenachse lassen sich verschieden definieren und formatieren.

Sie können **Gitternetzlinien** in x- und in y-Richtung in Ihr Diagramm einzeichnen lassen. Sie dienen im Wesentlichen als Lesehilfe.

Mit Hilfe von **Teilstrichen** können Sie die Einteilung der x- wie auch der y-Achse anzeigen lassen. Graph unterscheidet hierbei noch in Haupt- und Hilfsteilstriche.

Als **Wand** wird der Hintergrund des Diagramms bezeichnet. Bei dreidimensionalen Darstellungen kann eine Wand für jede Achse eingeblendet werden. Die Wände können mit Farben, Farbverläufen oder mit Mustern formatiert werden.

5.4.3 Diagrammtyp ändern

Der Typ Ihres Diagramms lässt sich nachträglich ändern, indem Sie den Befehl *DIAGRAMM Diagrammtyp* im Menü oder *Diagrammtyp* im Kontextmenü anwählen. Sie erhalten dann das folgende Dialogfeld.

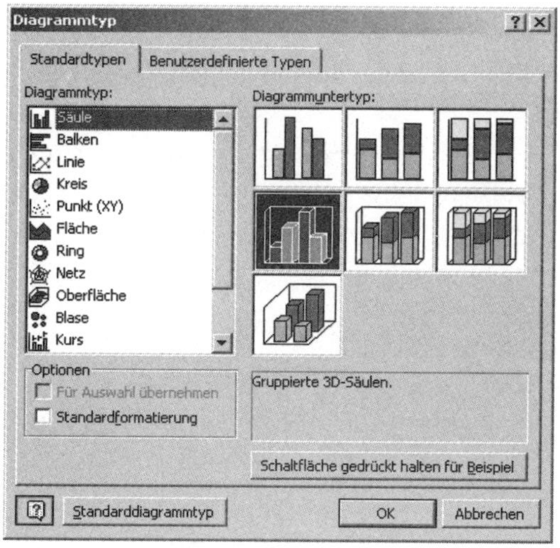

Bild 5.24: Dialogfeld *Diagrammtyp*

Sie können den Diagrammtyp im Nachhinein für Ihre Grafik festlegen. Allerdings müssen Sie dabei beachten, dass die Daten, die Ihrem Diagramm zugrunde liegen, ausreichend für den gewählten Diagrammtyp sind. Mit nur einer Datenreihe lässt sich beispielsweise kein 3D-Oberflächendiagramm erstellen.

Mit der Schaltfläche mit der Aufschrift *Schaltfläche gedrückt halten für Beispiel* zeigt Ihnen MS Graph in einer Vorschau ein Diagramm, in dem Ihre Daten mit dem jeweiligen Diagrammtyp gezeigt werden. Das nächste Bild zeigt unsere Daten in einer Beispielansicht.

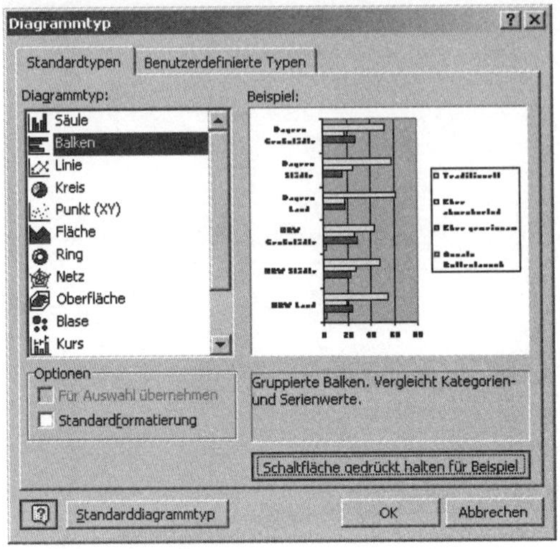

Bild 5.25: Beispielansicht

Die Schaltfläche *Standard Diagrammtyp* können Sie verwenden, um den von Ihnen gewählten Diagrammtyp zur Vorgabe für alle weiteren Diagramme zu machen. Das ist dann hilfreich, wenn Sie mehrere gleichartige Diagramme zu erstellen haben.

Das zweite Registerblatt *Benutzerdefinierte Typen* des Dialogfeldes *Diagrammtyp* ermöglicht Ihnen, eigene Diagrammtypen vorzudefinieren. Microsoft hat eine Reihe solcher Diagrammdefinitionen vorbereitet, die Sie verwenden und gegebenenfalls anpassen können.

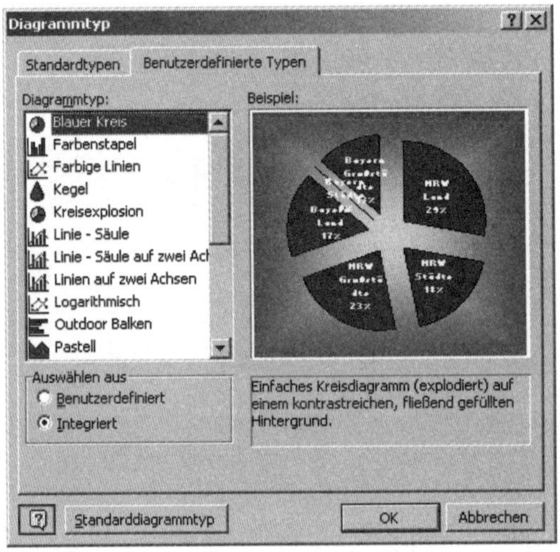

Bild 5.26: Registerblatt *Benutzerdefinierte Typen*

5.4.4 Diagrammoptionen

Die wichtigsten Formatierungen für ein Diagramm lassen sich über das Dialogfeld *Diagrammoptionen* einrichten, das Sie über den Befehl *DIAGRAMM Diagrammoptionen* erreichen.

Auf dem ersten Registerblatt *Titel* bestimmen Sie den Titel für Ihr Diagramm sowie die Achsenbeschriftungen. Alle Angaben lassen sich später noch beliebig formatieren.

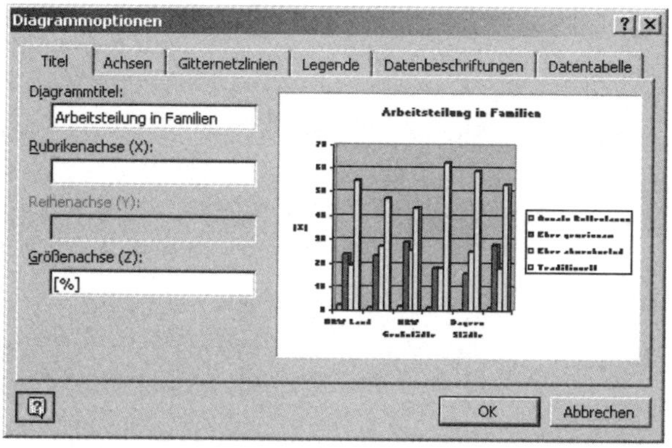

Bild 5.27: Registerblatt *Titel*

Auf dem zweiten Registerblatt *Achsen* wird festgelegt, welche Achsen in Ihrem Diagramm gezeigt werden sollen. Die Option *Reihenachse* ist nur dann selektierbar, wenn dreidimensionale Darstellungsvarianten gewählt werden.

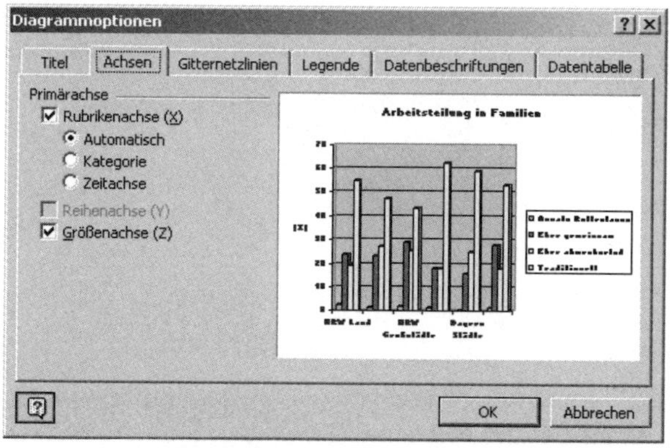

Bild 5.28: Registerblatt *Achsen*

Um in einem Diagramm eingetragene Werte besser ablesen zu können, besteht die Möglichkeit, über die Einstellungen im Registerblatt *Gitternetz-*

linien zusätzliche Linien in das Diagramm einzuziehen. MS Graph unterscheidet hierbei in Haupt- und Hilfsgitternetzlinien, die verschieden formatiert werden.

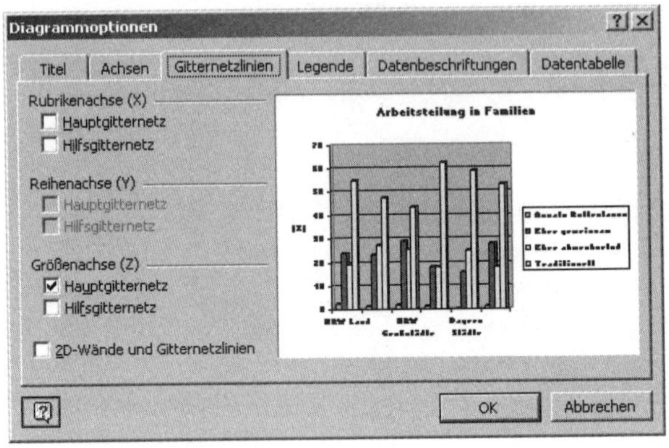

Bild 5.29: Registerblatt *Gitternetzlinien*

Die Option *2D-Wände und Gitternetzlinien* wird bei dreidimensionalen Diagrammen eingesetzt, damit die Begrenzungen eines Diagramms deutlich hervortreten.

Standardmäßig zeigt MS Graph eine Legende für Ihr Diagramm an. Die Legende kann an verschiedenen Stellen auf dem Diagramm angeordnet werden.

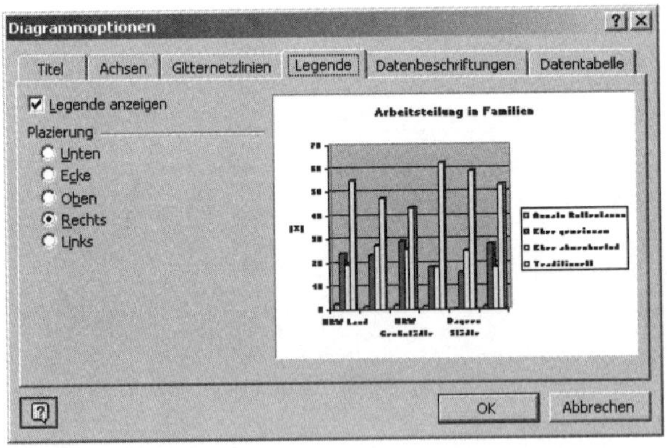

Bild 5.30: Registerblatt *Legende*

Je nach gewähltem Diagrammtyp können Sie Säulen, Balken, Linien usw. mit den entsprechenden Datenwerten beschriften lassen. Nehmen Sie die entsprechenden Eintragungen im Dialogfeld *Datenbeschriftungen* vor.

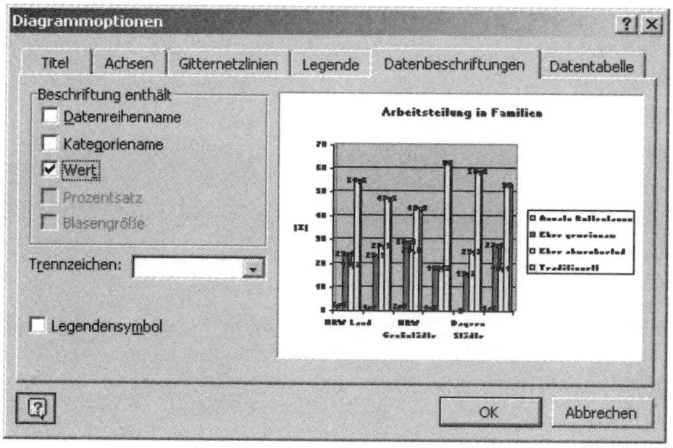

Bild 5.31: Registerblatt *Datenbeschriftungen*

MS Graph erlaubt Ihnen, Ihre Datentabelle direkt mit in das Diagramm einzubauen. Selektieren Sie dazu auf dem Registerblatt *Datentabelle* die Option *Datentabelle anzeigen*, wie es im nächsten Bild zu sehen ist.

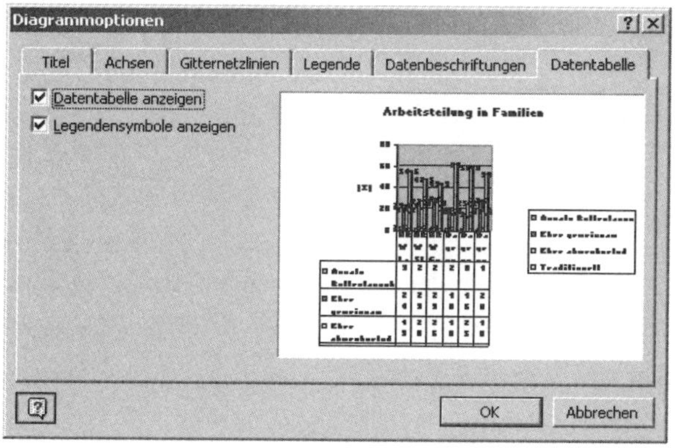

Bild 5.32: Registerblatt *Datentabelle*

5.4.5 Formatieren des Diagramms

Ein in Word mit Graph erstelltes Diagramm wird als OLE-Objekt in den Text eingebettet. Es ist zum Bearbeiten markiert, wenn es von einer gestrichelten dicken Linie umgeben ist. Klicken Sie auf den Word-Text, wird die Markierung aufgehoben. Um ein erstelltes Diagramm bearbeiten und formatieren zu können, markieren Sie es, und klicken es entweder zweimal mit Ihrer Maus an oder wählen bei markiertem Diagramm die Funktion *BEARBEITEN Diagramm-Objekt Bearbeiten* im Menü aus (Word 97: *BEARBEITEN Objekt*). Dadurch wird das Diagramm wieder mit dem dicken grauen Markierungsrahmen versehen.

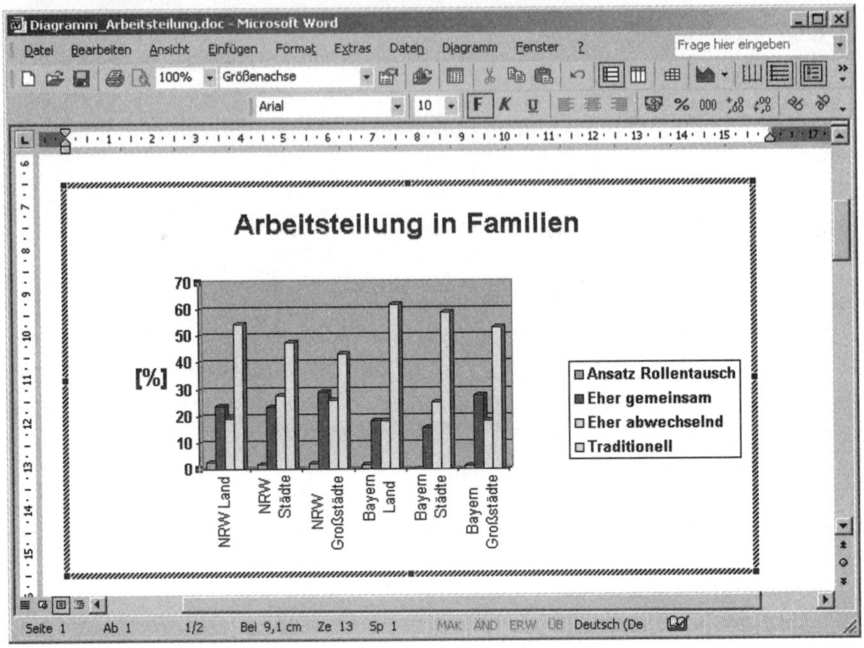

Bild 5.33: Markiertes Diagramm

Jede Komponente eines Diagramms kann einzeln formatiert und bearbeitet werden. Klicken Sie dazu am einfachsten mit der Maus auf die gewünschte Komponente.

Um dann das Dialogfeld zum Formatieren einer Komponente aufzurufen, stehen Ihnen vier Varianten zur Verfügung:

- Über den Befehl FORMAT Markierter »Komponentenname«,
- mit Hilfe der Tastenkombination [Strg]+[1],
- mit einem Doppelklick auf die Komponente oder
- den Eintrag »Komponentennamen« formatieren im Kontextmenü einer Komponente.

5.4.6 Beschriftungen

Diagramme lassen sich mit beliebigen Texten ergänzen, die frei formatiert und angeordnet werden können. Darüber hinaus sind Beschriftungen für die Achsen und ein Diagrammtitel möglich. Zu den Beschriftungen zählt auch die Legende, mit der wir beginnen möchten.

5.4.6.1 Legende

Mit Hilfe der Schaltfläche *Legende* in der Standard-Symbolleiste lässt sich die Legende ein- und ausblenden.

Möchten Sie eine Legende löschen, klicken Sie sie an und löschen sie mit der Taste Entf oder mit *BEARBEITEN Löschen* Untermenü *Alles*.

Um die Legende weiter zu bearbeiten, markieren Sie sie und benutzen eine der schon oben aufgeführten Varianten zum Aufruf des entsprechenden Dialogfeldes: das Kontextmenü mit der rechten Maustaste, Strg+1, Doppelklick oder *FORMAT Markierte Legende*.

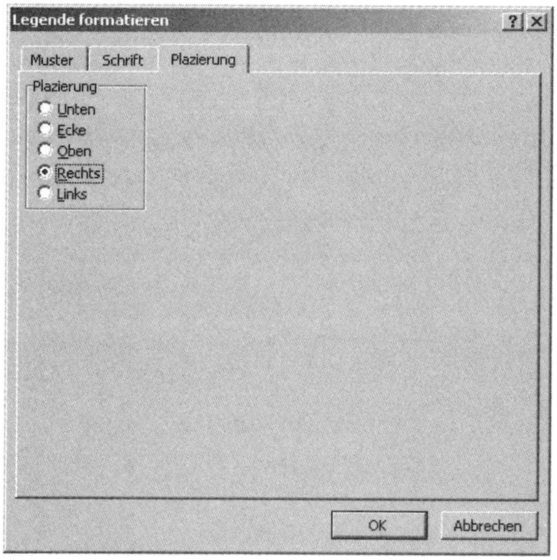

Bild 5.34: Dialogfeld *Legende formatieren*

Die Position der Legende können Sie auf dem Registerblatt *Plazierung* (Word 2000/Word 97: *Anordnung)* bestimmen. Zusätzlich zu den fünf festen Positionen lässt sich die Legende frei auf der Zeichnungsfläche mit Hilfe der Maus verschieben.

Auf dem Registerblatt *Muster* legen Sie Farbe und Breite des Legendenrahmens sowie die Füllung fest.

Haben Sie die Legende als Ganzes markiert und möchten die Schriftart des Legendentextes verändern, können Sie dazu das zweite Registerblatt *Schrift* des Dialogfeldes *Legende formatieren* verwenden.

Es lassen sich die Legende insgesamt oder einzelne Legendentexte mit der Maus selektieren. Für die einzelne Legendentexte erhalten Sie nur das Registerblatt *Schrift* im entsprechenden Dialogfeld zur Formatierung.

5.4.6.2 Titel und Achsen

In Abschnitt 5.4.4, »Diagrammoptionen«, haben Sie bereits gesehen, wie sich Diagramme mit einem Titel oder Achsenbeschriftungen versehen lassen. Möchten Sie Titel oder Achsenbeschriftungen ändern, öffnen Sie das Dialogfeld *Diagramm-Optionen* über den gleichnamigen Eintrag im Menü *DIAGRAMM* oder klicken Sie Titel oder Achsen an und bearbeiten Sie den entsprechenden Text direkt im Diagramm. Löschen können Sie markierten Text mit der [Entf]-Taste.

Selektieren Sie den *Titel* im Diagramm, so wird er mit kleinen Quadraten umgeben. Der Titel kann jetzt formatiert werden, indem Sie über *FORMAT Markierter Diagrammtitel*, das Kontextmenü *Diagrammtitel formatieren* (mit der rechten Maustaste) oder [Strg]+[1] das Registerdialogfeld *Diagrammtitel formatieren* aufrufen.

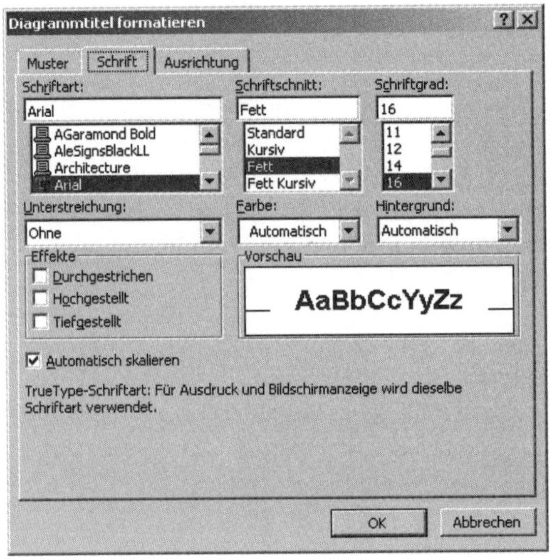

Bild 5.35: Dialogfeld *Diagrammtitel formatieren*

In das Diagramm eingefügte Titel und Achsenbeschriftungen lassen sich beliebig verschieben. Markieren Sie dazu die Beschriftung und ziehen Sie die Markierung bei gehaltener Maustaste auf die neue Position.

Möchten Sie den Text selbst bearbeiten, so können Sie dies direkt auf der Diagrammfläche tun.

5.4.6.3 Textfelder

Durch bloßes Eintippen lässt sich freier Text in Ihr Diagramm einfügen. Auch dazu darf allerdings kein anderer Text im Diagramm zum Bearbeiten markiert sein. Der eingegebene Text erscheint in der Mitte des Diagramms.

Um die Auszeichnung von Text, seine Größe oder Schriftart festzulegen, benutzen Sie wie gewohnt die Schaltflächen zur Auszeichnung auf der Symbolleiste.

Mit *FORMAT Textfeld* oder mit Hilfe des Kontextmenüs kann das Registerdialogfeld zu *Textfeld formatieren* geöffnet werden. Darin können Sie dem markierten Text einen Rahmen geben, seinen Hintergrund einfärben oder den Text vertikal oder horizontal anordnen.

Auf dem Registerblatt *Eigenschaften* können Sie zudem für jedes eingefügte Textobjekt festlegen, ob es seine Größe behält oder angepasst wird, wenn Sie die Größe des Gesamtdiagramms verändern. *Größe mit Diagramm verändern* beispielsweise bedeutet, dass das Größenverhältnis von Text zu Diagramm erhalten bleiben soll, wenn Sie die Abmessungen des Diagramms verändern.

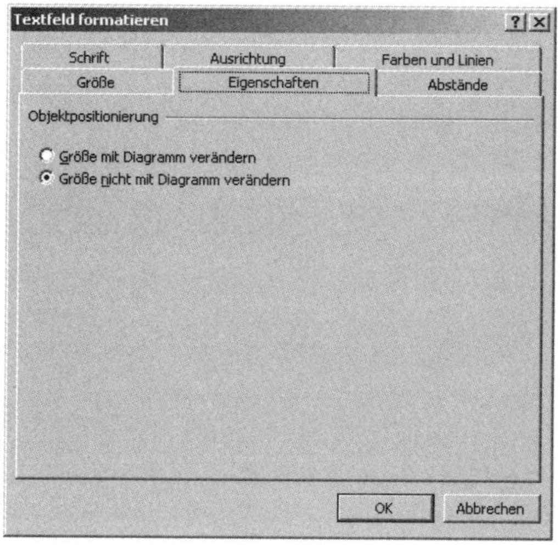

Bild 5.36: Registerblatt *Eigenschaften* für Textfelder

Möchten Sie den Hintergrund des Textfeldes einfärben oder mit einem Muster versehen, können Sie die Größe des Rechtecks bestimmen, das den eigentlichen Text des Textfeldes umgibt. Wählen Sie dazu auf dem Registerblatt *Abstände* die gewünschten Randeinstellungen, um die Breite des Randes um den Text herum zu bestimmen.

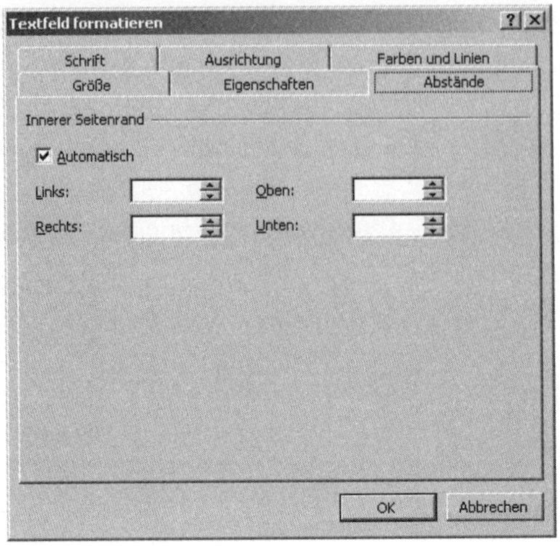

Bild 5.37: Registerblatt *Abstände* für Textfelder

5.4.6.4 Datenbeschriftungen

Die Daten in einem Diagramm lassen sich beschriften, d. h., Sie können in einem Säulendiagramm zu jeder oder einer ausgewählten Säule den Wert dazu schreiben lassen. Dieses ist im nächsten Bild illustriert, in dem wir für eine einzelne vorher markierte Säule den Wert hinzugefügt haben.

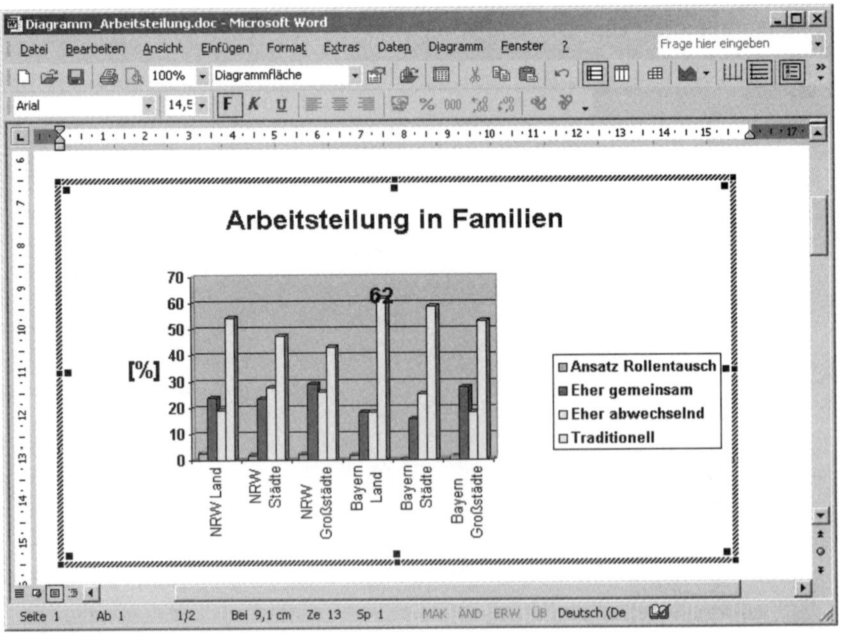

Bild 5.38: Datenbeschriftung

Mit *FORMAT Markierte Datenreihen* bzw. *FORMAT Markierter Datenpunkt* – falls Sie nur einen Datenpunkt markiert haben – erhalten Sie das folgende Dialogfeld.

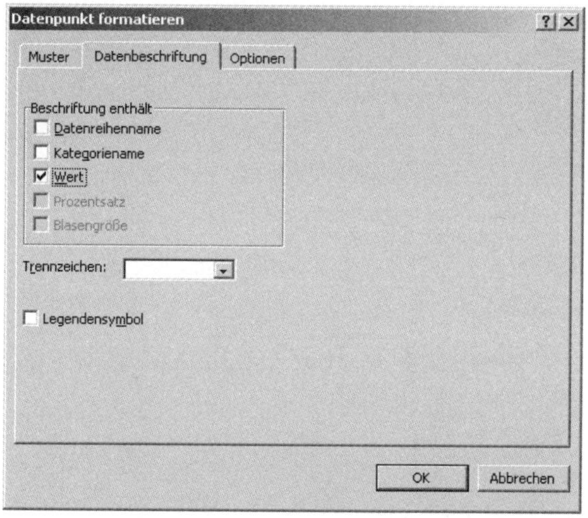

Bild 5.39: Registerblatt *Datenbeschriftung* für Datenreihen

Durch Anklicken der Option *Wert* (Word 2000/Word 97: *Wert anzeigen*) wird der Wert des Datenpunktes in unserem Beispiel über die Säule platziert. Außerdem können Sie die Bezeichnung der Datenreihe und der zugehörigen Kategorie aus der Rubrikenachse in die Beschriftung aufnehmen.(In Word 2000 und Word 97 können Sie sich nur die Kategorie über der Säule anzeigen lassen, indem Sie die Option *Beschriftung anzeigen* auswählen.)

Durch Anklicken der entsprechenden Option lässt sich das *Legendensymbol* neben der Beschriftung anzeigen, d. h. ein Kästchen mit der entsprechenden Farbe der Datenreihe, wie sie in der Legende zu sehen ist, wird in die Beschriftung aufgenommen.

Auch Datenbeschriftungen lassen sich direkt verändern und formatieren oder mit der Entf-Taste wieder löschen.

5.4.7 Diagrammachsen

Auf dem Registerblatt *Achsen* des Dialogfeldes *Diagrammoptionen* (siehe Abschnitt 5.4.4) können Sie einstellen, ob Sie eine x- bzw. y-Achse in der Grafik wünschen oder nicht.

Die Auswahlgruppe zur Sekundärachse erhalten Sie nur, wenn Sie ein Verbunddiagramm erstellt haben. Ein Verbunddiagramm wird eingesetzt, wenn mehrere Kurven mit verschiedenen Achsen in einem Diagramm dargestellt werden sollen.

Klicken Sie eine Achse mit der rechten Maustaste an, so erhalten Sie das Registerdialogfeld *Achsen formatieren*. Darin lässt sich beispielsweise einstellen, ob überhaupt Achsen dargestellt werden und welche Art, Farbe und Stärke sie besitzen sollen. Weiterhin können Sie dort die Teilungsstriche der Achsen, deren Lage und die der Beschriftung festlegen.

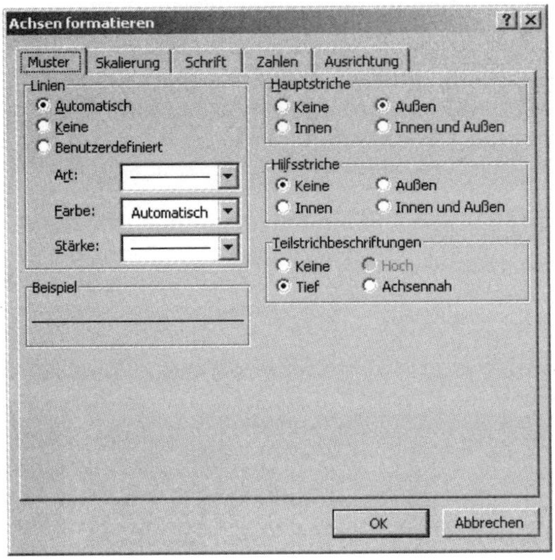

Bild 5.40: Muster für Diagrammachsen

Für Größen- und Rubrikenachse können Sie auf dem Registerblatt *Skalierung* die Unterteilungsintervalle festlegen. Für Größenachsen lassen sich hier die minimalen und maximalen Werte der Achse oder eine logarithmische Skalierung der Achse einstellen und die Reihenfolge der Zahlenwerte umdrehen. Möchten Sie, dass die x-Achse oben liegt, d. h., beim größten y-Wert schneidet, aktivieren Sie die letzte Option.

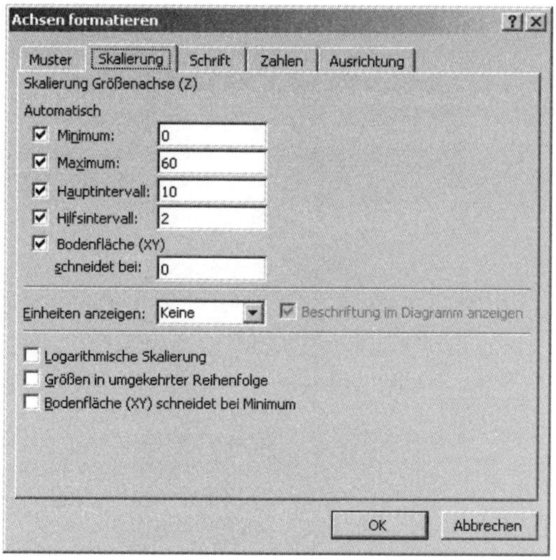

Bild 5.41: Skalierung von Diagrammachsen

Das Zahlenformat, in dem die Datenbeschriftungen gezeigt werden, bestimmen Sie auf dem Registerblatt *Zahlen*. Dort finden Sie, in verschiedene Kategorien unterteilt, eine große Auswahl von vordefinierten Zahlenformaten.

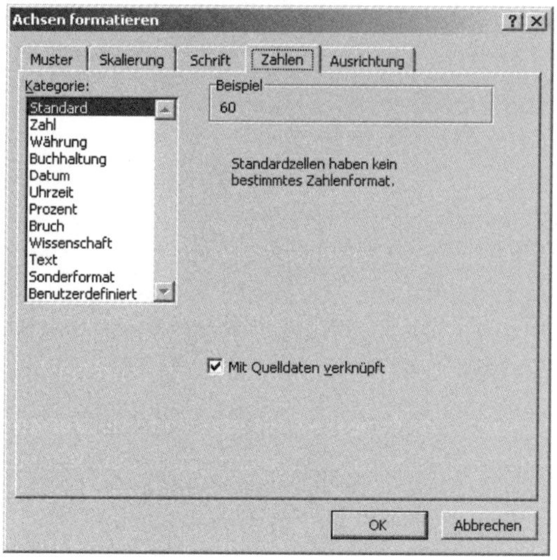

Bild 5.42: Registerblatt *Zahlen* für Diagrammachsen

Möchten Sie Ihre Datenbeschriftungen nicht waagrecht in das Diagramm einfügen, sondern beispielsweise aus Platzgründen schräg, so bestimmen Sie den gewünschten Winkel auf dem Registerblatt *Ausrichtung*.

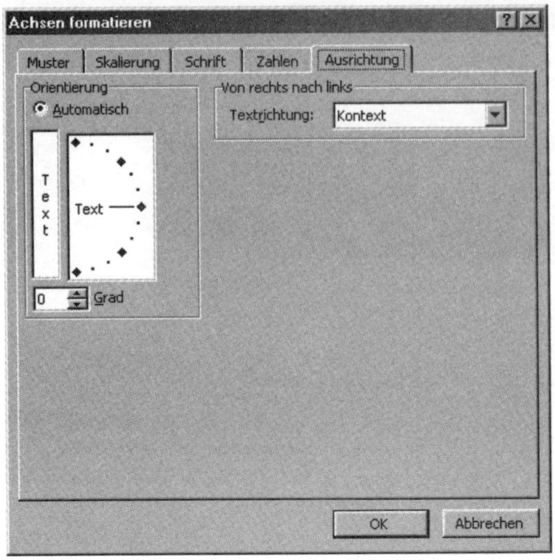

Bild 5.43: Registerblatt *Ausrichtung* für Diagrammachsen

5.4.8 Gitternetzlinien

Sie können ein Diagramm mit dem Hilfsmittel von Gitternetzlinien übersichtlicher gestalten. Anhand der Linien lassen sich Werte im Diagramm leichter abschätzen.

Zum Ein- und Ausschalten der Gitternetzlinien für das Hauptgitter der x-Achse bzw. y-Achse können Sie die Schaltflächen *Gitternetzlinie für Rubrikenachse* bzw. *Gitternetzlinie für Größenachse* (Word 2000/Word 97: *Gitternetzlinie für Kategorieachse* bzw. *Gitternetzlinie für Wertachse*) benutzen, die Sie auf der Symbolleiste finden.

Die Gitternetzlinien lassen sich in der von Ihnen gewünschten Weise formatieren. Klicken Sie dazu eine Gitternetzlinie an und aktivieren Sie dann das Registerdialogfeld *Gitternetzlinien formatieren*.

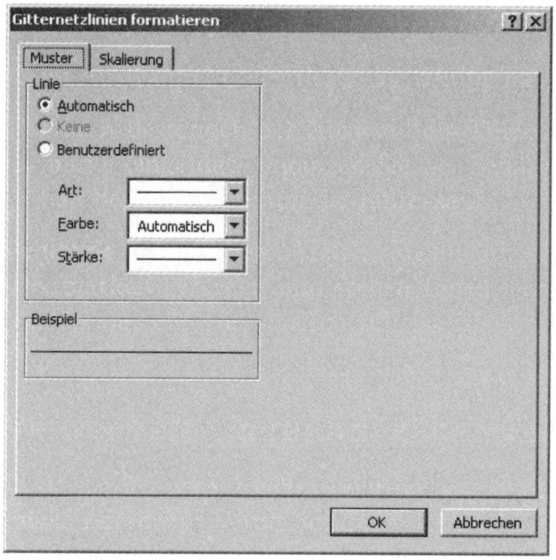

Bild 5.44: Registerblatt *Muster* für Gitternetzlinien

Interessant sind dabei vor allem für Größenachsen die Einstellungsmöglichkeiten auf dem Registerblatt *Skalierung*, die eine detaillierte Anpassung der Gitternetzlinien ermöglichen.

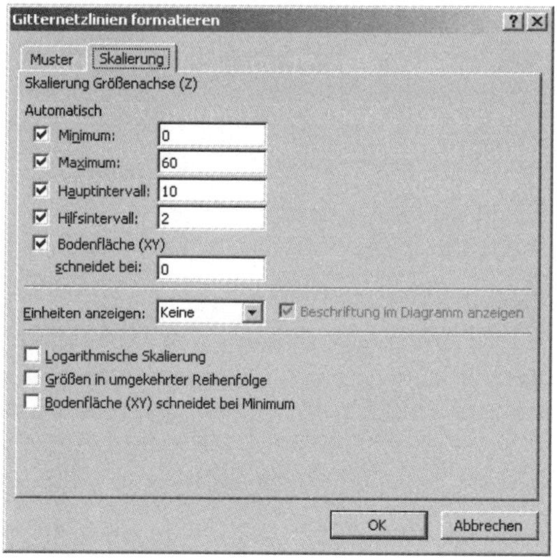

Bild 5.45: Registerblatt *Skalierung*

5.4.9 Bearbeitung der Daten

Die Ausgangsdaten Ihres Diagramms lassen sich in Graph bearbeiten und verändern. Mit Hilfe der Schaltfläche *Datenblattansicht* oder mit *ANSICHT Datenblatt* können Sie die Daten in einer Tabellendarstellung anzeigen lassen.

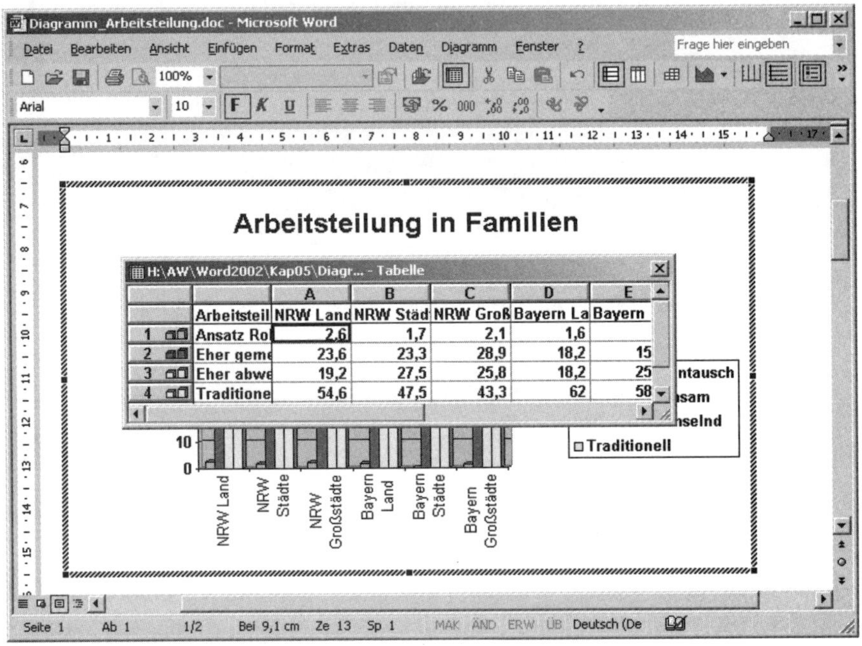

Bild 5.46: Tabelle mit Daten in Graph

5.4.9.1 Bearbeitung der Tabellenwerte

Verändern Sie die gezeigten Daten, wird das Diagramm sofort mit den neuen Werten dargestellt. Bewegen Sie dazu den Cursor in die gewünschte Zelle und verändern einfach den Inhalt. Allerdings sollten Sie dabei beachten, dass die Wertänderungen nicht in die Tabelle in Word übertragen werden, die wahrscheinlich die Grundlage Ihrer Grafik war.

Für die Zellen lassen sich über die Menüpunkte im Menü *FORMAT* verschiedene Formatierungen vornehmen. Verändern Sie beispielsweise das Zahlenformat, werden die Beschriftungen im Diagramm entsprechend angepasst.

5.4.9.2 Vertauschen von Rubriken und Größen

Mit Hilfe der Schaltflächen *Nach Zeile* bzw. *Nach Spalte* oder über *DATEN Datenreihen in Zeilen* bzw. *Datenreihen in Spalten* können Sie festlegen, welche Daten in x- und welche in y-Richtung aufgetragen werden sollen. Welche Werte als Größen im Diagramm dargestellt werden, zeigt Graph durch das stilisierte Diagrammsymbol auf den Zeilen- bzw. Spaltenköpfen der Tabelle an.

5.4.9.3 Aus- und Einblenden von Werten

Durch einen Doppelklick auf einen Zeilen- bzw. Spaltenkopf in der Tabelle können Sie eine Zeile bzw. Spalte ausblenden. In der Tabelle wird die Zeile bzw. Spalte grau dargestellt und ihre Werte werden aus dem Diagramm entfernt. Mit einem weiteren Doppelklick blenden Sie die Zeile oder Spalte wieder ein.

Für das folgende Bild haben wir drei Spalten ausgeblendet. In dem unter der Tabelle liegenden Diagramm lässt sich die Wirkung erkennen.

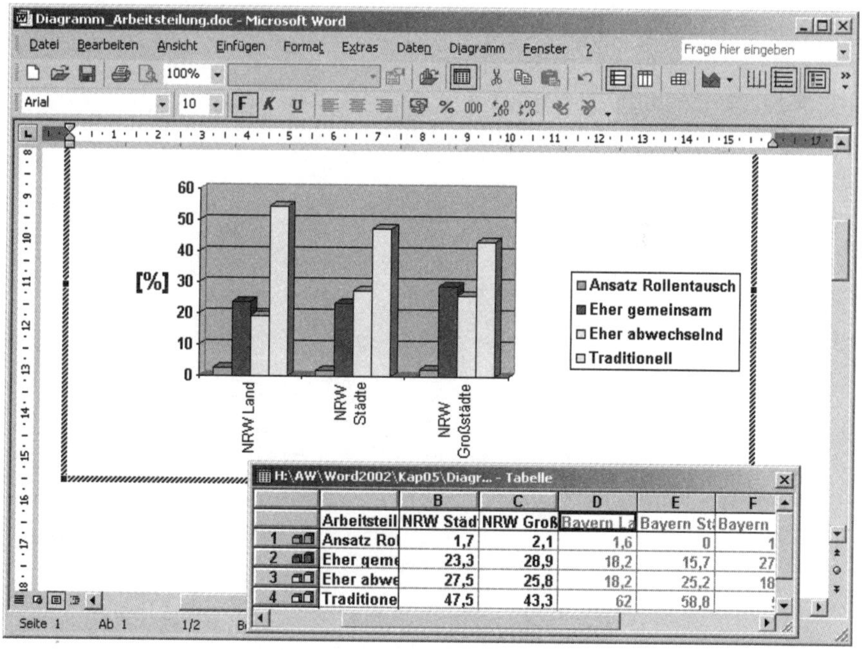

Bild 5.47: Drei ausgeblendete Spalten

Den gleichen Effekt erreichen Sie über das Menü *DATEN Zeile/Spalte ausschließen* bzw. *Zeile/Spalte einschließen* für eine markierte Zeile oder Spalte.

5.5 Diagramme mit Microsoft Excel

Excel, die am häufigsten verkaufte Windows-Tabellenkalkulation, bietet neben der Diagrammerstellung eine Vielzahl von Rechen- und Auswertefunktionen. Das oben beschriebene Programm Microsoft Graph ist der »herausgelöste« Diagrammteil von Excel.

Der Schwerpunkt von Excel liegt auf den Kalkulationsmöglichkeiten. Excel bietet umfangreiche mathematische und statistische Funktionen, die allerdings ihren Preis haben, denn Excel müssen Sie getrennt erwerben. Übrigens gibt es sowohl von Excel als auch von Word spezielle »Studenten«-Versionen zu einem günstigeren Preis.

Der folgende Text soll keine Einführung in Excel sein, sondern die Möglichkeiten der Zusammenarbeit zwischen Word und Excel beschreiben.

Als Beispiel für die grafischen Möglichkeiten von Excel haben wir das folgende Bild aufgenommen. Hierfür wurden einige Tausend Messwerte aufbereitet und als dreidimensionale Netzgrafik ausgegeben.

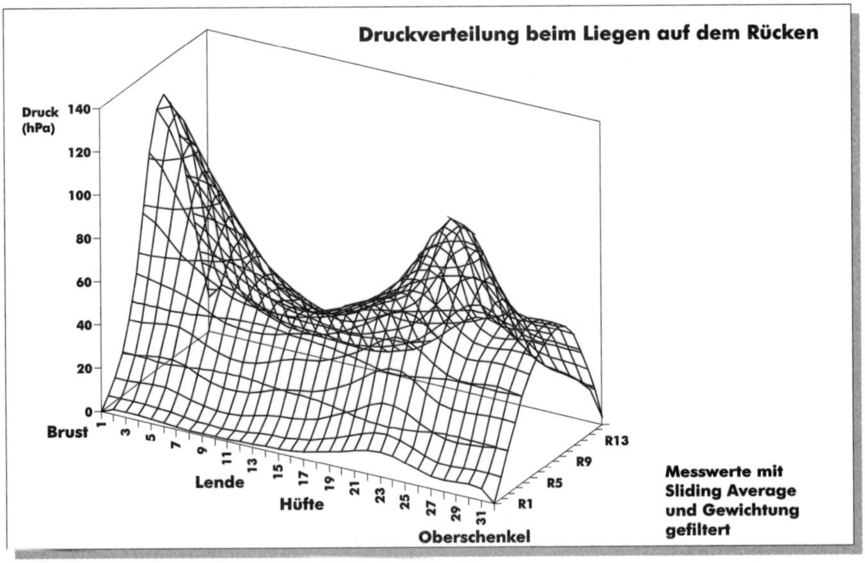

Bild 5.48: Druckverteilungsdiagramm

Für das Einbinden von Excel-Grafiken und -Tabellen stehen Ihnen mehrere Techniken zur Verfügung. Am einfachsten und bequemsten ist das Einfügen als OLE-Objekt. Leider beansprucht OLE die Leistungsfähigkeit Ihres Rechners ganz außerordentlich. OLE benötigt einen leistungsstarken Prozessor mit hoher Mega-Hertz-Zahl und viel Hauptspeicher (RAM), am besten 16 MByte oder mehr. Die Vor- und Nachteile von OLE haben wir zu Beginn des Kapitels allgemein besprochen.

Als weitere Option steht Ihnen das Einfügen von Excel-Diagrammen über die Zwischenablage zur Verfügung. Die Methode beansprucht weniger Speicher und Leistung, so dass sie, insbesondere bei einer größeren Anzahl von Diagrammen in einem Text, zu bevorzugen ist.

5.5.1 Excel-Diagramme mit OLE einfügen

Wir möchten Ihnen in diesem Abschnitt beschreiben, wie Sie Excel-Diagramme als Objekt in Word einfügen. Word beherrscht im Zusammenspiel mit Excel die z.Z. modernste Form der OLE-Verbindung, »In-Place-Editing«.

OLE OLE-Verbindungen benötigen sehr viel Leistung und Speicher. Aus diesem Grund sind sie nicht so stabil, wie man es erwarten würde. Es kann hierbei immer wieder zu Abstürzen von Word, Excel oder dem gesamten Windows-System kommen, die teilweise auch Daten zerstören. Trotzdem halten wir OLE-Verknüpfungen für die beste und bequemste Art und Weise, Daten aus anderen Programmen in einen Text aufzunehmen.

Um ein Excel-Diagramm in Word einzufügen, wählen Sie *EINFÜGEN Objekt* aus. Mit diesem Befehl wird das im nächsten Bild gezeigte Dialogfeld geöffnet, in dem wir *Microsoft Excel-Diagramm* selektiert haben.

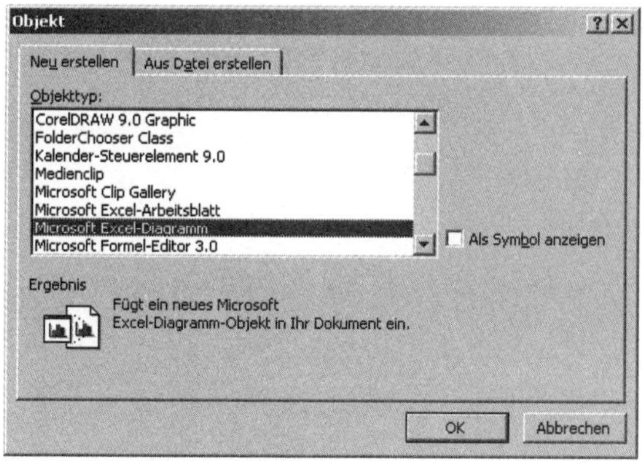

Bild 5.49: Dialogfeld *Objekt*

Das Programm Excel wird jetzt gestartet. In Word werden die Menüs und Symbolleisten gegen die von Excel ausgetauscht und auf der Word-Arbeitsfläche wird, grau umrandet, ein Excel-Beispieldiagramm gezeigt. Die dem Diagramm zugrundeliegenden Werte finden Sie auf dem Arbeitsblatt »Tabelle1«. Das Arbeitsblatt wird angezeigt, wenn Sie die Registerlasche mit der Aufschrift »Tabelle1« links unten in der Grafik anklicken.

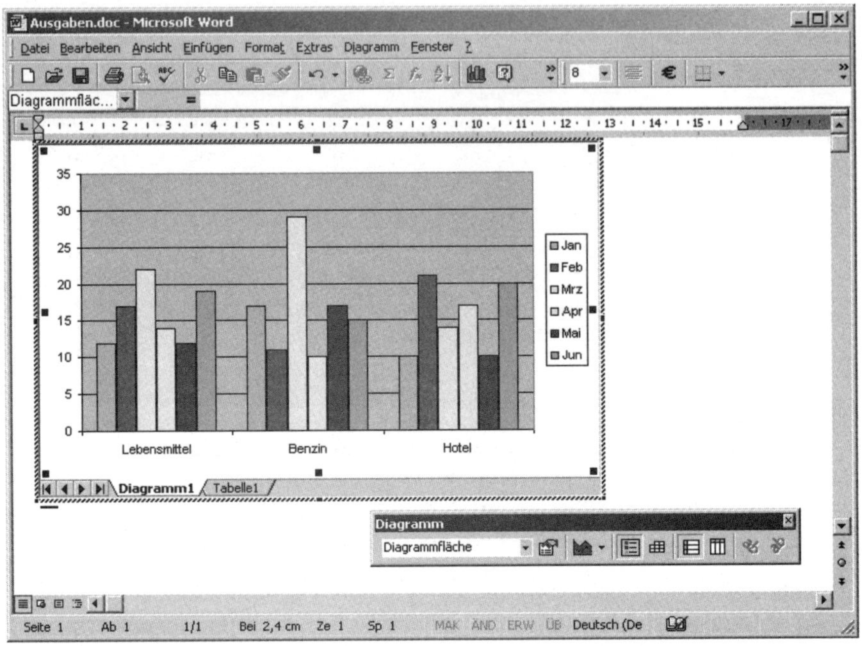

Bild 5.50: Beispieldiagramm

Ändern Sie das Beispieldiagramm nach Ihren Vorstellungen ab und stellen Sie Ihre Zahlenwerte dar. In der Regel wird Ihre Tabelle nicht unbedingt die selbe Anzahl von Zeilen und Spalten haben wie die Excel-Beispieltabelle. Daher ist es wichtig, Excel mitzuteilen, aus welchen Zellen das Diagramm gebildet werden soll.

- ☑ Wechseln Sie dazu auf das Registerblatt »Diagramm1«.
- ☑ Verwenden Sie den Befehl *DIAGRAMM Datenquelle.*
- ☑ Markieren Sie auf dem Registerblatt »Tabelle1« die darzustellenden Daten und
- ☑ bestätigen Sie das Dialogfeld mit *OK*.

Klicken Sie mit der Maus auf eine Stelle außerhalb des grauen Rahmens innerhalb des Word-Fensters, wird Excel verlassen und das Excel-Diagramm in Ihren Word-Text aufgenommen. Auf dieselbe Weise lässt sich auch eine Excel-Tabelle einfügen.

Möchten Sie das Diagramm oder die Tabelle später noch einmal bearbeiten, klicken Sie zweimal auf das Objekt oder wählen *BEARBEITEN Diagramm-*

Objekt Bearbeiten an (Word 97: *BEARBEITEN Objekt*). Damit wird Excel erneut aufgerufen und Sie können Diagramm oder Tabelle verändern.

Ein schon bestehendes Excel-Diagramm fügen Sie als OLE-Objekt in Word ein, indem Sie im Dialogfeld *Objekt*, das Sie mit *EINFÜGEN Objekt* erreichen, das Registerblatt *Aus Datei erstellen* selektieren. Wählen Sie die gewünschte Datei aus.

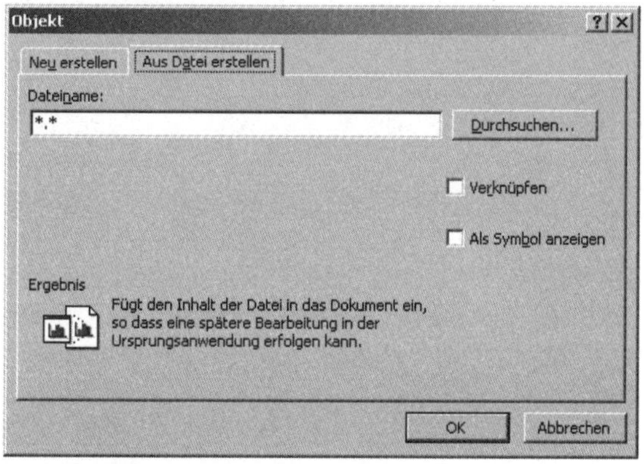

Bild 5.51: Vorhandenes Diagramm auswählen

Das Diagramm oder die Tabelle wird in Ihren Text eingefügt und kann als OLE-Objekt bearbeitet werden.

5.5.2 Excel-Diagramm als Grafik einfügen

Möchten Sie eine sicherere und sparsamere Methode des Einfügens von Excel-Diagrammen in Word einsetzen, können Sie Diagramme über die Zwischenablage in Word importieren.

Erstellen Sie das komplette Diagramm direkt in Excel und markieren Sie es dort. Kopieren Sie es mit *BEARBEITEN Kopieren* in die Windows-Zwischenablage. Verlassen Sie Excel und rufen Sie anschließend Word auf den Schirm.

In Word selektieren Sie *BEARBEITEN Inhalte einfügen*. Im Dialogfeld *Inhalte einfügen* wählen Sie *Bild (Erweiterte Metadatei)* an.

Verwenden Sie nicht *BEARBEITEN Einfügen* oder Strg+V, denn damit wird das Diagramm als OLE-Objekt eingefügt.

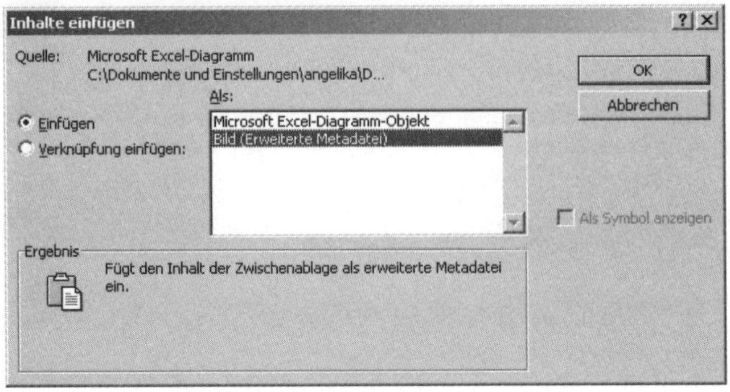

Bild 5.52: Dialogfeld *Inhalte einfügen*

Das Diagramm lässt sich nicht mehr mit Excel bearbeiten. Ein Doppelklick auf das Diagramm ruft jetzt auch nicht Excel auf, wie bei einer OLE-Verbindung, sondern nur den Word-Grafik-Editor. Ergeben sich Veränderungen an den Werten, müssen Sie diese in Excel nachtragen und das Diagramm erneut über die Zwischenablage in Word importieren.

5.5.3 Qualitätsprobleme bei Excel-Diagrammen in Word

Teilweise ergeben sich bei der Übernahme von Excel-Diagrammen zu Word erhebliche Qualitätsprobleme. Verschobene Texte, veränderte Schriftarten und vieles mehr haben uns schon zur Verzweiflung gebracht. Ein Diagramm, das in Excel einwandfrei aussah, war nach dem Transfer zu Word kaum noch zu erkennen.

Wir möchten Ihnen im Folgenden einen Weg beschreiben, wie Sie Ihre Excel-Grafiken in hoher Qualität in Ihren Text bekommen. Die Methode funktioniert übrigens auch mit vielen anderen Anwendungen, beispielsweise dem Statistikprogramm SPSS.

Allerdings hat die Sache zwei Haken: Erstens benötigen Sie das Grafikprogramm CorelDraw und zweitens muss der im Weiteren beschriebene Vorgang für jede Änderung des Ausgangsdiagramms erneut ausgeführt werden.

Für die Übernahme einer Excel-Grafik in Word mit dem Umweg über CorelDraw für beste Qualität führen Sie die folgenden Schritte durch.

- ☑ In Excel selektieren Sie das gewünschte Diagramm.
- ☑ Kopieren Sie das Diagramm mit *BEARBEITEN Kopieren* in die Zwischenablage.
- ☑ Starten Sie CorelDraw und beginnen Sie dort eine neue Grafik.
- ☑ Fügen Sie den Inhalt der Zwischenablage, das Excel-Diagramm, mit dem Befehl *BEARBEITEN Inhalte einfügen* ein. Nach Auswahl des Befehls

wird ein Dialogfeld geöffnet, in dem bestimmt werden kann, in welchem Format das Diagramm übernommen werden soll. Selektieren Sie hier *Bild (Erweiterte Metadatei)*.

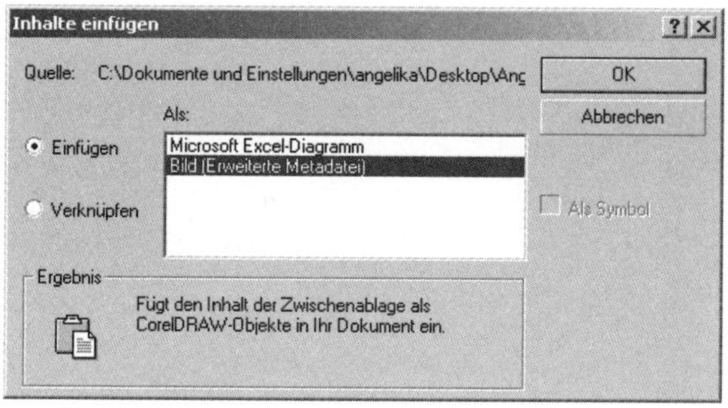

Bild 5.53: Excel-Diagramm als Bild in CorelDraw importieren

☑ Das Diagramm wird nun als eine Gruppe von einzelnen grafischen Bestandteilen auf die Zeichnungsfläche von CorelDraw platziert. Nach Aufhebung der Gruppierung kann jedes Element einzeln bearbeitet werden. Beachten Sie dabei, dass Texte leider nicht immer in der richtigen Schriftgröße und Linien oft mit der Linienstärke von 0 übertragen werden. Für die Linien bedeutet dies, dass Sie die Linien zwar am Bildschirm sehen, aber je nach Drucker nicht im Ausdruck.

Um die überarbeiteten Diagramme von CorelDraw zu Word zu übertragen, empfehlen wir, die Grafiken in CorelDraw zu exportieren. Beim Exportieren erzeugt CorelDraw eine Grafikdatei in einem von Ihnen wählbaren Format, beispielsweise TIFF-, BMP- oder, falls Sie über einen PostScript-fähigen Drucker verfügen, auch als EPS-Datei. Diese Grafikdatei lässt sich dann mit *EINFÜGEN Grafik* in Word einbinden.

5.6 Bilder und Fotos

Bilder und Fotos lassen sich in digitalisierter Form in Word-Texte einbinden. Sie werden, wie wir am Anfang des Kapitels schon erwähnten, aus einzelnen Bildpunkten zusammengesetzt. Bei diesen so genannten Pixelgrafiken werden die Bildpunkte, die verschiedene Farben aufweisen können, abgespeichert. Das Kunstwort »Pixel«, das für den Begriff Bildpunkt verwendet werden kann, entstand aus den englischen Wörtern »Picture« und »Element«.

5.6.1 Pixelgrafiken

Im folgenden Bild sehen Sie links ein Foto, aus dem ein Ausschnitt auf der rechten Seite vergrößert dargestellt ist. Sie können deutlich die einzelnen Bildpunkte in den verschiedenen Graustufen erkennen.

Bild 5.54: Pixelgrafik

Bilder oder Fotos benötigen sehr viel Speicherplatz. In beiden Fällen müssen die einzelnen Bildpunkte und die entsprechende Information über Farbe oder Graustufe abgelegt werden. Dabei spielt die Auflösung der Pixelgrafik eine entscheidende Rolle, d. h. wie viele Bildpunkte auf einer bestimmten Fläche dargestellt werden.

Die normalerweise für die Auflösung verwendeten Maßeinheiten sind »dpi« oder »lpi«. Auf dem PC ist das Arbeiten in »Dots Per Inch« (dpi) üblich, während die zweite Maßeinheit, »Lines Per Inch« (lpi), mehr im professionellen Druckbereich eingesetzt wird.

1 Inch bzw. 1 Zoll entspricht 2,54 cm. Eine Auflösung von 300 dpi bedeutet, dass 300 Punkte auf einer Strecke von 2,54 cm untergebracht werden.

Möchten Sie eine Pixelgrafik mit den Maßen 10 x 10 cm erstellen, benötigen Sie bei einer Auflösung von 300 dpi insgesamt ca. 1.395.002 Bildpunkte. Jeder Bildpunkt einer schwarzweißen Pixelgrafik kann mit einem Bit dargestellt werden, dabei steht »0« für weiß und »1« für schwarz. Da ein Byte mit 8 Bit codiert ist, benötigen Sie für die Pixelgrafik ca. 174.376 Bytes.

Soll das gleiche Bild mit einer Qualität von 16 Farben oder Graustufen abgelegt werden, benötigen Sie schon 697.501 Bytes, denn 16 Farben können mit 4 Bit codiert werden. Bei 256 Farben, d. h., bei einer Farbtiefe von 16 Bit würde Ihre Grafik 2.790.004 Bytes groß sein. Und in der so genannten Echtfarbendarstellung mit 24 Bit wächst die Dateigröße für das Bild auf 4.185.024 Bytes an.

Aus dieser kurzen Darstellung des Zusammenhangs von Auflösung, Farben und Bildgröße können Sie ersehen, dass die Bearbeitung solcher Bilder viel Rechenleistung und Plattenplatz voraussetzt.

Die gängigsten Dateiformate für Pixelgrafiken sind TIFF, PCX und BMP. Die Abkürzungen bezeichnen Formate, bei denen verschiedene Techniken zur Speicherung und Komprimierung der Grafikdaten eingesetzt werden.

Wie stark ein Bild komprimiert werden kann, hängt von den auf dem Bild dargestellten Inhalten ab. Es ist durchaus möglich, dass sich ein Bild auf sieben oder acht Prozent der unkomprimierten Größe zusammenschrumpfen lässt, ohne dass die Bildqualität leidet.

5.6.2 Wie kommt das Bild in den Computer?

»Wie kommt das Bild in den Computer?« ist eine Frage, die Sie sich zuerst stellen sollten, wenn Sie den Gedanken haben, Ihre Bilder und Fotos direkt in Ihren Text einzubauen.

Ein Bild oder Foto, das Ihnen auf Papier vorliegt, muss für den Computer digitalisiert werden. Hierzu muss das Bild oder Foto gescannt werden, d. h., es muss in einzelne Bildpunkte zerlegt werden, die von Ihrem Computer verarbeitet werden können. Je höher die Anzahl der Bildpunkte, um so feiner und detaillierter wird das eingescannte Bild, allerdings mit dem Nachteil, dass auch eine größere Datenmenge entsteht.

Auch die Leistungsfähigkeit eines Scanners wird über die Auflösung und die Anzahl der Farben oder Graustufen definiert, die der Scanner erkennen kann. Zur Zeit der Drucklegung des Buches sind preisgünstige Scanner der Verkaufshit von Computerläden. Diese Scanner verfügen meist über Auflösungen von 300 bis 600 dpi und erkennen bis zu 16,7 Millionen Farben.

Inzwischen können auch Bilder, die mit einer digitalen Kamera aufgenommen wurden, in den Text eingefügt werden. Hier werden mit der digitalen Kamera entsprechende Treiber geliefert, die die Übernahme der Bilder in Word ermöglichen.

5.6.2.1 Einkleben oder nicht?

Benötigen Sie in Ihrer Arbeit Fotos, so stellt sich Ihnen nun vielleicht die Frage, ob Sie die Fotos einkleben oder eingescannte Bilder direkt in den Text aufnehmen. Entscheidend ist dabei die Qualität der Ausgabe. Auf einem scharfen Foto sind wesentlich mehr Details zu erkennen als auf einem eingescannten und mit einem Tintenstrahl- oder Laserdrucker ausgegebenen Bild. Die Qualität der Ausgabe wird in erster Linie von der Auflösung und der Zahl der druckbaren Graustufen des Druckers bestimmt.

Eingescannte Farbfotos lassen sich auf Farbtintenstrahldruckern ausgeben, allerdings entsprechen die Farben nicht immer dem Original. Einige Hersteller von Farbtintenstrahldruckern werben zwar mit der »Fotoqualität« der Ausdrucke ihrer Druckermodelle, aber so gut wie ein Foto ist die Ausgabe nach unserer Meinung doch nicht.

5.6.3 Scannen von Bildern und Fotos

Wir haben auf unserem Scanner als Beispiel das folgende Bild eingescannt. Es ist ein einfarbiges Bild, d. h., der Speicher- und Platzbedarf ist nicht sehr hoch, so dass wir es problemlos weiterverarbeiten konnten.

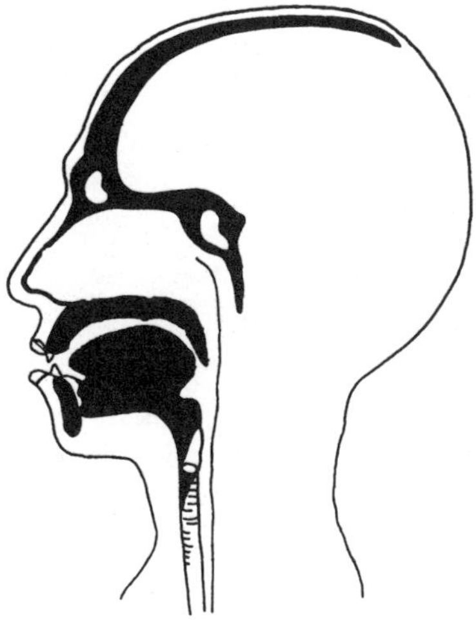

Bild 5.55: Eingescanntes Bild

Die Qualität eines eingescannten Bildes hängt sehr stark von der Güte der Vorlage ab. Jeder »Fliegendreck« wird gescannt und sorgt so für Unsauberheiten des eingescannten Bildes. Schon ein Knick im Papier der Vorlage kann einen schwarzen Streifen im Bild zur Folge haben.

Mit Hilfe von Pixel-Grafikprogrammen wie beispielsweise dem Microsoft Photo Editor lassen sich eingescannte Vorlagen bearbeiten, so dass beispielsweise zu dunkle Photos aufgehellt oder im Kontrast verbessert werden können.

5.6.4 Scannen von Texten

Viele unserer Freunde und Bekannte wollten mal kurz unseren Scanner benutzen, um ein paar Texte einzulesen, um sie nicht abtippen zu müssen. Allerdings ist das leichter gesagt als getan.

Wenn Texte eingescannt werden, liegen sie im PC in Form von Bildern, also Pixel für Pixel, vor. Diese Bilder müssen mit einer speziellen Software, einem OCR-Programm, »gelesen« werden. OCR steht für »Optical Character Recognition«.

In einer Textverarbeitung wird beispielsweise der Buchstabe »A« durch den Wert 65 repräsentiert. Ein OCR-Programm muss also auf dem eingescannten Bild des Textes ein »A« erkennen und in den entsprechenden Wert umwandeln. Je besser die Vorlage ist, umso mehr Zeichen werden vom Leseprogramm erkannt. »Fliegendreck«, Unsauberkeiten, verschiedene Schriften oder gar Handschrift lassen die Erkennungsrate teilweise drastisch sinken.

Nach unserer Erfahrung hat man, insbesondere bei schlechten Vorlagen, den Text schneller abgeschrieben als den »Leseversuch« eines OCR-Programms korrigiert. Und wie oft übersieht man kleine Fehler, wenn statt »ü« vom Progamm »ii« erkannt wurde. Die Word-Rechtschreibprüfung wird zwar die groben Fehler finden, aber mühsam ist es allemal.

5.6.5 Das Microsoft Photo Editor

Mit dem Microsoft Office 97- bzw. 2000-Paket wird das Programm Microsoft Photo Editor ausgeliefert, das die Bearbeitung von Pixelgrafiken und die direkte Ansteuerung eines Scanners aus Word heraus erlaubt.

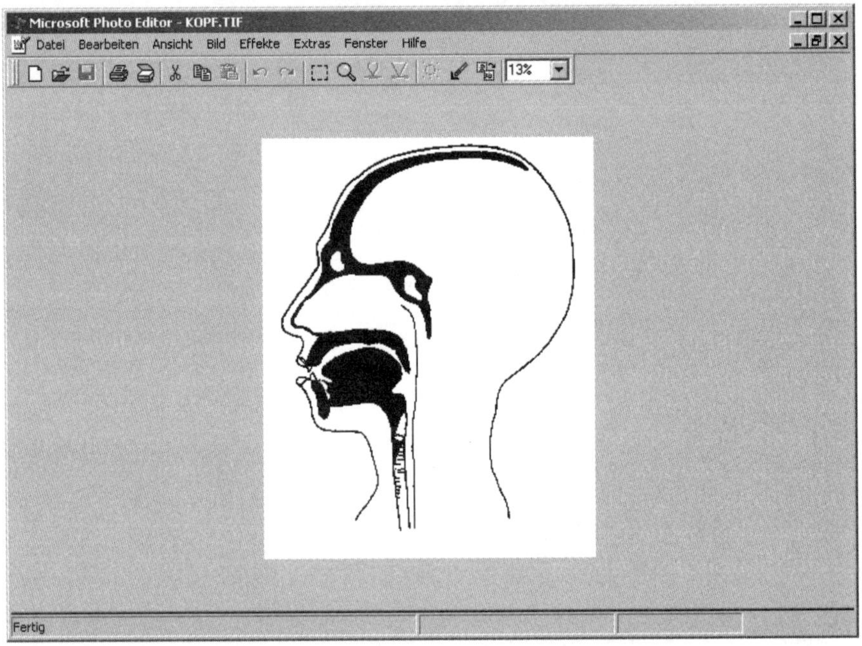

Bild 5.56: Microsoft Photo-Editor

Bei den meisten eingescannten Bildern ist eine Nachbearbeitung notwendig, denn der Scanner »sieht« meist viel mehr als man brauchen kann. Mit dem Microsoft Photo Editor können Sie beispielsweise störende Pixel entfernen oder gegebenenfalls auch fehlende hinzufügen.

Zusätzlich lassen sich die Helligkeit, der Kontrast und die Intensität eines Bildes beeinflussen. Der Photo Editor verfügt auch über Funktionen, die Bildschärfe zu verbessern.

Wir möchten im Rahmen dieses Buches nicht weiter auf den Photo Editor eingehen, denn seine ausführliche Behandlung würde den Rahmen dieses Kapitels sprengen.

5.6.6 PhotoCDs

Kodak hat ein Verfahren entwickelt, wie digitalisierte Fotos auf CDs gespeichert und von dort in verschiedenen Formaten abgerufen werden können. Im Handel sind heute eine Reihe von Kodak PhotoCDs mit den verschiedensten Motiven erhältlich. Um PhotoCDs einsetzen zu können, benötigen Sie ein PhotoCD-fähiges CD-ROM-Laufwerk und entsprechende Software.

Warum könnten PhotoCDs für Ihre Arbeit interessant sein? Einige Fotogeschäfte bieten den Service an, Ihre Filme statt auf Papier oder Dia auf eine Kodak PhotoCD zu bringen. Damit können Sie Ihre Aufnahmen mit dem PC weiterverarbeiten.

Fotos von Versuchsaufbauten, Arbeitsergebnissen u.v.m. lassen sich, wenn sie auf einer PhotoCD vorliegen, am PC nachbearbeiten, beispielsweise mit Legenden und Texten versehen oder Pixel für Pixel nachbearbeiten. Übrigens soll dies nicht die Anleitung zur Fälschung sein, denn Änderungen von am PC »gepixelten« Bildern sind, wenn sie gut gemacht sind, nicht als solche erkennbar.

Druckqualität Denken Sie bei Bildern, die in hoher Auflösung in Ihren Text eingebunden werden sollen, daran, dass die Druckqualität letztendlich von der Auflösung Ihres Druckers abhängt. Sie sollten mit verschiedenen Auflösungen experimentieren, um die herauszufinden, die die besten Ergebnisse auf Ihrem Drucker liefert.

Quellen

Zitieren und Nachweisen

Quellen zitieren

Literaturverzeichnis

Verweise auf Literaturangaben des Literaturverzeichnisses

6.1 Quellen zitieren

Für Zitate oder Textstellen muss in einer wissenschaftlichen Arbeit die Herkunft nachgewiesen werden. Dies kann auf unterschiedliche Weise im Dokument selbst geschehen. Zudem gehört zu jeder Arbeit ein Literaturverzeichnis, das alle Bücher, Zeitschriften, Artikel usw. aufführt, die zum Erstellen der Arbeit verwendet wurden.

»Zitieren ist wie in einem Prozeß etwas unter Beweis stellen. Ihr müßt Zeugen immer beibringen und den Nachweis erbringen können, daß sie glaubwürdig sind.« So bildlich beschreibt Umberto Eco in seinem Buch »Wie man eine wissenschaftliche Abschlußarbeit schreibt«[1] das Zitieren.

6.1.1 Wie kennzeichnet man ein Zitat?

Eine wissenschaftliche Arbeit greift in der Regel zum Veranschaulichen, Belegen oder Widerlegen von Theorien auf Arbeiten und Gedanken anderer zurück. Dafür gilt die sehr einfache Regel: Alles, was aus anderen Quellen als den eigenen Gedanken stammt, ist als solches zu kennzeichnen.

Wird eine Quelle im Wortlaut wiedergegeben, so muss mit dem ursprünglichen Text jede Kleinigkeit einschließlich der Satzzeichen übereinstimmen. Auslassungen sind zwar erlaubt, müssen aber durch das Einfügen von drei Punkten an der Stelle der Auslassung gekennzeichnet werden. Fügen Sie eine eigene Stellungnahme, Verdeutlichung oder Anmerkung ein, so ist sie durch das Einfügen von eckigen Klammern zu kennzeichnen.

Eckige Klammern Sie finden eckige Klammern auf Ihrer Tastatur auf derselben Taste wie die »8« bzw. »9«. Allerdings stehen diese Zeichen rechts auf den Tasten und sind nur mit Hilfe der Alt Gr-Taste zusammen mit den genannten Zahlen zu erstellen.

Zitate werden durch Anführungszeichen eingeschlossen. In deutschen Texten verwendet man die Zeichen „...“, also am Anfang eines Zitates Anführungsstriche unten, am Ende Anführungsstriche oben, so wie es in der Schule gelehrt wird. Solche Anführungszeichen werden in Word als »typographisch« bezeichnet. Mittlerweile werden diese Zeichen auch von Computern und Textverarbeitungssystemen beherrscht, denn noch vor nicht allzu langer Zeit konnte man am Computer nur Anführungszeichen oben setzen.

---

[1] Umberto Eco: *Wie man eine wissenschaftliche Abschlußarbeit schreibt : Doktor-, Diplom- und Magisterarbeiten in den Geistes- und Sozialwissenschaften*. 5., durchgesehene deutsche Auflage, Heidelberg : C.F. Müller, 1992, S. 204

Anführungszeichen Erhalten Sie keine so genannte typographische Anführungszeichen, möchten sie aber verwenden, dann aktivieren Sie in *EXTRAS AutoKorrektur-Optionen* (Word 2000/Word 97: *EXTRAS AutoKorrektur*) auf dem Registerblatt *Autoformat während der Eingabe* die Option "*Gerade Anführungszeichen" durch „typographische“*. Dadurch wird sofort das erste Anführungszeichen, das Sie mit der Tastenkombination ⇧+2 eintippen, nach unten gesetzt, das zweite hingegen bleibt oben stehen.

Steht innerhalb eines Zitates wörtliche Rede, wird laut Duden ein einfaches Anführungszeichen innerhalb von doppelten verwendet. Also in der Reihenfolge „... ‚...‘ ... “. Sie können diese Zeichen mit Hilfe der Tabelle der Sonderzeichen einfügen, die Sie mit *EINFÜGEN Symbol* aktivieren (Word 97: *EINFÜGEN Sonderzeichen*).

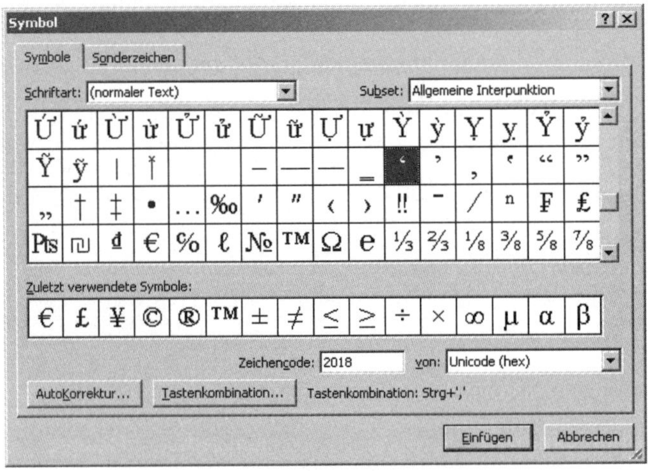

Bild 6.1: Dialogfeld zum Einfügen von Sonderzeichen

Erlaubt ist ebenfalls das Verwenden von so genannten französischen einfachen ›...‹ und doppelten Anführungszeichen »...«. Nach deutscher Konvention zeigen hierbei die Spitzen nach innen, während in Frankreich und der Schweiz die Spitzen nach außen zeigen. Auch diese Zeichen finden Sie in der Tabelle der Symbole bzw. Sonderzeichen. Verwenden Sie oft Anführungszeichen, so ist es sinnvoll, sich die Tastenkombinationen zu merken, mit denen die Zeichen eingefügt werden können.

Tabelle 6.1: Tastenkombinationen für verschiedene Anführungszeichen

Zeichen	Tastenkombination
„ “	[alt]+0132 [alt]+0147
‚ ‘	[alt]+0130 [alt]+0145
» «	[alt] + 175 [alt] + 174
› ‹	[alt]+0155 [alt]+0139

Ist ein Zitat länger als drei Zeilen, wird es in der Regel nicht in Anführungszeichen im Absatz integriert, sondern erhält einen eigenen eingerückten Absatz, wie das folgende, aus einer Promotion über Spinnen stammende Zitat einer Tonbandaufnahme.

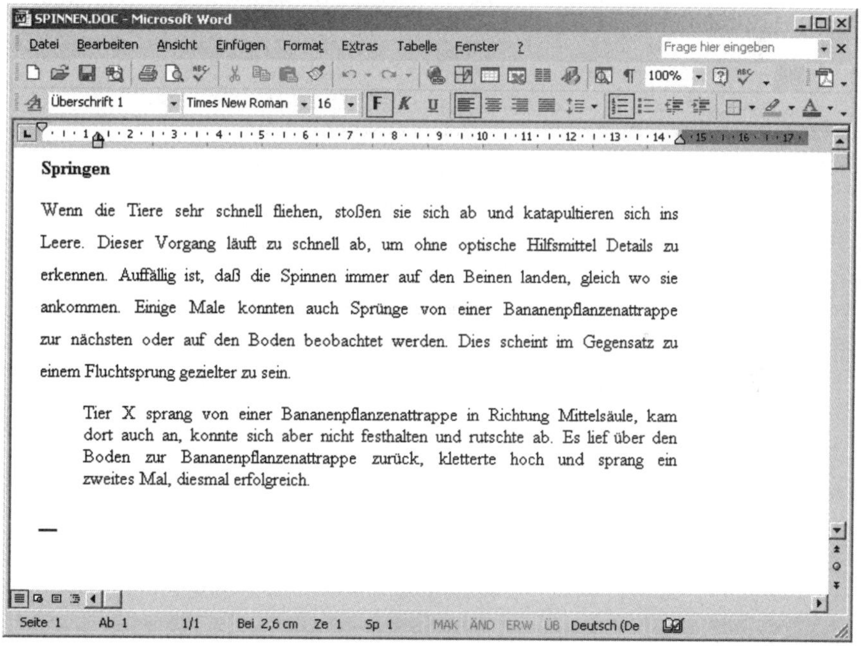

Bild 6.2: Langes Zitat, eingerückt und eng gesetzt

Sollten Sie solche Zitate öfter verwenden, erstellen Sie sich mit *FORMAT Formatvorlagen und Formatierung* (Word 2000/Word 97: *FORMAT Formatvorlage*) eine Formatvorlage *Zitat*, beispielsweise mit eingezogenem Absatz und einzeiligem Zeilenabstand.

6.1.2 Quellennachweis

Für den Nachweis von Quellen, sei es für Zitate oder für Verweise auf weiterführende Literatur, werden verschiedene Methoden eingesetzt. Wir möchten Ihnen einige Varianten im Folgenden vorstellen.

Da eine wissenschaftliche Arbeit in der Regel ein Literaturverzeichnis enthält, reicht in einigen Wissenschaftsdisziplinen eine einfache Nummer im Text als Kurzbeleg und Verweis auf die Literaturangabe mit derselben Nummer im Literaturverzeichnis aus. Dieses System wird oft von Naturwissenschaftlern, Mathematikern und Technikern verwendet, die das Literaturverzeichnis in erster Linie zum Nachschlagen von Hintergrundinformationen benutzen.

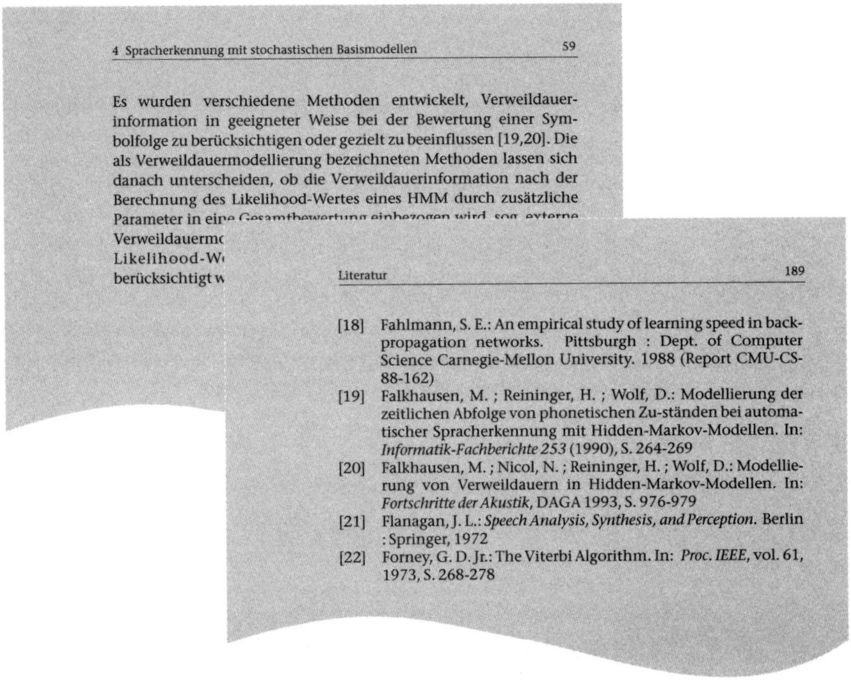

4 Spracherkennung mit stochastischen Basismodellen 59

Es wurden verschiedene Methoden entwickelt, Verweildauerinformation in geeigneter Weise bei der Bewertung einer Symbolfolge zu berücksichtigen oder gezielt zu beeinflussen [19,20]. Die als Verweildauermodellierung bezeichneten Methoden lassen sich danach unterscheiden, ob die Verweildauerinformation nach der Berechnung des Likelihood-Wertes eines HMM durch zusätzliche Parameter in eine Gesamtbewertung einbezogen wird, sog. externe Verweildauermo Likelihood-W berücksichtigt w

Literatur 189

[18] Fahlmann, S. E.: An empirical study of learning speed in backpropagation networks. Pittsburgh : Dept. of Computer Science Carnegie-Mellon University. 1988 (Report CMU-CS-88-162)

[19] Falkhausen, M. ; Reininger, H. ; Wolf, D.: Modellierung der zeitlichen Abfolge von phonetischen Zu-ständen bei automatischer Spracherkennung mit Hidden-Markov-Modellen. In: *Informatik-Fachberichte 253* (1990), S. 264-269

[20] Falkhausen, M. ; Nicol, N. ; Reininger, H. ; Wolf, D.: Modellierung von Verweildauern in Hidden-Markov-Modellen. In: *Fortschritte der Akustik*, DAGA 1993, S. 976-979

[21] Flanagan, J. L.: *Speech Analysis, Synthesis, and Perception*. Berlin : Springer, 1972

[22] Forney, G. D. Jr.: The Viterbi Algorithm. In: *Proc. IEEE*, vol. 61, 1973, S. 268-278

Bild 6.3: Literaturverweis mit Nummer der Literaturangabe

Sehr oft werden im Text als Kurzbeleg der Nachname des Autors, das Erscheinungsjahr der zitierten Quelle und gegebenenfalls die Seitenzahl der zitierten Textstelle in runden Klammern eingesetzt, wie Sie es im folgenden Bild sehen können. Diese Form des Kurzbelegs wird auch oft als »Harvard-System« bezeichnet. Man findet diesen Kurzbeleg sowohl mit als auch ohne Komma vor der Jahreszahl.

Stammt ein Artikel oder Buch von zwei Autoren, werden sie beide genannt, bei mehr als drei Autoren ist es oft ausreichend, den ersten mit dem Zusatz »u. a.« aufzuführen.

Sind von einem Autor mehrere Quellen zitiert, die alle aus dem selben Jahr stammen, müssen sie durch Hinzufügen einer *Nummerierung* mit kleinen Buchstaben unterschieden werden, wie beispielsweise (Stark, 1978a, S. 42) und (Stark, 1978b, S. 111).

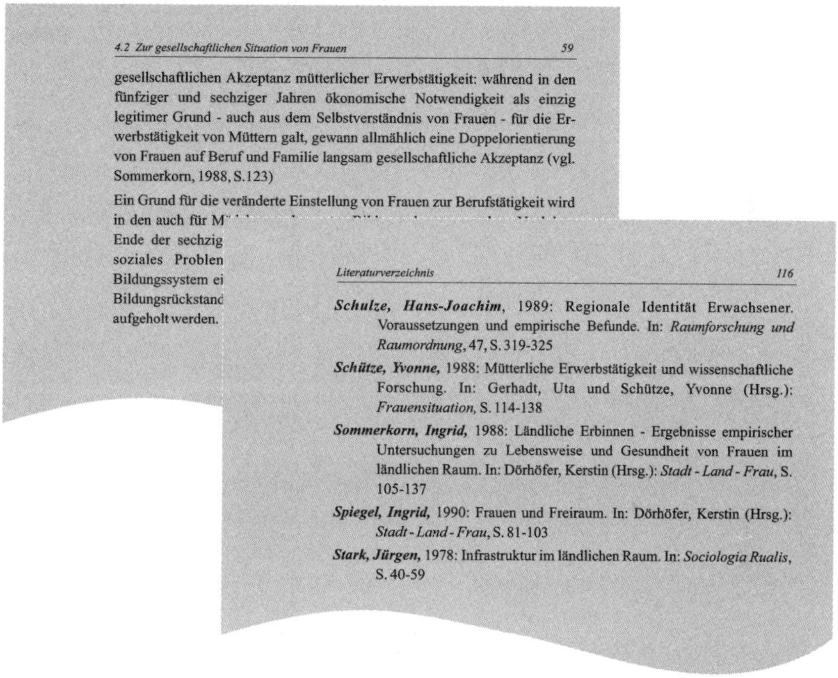

4.2 Zur gesellschaftlichen Situation von Frauen 59

gesellschaftlichen Akzeptanz mütterlicher Erwerbstätigkeit: während in den fünfziger und sechziger Jahren ökonomische Notwendigkeit als einzig legitimer Grund - auch aus dem Selbstverständnis von Frauen - für die Erwerbstätigkeit von Müttern galt, gewann allmählich eine Doppelorientierung von Frauen auf Beruf und Familie langsam gesellschaftliche Akzeptanz (vgl. Sommerkorn, 1988, S.123)

Ein Grund für die veränderte Einstellung von Frauen zur Berufstätigkeit wird in den auch für M
Ende der sechzig
soziales Problen
Bildungssystem ei
Bildungsrückstanc
aufgeholt werden.

Literaturverzeichnis 116

Schulze, Hans-Joachim, 1989: Regionale Identität Erwachsener. Voraussetzungen und empirische Befunde. In: *Raumforschung und Raumordnung*, 47, S. 319-325

Schütze, Yvonne, 1988: Mütterliche Erwerbstätigkeit und wissenschaftliche Forschung. In: Gerhadt, Uta und Schütze, Yvonne (Hrsg.): *Frauensituation*, S. 114-138

Sommerkorn, Ingrid, 1988: Ländliche Erbinnen - Ergebnisse empirischer Untersuchungen zu Lebensweise und Gesundheit von Frauen im ländlichen Raum. In: Dörhöfer, Kerstin (Hrsg.): *Stadt - Land - Frau*, S. 105-137

Spiegel, Ingrid, 1990: Frauen und Freiraum. In: Dörhöfer, Kerstin (Hrsg.): *Stadt - Land - Frau*, S. 81-103

Stark, Jürgen, 1978: Infrastruktur im ländlichen Raum. In: *Sociologia Rualis*, S. 40-59

Bild 6.4: Literaturverweise im so genannten »Harvard-System«

Die Variante mit Autoren und Jahreszahl gibt es auch in der abgekürzten Form: Für den Autor werden nur die ersten zwei oder drei Buchstaben angegeben, dahinter erscheint die Jahreszahl. Derselbe Kurzbeleg findet sich dann auch im Literaturverzeichnis, da sonst die Quelle schwer zu finden ist.

Dieses Verweissystem eignet sich jedoch nur bei kurzen Literaturverzeichnissen, sonst besteht die Gefahr, dass zu oft dieselbe Abkürzung verwendet werden müsste.

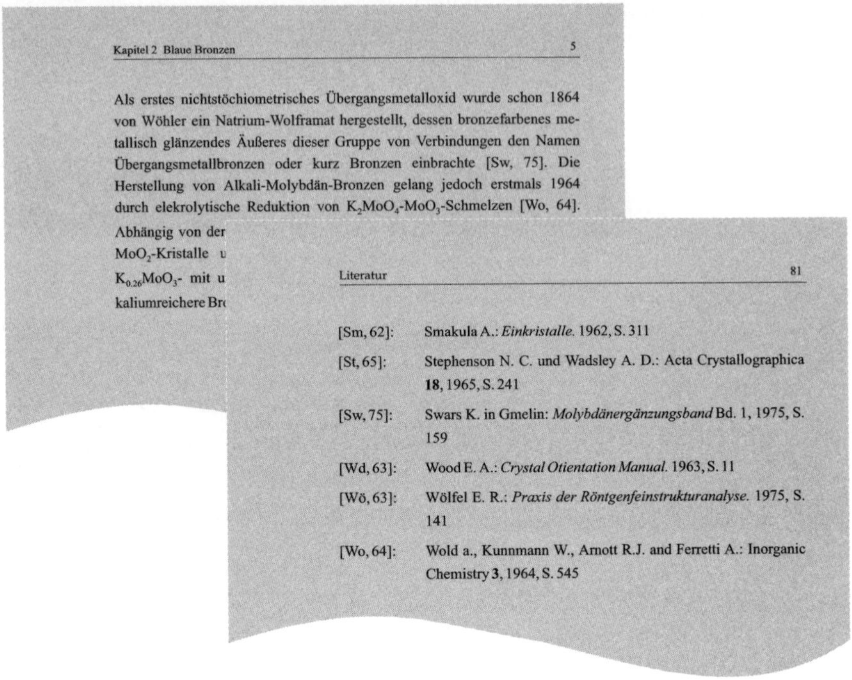

Kapitel 2 Blaue Bronzen 5

Als erstes nichtstöchiometrisches Übergangsmetalloxid wurde schon 1864 von Wöhler ein Natrium-Wolframat hergestellt, dessen bronzefarbenes metallisch glänzendes Äußeres dieser Gruppe von Verbindungen den Namen Übergangsmetallbronzen oder kurz Bronzen einbrachte [Sw, 75]. Die Herstellung von Alkali-Molybdän-Bronzen gelang jedoch erstmals 1964 durch elekrolytische Reduktion von K_2MoO_4-MoO_3-Schmelzen [Wo, 64]. Abhängig von der
MoO_2-Kristalle u
$K_{0.26}MoO_3$- mit u
kaliumreichere Br

Literatur 81

[Sm, 62]: Smakula A.: *Einkristalle.* 1962, S. 311

[St, 65]: Stephenson N. C. und Wadsley A. D.: Acta Crystallographica **18**, 1965, S. 241

[Sw, 75]: Swars K. in Gmelin: *Molybdänergänzungsband* Bd. 1, 1975, S. 159

[Wd, 63]: Wood E. A.: *Crystal Otientation Manual.* 1963, S. 11

[Wö, 63]: Wölfel E. R.: *Praxis der Röntgenfeinstrukturanalyse.* 1975, S. 141

[Wo, 64]: Wold a., Kunnmann W., Arnott R.J. and Ferretti A.: Inorganic Chemistry **3**, 1964, S. 545

Bild 6.5: Literaturverweise mit abgekürzten Autorennamen

Bei Juristen beispielsweise wird zum Nachweisen von Literaturstellen oft ein System verwendet, das mit Fußnoten arbeitet. Darin wird ein Autor inklusive der entsprechenden Seitenzahlen angegeben. Im Literaturverzeichnis, das vorne in der Arbeit platziert wird, findet man dann die ausführliche Literaturangabe.

Möchten Sie wie im folgenden Bild Fußnotenzeichen mit Klammern versehen, tippen Sie sie sowohl im eigentlichen Dokument als auch in der Fußnote ein und formatieren Sie sie mit der Formatvorlage *Fußnotenzeichen.*

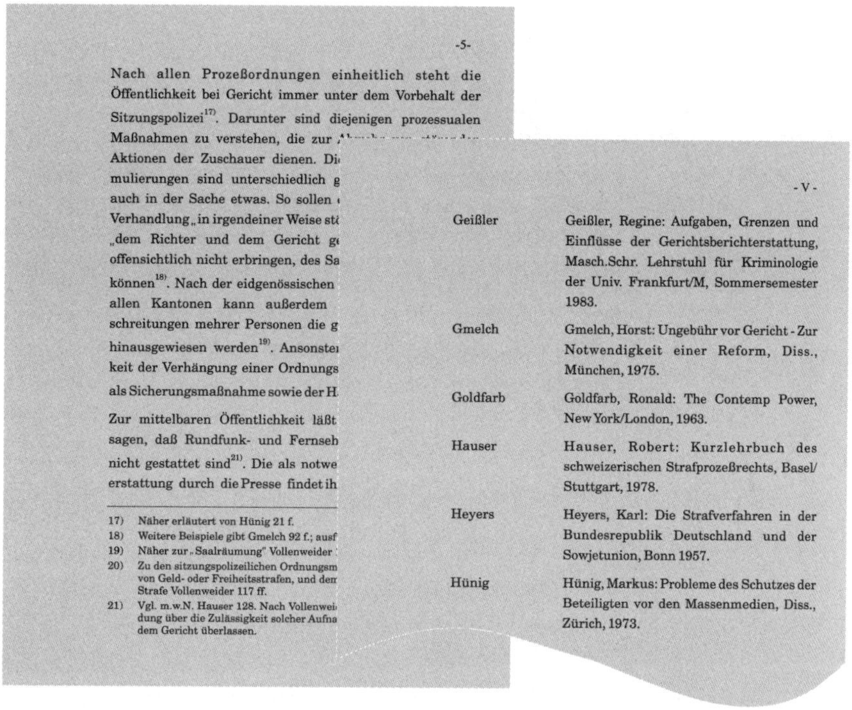

Bild 6.6: Literaturverweise in der Fußnote

Wahl des Quellennachweises Welchen Weg Sie zum Nachweis von Quellen wählen, sollten Sie von den Regeln Ihres Lehrstuhls abhängig machen. Während die eine Methode in einem Fachbereich als die einzig richtige gilt, ist sie in einem anderen Fachbereich oder auch nur bei einem anderen Professor völlig unzureichend!

6.2 Literaturverzeichnis

Literaturangaben in einem Literaturverzeichnis sollen einen doppelten Zweck erfüllen. Zum einen nennen sie Quellen, die der Verfasser zum Schreiben seiner Arbeit verwendet hat, zum anderen geben sie Hinweise für diejenigen Leser, die sich im Weiteren näher mit einzelnen Problemen befassen möchten.

In den meisten Arbeiten befindet sich das Literaturverzeichnis am Ende der Arbeit. Bei den Juristen haben wir aber auch Arbeiten gesehen, die das Literaturverzeichnis zu Beginn direkt nach dem Inhaltsverzeichnis enthielten. Fügen Sie in Ihrem Masterdokument an der gewünschten Stelle ein neues Unterdokument für das Literaturverzeichnis hinzu.

Grundsätzlich sollte ein Literaturverzeichnis alphabetisch nach Autoren sortiert sein, um Literaturangaben möglichst schnell zu finden. Für sehr lange Werke und Bücher besteht zudem die Möglichkeit, Literaturangaben kapitelweise zusammenzufassen. Auch diese Zusammenfassungen werden alphabetisch sortiert. Dabei werden Namen in der Form »Nachname Komma Vorname(n)« verwendet.

Eine Literaturangabe in einem Literaturverzeichnis sollte nach einem bestimmten Schema angeordnet sein, um das Lesen zu erleichtern. Dazu finden Sie Hinweise in DIN 1505 Teil 2. Grundsätzlich wird dabei die Reihenfolge Autor, Titel, Verlagsort, Verlag, Erscheinungsjahr und – bei Bedarf – eine Seitenangabe eingehalten.

Grob werden Literaturangaben in vier Gruppen unterteilt, die im Weiteren getrennt besprochen werden sollen.

- ☑ Selbstständig erschienene Werke: Bücher, Nachschlagewerke, mehrbändige Werke.
- ☑ Unselbstständig erschienene Werke: Zeitschriftenartikel, Beiträge zu Sammelbänden.
- ☑ Zitate ohne Bezug auf eine bestimmte Ausgabe: Gesetzestexte etc., die eine eigene standardisierte Gliederung haben, und
- ☑ besondere Schrifttumsarten: Tagungsschriften, Hochschulschriften, Forschungsberichte, aber auch audiovisuelle Medien.

6.2.1 Selbstständig erschienene Werke

Für selbstständig erschienene Werke sollte eine Quelle nach dem folgenden Schema im Literaturverzeichnis aufgeführt werden:

Nachname des ersten Verfassers, Vorname des ersten Verfassers ; Nachname des zweiten Verfassers, Vorname des zweiten Verfassers etc: *Titel des Werkes : Untertitel des Werkes* / Name des Herausgebers oder Übersetzers. Nummer des Bandes. Auflage. Erscheinungsort : Verlag, Erscheinungsjahr (Gesamttitelangabe). – ISBN-Nummer

Die Teile, die nicht zu einer Literaturangabe zur Verfügung stehen, werden in obigem Schema weggelassen.

6.2.1.1 Autoren

Wir wollen im Folgenden zur Verdeutlichung einige Beispiele aufführen, die einen bis drei Autoren aufweisen. Die Formatierung der Autorennamen ist freigestellt, sie können beispielsweise normal oder fett formatiert sein. Wir persönlich raten vom Gebrauch von Großbuchstaben ab, da dies sehr klobig aussieht. Verwenden Sie lieber Kapitälchen. Wie Sie sehen können, werden in allen Beispielen die Titel kursiv gehalten, wie dies bereits in obigem Schema gezeigt ist. Der Untertitel eines Buches wird durch Doppelpunkt vom Titel getrennt.

Woolf, Virginia: *Orlando : Eine Biographie*. Frankfurt : S. Fischer, 1992

SCHWAN, MARIANNE: *Milchmädchens Rache : eine Abrechnung mit dem von Männern gemachten Steuerrecht*. Frankfurt am Main : Eichborn, 1996. – ISBN 3-8218-1373-3

Schulman, Andrew ; Maxey, David ; Matt, Pietrek: *Undocumented Windows : Referenz der reservierten MS Windows API-Funktionen*. Bonn : Addison Wesley, 1992

Bei manchen Namen fällt die alphabetische Einordnung schwer. Vor allem, wenn der Nachname Zusätze wie Artikel oder Präpositionen enthält. Die DIN-Norm 1505 Teil 2 hat dazu eine sehr einfache Regelung: der Familienname des Verfassers wird mit allen zu ihm gehörenden Bestandteilen aufgeführt. Der Vorname dann durch Komma getrennt in der Form, dass der erste Vorname ausgeschrieben, alle weiteren als Initiale mit Punkt geschrieben werden. Das bedeutet streng genommen, dass Johann Wolfgang von Goethe als

von Goethe, Johann W.

zitiert werden sollte. Andere Autoren haben wesentlich differenziertere Regeln, sie unterscheiden beispielsweise die Herkunftsländer der Autoren und die dort verwendeten Zitierregeln. Maßgeblich für die alphabetische Ordnung in einem Literaturverzeichnis ist der erste Band der *Regeln für die alphabetische Katalogisierung RAK, Regeln für wissenschaftliche Bibliotheken RAK-WB*.

Erklärungen, die wir neben der DIN-Norm lasen, lassen sich unserer Meinung nach mit der folgenden Vereinfachung auf den Punkt bringen: Werden Präfixe groß geschrieben, wird unter ihnen eingeordnet, werden sie klein geschrieben, wird unter dem großgeschriebenen Teil einsortiert.

So wird der Präfix für

Below, Susanne von
Braun, Christa von
Goethe, Johann Wolfgang von

nachgestellt, hingegen für

De Clerck-Sachße, Rotraut
DeSalvo, Louise

zum Namen gehörend unter »D« einsortiert. Deutlich wird unsere »Regel« auch bei

La Fontaine, Jean de

Der kleingeschriebene Teil steht hinter dem Vornamen, während der Name unter dem großgeschriebenen Teil eingereiht wird.

Ist kein Verfasser eines Titels genannt, so tritt der Herausgeber mit »(Hrsg.)« gekennzeichnet an seine Stelle.

Pusch, Luise F. (Hrsg.): *WahnsinnsFrauen*. Frankfurt : Suhrkamp, 1992

Wird eine Schrift nicht von einem bestimmten Autor, sondern von einer Institution herausgegeben, übernimmt diese die Stelle des Autors.

Der Bundesminister für Bildung und Wissenschaft (Hrsg.): *Das soziale Bild der Studentenschaft in der Bundesrepublik Deutschland*. Bonn, 1986

6.2.1.2 Titel von Autoren

Der Titel eines Autors wird, unabhängig von seiner grafischen Gestaltung, auf der Titelseite in normaler Groß-/Kleinschreibung wörtlich übernommen, also auch mit eventuellen Schreibfehlern, die mit einem »[!]« gekennzeichnet werden können. Englische Titel werden mit der Groß-/Kleinschreibung wie englische Überschriften verwendet, d. h., alle Wörter werden groß geschrieben, bis auf beispielsweise Artikel wie »the« oder »a«, Präpositionen wie »to«, »at«, »from«, »by«, »with« oder Konjunktionen wie »and« und »or«.

Levinson, A. E.: *An Introduction to the Application of the Theory of Probabilistic Functions of a Markov Process to Automatic Speech Recognition*. New York : Marcel Dekker Inc., 1992

Der Titel eines selbstständigen Werkes wird in der Regel kursiv gesetzt und endet mit einem Punkt. Es sei denn, im Titel selbst ist ein anderes Satzzeichen enthalten, dann wird der Punkt ausgespart.

CHESLER, PHYLLIS: *Frauen – das verrückte Geschlecht?* Reinbek b. Hamburg : Rowohlt, 1974

Der Titel wird in der Regel zusammen mit dem Untertitel, getrennt durch Leerzeichen, Doppelpunkt und Leerzeichen, aufgeführt.

Krämer, Walter: *Wie schreibe ich eine Seminar-, Examens- und Diplomarbeit : Eine Anleitung zum wissenschaftlichen Arbeiten für Studierende aller Fächer an Universitäten, Fachhochschulen und Berufsakademien.* 3., durchges. Aufl. Stuttgart : G. Fischer, 1994

Ungewöhnlich lange Titel können gekürzt werden, Auslassungen sind mit drei Punkten zu markieren. Als Regel gilt dabei, dass mindestens die ersten drei Wörter vollständig übernommen werden müssen.

Krämer, Walter: *Wie schreibe ich eine Seminar-, Examens- und Diplomarbeit : Eine Anleitung zum wissenschaftlichen Arbeiten* ... 3., durchges. Aufl. Stuttgart : G. Fischer, 1994

6.2.1.3 Herausgeber, Übersetzer, Bearbeiter, ...

Bei Bedarf können an den Titel weniger wichtige beteiligte Personen oder Körperschaften durch einen Schrägstrich getrennt angehängt werden.

BRONSTEIN, I. N. ; SEMENDJAJEW, K. A.: *Taschenbuch der Mathematik* / GROSCHE G. ; ZIEGLER, V. (Hrsg.). 20. Aufl. Frankfurt : Verlag Harri Deutsch, 1981

Als weitere häufig erwähnte Bezeichnungen von Funktionen werden Bearbeiter (Bearb.), Mitarbeiter (Mitarb.), Redaktion (Red.), Übersetzer (Übers.), Illustrator (Ill.), Fotograf (Fot.), Nachwort und Vorwort (Nachw. bzw. Vorw.), Interviewer und Interviewter (Interv. bzw. Intervt.) oder Veranstalter (Veranst.) verwendet.

6.2.1.4 Band und Reihe

Erscheinen manche Schriften in einer Reihe, dann sollte die Nummer des Bandes angegeben werden.

Hüfner, Klaus ; Naumann, Jens: *Konjunkturen der Bildungspolitik in der Bundesrepublik Deutschland : Der Aufschwung (1960-1967)*. Bd. 1. Stuttgart : Klett Cotta, 1977

6.2.1.5 Auflage

Die Angaben von Auflagen, falls es sich nicht um die erste handelt, gehören ebenfalls zur Dokumentation. Vor allem bei überarbeiteten Auflagen ist diese Angabe wichtig, da sich Seitenzahlen gegenüber vorherigen Auflagen unter Umständen erheblich verändert haben. Wenn möglich, sollte immer die letzte überarbeitete Auflage zitiert werden.

> *Mayer-Kuckuk, Theo*: *Kernphysik : Eine Einführung*. 3., neubearb. und erw. Aufl. der »Physik der Atomkerne«, Stuttgart : Teubner, 1979

6.2.1.6 Verlagsangaben

Zu den Verlagsangaben gehören sowohl der Sitz als auch der Name eines Verlags. Beide Angaben werden in der Regel durch einen Doppelpunkt getrennt. Oft sieht man hier, dass sowohl vor als auch nach dem Doppelpunkt ein Leerzeichen eingefügt wurde, dies fordert auch DIN 1505 Teil 2. Werden für einen Verlag mehrere Verlagsstandorte genannt, muss in der Literaturangabe nur der erste genannt werden.

6.2.1.7 Erscheinungsjahr

Das Publikationsjahr ist zumeist die letzte Angabe. Ist das genaue Datum nicht bekannt, so kann geschätzt werden. Dies ist allerdings mit »ca.« kenntlich zu machen oder das Datum ist mit einem Fragezeichen wie »[1923?]« zu kennzeichnen.

6.2.1.8 Gesamttitelangabe

Laut DIN Norm 1505 Teil 2 wird die Gesamttitelangabe der Reihe oder des mehrbändigen Werkes in Klammern nach dem Erscheinungsdatum angegeben.

> POENICKE, KLAUS: *Wie verfaßt man wissenschaftliche Arbeiten?*. 2., neu bearb. Aufl. Mannheim : Dudenverlag, 1988 (Duden-Taschenbücher 21)

Andere Autoren, wie Poenicke (Poenicke, 1988), verwenden die Gesamttitelangabe nach Nennung des Bandes oder der Auflage. Damit lautet das oben verwendete Zitat:

> POENICKE, KLAUS: *Wie verfaßt man wissenschaftliche Arbeiten?*. 2., neu bearb. Aufl. Duden-Taschenbücher 21. Mannheim : Dudenverlag, 1988

6.2.2 Unselbstständig erschienene Werke

Für unselbstständig erschienene Werke, bei denen es sich um wissenschaftliche Aufsätze in Fachzeitschriften oder Sammelbänden, aber auch um Zeitungsartikel handeln kann, gibt es ähnliche Schemata des Beleges wie zuvor für selbstständig erschienene Quellen. Der Titel einer unselbstständigen Quelle kann im Unterschied zu den selbstständig erschienenen Werken generell in Anführungszeichen gesetzt werden, um ihn von einem selbstständig erschienenen Werk zu unterscheiden. Hierbei ist die Zeitschrift oder der Sammelband das selbstständige Werk und daher kursiv zu setzen.

6.2.2.1 Fachzeitschrift

Das Schema für eine Fachzeitschrift kann nach DIN 1505 Teil 2

> Nachname des Verfassers, Vorname des Verfassers: Titel der unselbstständigen Veröffentlichung. In: *Titel der Zeitschrift* Serie, Band (Jahr), Nr. Heftnummer, S. erste und letzte Seite der Quelle

lauten. Hierbei wird für die Titelangabe auf Anführungszeichen verzichtet, dafür wird durch das »In:« angezeigt, dass der Artikel in einer Zeitschrift erschienen ist. In manchen anderen Schriften zu diesem Thema wird die Form

> Nachname des Verfassers, Vorname des Verfassers: »Titel der unselbstständigen Veröffentlichung«. *Titel der Zeitschrift* Serie, Band (Jahr), Nr. Heftnummer, S. erste und letzte Seite der Quelle

bevorzugt. Dadurch, dass der Titel in Anführungszeichen gesetzt ist, kann die Einleitung der Quelle, nämlich das »In:«, gespart werden.

> Baker, J. K.: The Dragon System: An Overview. In: *IEEE Trans. on Acoustics, Speech and Signal Processing* ASSP-23 (1975), Nr. 1, S. 24-29

> Braun, Werner: »Eheschließungen, Geburten und Sterbefälle 1987«. *Wirtschaft und Statistik* (1988), Heft 10, S. 677-688

Zeitschriften können abgekürzt verwendet werden, allerdings sollte in einem Abkürzungsverzeichnis die Abkürzung beschrieben sein.

> **Volk, Klaus:** »Strafrecht und Wirtschaftskriminalität: Kriminalpolitische Probleme und dogmatische Schwierigkeiten«. *JZ* 37 (1982), S. 85-92

Im Abkürzungsverzeichnis sollte sich dann der Eintrag

> JZ Juristenzeitung

finden, damit der Leser die Möglichkeit hat, den Namen der Zeitschrift herauszufinden.

6.2.2.2 Sammelband und Tagungsberichte

Ein Aufsatz in einem Band von Werken kann folgendermaßen belegt werden:

Nachname des Verfassers, Vorname des Verfassers: Titel der unselbstständigen Veröffentlichung. In: Verfasser oder Herausgeber des Sammelbandes: *Titel*. Serie. Band- oder Jahrgangsnummer. Erscheinungsort : Verlag, Erscheinungsjahr (Gesamttitel), S. erste und letzte Seite der Quelle

RABINER, LAWRENCE R.: Mathematical Foundation of Hidden Markov Models. In: NIEMAN, H. ; LANG, M. ; SAGERER, G. (Hrsg.): *Recent Advances in Speech Understanding and Dialog Systems*. Vol. 46, Berlin : Springer, 1988 (NATO ASI Series, Series F: Computer and Systems Sciences), S. 183-205

GIDION, HEIDI: »Sylvia Plath (1932-1963): ›Alle die alten Anker‹«. PUSCH, LUISE F. (Hrsg.): *WahnsinnsFrauen : Elf biographische Portraits*. Frankfurt : Suhrkamp, 1994, S. 309-338

ANDEL, NORBERT: »Einkommenssteuer«. NEUMARK, FRITZ (Hrsg., unter Mitarb. von ANDEL, NORBERT ; HALLER, HEINZ): *Handbuch der Finanzwissenschaft*, Bd. II, 3., gänzl. neubearb. Aufl. Tübingen : Mohr, 1992, S. 331-401

Auf die gleiche Weise werden Berichte in einem Tagungsband zitiert. Hier werden nur im oder nach dem Titel des Bandes Tagungsort und Tagungsdatum ergänzt.

6.2.2.3 Presse

Für Artikel aus Zeitungen oder Zeitschriften gilt folgendes Schema:

Nachname des Verfassers, Vorname des Verfassers: Titel der unselbstständigen Veröffentlichung. In: *Titel der Zeitschrift,* Nummer der Ausgabe (Erscheinungsdatum), erste und letzte Seite der Quelle

Kruse, Uta: »Im Mutterleib ertrunken«. In: *DIE ZEIT* (19. August 1994), Nr. 34, S. 53

Caudrey, A.: Rejecting Boys for the Sake of Science. In: *The Independent* (2. April 1997), London, S. 34

6.2.3 Zitate ohne Bezug auf eine bestimmte Ausgabe

Manche Werke besitzen eine eigene standardisierte Gliederung und sind daher von Auflagen unabhängig. Beispiele hierzu sind Zitate aus der Bibel oder aus verschiedenen Gesetzestexten. Gesetze werden folgendermaßen zitiert:

Benennung des Gesetzes evtl. Kurzbezeichnung des Bundeslandes (v. / idF v. Veröffentlichungsdatum oder in Kraft getr. am Datum des Inkrafttretens) § (Nummer des Paragrafs) Art. (Nummer des Artikels) Ziff (Nummer der Ziffer)

BGB (idF v. 16.7.1977) § 554 Abs. II Satz 2

Für die Bezeichnung der Gesetze wird grundsätzlich die offizielle Abkürzung verwendet. Auch wenn viele der Abkürzungen, wie z. B. BGB allgemein bekannt sind, sollte auf keinen Fall ein Abkürzungsverzeichnis in Ihrer Arbeit fehlen. Die Kennzeichnung der Gliederungspunkte (Paragrafen, Absätze usw.) hängt von der Gliederung des Gesetzes ab. In Gesetzeszitaten werden keine Kommas verwendet. Ein Semikolon wird zur Trennung zweier Gesetzesstellen, die in einem Zitat aufgeführt werden, benutzt.

6.2.4 Besondere Schrifttumsarten

Für unveröffentlichte Werke wie Dissertationen oder Diplomarbeiten gibt es in der Regel keinen Verlag. An seine Stelle treten Angaben über die Universität, an der die Arbeit erstellt wurde.

HEHN, STEFAN: *Computerunterstützte Analyse von Strömungsfeldern auf der Grundlage eines neu entwickelten Partikel-Tracking-Verfahrens.* Frankfurt, Universität, Fachbereich 13, Diss., 1992

Wurden Dissertationen hingegen als Buch gedruckt, werden sie wie selbstständige Werke behandelt.

NICOL, CORNELIA M. Y.: *Zur Wirkung von Samenkernprodukten des Niembaumes **Azadirachta indica** (A. Juss.) auf die Wüstenheuschrecke **Schistocerca gregaria** (Forsk.) (Caelifera: Acrididae) unter Laborbedingungen.* (Diss. Gießen) Niederkleen : Wissenschaftlicher Fachverlag, 1994

6.2.5 Internetquellen und elektronische Dokumente

Das Internet erhält immer größere Bedeutung als Informationsquelle und muss dann auch entsprechend zitiert werden. Regeln für das korrekte Zitieren von elektronischen Quellen sind in der ISO 690 *Information und Dokumentation – Titelangaben Teil 2: Elektronische Dokumente oder deren Teile* aufgeführt. Unter elektronischen Dokumenten werden neben Online-Dokumenten unter anderem auch Programme oder Datenbanken auf CD-ROMs oder Magnetbändern verstanden.

Grundsätzlich gelten die gleichen Zitierregeln wie für selbstständig oder unselbstständig erschienene Werke. Bei elektronischen Dokumenten sollen jedoch zusätzlich der Typ des Mediums in eckigen Klammern (z. B. CD-ROM, Online, E-Mail ...), das Dateiformat (z. B. *.doc, *.pdf, ...) und die Herkunft bzw. die Bezugsmöglichkeiten angegeben werden. Im Falle einer Internetquelle muss der vollständige Pfad angegeben werden und, soweit möglich, das Datum der letzten Aktualisierung. Falls kein Datum herausgefunden werden kann, geben Sie in eckigen Klammern das Datum an, an dem Sie das Dokument im Internet gefunden haben.

Excerpts from International Standard ISO 690-2 [online]. Copyright: ISO 2001, letzte Aktualisierung: 24.4.2001, erhältlich im Internet unter http://www.nlc-bnc.ca/iso/tc46sc9/standard/690-2e.htm

6.2.6 Formatieren eines Literaturverzeichnisses

Wir werden diesen Abschnitt in vier Teile unterteilen, je nachdem, welche Art der Darstellung für das Literaturverzeichnis besprochen wird. Um ein Beispiel-Literaturverzeichnis verwenden zu können, haben wir einfach alle zuvor aufgeführten Literaturangaben zusammenkopiert. So entstand ein sehr buntes, nicht zusammenpassendes Literaturverzeichnis, aber es sollen an dieser Stelle ja nur Arbeitsweisen aufgezeigt werden.

6.2.6.1 Literaturverzeichnis mit hängendem Absatz

Möchten Sie ein Literaturverzeichnis wie in Bild 6.4 erstellen, sammeln Sie zunächst die Literaturangaben, wie sie gerade kommen.

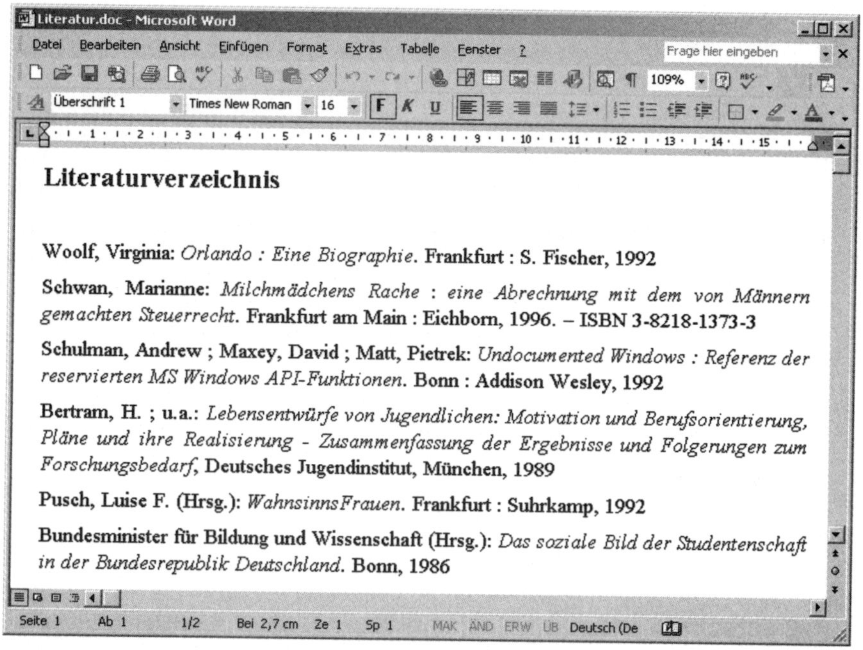

Bild 6.7: Gesammelte Literaturangaben

Sortieren Sie bei Bedarf die Einträge des Literaturverzeichnisses, indem Sie zunächst alle Literaturangaben markieren und dann den Befehl *TABELLE Sortieren* aufrufen. Im dadurch aktivierten Dialogfeld kann die Standardeinstellung übernommen werden, nämlich die Absätze als ersten Sortierschlüssel für den Typ Text zu verwenden und diese Absätze aufsteigend zu sortieren.

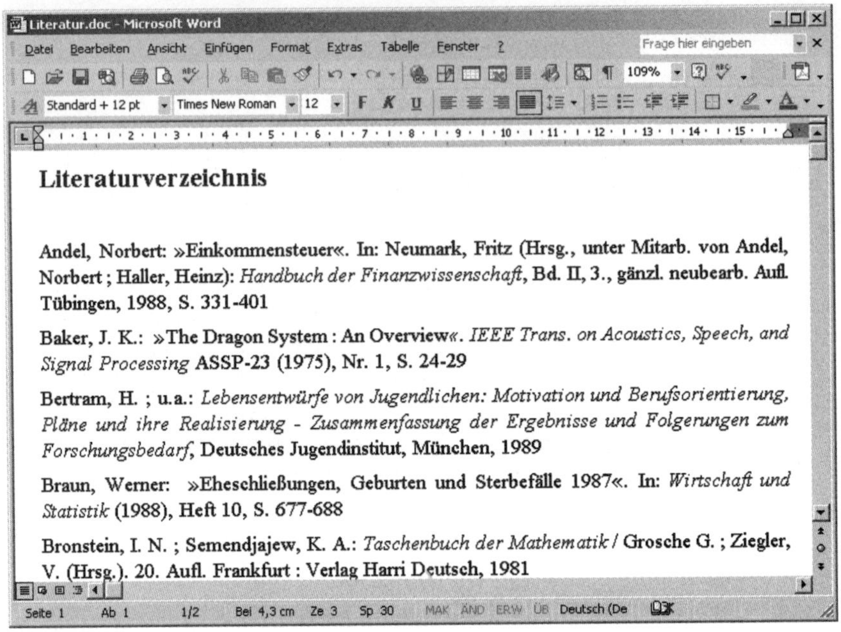

Bild 6.8: Alphabetisch sortierte Literaturangaben

Markieren Sie danach die Literaturangaben erneut und stellen Sie entweder auf dem Lineal oder mit dem Dialogfeld *Absatz* einen hängenden Einzug ein.

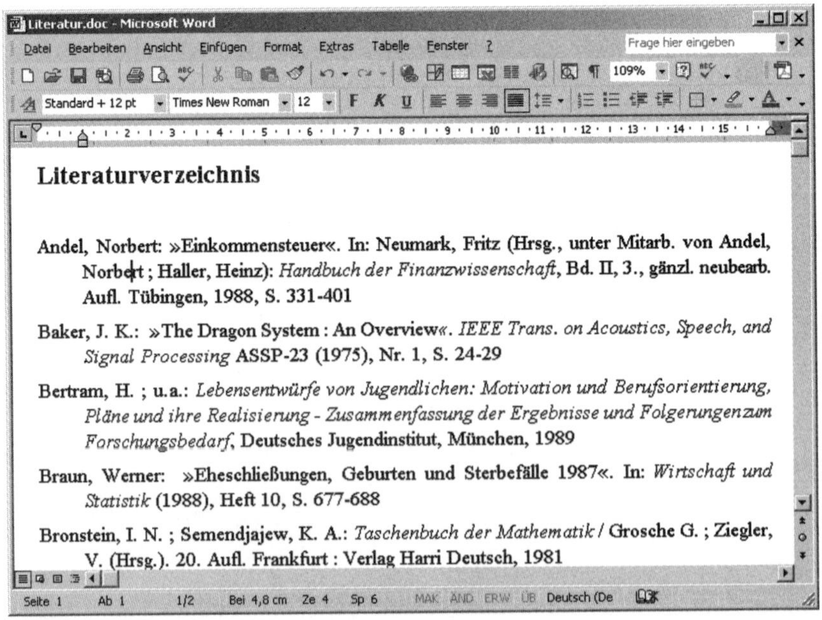

Bild 6.9: Literaturverzeichnis mit hängendem Absatz

Autor in eigener Zeile Möchten Sie in Ihrem Literaturverzeichnis die Autoren in einer eigenen Zeile schreiben und darunter den Rest der Literaturangabe folgen lassen, also

> Gidion, Heidi
>
> Sylvia Plath (1932-1963): »Alle die alten Anker«. In: Pusch, Luise F. (Hrsg.): *WahnsinnsFrauen : Elf biographische Portraits*. Frankfurt: Suhrkamp, 1994, S. 309-338

so verwenden Sie, um auch weiterhin nach Absätzen sortieren zu können, anstelle der [↵]-Taste nach den Autoren die Tastenkombination [⇧]+[↵]. Allerdings können Sie dann keinen Blocksatz verwenden. Mit einem richtigen Return entstehen zwei Absätze. Zum einen der eine mit dem Namen, zum anderen einer, der die restlichen Angaben enthält. Sortieren Sie nun alle Absätze, reißt Word die Autoren und dazugehörenden Absätze auseinander und sortiert sie jeweils nach dem Alphabet ein.

6.2.6.2 Literaturverzeichnis mit nummerierten Literaturstellen

Erstellen Sie für ein Literaturverzeichnis mit nummerierten Literaturangaben (s. Bild 6.3) eine zweispaltige Tabelle ohne Rahmen. Tragen Sie alle Literaturangaben in die zweite Spalte ein.

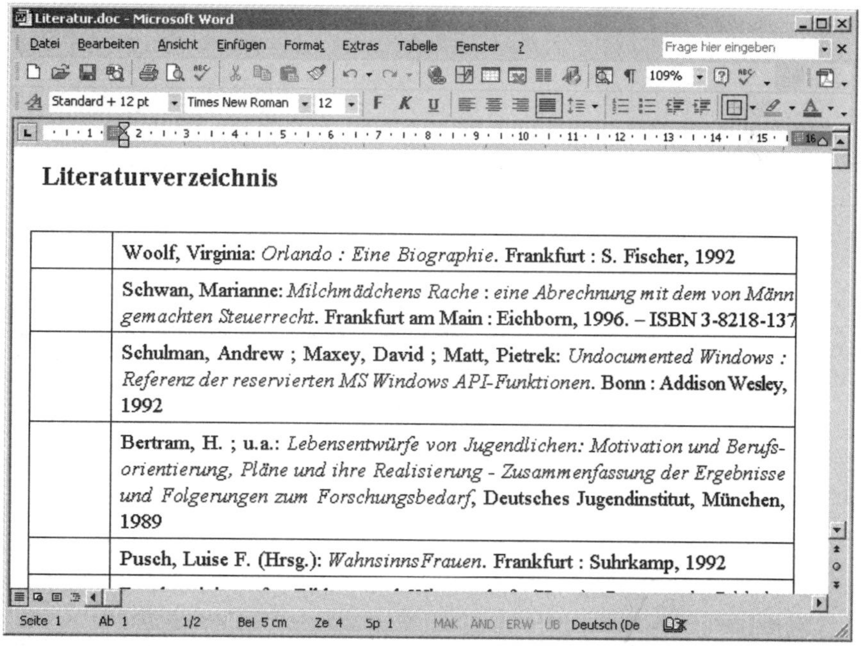

Bild 6.10: Literaturverzeichnis mit zwei Spalten

Text in Tabelle umwandeln Haben Sie bereits Belege gesammelt und möchten diese nun in eine Tabelle umwandeln, so markieren Sie alle Belege und verwenden dann den Befehl *TABELLE Einfügen Tabelle* (Word 2000: *TABELLE Zellen einfügen Tabelle;* Word 97: *TABELLE Tabelle einfügen*). Mit Hilfe von *TABELLE Einfügen Spalten nach links* erzeugen Sie eine zweite Spalte in Ihrer Tabelle (Word 2000: *TABELLE Zellen einfügen Spalte nach links;* Word 97: *TABELLE Spalte einfügen*). Verkleinern Sie zum Schluss noch die linke Spalte auf die benötigte Breite.

Als Nächstes möchten wir eine automatische Nummerierung erzeugen, die in eckige Klammern eingeschlossen sein soll. Positionieren Sie die Einfügemarke vor oder unter der Tabelle und verwenden Sie den Befehl *EINFÜGEN Referenz Beschriftung* (Word 2000/Word 97: *EINFÜGEN Beschriftung*).

Wir wollen zunächst die Kategorie »[« erstellen. Öffnen Sie mit Hilfe der Schaltfläche *Neue Bezeichnung* das folgende Dialogfeld, in dem Sie als neue Kategorie »[« eingeben, wie es das Bild zeigt (Word 97: Schaltfläche *Neue Kategorie*).

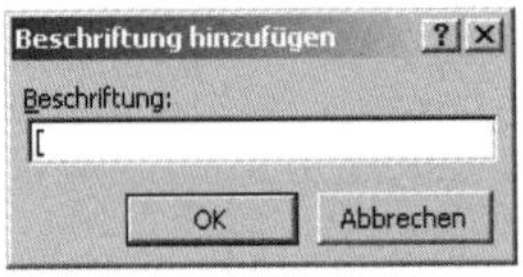

Bild 6.11: Neue Kategorie für Beschriftung definieren

Durch Bestätigung dieser Eingabe wird im Dialogfeld *Beschriftung* eine eckige Klammer mit einer »1« dargestellt. Fügen Sie eine zweite eckige Klammer hinzu und bestätigen Sie diese Beschriftung.

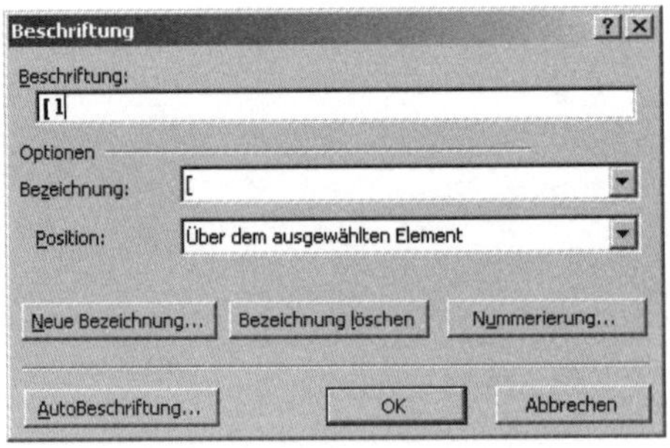

Bild 6.12: Neue Beschriftung definiert

In Ihrem Dokument erscheint die erste Zahl der Nummerierung. Sie können nun das Leerzeichen vor der »1« löschen, das von Word eingefügt wurde. Die eingefügte Nummer wird entsprechend der in Ihrer Dokumentvorlage vereinbarten Formatvorlage *Beschriftung* eingestellt. Markieren Sie die Zeile mit der eingefügten Nummer und weisen Sie ihr die Formatvorlage *Standard* zu.

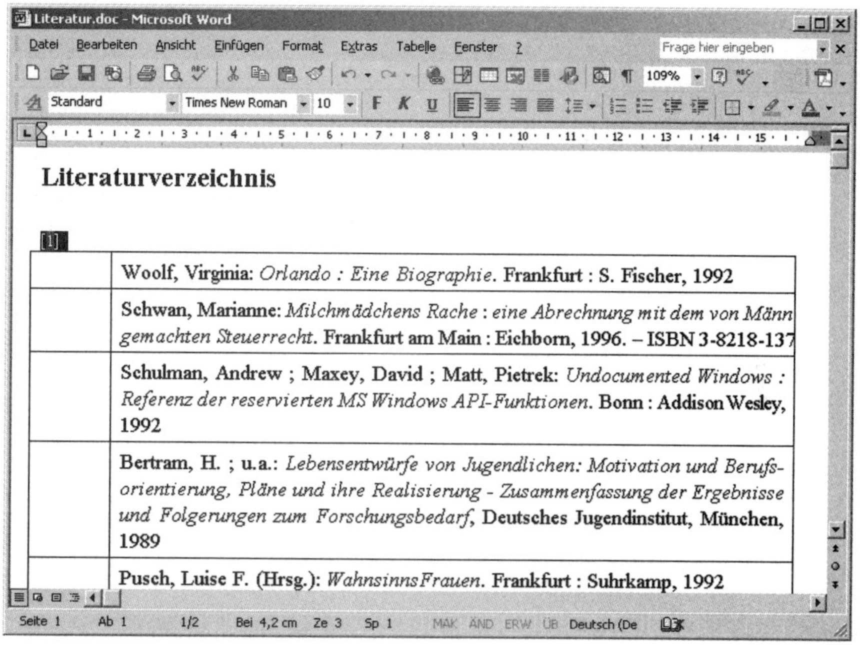

Bild 6.13: Vor der Tabelle eingefügte Beschriftung

- ☑ Markieren Sie dann die Nummerierung,
- ☑ schneiden Sie sie mit [Strg]+[X] aus,
- ☑ positionieren Sie die Einfügemarke in der ersten Zelle und
- ☑ fügen Sie die Klammern mit der Zahl durch [Strg] +[V] wieder ein.
- ☑ Laufen Sie mit der Pfeiltaste eine Zelle weiter nach unten und
- ☑ tippen Sie wieder [Strg]+[V] usw.

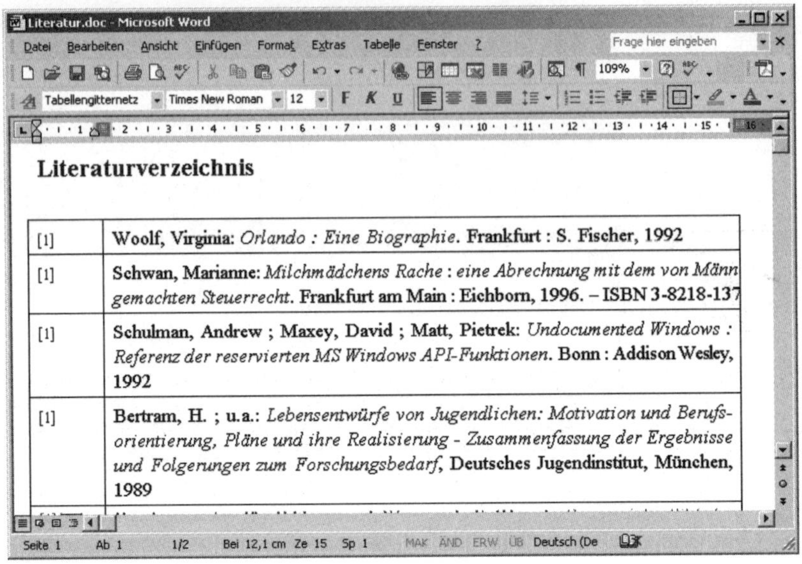

Bild 6.14: Beschriftung wurde in die gesamte erste Spalte eingefügt

☑ Markieren Sie dann die gesamte Tabelle und

☑ sortieren Sie die Tabelleneinträge mit *TABELLE Sortieren* nach *Spalte* 2.

☑ Aktualisieren Sie danach die Beschriftung mit der Funktionstaste F9.

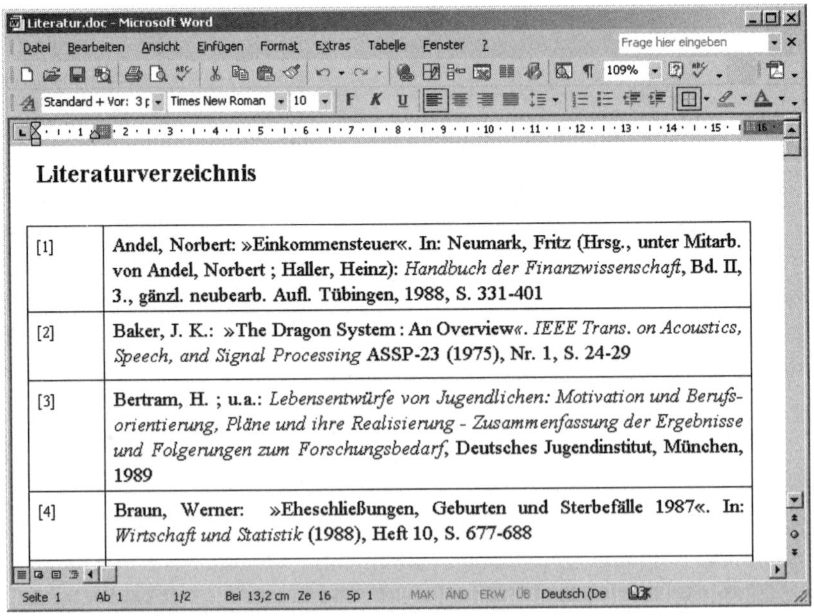

Bild 6.15: Literaturverzeichnis mit nummerierten Literaturangaben

6.2.6.3 Literaturverzeichnis mit abgekürzten Autoren

Um ein Literaturverzeichnis zu erstellen, wie es in Bild 6.5 dargestellt ist, sollten Sie zunächst eine zweispaltige Tabelle erzeugen. Verschieben Sie die Zellengrenzen so, dass Sie links die eckigen Klammern mit den abgekürzten Autoren und Jahreszahlen einfügen können und rechts die vollständigen Literaturangaben.

Text in Tabelle umwandeln Haben Sie bereits Literatur gesammelt und möchten nun eine Tabelle für die gesammelten Belege erstellen, lesen Sie den gleich lautenden Tipp auf Seite 258.

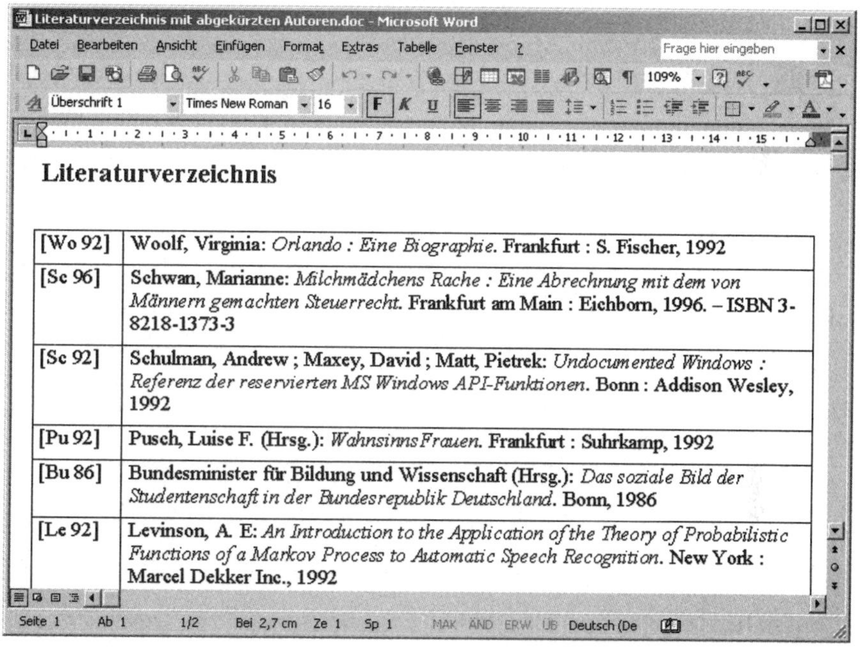

Bild 6.16: Literaturverzeichnis mit abgekürzten Literaturverweisen

Markieren Sie nun die Tabelle und sortieren Sie mit dem Befehl *TABELLE Sortieren* die Literaturangaben. Sortieren Sie dabei nach der ersten Spalte, so kann in der zweiten Spalte durchaus, wie im folgenden Bild, »Bronstein« vor »Braun« einsortiert werden.

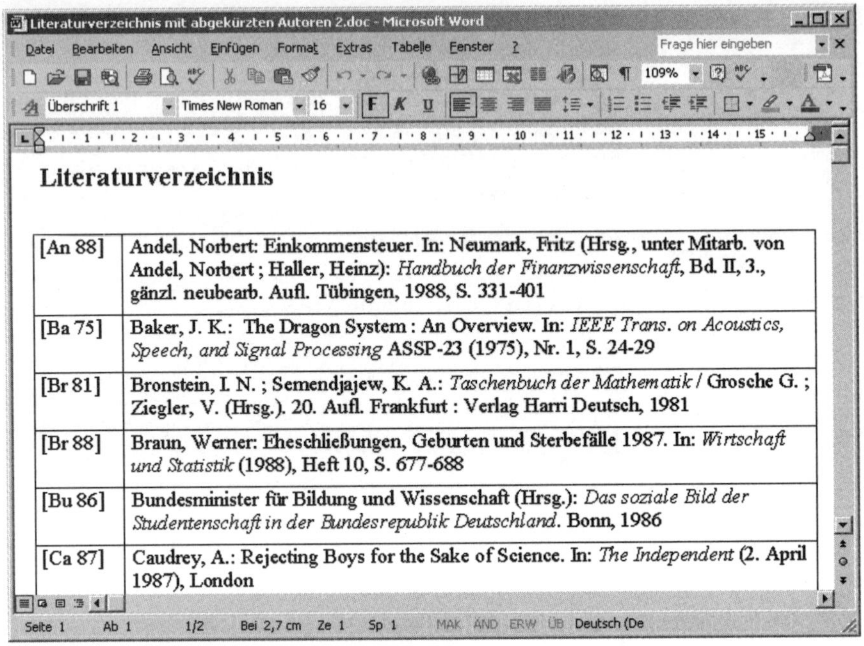

Literaturverzeichnis

[An 88]	Andel, Norbert: Einkommensteuer. In: Neumark, Fritz (Hrsg., unter Mitarb. von Andel, Norbert ; Haller, Heinz): *Handbuch der Finanzwissenschaft*, Bd. II, 3., gänzl. neubearb. Aufl. Tübingen, 1988, S. 331-401
[Ba 75]	Baker, J. K.: The Dragon System : An Overview. In: *IEEE Trans. on Acoustics, Speech, and Signal Processing* ASSP-23 (1975), Nr. 1, S. 24-29
[Br 81]	Bronstein, I. N. ; Semendjajew, K. A.: *Taschenbuch der Mathematik* / Grosche G. ; Ziegler, V. (Hrsg.). 20. Aufl. Frankfurt : Verlag Harri Deutsch, 1981
[Br 88]	Braun, Werner: Eheschließungen, Geburten und Sterbefälle 1987. In: *Wirtschaft und Statistik* (1988), Heft 10, S. 677-688
[Bu 86]	Bundesminister für Bildung und Wissenschaft (Hrsg.): *Das soziale Bild der Studentenschaft in der Bundesrepublik Deutschland*. Bonn, 1986
[Ca 87]	Caudrey, A.: Rejecting Boys for the Sake of Science. In: *The Independent* (2. April 1987), London

Bild 6.17: Alphabetisch sortiertes Literaturverzeichnis mit abgekürzter Autoren-Jahrbezeichnung

6.2.6.4 Zweispaltiges Literaturverzeichnis

Für das in Bild 6.6 dargestellte zweispaltige Literaturverzeichnis sollten Sie eine zweispaltige Tabelle erzeugen. In die linke Spalte tragen Sie die Namen ein, in die rechte Spalte die ausführliche Literaturangabe.

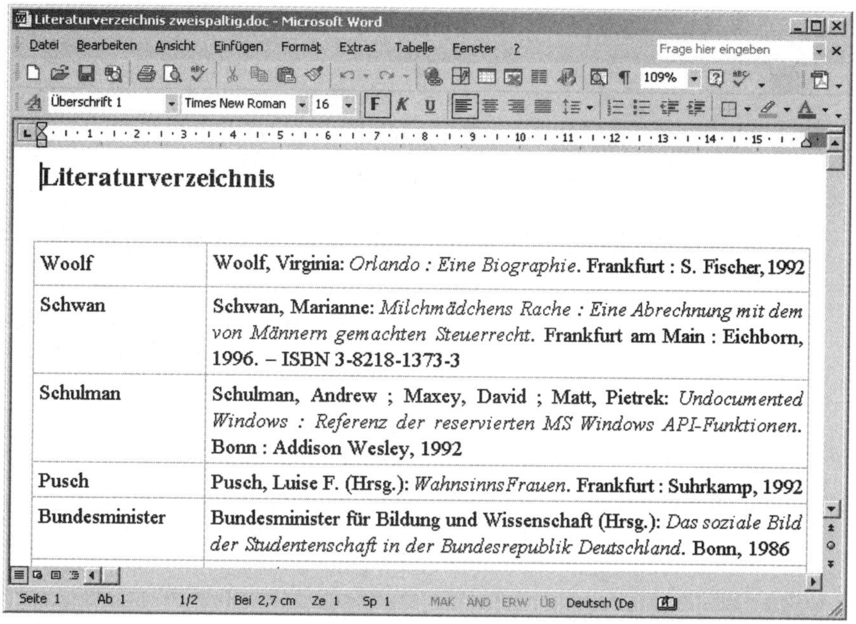

Bild 6.18: Zweispaltiges Literaturverzeichnis

Positionieren Sie Ihre Eingabemarke in der Tabelle und rufen Sie dann den Befehl *TABELLE Sortieren* auf. Wählen Sie im Dialogfeld das Optionsfeld *Keine Überschrift* aus, so erscheint unter 1. Sortierschlüssel *Spalte 1*.

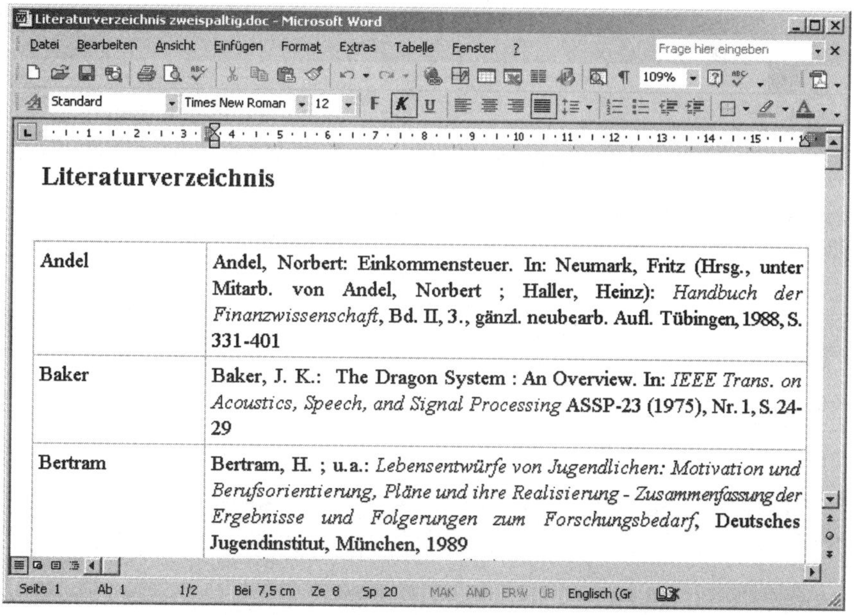

Bild 6.19: Zweispaltiges, alphabetisch sortiertes Literaturverzeichnis

6.2.6.5 Literaturverzeichnis mit Einordnungsformel

Die DIN Norm 1505 Teil 3 legt fest, wie ein Literaturverzeichnis aussehen soll. Dafür wird zunächst eine so genannte Einordnungsformel definiert, die im Hauptteil und im Literaturverzeichnis gleichermaßen verwendet wird. Sie besteht aus zwei Teilen, nämlich dem Namen des oder der Verfasser sowie dem Erscheinungsdatum. Für den oder die Namen der Verfasser ist es dem Zitierenden freigestellt, ob er/sie den Namen mit oder ohne Vornamen oder mit Initial verwendet. Bei Bedarf kann auch der Zusatz Herausgeber oder ähnliches verwendet werden.

Schwan oder **Schwan, M.** oder **Schwan, Marianne**

Schulman / Maxey / Matt oder **Schulman, A. / Maxey, D. / Matt, P.** oder **Schulman, Andrew / Maxey, David / Matt, Pietrek**

Pusch oder **Pusch, L. F.** oder **Pusch (Hrsg.)** oder **Pusch Luise F. (Hrsg.)**

Existiert für das zu zitierende Werk kein Verfasser, so wird für die Einordnungsformel einfach ein kennzeichnendes Wort des Titels verwendet.

Als zweiter Teil der Einordnungsformel wird das Erscheinungsdatum verwendet. Werden zwei Werke desselben Verfassers aus dem selben Jahr zitiert, wird dem Erscheinungsdatum ein kleiner Buchstaben angehängt.

Müller 1998a

Müller 1998b

Die Buchstaben werden nach der Reihenfolge des Auftretens im Haupttext vergeben.

Ist das Datum geschätzt, wird das auch in der Einordnungsformel beispielsweise mit »ca. 1913« ausgedrückt.

Das Literaturverzeichnis wird nach der Einordnungsformel sortiert. Ist ein Verfasser mehrfach vertreten, so werden zunächst alle seine Werke zitiert, in denen er als Autor aufgetreten ist. Dann die Werke, für die er als Beteiligter aufgetreten ist.

Müller 1982	Müller, Susanne:...., 1982
Müller 1985 a	Müller, Susanne:...., 1985
Müller / Mayer 1993	Müller, Susanne ; Mayer, Birgit:..., 1993
Müller 1970	Müller, Susanne (Hrsg.):..., 1970
Müller 1985 b	Müller, Susanne (Übers.):..., 1985

Für ein Literaturverzeichnis mit Einordnungsformel muss zunächst die Einordnungsformel erstellt werden.

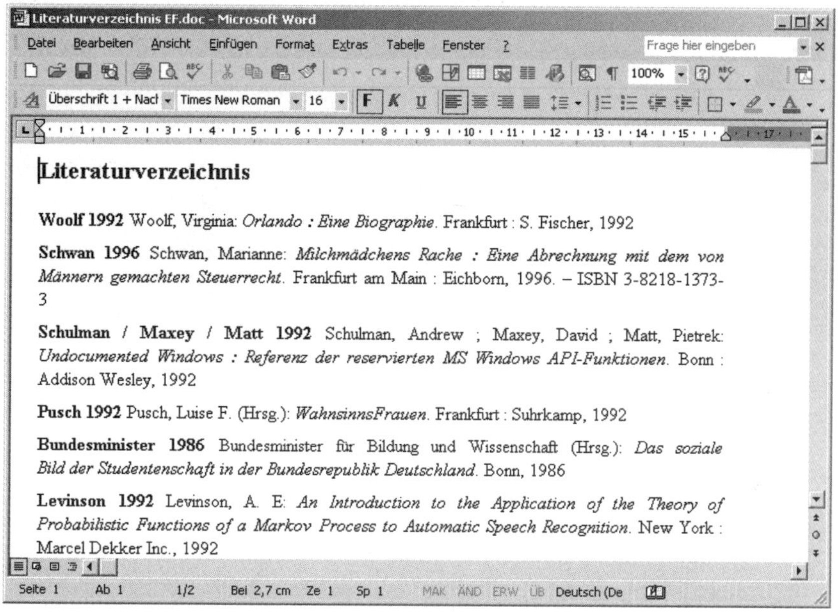

Bild 6.20: Literaturverzeichnis mit Einordnungsformel

☑ Markieren Sie alle Einträge des Literaturverzeichnisses und

☑ verwenden den Befehl *TABELLE Sortieren* mit den Standardeinstellungen.

☑ Definieren Sie dann für alle Absätze einen hängenden Einzug.

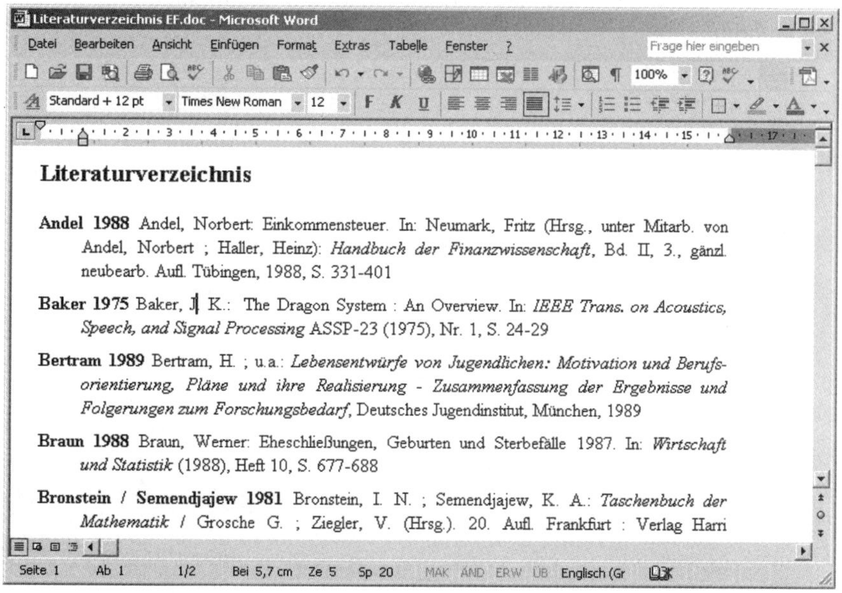

Bild 6.21: Formatiertes Literaturverzeichnis mit Einordnungsformel

6.3 Verweise auf Literaturangaben des Literaturverzeichnisses

Verwalten Sie bei der Verwendung von Masterdokumenten Literaturangaben zusammen mit Ihrem Text in einem Dokument, besteht die Möglichkeit, im Text Querverweise auf Literaturangaben einzufügen, wie es im Kapitel »Der Einstieg in Ihre Arbeit« für Bilder und Tabellen beschrieben wurde.

Mit Querverweisen sollen die beiden folgenden Probleme gelöst werden:

1. Wie kann man kontrollieren, ob zu dem Kurzverweis im Text auch wirklich eine Literaturangabe existiert?
2. Gibt es zu der Literaturangabe im Literaturverzeichnis einen Kurzverweis im Text?

Wir haben von Professoren gehört, die beim Lesen Literaturstellen abhaken und bei fehlenden oder überflüssigen Literaturangaben schlechtere Noten vergeben. Daher ist es sinnvoll, eine Lösung dieser Probleme zu finden.

Abhilfe bieten dabei so genannte Textmarken. Damit setzen Sie Markierungen an bestimmte Textstellen (z. B. auf die einzelnen Einträge des Literaturverzeichnisses), auf die Sie im Text verweisen können.

Kapitelübergreifende Querverweise Sie können kapitelübergreifende Querverweise im Text nur dann einfügen, wenn Sie mit einem Masterdokument arbeiten, so dass Sie im Text Zugriff auf die Textmarken des Literaturverzeichnisses haben.

Voraussetzung für Querverweise auf Literaturstellen sind gesetzte Textmarken:

Setzen Sie eine Textmarke für jede Literaturstelle des Literaturverzeichnisses.

Verfahren Sie zum Setzen der Textmarke wie im Folgenden beschrieben.

☑ Markieren Sie in den Literaturverzeichnissen mit Tabelle den Eintrag der ersten Zelle, also beispielsweise die eckigen Klammern mit der Nummer. Im Literaturverzeichnis, das ohne Tabelle erstellt wurde, markieren Sie den ersten Autor. Verwenden Sie ein Verzeichnis mit Einordnungsformel, können Sie diese markieren.

Der Text, den Sie jetzt im Literaturverzeichnis auswählen, wird als Inhalt der Textmarke später im Text eingefügt. Achten Sie daher darauf, was Sie markieren. Selektieren Sie beispielsweise »Autor Jahr«, so können Sie im Text später nicht den Kurzbeleg »Autor, Jahr« verwenden. Sie können zwar den

Text einer eingefügten Textmarke editieren, allerdings wird bei jeder Aktualisierung das Komma wieder gelöscht. Arbeiten Sie jedoch mit einer Einordnungsformel, die im Literaturverzeichnis und im Text exakt gleich lautet, können Sie Namen und Jahreszahl gleichzeitig markieren und als Textmarke definieren.

- Rufen Sie dann das folgende Dialogfeld mit dem Befehl *EINFÜGEN Textmarke* auf.
- Fügen Sie einen Namen für die Textmarke ein. Wählen Sie dabei einen Namen anhand dessen Sie die dazugehörige Literaturangabe wiedererkennen können. Setzen Sie beispielsweise den Nachnamen und das Erscheinungsdatum ein. Gegebenenfalls können Sie auch die Seitenzahl mit verwenden, wenn sie im Kurzbeleg erscheinen soll. Der Name der Textmarke kann beim Einfügen des Kurzbeleges gut als Gedächtnisstütze dienen. Sie dürfen in einem Textmarkennamen kein Leerzeichen verwenden, benutzen Sie statt dessen bei Bedarf einen Unterstrich.

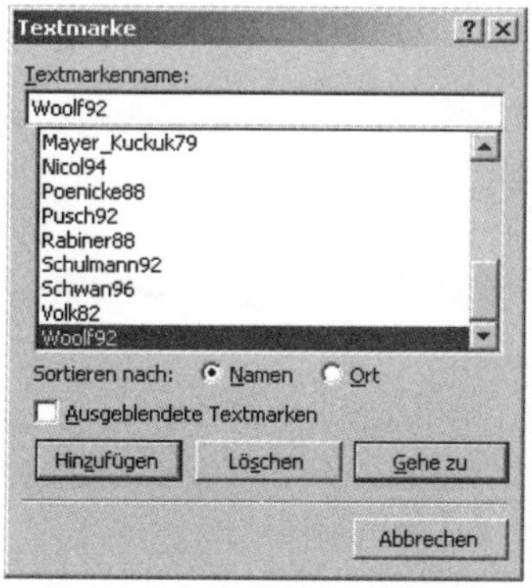

Bild 6.22: Textmarken definieren

- Setzen Sie die Textmarke mit *Hinzufügen*.
- Verfahren Sie so mit allen Autoren.

Markieren der Texte für Textmarken Achten Sie beim Markieren darauf, dass Sie nur den Text, nicht die ganze Zelle in einer Tabelle markieren. Sonst wird später beim Einfügen des Querverweises auch die Zelle eingesetzt.

In Ihrem Text können Sie sich gesetzte Textmarken mit dem Befehl *EXTRAS Optionen* auf dem Registerblatt *Ansicht* mit einem Häkchen vor *Textmarken* anzeigen lassen. Um die als Textmarken verwendeten Wörter werden eckige Klammern gesetzt, wie Sie im folgenden Bild sehen können. So können Sie einfach kontrollieren, ob Sie für einen Autor vergessen haben, eine Textmarke zu definieren.

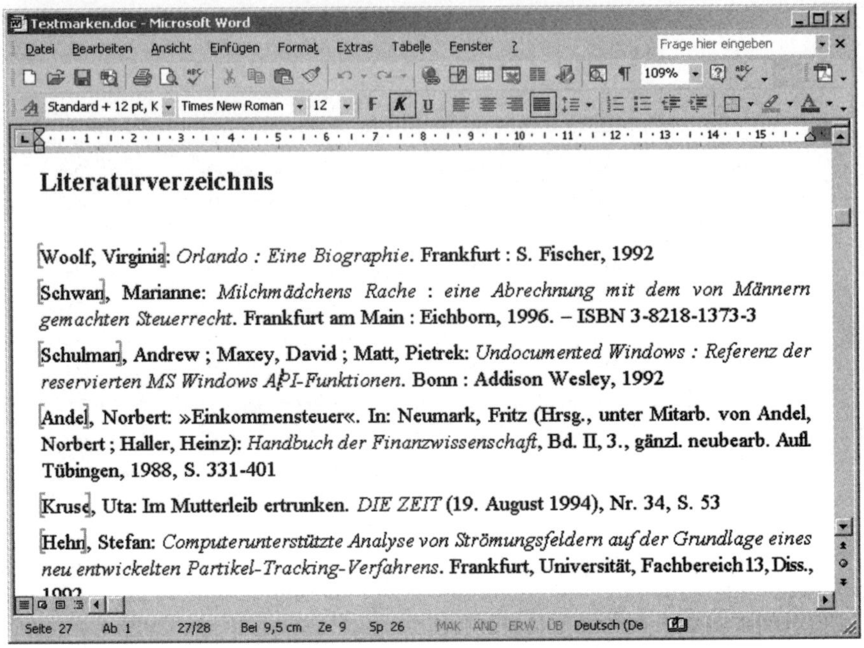

Bild 6.23: Angezeigte Textmarken

Fügen Sie in Ihren Text für die Kurzbelege Querverweise auf Literaturangaben ein.

- ☑ Positionieren Sie die Einfügemarke an die Stelle, an die der Verweis eingefügt werden soll, beispielsweise auch in der entsprechenden Fußnote.
- ☑ Rufen Sie dann mit dem Befehl *EINFÜGEN Referenz Querverweis* (Word 2000/Word 97: *EINFÜGEN Querverweis*) das folgende Dialogfeld auf.
- ☑ Wählen Sie links den *Verweistyp Textmarke* aus.

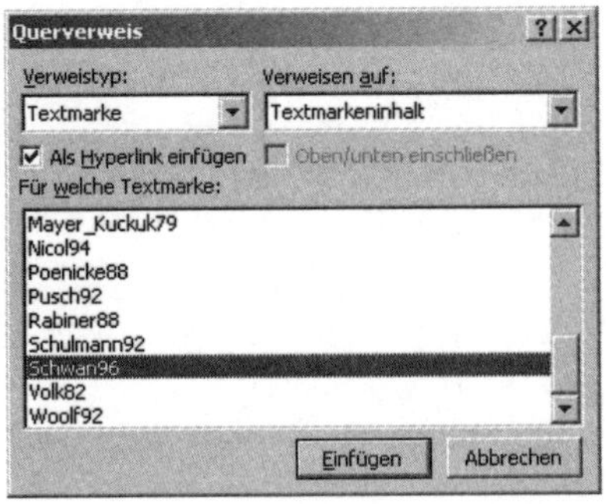

Bild 6.24: Für Textmarken Querverweise einfügen

- ☑ Oben rechts sollte auf den *Textmarkeninhalt* verwiesen werden und
- ☑ im Auswahlfeld selektieren Sie den Namen der benötigten Textmarke.
- ☑ Durch Bestätigen der Auswahl des Dialogfeldes wird der Inhalt der Textmarke eingefügt. Ergänzen Sie bei Bedarf den eingefügten Textmarkeninhalt beispielsweise um die Jahreszahl.

Fehlende Textmarken Hatten Sie im Literaturverzeichnis alle Autoren mit Textmarken versehen und stehen Ihnen jetzt beim Einfügen keine mehr zur Verfügung, sind Sie wahrscheinlich zurzeit nicht im Masterdokument.

6.3.1 Verwendete Literaturangaben überprüfen

In diesem Abschnitt geht es darum, wie die Konsistenz des Literaturverzeichnisses überprüft werden kann. Wir möchten hier die Lösung für die beiden oben angesprochenen Fragestellungen geben.

Kontrollieren Sie, ob zu dem Kurzverweis im Text auch wirklich eine Literaturangabe existiert.

Ein Querverweis auf eine nicht existierende Textmarke wird von Word als Fehler angezeigt.

- ☑ Markieren Sie dazu das gesamte Dokument mit [Strg]+[A] und
- ☑ aktualisieren Sie mit [F9] alle Felder.
- ☑ Findet Word eine Textmarke zu einem Querverweis nicht, finden Sie in der Statuszeile direkt nach der Aktualisieren die Anzeige, dass ein Fehler gefunden wurde, wie es das folgende Bild zeigt. (Diese Anzeige wird nur kurz angezeigt.)

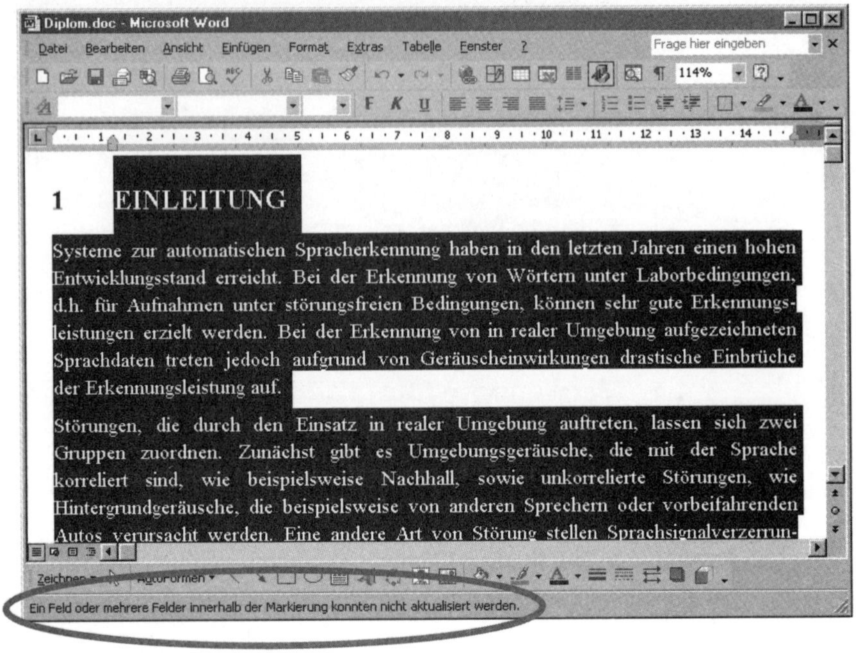

Bild 6.25: Aktualisierungsfehler

☑ Am einfachsten finden Sie die Stelle des Fehlers, indem Sie mit *BEARBEITEN Suchen* nach *Fehler!* suchen.

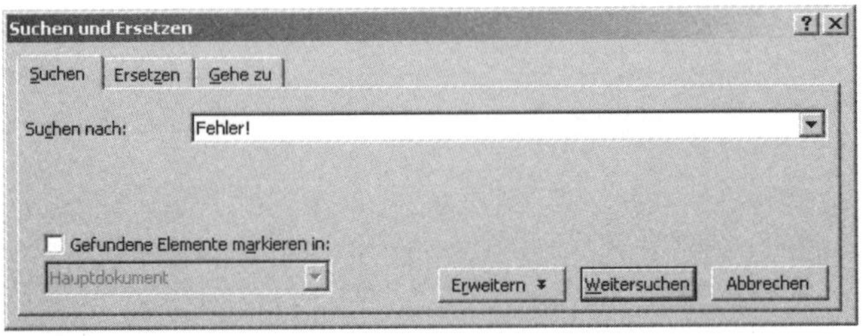

Bild 6.26: Fehler suchen

☑ Dann springt Word an die Stelle, an der der Querverweis steht, der auf eine nicht vorhandene Textmarke zeigt.

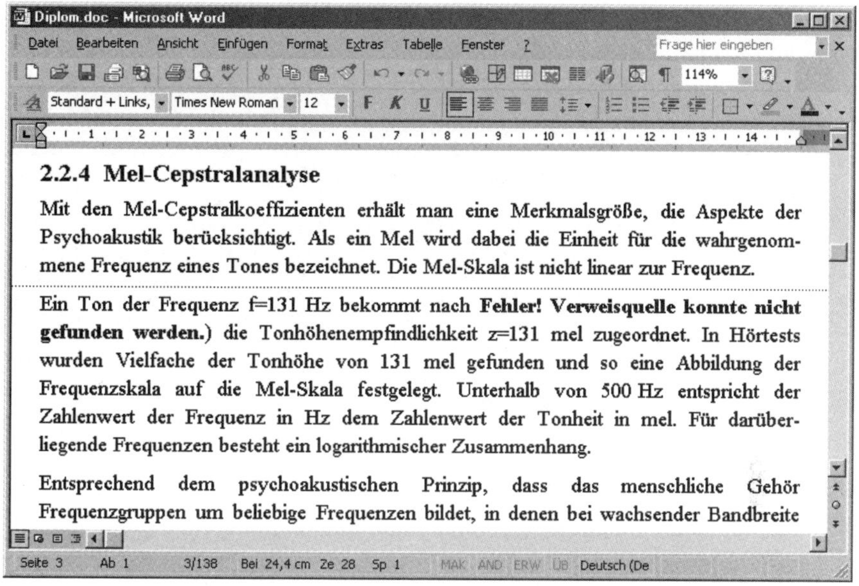

Bild 6.27: Angezeigter Fehler

Überprüfen Sie, ob es zu der Literaturangabe im Literaturverzeichnis auch einen Querverweis im Text gibt.

Um festzustellen, ob es zu allen Literaturangaben im Literaturverzeichnis auch Verweise im Text gibt, haben wir ein Makro geschrieben, das dies kontrolliert. Voraussetzung dafür ist, dass jeder Autor des Literaturverzeichnisses mit einer Textmarke versehen wurde. Alle Autoren ohne Textmarke werden in diese Kontrolle nicht eingeschlossen.

Die Schaltfläche für das benötigte Makro finden Sie auf der Symbolleiste Nummerierung. Um diese Symbolleiste zu verwenden, muss zunächst die Dokumentvorlage, die die Symbolleiste enthält, in das Verzeichnis STARTUP kopiert werden. Haben Sie das noch nicht für die Nummerierung der Tabellen und Bilder getan, tun Sie es jetzt. Lesen Sie die genaue Anleitung in Anhang A.3 nach.

☑ Verwenden Sie nun den Befehl *ANSICHT Symbolleisten Nummerierung*, um die Symbolleiste zu aktivieren, falls sie ausgeblendet sein sollte.

Bevor Sie diese Kontrolle starten, positionieren Sie die Einfügemarke auf die erste Textmarke des Literaturverzeichnisses. Durch Anklicken der Schaltfläche *Literaturverweiskontrolle* der Nummerierung-Symbolleiste sucht Word zunächst von der aktuellen Position aus nach hinten alle Textmarken und merkt sich diese. Danach beginnt es am Anfang des Textes und sucht nach allen Querverweisen auf diese Textmarken. Die Zusammenfassung erhalten Sie in einem Extradokument, wie im folgenden Bild dargestellt.

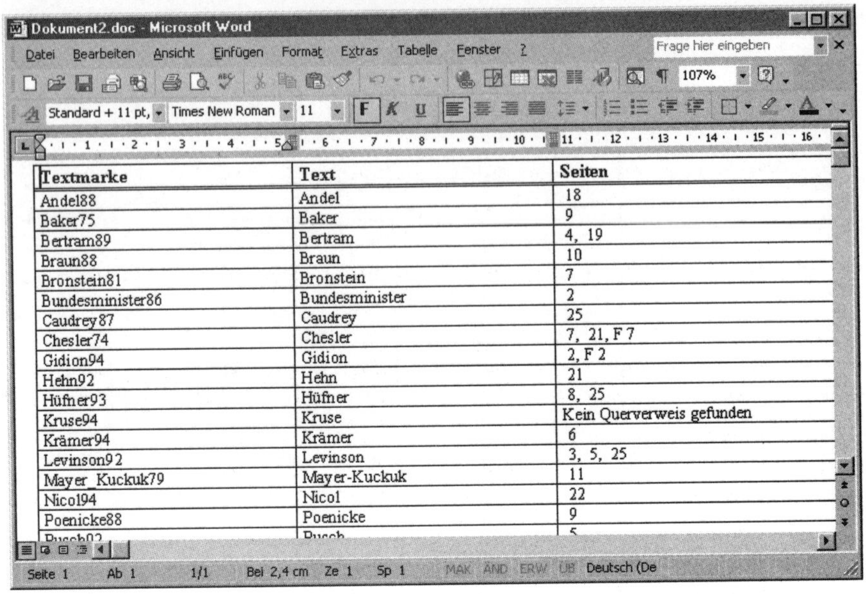

Textmarke	Text	Seiten
Andel88	Andel	18
Baker75	Baker	9
Bertram89	Bertram	4, 19
Braun88	Braun	10
Bronstein81	Bronstein	7
Bundesminister86	Bundesminister	2
Caudrey87	Caudrey	25
Chesler74	Chesler	7, 21, F 7
Gidion94	Gidion	2, F 2
Hehn92	Hehn	21
Hüfner93	Hüfner	8, 25
Kruse94	Kruse	Kein Querverweis gefunden
Krämer94	Krämer	6
Levinson92	Levinson	3, 5, 25
Mayer_Kuckuk79	Mayer-Kuckuk	11
Nicol94	Nicol	22
Poenicke88	Poenicke	9

Bild 6.28: Protokoll des Vergleichs aller Textmarken mit den Querverweisen

Darin werden links die Namen der Textmarken aufgeführt, gefolgt von den Textmarkeninhalten. Rechts können Sie sehen, auf welchen Seiten ein Querverweis auf die entsprechende Textmarke gefunden wurde. Im Bild sehen Sie eine Literaturangabe für die kein Querverweis im Text zu finden war.

Sie finden ebenfalls Seitenangaben, die mit einem F oder E versehen wurden. Dies sind Bezeichnungen für eine auf der angegebenen Seite eingefügte Fuß- oder Endnote.

Drucken Sie sich dieses Dokument zur Kontrolle aller Literaturangaben aus. Sie gelangen zurück in Ihr Masterdokument, indem Sie das aktuelle Dokument schließen oder in *FENSTER* den Namen des Masterdokuments auswählen.

Mathematische Formeln

Formeln erstellen

Paletten der Symbolleiste

Formatierung von Formeln

7.1 Formeln erstellen

Um mathematische Formeln einzufügen, steht in Word ein mit »Formel-Editor« bezeichnetes Hilfsprogramm zur Verfügung. Formeln lassen sich sowohl in einem eigenen Absatz als auch in den Text integriert einfügen. Wir werden Ihnen in diesem Kapitel beschreiben, welche Zeichen in einer Formel kursiv und welche normal gesetzt werden. Außerdem erläutern wir, wie Sie Formeln nummerieren können.

Möchten Sie in Ihrem Text eine Formel einfügen, rufen Sie mit dem Befehl *EINFÜGEN Objekt* das folgende Dialogfeld auf. Selektieren Sie das Registerblatt *Neu erstellen* und wählen den *Microsoft Formel-Editor 3.0* aus. (Word 97: Klicken Sie zudem das Häkchen vor *Über den Text legen* weg, um die Formel im Text einzubetten. Werden Formeln über den Text auf die Zeichnungsebene gelegt, können sie in der Normalansicht nicht gesehen und bearbeitet werden.)

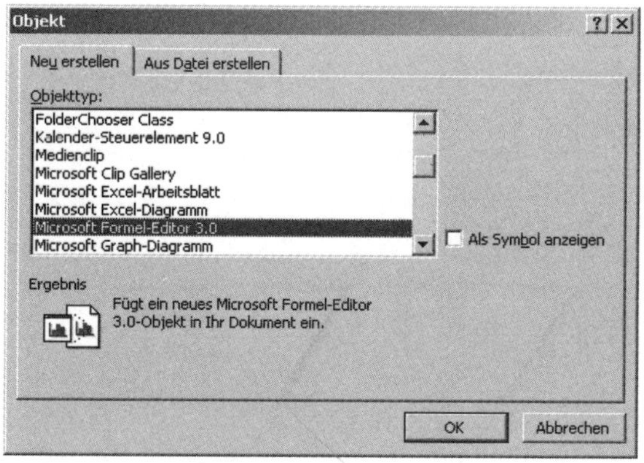

Bild 7.1: Formel-Editor aufrufen

Formel-Editor nicht installiert Der Formel-Editor wird bei einer Standardinstallation von Word nicht installiert. Fehlt er auf Ihrem System, können Sie ihn jederzeit nachinstallieren.

- ☑ Klicken Sie auf die *Start*-Schaltfläche auf der Taskleiste, wählen Sie dann *Einstellungen* und danach *Systemsteuerung* aus.
- ☑ Doppelklicken Sie auf das Symbol *Software*.
- ☑ Markieren Sie im Auswahlfeld auf der ersten Registerkarte *Microsoft Office* und klicken Sie dann auf die Schaltfläche, die sich unter dem Auswahlfeld befindet. Je nach Windows-Version kann sie *Hinzufügen/Entfernen* oder *Ändern* heißen.

- Wählen Sie im Dialogfeld *Feature hinzufügen oder entfernen* aus.
- Der Formel-Editor gehört zur Gruppe der Office-Tools. Klicken Sie auf das Plus-Zeichen vor Office-Tools, um den dazugehörenden Zweig anzuzeigen.
- Klicken Sie auf das Symbol vor *Formel-Editor* und wählen Sie *Vom Arbeitsplatz starten* aus.
- Klicken Sie dann auf die Schaltfläche *Aktualisieren* (bzw. *Jetzt aktualisieren*), um den Installationsvorgang zu starten.

Haben Sie den Editor aufgerufen, wird zum einen ein neues Menü angezeigt, zum anderen erscheint die Formel-Symbolleiste auf Ihrem Monitor. In ein umrahmtes Rechteck kann die Formel eingetragen werden. Dabei können Sie sowohl Eingaben mit Hilfe der Tastatur machen als auch mit der eingeblendeten Formel-Symbolleiste.

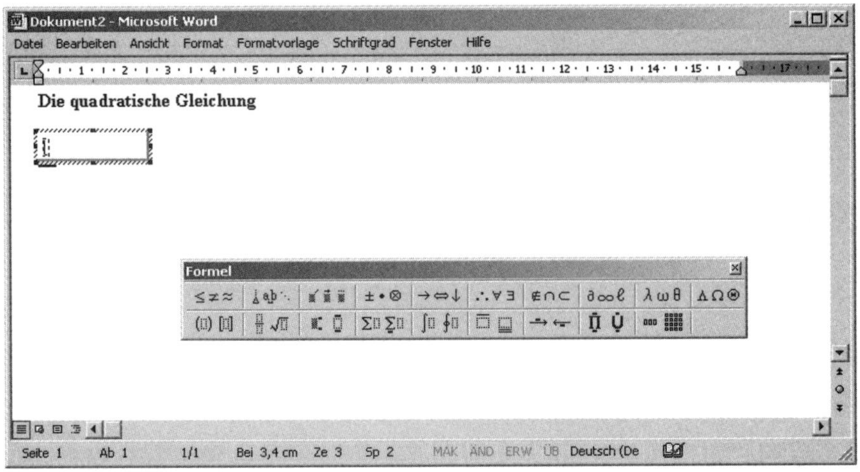

Bild 7.2: Der aktivierte Formel-Editor

Der Formel-Editor stürzt ab Bei einigen Installationen hatten wir das Problem, dass der Formel-Editor sofort abgestürzt ist, wenn wir von der Symbolleiste das erste Symbol der Formel zufügen wollten. Das Problem konnte erst dann gelöst werden, als in *FORMATVORLAGE Definieren* Schriften zugewiesen wurden. Möchten Sie wissen, welche Schriften dazu verwendet werden sollten, blättern Sie weiter zum Abschnitt 7.3.2, »Formatvorlagen anpassen«.

Wir möchten als einfaches Beispiel die Formel

$$x^2+2px+q=0$$

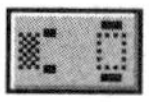

eingeben. Tippen Sie dazu ein »x« ein. Für die Hochzahl klicken Sie mit der Maus auf der Symbolleiste auf die links dargestellte Schaltfläche. Dadurch aktivieren Sie ein Menü, im Folgenden auch »Palette« genannt, in dem Sie verschiedene Hoch- und Tiefstellungen einstellen können. Klicken Sie das erste Feld an, so erscheint hinter dem »x« ein hochgestelltes kleines Rechteck, in das Sie eine »2« eingeben können und so das folgende Bild erhalten.

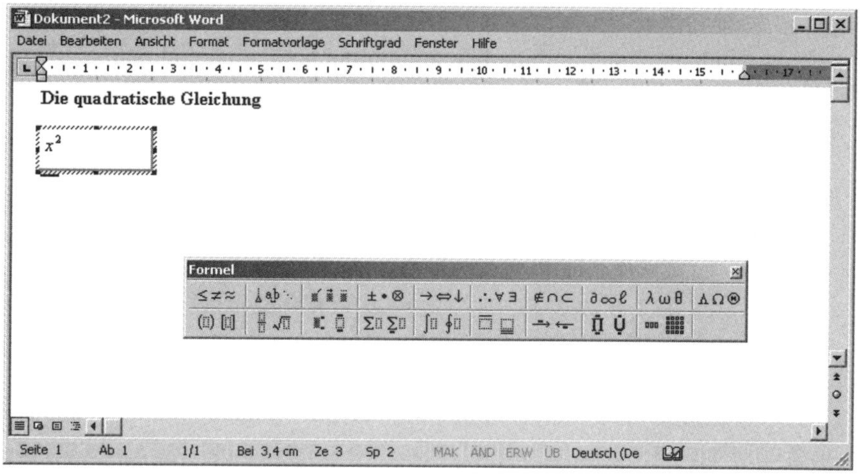

Bild 7.3: Beginn einer Gleichung

Wie Sie links sehen können, ist die Einfügemarke hinter der »2« sehr klein. Geben Sie weiteren Text ein, wird auch der als Hochzahl formatiert. Möchten Sie aber nun mit der quadratischen Formel fortfahren und das Pluszeichen eintippen, betätigen Sie einmal die Pfeiltaste nach rechts auf Ihrer Tastatur. Dadurch wird die Eingabemarke vergrößert und zeigt Ihnen an, dass Sie wieder normal große Zeichen auf der Grundlinie eingeben können. Das Vervollständigen der quadratischen Formel wird Ihnen nun keine Probleme mehr bereiten. Ist die Formel fertig, klicken Sie das Word-Dokument an. Damit wird wieder das Standard-Word-Menü angezeigt und die Symbolleiste für Formeln verschwindet.

Symbolleiste Falls die Symbolleiste im Wege liegt, manchmal wird sie direkt über dem eingefügten Rechteck platziert, klicken Sie sie an der Titelleiste an und verschieben sie.

Als zweites Beispiel möchten wir nun die Lösung der quadratischen Gleichung

$$x_{1/2} = -\frac{p}{2} \pm \sqrt{\left(\frac{p}{2}\right)^2 - q},$$

die so genannte pq-Formel einfügen. Beginnen Sie hier wieder mit dem »x«, fügen Sie dann, wie oben beschrieben, mit der Schaltfläche einen Index ein. Nach dem Gleichheits- und dem Minuszeichen soll nun ein Bruch entstehen. Aktivieren Sie die Palette zur links dargestellten Schaltfläche und wählen darin die erste Option, um damit einen Bruch zu definieren. Positionieren Sie die Einfügemarke in dem oberen Rechteck und tippen Sie ein »p« ein. Positionieren Sie die Einfügemarke unten und geben Sie die »2« ein.

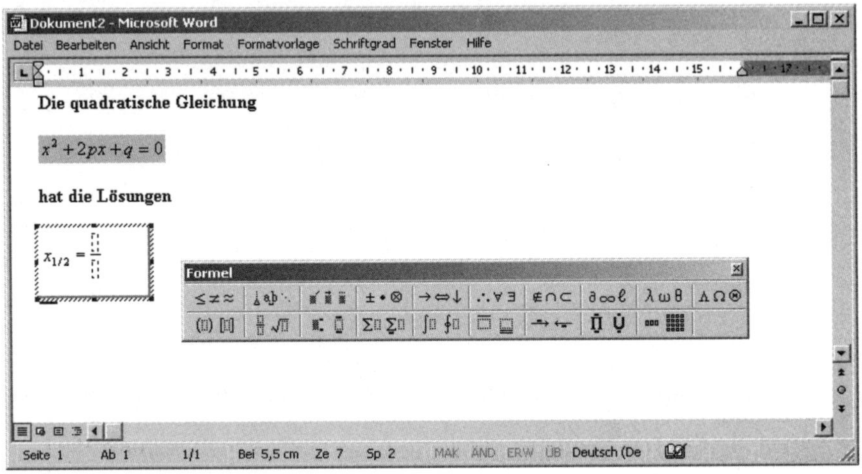

Bild 7.4: Erweitern der Gleichung

Mit dem Pfeil nach rechts wird die Einfügemarke wieder auf die Grundlinie angepasst. Ebenfalls mit der bereits verwendeten Palette *Brüche und Wurzeln* fügen Sie eine Wurzel ein. Unter der Wurzel steht ein Bruch in Klammern. Über die Schaltfläche *Klammern* können verschiedene Klammern in Formeln eingefügt werden. Die Klammern, die über die Formel-Symbolleiste eingefügt werden, haben den Vorteil, dass ihre Größe im Gegensatz zu Klammern, die Sie mit der Tastatur einfügen können, an ihren Kontext angepasst werden. Innerhalb der Klammern wird wieder ein Bruch verwendet. Nach der Klammer, aber noch unter der Wurzel, benötigen Sie wieder eine Hochzahl.

Der Rest ist wieder einfach. Falls Sie merken, dass der eingetippte Teil nicht mehr unter der Wurzel steht, tippen Sie auf die Pfeiltaste nach links, bis Sie die Einfügemarke wieder unter der Wurzel platziert haben.

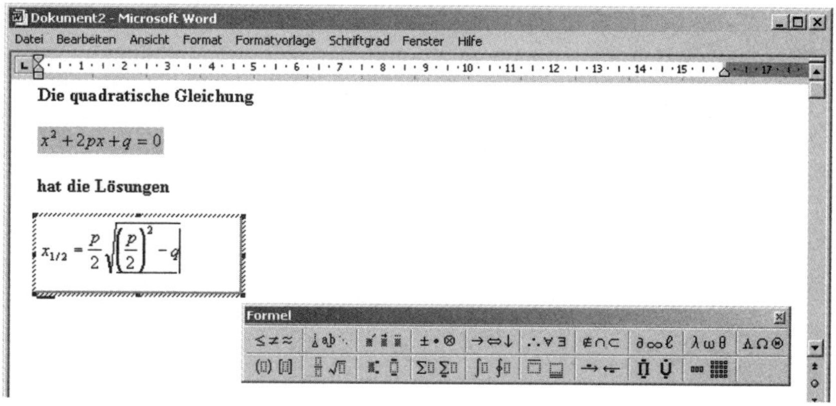

Bild 7.5: Eingefügte pq-Formel

Formeln in Sätze einbinden Ihr Text klingt wesentlich flüssiger, wenn es Ihnen gelingt, Formeln in Sätze einzubauen. Man ist zwar zunächst geneigt, vor jeder Formel einen Doppelpunkt zu setzen, aber nach einer kurzen Gewöhnungsphase gelingt es ziemlich leicht, Formeln in die Satzstruktur einzubinden.

Schriftenprobleme Es gibt immer wieder Probleme mit einer Schrift im Formel-Editor. In manchen Fällen erscheint eine Fehlermeldung, dass die Schrift *MT Extra* nicht zur Verfügung steht, oder einige der Zeichen Ihrer Formel werden durch seltsame andere Zeichen ersetzt.

Verfahren Sie in einem solchen Fall wie in den folgenden Schritten beschrieben, um die richtigen Schriften einzubinden.

- ☑ Beenden Sie Word und
- ☑ starten Sie das Programm *Systemsteuerung* über die Start-Schaltfläche und den Menüeintrag *Einstellungen.*
- ☑ Im Gruppenfenster der *Systemsteuerung* finden Sie das Symbol für *Schriftarten.* Aktivieren Sie das Programm mit einem Doppelklick.
- ☑ Markieren Sie im Auswahlfeld der Schriftarten die Schrift *MT Extras.*
- ☑ Verwenden Sie den Befehl *DATEI Löschen.*
- ☑ Wählen Sie dann den Befehl *DATEI Neue Schriftart installieren.*
- ☑ Legen Sie die CD-ROM zum Buch ein und wählen im geöffneten Dialogfeld das Verzeichnis \FONTS aus.
- ☑ Selektieren Sie TrueType-Schrift *MT Extra* und bestätigen Sie die Auswahl.

Damit sollten Ihnen wieder die richtigen Zeichen im Formel-Editor zur Verfügung stehen.

7.1.1 Formel bearbeiten

Haben Sie zwischenzeitlich an Ihrem Text weitergearbeitet und möchten nun eine Formel verbessern oder ergänzen, klicken Sie sie mit einem Doppelklick an. Damit wird der Formel-Editor aktiviert und Sie können Ihre Änderungen vornehmen.

Gerade bei großen Formeln ist es oft hilfreich, wenn sie in einem eigenen Fenster bearbeitet werden können. Klicken Sie dazu die Formel an und verwenden dann den Befehl *BEARBEITEN Formel-Objekt Öffnen*, um das folgende Fenster zu aktivieren.

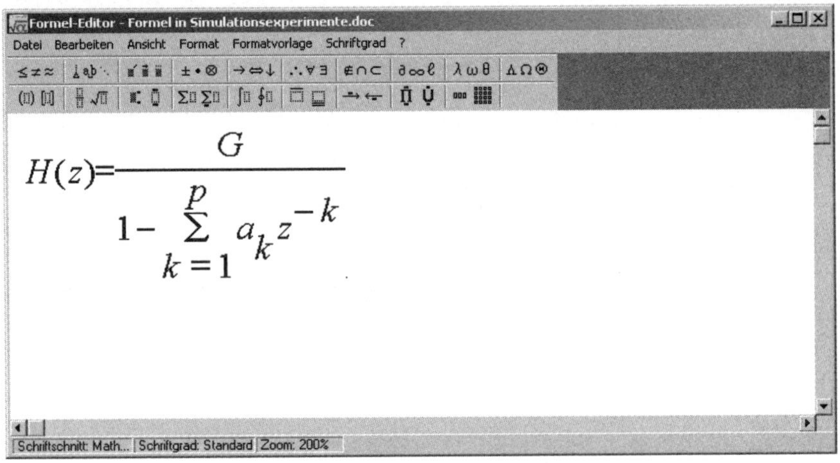

Bild 7.6: Eigenes Fenster für den Formel-Editor

Für die Größe der Anzeige können Sie im Fenster mit dem Befehl *ANSICHT* oder mit den in der folgenden Tabelle dargestellten Tastenkombinationen den Zoomfaktor wählen und so die Größe der Anzeige bestimmen.

Tabelle 7.1: Tastenkombinationen für Zoomfaktor

Zoomfaktor	Tastenkombination
100%	Strg+1
200%	Strg+2
400%	Strg+4
Alles anzeigen	Strg+Y

7.1.2 Nummerieren von Formeln

Lassen Sie Formeln von Word nummerieren. Geben Sie keine Nummern per Hand ein. Sie können entweder die Nummerierung mit Hilfe des Befehls *EINFÜGEN Referenz Beschriftung* erstellen (wie das geht, finden Sie ab Seite 92) oder die Nummerierung-Symbolleiste verwenden. Darauf finden Sie die Schaltfläche *FormelEinfügen*, die sowohl die Nummerierung erstellt als auch den Formel-Editor startet. Sollte die Symbolleiste nicht angezeigt werden, können Sie sie mit dem Befehl *ANSICHT Symbolleisten Nummerierung* aktivieren. Haben Sie noch nicht mit der Symbolleiste gearbeitet und müssen die Dokumentvorlage Nummerierung.dot noch auf Ihre Festplatte kopieren, lesen Sie am besten in Anhang A3 nach, was zu tun ist.

Verwenden Sie die Schaltfläche *FormelEinfügen*, wird an der Stelle, an der sich die Eingabemarke befindet, erst ein Return, dann eine Tabelle eingefügt. Sie können also die Schaltfläche beim Schreiben am Ende des Absatzes vor der Formel anklicken.

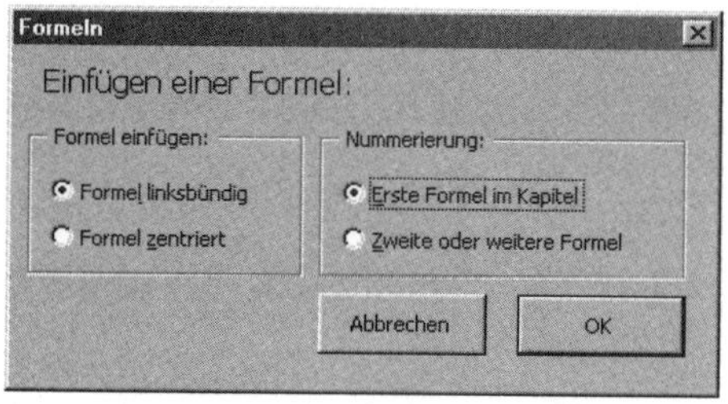

Bild 7.7: Dialogfeld zum Einfügen der Formelnummer

Für eine korrekte Nummerierung ist es erforderlich, zwischen der ersten und jeder weiteren Formel zu unterscheiden. Lesen Sie dazu weitere Informationen in Kapitel 3 im Abschnitt »Nummerierung und Querverweise« ab Seite 98 nach. Dort finden Sie auch Anweisungen, was zu tun ist, wenn Formeln umgestellt werden bzw. wenn nachträglich eine neue erste Formel eingefügt wird.

Die Formelnummer wird automatisch vertikal zentriert eingefügt, d.h., egal wie hoch die Formel selbst ist, Formel und Nummer sind immer zentriert zueinander ausgerichtet. Dazu ist es notwendig, für jede Formel eine Tabelle anzulegen.

Haben Sie im Dialogfeld ausgewählt, dass die Formel linksbündig eingefügt werden soll, besteht die Tabelle aus zwei Zellen, für zentrierte Formeln enthält sie drei. In der letzten Zelle werden rechtsbündig zwei Feldfunktionen für die Nummerierung eingefügt, in der Zelle davor wird automatisch der Formel-Editor gestartet. Die Konstruktion mit einer Tabelle ist notwendig, wenn später auf die Nummer der Formel verwiesen werden soll.

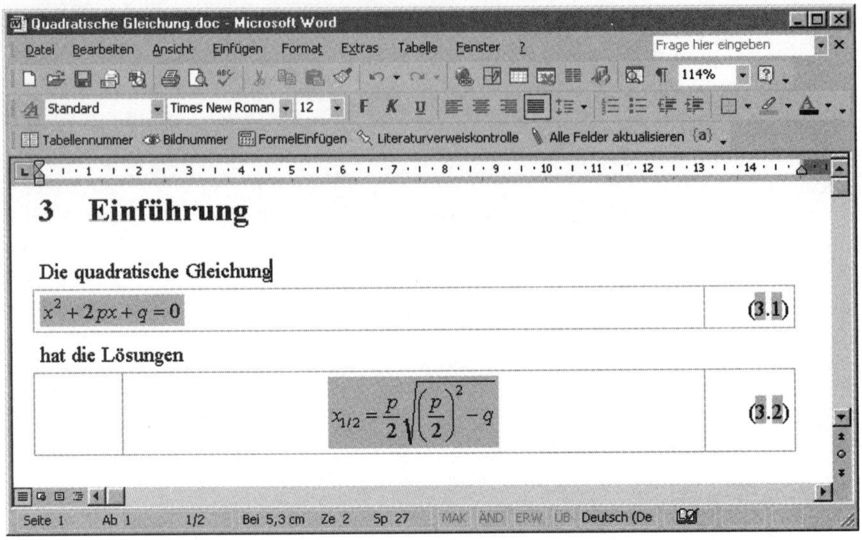

Bild 7.8: Eine linksbündig und eine zentriert eingefügte Formel

Wurde in Ihrem Dokument eine Formatvorlage *Formel* definiert, wird die der Tabelle automatisch zugewiesen. Eine Formatvorlage *Formel* ist nur notwendig, wenn für die Formel andere Abstände zu den Absätzen oben und unten als für normalen Text definiert werden sollen.

In manchen Arbeiten wurden Tabellen zwar linksbündig eingefügt, allerdings mit einem Einzug, so dass sie nicht ganz links am Rand anfingen. Auch dann können Sie das Makro *FormelEinfügen* verwenden. Markieren Sie die erste Zelle und definieren Sie mit dem Befehl *FORMAT Absatz* einen linken Einzug. Alternativ können Sie den Einzug auch auf dem Lineal festlegen, indem

Sie die links abgebildete Markierung am unteren Rechteck anklicken und nach rechts ziehen. (Eine Formatvorlage lässt sich dabei leider nicht verwenden, damit wird sonst auch die Nummerierung um den festgelegten Einzug nach rechts verschoben.)

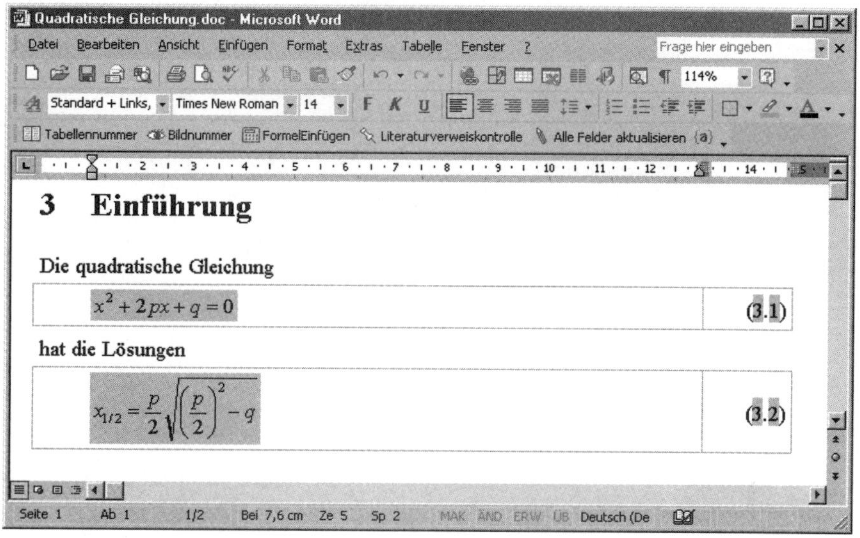

Bild 7.9: Linksbündige Formel mit Einzug

7.1.3 Verweise auf Formelnummern

Möchten Sie auf eine der Formelnummern verweisen, verfahren Sie nach dem folgenden Schema:

- Positionieren Sie die Einfügemarke an die Stelle, an die der Verweis eingefügt werden soll.
- Aktivieren Sie dann den Befehl *EINFÜGEN Referenz Querverweis* (Word 2000/Word 97: *EINFÜGEN Querverweis*).
- Wählen Sie als *Verweistyp* den Eintrag mit der Klammer (.
- Unter *Verweisen auf* selektieren Sie *Gesamte Beschriftung*.
- Wählen Sie im Auswahlfenster die Nummer der Formel, auf die verwiesen werden soll.

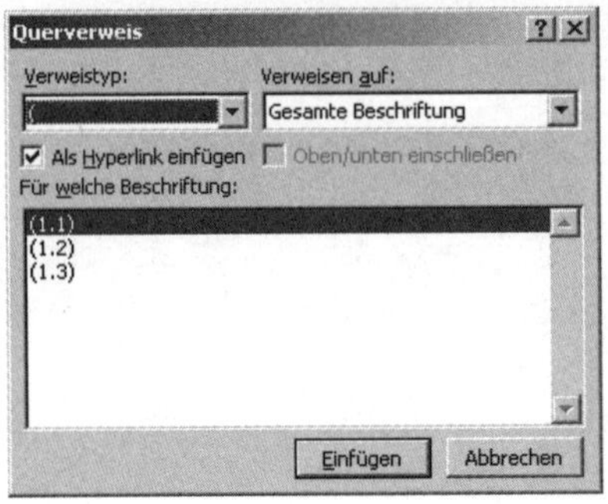

Bild 7.10: Querverweis auf Formel einfügen

Haben Sie bereits zuvor mit Querverweisen auf Tabellen oder Bilder gearbeitet, werden Sie jetzt feststellen, dass Querverweise auf Formeln insofern schwieriger sind, als kein die Formel beschreibender Text angegeben wird. Sie müssen also, um auf eine Formel verweisen zu können, wissen, welche Formelnummer ihr aktuell zugewiesen ist. Dies ist vor allem dann schwierig, wenn auf eine Formel verwiesen werden soll, die ein ganzes Stück weiter vorne in der Arbeit steht.

7.1.3.1 Setzen einer Textmarke

Man kann sich in diesem Fall mit so genannten Textmarken behelfen. Sie können an beliebiger Stelle in Ihrem Text Textmarken definieren, auf die Sie dann später verweisen können. Jede Formel bekommt eine Textmarke mit einem Inhalt (z. B. die Formelnummer) und einen Namen.

- ☑ Markieren Sie die Formelnummer zusammen mit den beiden Klammern.
- ☑ Setzen Sie mit dem Befehl *EINFÜGEN Textmarke* eine Textmarke für die Markierung. Verwenden Sie dabei einen Namen, der die Formel beschreibt, wie »pqFormel«.
- ☑ Bestätigen Sie den Namen mit der Schaltfläche *Hinzufügen*.

Achtung beim Markieren Achten Sie beim Markieren der Formelnummer mit den Klammern darauf, dass Sie nicht versehentlich die gesamte Zelle markieren. Sie fügen sonst später auch eine Zelle in Ihren Text ein.

7.1.3.2 Verweis auf eine Textmarke

Möchten Sie nun auf eine Formel verweisen, für deren Nummer eine Textmarke definiert wurde, wählen Sie wieder den Befehl *EINFÜGEN Referenz Querverweis* (Word 2000/Word 97: *EINFÜGEN Querverweis)* und selektieren als *Verweistyp* den Eintrag *Textmarke*. Verweisen Sie auf den Textmarkeninhalt, um die Formelnummer in den Text einzutragen.

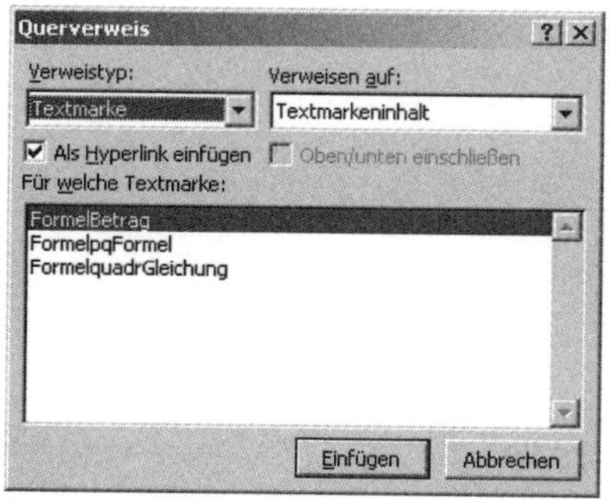

Bild 7.11: Querverweis auf Textmarke

7.1.4 Formeln im Text

Möchten Sie eine Formel direkt in den Text einbauen, aktivieren Sie den Formel-Editor mit dem Befehl *EINFÜGEN Objekt* einfach an der Stelle im Text, an der die Formel platziert werden soll.

Es ist davon abzuraten, große Formeln in den Text aufzunehmen, da die Zeilen von Word auseinander gezogen werden, wie es im folgenden Bild dargestellt ist.

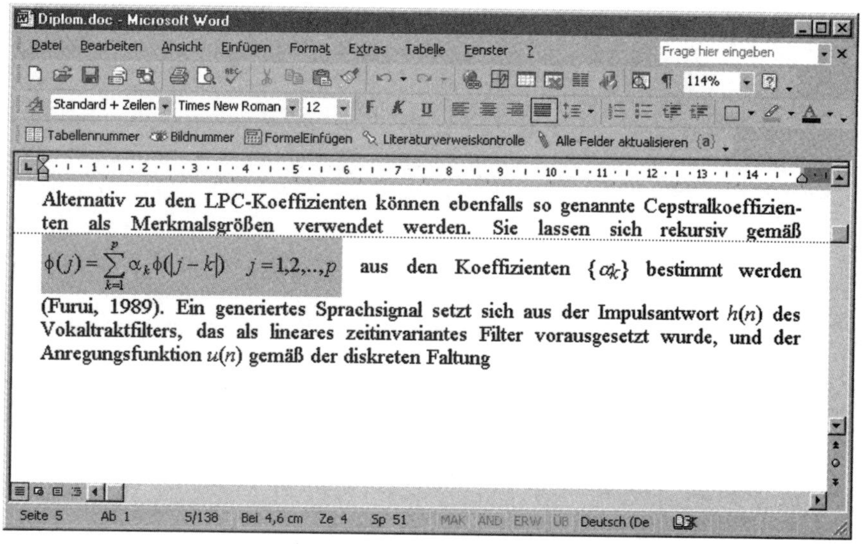

Bild 7.12: Formel im Text

Stellen Sie den Zeilenabstand hingegen fest ein, wird die Formel oben und unten abgeschnitten.

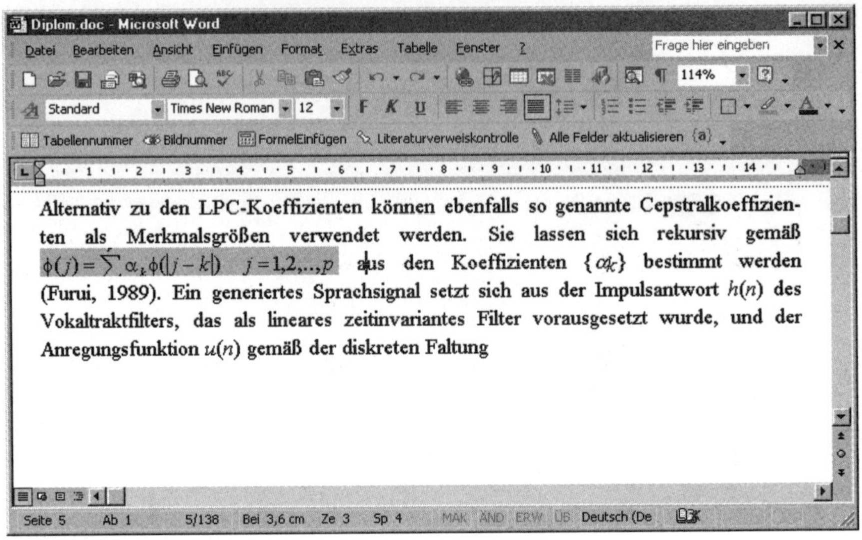

Bild 7.13: Fester Zeilenabstand

7.2 Paletten der Symbolleiste

In diesem Abschnitt möchten wir Ihnen zunächst in einem Bild alle Paletten der Formel-Symbolleiste zeigen. Zu einigen Zeichen gibt es Tastenkombinationen, die ein verkürztes Anwählen gestatten. An Beispielen möchten wir im Folgenden die Arbeit mit Formeln weiter veranschaulichen.

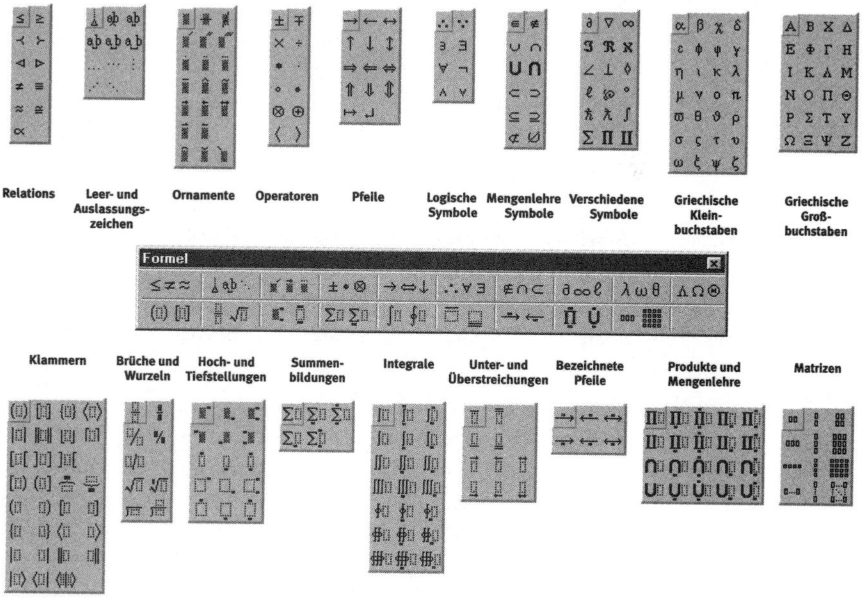

Bild 7.14: Formel-Symbolleiste mit Paletten

Fast alle Paletten und Zeichen sind selbsterklärend. Einzig zur zweiten Palette der ersten Zeile sind folgende Erklärungen nötig.

Das erste Zeichen der Palette richtet Formeln, die übereinanderstehen, an diesem Zeichen aus.

Als Beispiel sollen die beiden Formeln links im folgenden Bild so ausgerichtet werden, dass die C_V direkt übereinanderstehen. Dazu wird vor beide Gleichheitszeichen das kleine Dreieck eingefügt, wie Sie es im Bild links sehen können, und im Menü *FORMAT* eingestellt, dass am Dreieck ausgerichtet werden soll. Das Ausrichtungszeichen wird zwar im Formel-Editor angezeigt, aber nicht gedruckt.

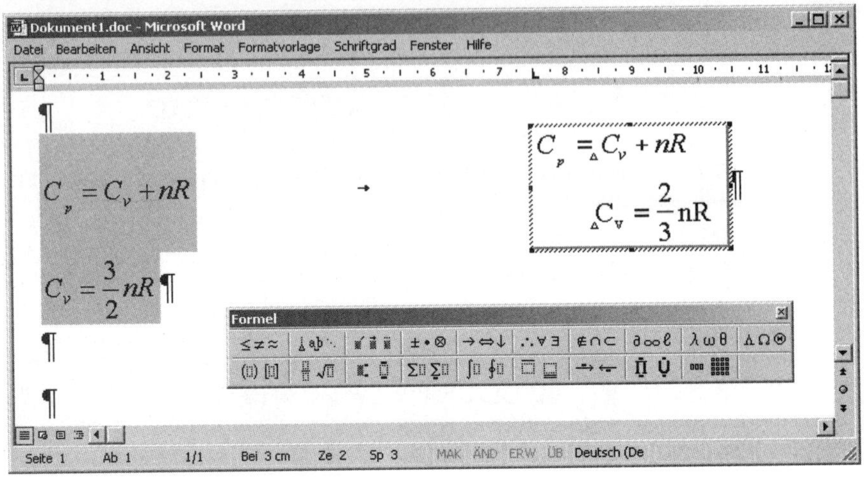

Bild 7.15: Ausrichtungszeichen

Es folgen auf der Palette Abstandssymbole, die für fünf verschiedene Abstände stehen. Eventuell haben Sie bereits bemerkt, dass die Leertaste im Formel-Editor kein Leerzeichen erzeugt. Abstände lassen sich mit den Zeichen dieser Palette einfügen.

Die im Formel-Editor möglichen Tastenkombinationen sind in der folgenden Tabelle aufgeführt.

Tabelle 7.2: Tastenkombinationen für Abstandszeichen

Symbol	Abstand	Tastenkombination
ab	keinen	⇧+Leertaste
a.b	1-Punkt	Strg+alt+Leertaste
a b	Schmales Leerzeichen	Strg+Leertaste
a b	Breites Leerzeichen	Strg+⇧+Leertaste

7.2.1 Beispiele

Variablen werden oft durch Ornamente ergänzt, um beispielsweise zu zeigen, dass sie Vektoren sind, dass sie abgeleitet wurden oder dass sie eine Schätzung darstellen.

Fügen Sie die Variable ein und vergeben Sie dann das gewünschte Ornament.

$$p=m\dot{x}$$

$$K=m\ddot{x}$$

Ebenso können Sie zwei Ornamente übereinander vergeben:

$$\dot{\vec{r}} = \frac{1}{m}\vec{p} \qquad m\ddot{\vec{r}} = \vec{K}$$

Vertikale Abstände bearbeiten Der Abstand vertikal übereinanderliegender Ornamente kann im Formel-Bearbeitungsmodus direkt bearbeitet werden. Markieren Sie dazu ein Ornament, indem Sie es mit gehaltener [Strg]-Taste anwählen. Sie verschieben dann das Ornament nach unten, wenn Sie bei betätigter [Strg]-Taste die Pfeiltaste nach unten tippen. Entsprechend bewegen Sie mit der Tastenkombination [Strg]+[↑] ein Ornament weiter hoch.

Im Folgenden werden wir Ihnen einige Beispiele zu der Klammernpalette zeigen.

Um den folgenden Ausdruck mit einer liegenden geschweiften Klammer

$$x^n := \underbrace{x \cdot x \cdot \ldots \cdot x}_{n-mal}$$

zu erstellen, geben Sie zunächst die Formel ohne die Klammer ein. Markieren Sie die Zeichen rechts vom Gleichheitszeichen und wählen Sie dann das links stehende Symbol aus. In das Kästchen unter der Klammer geben Sie den entsprechenden Text ein.

Für das Skalarprodukt

$$\langle e_k, e_l \rangle = \delta_{kl} = \begin{cases} 0, & \text{falls } k \neq l \\ 1, & \text{falls } k = l \end{cases}$$

wurde eine geschweifte Klammer zum Darstellen der zwei möglichen Ergebnisse benötigt. Fügen Sie nach der geschweiften Klammer aus der letzten Palette der zweiten Zeile die beiden übereinanderstehenden Kästchen ein und vervollständigen Sie damit die Formel. Das Wort »falls« wurde im Menü zu *FORMATVORLAGE* als *Text* gesetzt.

Für die Definition des Betrags

$$|x| := \left\{ \begin{array}{l} x, \text{ falls } x \geq 0 \\ -x, \text{ falls } x < 0 \end{array} \right. \qquad |x| := \left\{ \begin{array}{rl} x, & \text{falls } x \geq 0 \\ -x, & \text{falls } x < 0 \end{array} \right.$$

ergab sich das Problem, dass der Text hinter der Klammer standardmäßig nicht übereinander ausgerichtet wird. Markieren Sie zum Ausrichten die beiden Zeilen und wählen dann den Befehl *FORMAT Matrix* aus. Damit aktivieren Sie das folgende Dialogfeld, in dem Sie für einen Matrixausdruck die Spaltenausrichtung festlegen können.

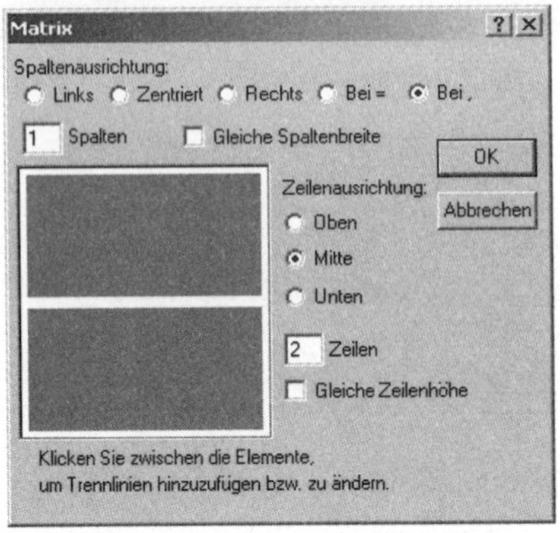

Bild 7.16: Matrixausrichtung festlegen

Die Größe der verwendeten Klammern bzw. der Abstand zwischen der Formel und der sie umgebenden Klammer kann mit *FORMAT Abstand* festgelegt werden.

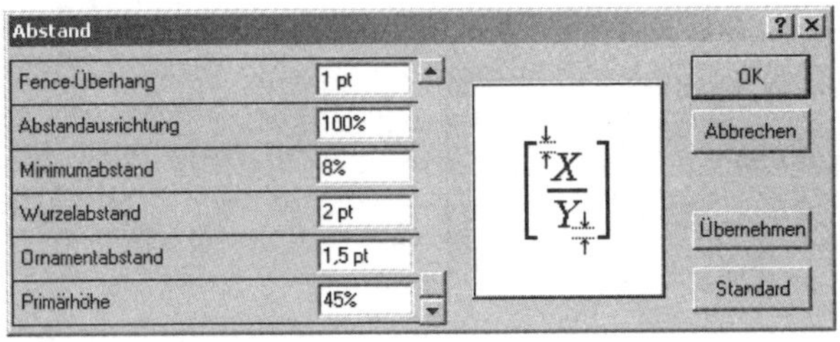

Bild 7.17: Abstände festlegen

Abstände ändern Abstände können Sie auch mit der Tastatur verändern. Möchten Sie, dass ein oder mehrere Zeichen nach oben, unten, links oder rechts verschoben werden, verwenden Sie dazu die Strg-Taste und die Pfeiltaste in die gewünschte Richtung.

Der untereinanderstehende Text für den Grenzwert

$$\lim_{n \to \infty} a_n = a$$

∞

lässt sich sehr einfach mit dem nebenstehenden Symbol erstellen. Der in das kleinere Feld eingegebene Text wird automatisch reduziert und in einer kleineren Schriftgröße angegeben. Das Zeichen für Unendlich finden Sie auf der Palette *Verschiedene Symbole*.

Um für den folgenden Teil des Beweises der Substitutionsregel

$$\int_a^b f(\varphi(t))\varphi'(t)dt = (F \circ \varphi)\Big|_a^b$$
$$= F(\varphi(b)) - F(\varphi(a))$$
$$= \int_{\varphi(a)}^{\varphi(b)} f(x)dx$$

den Strich (erste Zeile rechts) einzugeben, der die Integrationsgrenzen darstellt, können Sie nebenstehendes Symbol der Klammernpalette verwenden. Möchten Sie mehrere Zeilen einer Formel an den Gleichheitszeichen ausrichten, wählen Sie in *FORMAT Bei = ausrichten* an.

Für das Skalarprodukt

$$\langle f, g \rangle := \frac{1}{2\pi} \int_0^{2\pi} \overline{f(x)} g(x) dx$$

können Klammern der Klammernpalette verwendet werden. Um die Überstreichung der Funktion f(x) zu erreichen, wurde die Funktion markiert und das nebenstehende Symbol der Palette *Unter- und Überstreichung* angeklickt.

Für die Darstellung der Binominalkoeffizienten

$$\binom{n}{k} := \prod_{j=1}^{k} \frac{n-j+1}{j}$$

wurden in die Klammer mit dem links dargestellten Symbol der Palette *Matrizen* zwei übereinanderliegende Felder eingefügt. Es wurde ein Zeichen für das Produkt ausgewählt, das mit darüber- und darunterliegenden Feldern für die laufende Variable versehen war.

Arbeiten Sie häufig mit dem Formel-Editor, finden Sie es sicher auch irgendwann zu langsam mit der Maus die einzelnen Zeichen von den Paletten in die Formel einzufügen. Für einige Zeichen gibt es Tastenkombinationen, die diesen Vorgang erheblich verkürzen. Die folgende Tabelle zeigt Tastenkombinationen für verschiedene Ornamente, Zeichen und Vorlagen.

Tabelle 7.3: Tastenkombinationen für Ornamente, Symbole und Vorlagen

Symbol	Zeichen	Tastenkombination
$\square''$	Doppelstriche	Strg+⇧+2
$\dot{\square}$	Einzelner Punkt	Strg+Alt+.
$\bar{\square}$	Überstreichung	Strg+⇧+-
$\vec{\square}$	Pfeil	Strg+Alt+-
$\square^{\square}$	Hochgestellt	Strg+H
$\square_{\square}$	Tiefgestellt	Strg+L
$\square_{\square}^{\square}$	Hochzahl und Index	Strg+J
$\underset{\square}{\square}$	Tiefgestellt, unterschrieben	Strg+T, U
∞	Unendlich (infinity)	Strg+K, I
$\rightarrow$	Pfeil (arrow)	Strg+K, A
∂	Partielle Ableitung (derivative)	Strg+K, D
$\leq$	Kleiner oder gleich	Strg+K, <
$\geq$	Größer oder gleich	Strg+K, >
$\times$	Mal (times)	Strg+K, T
$\in$	Element von	Strg+K, E
$\notin$	Nicht Element von	Strg+K, ⇧+E
$\subset$	Teilmenge von (contained)	Strg+K, C
$\not\subset$	Nicht Teilmenge von	Strg+K, ⇧+C
$(\square)$	Runde Klammern	Strg+9
$\frac{\square}{\square}$	Bruch übereinander (Fraction)	Strg+F
$\square/\square$	Bruch nebeneinander	Strg+⇧+7
$\int_{\square}^{\square}\square$	Integral	Strg+T, I
$\sum_{\square}^{\square}\square$	Summe	Strg+T, S
$\prod_{\square}^{\square}\square$	Produkt	Strg+T, P
$\sqrt{\square}$	Wurzel (Root)	Strg+R
$\sqrt[\square]{\square}$	n-te Wurzel	Strg+T, N
$\begin{matrix}\square&\square&\square\\\square&\square&\square\\\square&\square&\square\end{matrix}$	3x3 Matrix	Strg+T, M

7.3 Formatierung von Formeln

Die Norm DIN 1338 legt das Format und Aussehen von Formelsatz fest. Damit wird geregelt, welche Zeichen kursiv und welche gerade gesetzt werden und vieles mehr. Im Formel-Editor besteht die Möglichkeit, die entsprechenden Vorschriften einzustellen.

Die folgende Tabelle zeigt den üblichen Gebrauch von kursiver und senkrechter Auszeichnung. Generell werden Klammern gerade gesetzt.

Tabelle 7.4: Festlegung von kursiver und gerader Auszeichnung

Art	**Darstellung**	**Beispiele**
Zahlen und Variablen		
Zahlen	Senkrecht	$1234,\ \frac{3}{5},\ 6{,}022 \cdot 10^{23}$
Variablen	Kursiv	$y=ax+b,\ \{a_n\}$
Funktions- und Operatorzeichen		
Allgemein	Kursiv	$F(s)=\int_0^\infty e^{-st} f(t)\,dt$
Feste Bed.	Senkrecht	$\int,\ \sum,\ \partial,\ \nabla,\ \sin,\ \cos$
Physikalische Zeichen		
	Kursiv	$E=m \cdot c^2,\ F=m \cdot \dot{v},\ U=RI,\ Q=CU$
Physikalische Einheiten		
	Senkrecht	$5\,\mathrm{m},\ 1\,\mathrm{mV},\ 15\,°\mathrm{C},\ 6{,}022 \cdot 10^{23}\,\mathrm{mol}^{-1}$

Word hält sich an diese Vorschriften insofern, als generell mathematische Formeln kursiv gesetzt werden. Ausnahmen sind Funktionszeichen, wie Integrale, Summenzeichen usw. und einige Funktionen wie »sin«, »cos«, »log« u.a. Im folgenden Abschnitt beschreiben wir, nach welchen Kriterien Word Formeln formatiert.

7.3.1 Formatvorlagen

Allen Zeichen, die Sie für eine Formel eingeben, wird ein Format zugeordnet, d.h., die Schrift und die Auszeichnung werden bestimmt. Um Sie bei der

Eingabe von Formeln zu unterstützen, versucht der Formel-Editor »mitzudenken« und Ihre Zeichen entsprechend zu formatieren.

Standardmäßig stehen dem Formel-Editor dazu sieben Formatvorlagen zur Verfügung, die nach bestimmten Kriterien automatisch zugeordnet werden.

Sie können markierten Zeichen eine Formatvorlage mit Hilfe des Menüpunktes *FORMATVORLAGE* zuweisen, um so die automatische Formatierung des Formel-Editors zu übergehen.

7.3.1.1 Mathematik

Die Formatvorlage *Mathematik* wird vom Formel-Editor für die automatische Erkennung und Zuordnung von Zeichen verwendet. Der Formel-Editor versucht, Variablen, Zahlen und Funktionen in der richtigen Weise zu formatieren. Er nutzt nach der Erkennung der Zeichen die im Folgenden aufgeführten Formatvorlagen zur endgültigen Formatierung.

7.3.1.2 Text

Möchten Sie nicht die vom Formel-Editor erzeugte automatische Formatierung verwenden, da Sie beispielsweise Texte eingegeben haben, die nicht als mathematische Formeln interpretiert werden sollen, können Sie die Formatvorlage *Text* zuweisen.

7.3.1.3 Funktion

Die Formatvorlage *Funktion* soll für feststehende Funktionsbegriffe wie »sin« oder »cos« eingesetzt werden. Der Formel-Editor erkennt die folgenden aufgeführten Funktionsbezeichnungen und weist automatisch die Formatvorlage *Funktion* zu.

> sin, cos, tan, sec, csc, cot, arcsin, arccos, arctan, sinh, cosh, tanh, coth, exp, ln, log, min, max, inf, sup, lub, lim, lim inf, lim sup, hom, ker, dim, arg, deg, det, mod, int, Im, Re, Pr, var, cov

Funktionen Möchten Sie eine Formel mit beschreibendem Text in der Form

> *The* dim*ension of x* = *ab*sin *x*

eingeben, so erkennt der Formel-Editor die Funktion »dim« im Wort »dimension« und formatiert entsprechend mit der Formatvorlage *Funktion* in gerader Schrift. Außerdem wurde dem Text die Formatvorlage *Variable* zugewiesen. Markieren Sie den Text und weisen Sie mit *FORMATVORLAGE Text* das richtige Format zu.

7.3.1.4 Variable

Alle vom Formel-Editor als Variablen erkannten Zeichen werden mit der Formatvorlage *Variable* versehen.

7.3.1.5 Griechische Buchstaben

Für die Darstellung griechischer Buchstaben wird die Schriftart »Symbol« verwendet, die standardmäßig in Windows installiert ist.

7.3.1.6 Symbol

Auch die mathematischen Symbole werden mit der Schriftart »Symbol« auf Bildschirm und Drucker gebracht.

7.3.1.7 Matrix/Vektor

Für Matrizen und Vektoren setzt der Formel-Editor die Formatvorlage *Matrix/Vektor* ein.

7.3.1.8 Andere Schriftart oder Formatvorlage

Im Menü *FORMATVORLAGE* wird Ihnen der Punkt *Andere* angeboten. Mit ihm rufen Sie das folgende Dialogfeld auf, in dem Sie eine Schriftart und Auszeichnung wählen können.

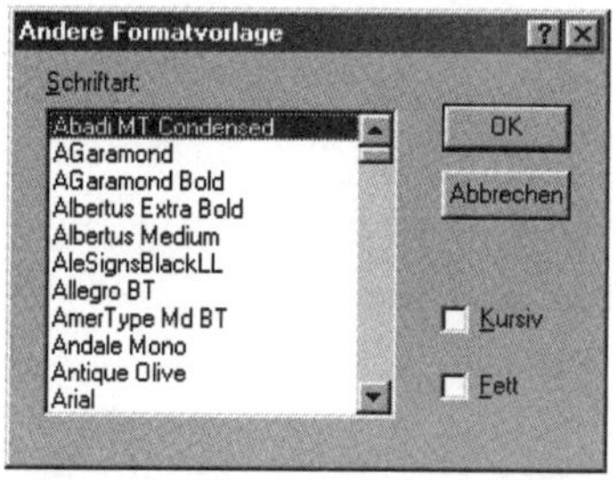

Bild 7.18: Auswahl einer Schriftart

Die folgende Tabelle stellt Tastenkombinationen zusammen, verschiedene Formatvorlagen per Tastatur zuzuweisen.

Tabelle 7.5: Tastenkombinationen zum Zuweisen von Formatvorlagen

Formatvorlage	Tastenkombination
Mathematik	Strg+⇧+O
Text	Strg+⇧+E
Funktion	Strg+⇧+F
Variable	Strg+⇧+I
Griechische Buchstaben	Strg+⇧+G
Matrix / Vektor	Strg+⇧+B

7.3.2 Formatvorlagen anpassen

Die Formatvorlagen lassen sich anpassen. Sie können die Formatierungsrichtlinien für den Formel-Editor vorgeben. Rufen Sie dazu das Dialogfeld *Formatvorlage* mit dem Befehl *FORMATVORLAGE Definieren* auf.

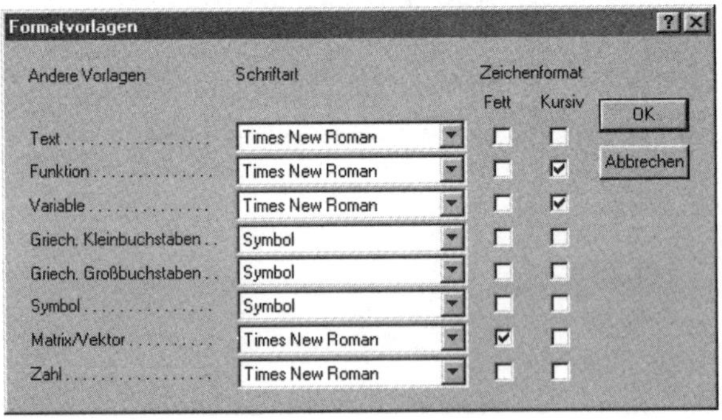

Bild 7.19: Standard-Formatvorlagen

Für die verschiedenen Formatvorlagen können Sie die Schriftart auswählen. Ändern Sie die Schriftart *Symbol*, sollten Sie darauf achten, dann eine andere Schrift zu verwenden, die griechische und mathematische Sonderzeichen aufweist.

Mit dem Anklicken der Optionen rechts der Schriftarten legen Sie fest, welche der Formatvorlagen fett oder kursiv dargestellt werden soll.

Formatvorlagen Änderungen an den Formatvorlagen gelten für alle Formeln, die schon geschrieben oder noch erstellt werden.

7.3.3 Schriftgrößen

Markieren Sie die Zeichen, für die Sie die Größe der Schrift festlegen möchten. Der Formel-Editor bietet Ihnen dafür im Menü *SCHRIFTGRAD* die Einstellungen *Standard*, *Hoch-/Tiefgestellt*, *Oberhoch-/Untertiefgestellt*, *Symbol* und *Reduziertes Symbol*.

Wählen Sie den Menüpunkt *Andere* an, wird Ihnen das folgende Dialogfeld zum Festlegen einer Schriftgröße angeboten.

Bild 7.20: Festlegung der Schriftgröße

Möchten Sie die Definitionen für die Schriftgrößen ändern, selektieren Sie den Befehl *SCHRIFTGRAD Definieren*. Im Dialogfeld *Schriftgrad* lassen sich die Schriftgrößen für die verschiedenen Bestandteile einer Formel angeben.

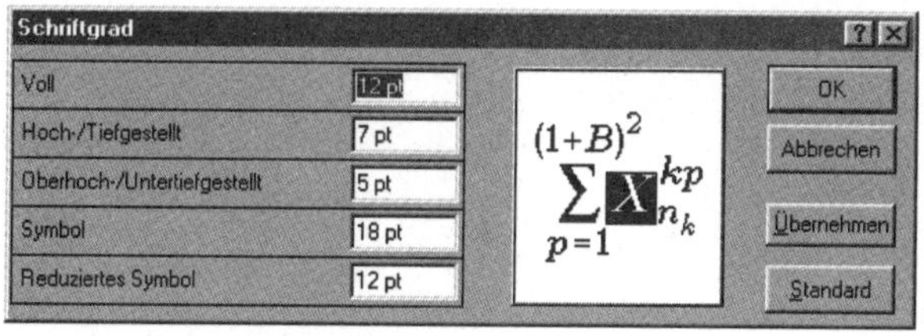

Bild 7.21: Schriftgrößendefinition

7.3.4 Abstand

Zeilenabstände für Formeln, Matrizen, Hoch- und Tiefstellungen stellen Sie im Dialogfeld *Abstand* ein, das Sie über *FORMAT Abstand* erreichen.

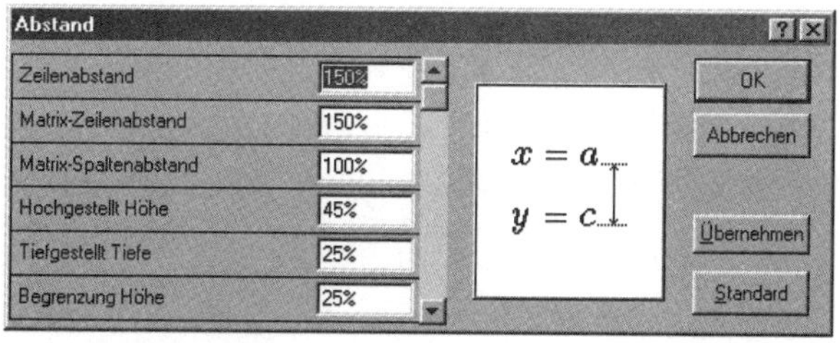

Bild 7.22: Abstände

Weitere Einstellungsmöglichkeiten können Sie mit Hilfe des Rollbalkens in der Mitte des Dialogfeldes anwählen.

Klicken Sie auf die Schaltfläche *Standard*, wenn Sie alle Einstellungen zurücksetzen möchten.

Chemische Formeln

Die Chemie-Makros

Das Programm ChemOffice

C F

8.1 Die Chemie-Makros

Dieses Kapitel ist vor allem für Nicht-Chemiker gedacht, die im Rahmen ihrer Diplom- oder Doktorarbeit chemische Formeln in den Text aufnehmen müssen. Sind Sie Chemiker, sind Ihnen Programme zur Darstellung von Formeln und Strukturen wahrscheinlich bekannt. Wir haben aber Biologen, Mineralogen usw. kennen gelernt, die zwar chemische Formeln in ihren Arbeiten verwendeten, aber zur Erstellung der Formeln keine Hilfsprogramme einsetzten und deshalb alles mühsam mit der Hand zeichneten.

Wir möchten in diesem Kapitel zwei Werkzeuge vorstellen, mit denen Sie »Chemie« in Ihre Texte aufnehmen können. Diese unterscheiden sich im Funktionsumfang, Lernaufwand und vor allem im Preis.

Zuerst beschreiben wir eine Sammlung von Word-Makros, die die Erstellung von Summenformeln und Reaktionsgleichungen erleichtern. Danach stellen wir das Programm ChemDraw vor, mit dem auch komplexe Formeln schnell gezeichnet werden können.

Die Chemie-Makros erlauben Ihnen das Einfügen von chemischen Summenformeln und Reaktionsgleichungen in Ihren Text. Durch die Installation der Makros auf Ihrem System erhalten Sie eine zusätzliche Symbolleiste, eine Reihe weiterer Menübefehle und einen speziellen Zeichensatz für chemische Symbole. Die Anleitung zur Installation finden Sie im entsprechenden Verzeichnis CHEMIE auf der CD-ROM zum Buch oder in Anhang A.3.

Nach der Installation steht Ihnen eine zusätzliche Symbolleiste zur Verfügung.

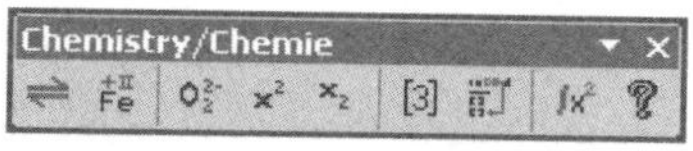

Bild 8.1: Chemie-Symbolleiste

Shareware Die Chemie-Makros sind »Shareware«. Shareware ist frei kopierbare Software, d.h., Sie können die Makros an andere weitergeben. Das Konzept von Shareware ist aber so aufgebaut, dass Sie, wenn Sie die Makros für gut befinden und für Ihre Arbeit einsetzen, den Autor entsprechend honorieren sollten. Im Fall der Chemie-Makros würden Sie mit 20 DM den Autor Pascal Dietzel motivieren, weiterhin solch professionell programmierte Word-Makros zu erstellen. Die Adresse des Autors und weitere Angaben finden Sie in der Online-Hilfe zu den Makros.

8.1.1 Beispiele

Einige Beispiele sollen Ihnen die Möglichkeiten der Chemie-Makros beschreiben.

Die folgende Zeile zeigt eine einfache Reaktionsgleichung, die mit Hilfe der Makros eingefügt wurde.

$Na_2CO_3 + 2\ NO_3 \rightarrow NaNO_2 + NaNO_3 + CO_2$

Die Gleichung wird in der im folgenden Bild dargestellten Form eingegeben. Das Dialogfeld rufen Sie mit der links dargestellten Schaltfläche der Chemie-Symbolleiste oder der F10-Taste auf.

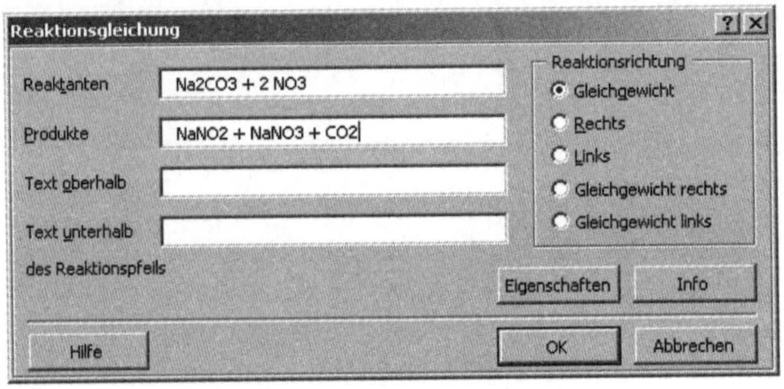

Bild 8.2: Chemieformel einfügen

Die Chemie-Makros passen die Schreibweise automatisch an, so dass Sie beispielsweise bei der Eingabe nicht auf Tiefstellungen achten müssen. Einzelne oder mehrere Ziffern nach einem Buchstaben oder einer Klammer werden von dem Chemie-Makro automatisch tiefgestellt, während einzelne Plus- oder Minuszeichen als Ladungssymbole hochgestellt werden. Soll ein Pluszeichen wie im Beispiel oben als Pluszeichen in der Reaktionsgleichung stehen, dann muss vor diesem Pluszeichen ein Leerzeichen eingefügt werden.

Durch Anwahl der Option *Rechts* in der Gruppe *Reaktionsrichtung* veranlassen Sie, dass zwischen Reaktanten und Produkt ein Reaktionspfeil gezeichnet wird, der nach rechts zeigt. Um Sonderzeichen wie den Reaktionspfeil oder das Erhitzungszeichen im nächsten Beispiel auf Bildschirm und Drucker darstellen zu können, wurde ein spezieller Zeichensatz erstellt. Zu diesem Zeichensatz finden Sie am Ende des Abschnitts weitere Anmerkungen.

Die Darstellung einer Formel lässt sich auf Ihre Bedürfnisse abstimmen, indem Sie das folgende Dialogfeld mit Hilfe der Schaltfläche *Eigenschaften* aufrufen. Legen Sie darin die Abstände und Größen für die Hoch- und Tiefstellung und das Reaktionssymbol fest.

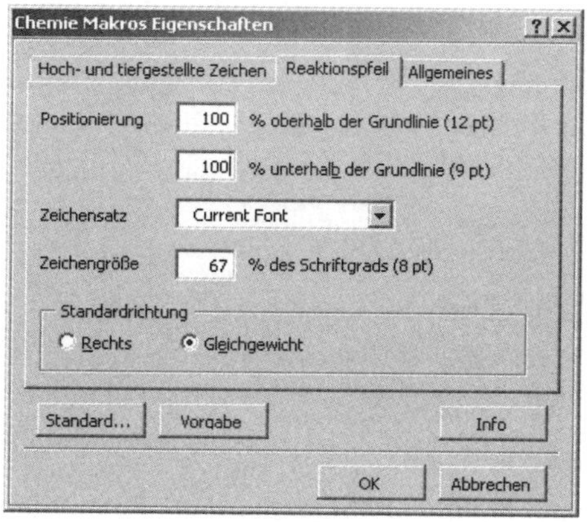

Bild 8.3: Dialogfeld Chemie-Makros Eigenschaften

Das zweite Beispiel zeigt eine etwas kompliziertere Reaktionsgleichung: »Kaliumhydrogensulfat gibt beim Erhitzen Wasser ab und geht in Kaliumdisulfat über. Bei noch stärkerem Erhitzen spaltet dieses Schwefeltrioxid ab und wird zu Kaliumsulfat. Diesen Vorgang nutzt man z. B. beim sauren Aufschluss.«

$$2\ KHSO_4 \xrightarrow[\text{-}H_2O]{\Delta} K_2S_2O_7 \xrightarrow[\text{-}SO_3]{\Delta} K_2SO_4$$

Die Gleichung wird aus drei Teilen zusammengesetzt: Die erste Gleichung mit Edukt und Produkt, danach der zweite Reaktionspfeil und schließlich das rechte Produkt. Das Zeichen für die Erhitzung über den Reaktionspfeilen wird als »\D« angegeben. Weitere Buchstabenkombinationen zur Erzeugung von Sonderzeichen finden Sie in Tabelle 8.3.

Die folgende Gleichung beschreibt einen Vorgang mit freiwerdenden Elektronen.

»Bei der anodischen Oxidation von Sulfat zu Peroxodisulfat werden zwei Elektronen frei.«

$$2\ SO_4^{2-} \rightleftharpoons S_2O_8^{2-} + 2\ominus$$

Als Edukt wurde hierfür 2 SO42-, als Produkt S2O82- + 2\- angegeben und für die Reaktionsgleichung *Gleichgewicht* angewählt. Die Kombination »\-« wird durch das Sonderzeichen für ein freies Elektron ersetzt.

Die folgende Tabelle führt die Buchstabenkombinationen für Sonderzeichen auf.

Tabelle 8.1: Sonderzeichen

Zeichen	Bedeutung
:	Der Doppelpunkt zeigt an, wo die Trennung zwischen Hoch- und Tiefstellung erfolgen soll.
\:	Erzeugt einen Doppelpunkt.
#	Erstellt ein Multiplikationszeichen »×«.
_	Ein Unterstrich ersetzt einen Bindestrich, da ein Bindestrich immer als Ladungszeichen dargestellt wird.
*	•
*	⇀
\+	⊕
\-	⊖
\0	□
\1	—
\2	=
\3	≡
\4	≣

Die Kombinationen »\A« bis »\Z« und »\a« bis »\z« erzeugen das entsprechende Sonderzeichen aus dem Windows-Zeichensatz *Symbol*, wie die folgenden Beispiele zeigen. Sie können sich den Zeichensatz über *EINFÜGEN Symbol* in Word anschauen (Word 97: *EINFÜGEN Sonderzeichen*).

Tabelle 8.2: Symbole

Zeichen	Umsetzung
\D	Δ
\F	Φ
\S	Σ
\a	α
\z	ζ

Zeichensatz Um die Darstellung der chemischen Sonderzeichen auf Bildschirm und Drucker zu erhalten, müssen Sie den Zeichensatz CHEMICAL.TTF auf Ihrem Windows-System einrichten. Siehe dazu Anhang A.3.

Der Zeichensatz umfasst die in der folgenden Tabelle dargestellten Zeichen, wobei die Zahlen der Zeilen- und Spaltenaufschriften addiert den ASCII-Wert des jeweiligen Zeichens ergeben.

Tabelle 8.3: Zeichensatz *Chemical*

	0	1	2	3	4	5	6	7	8	9
30				□	□	−	=	≡	≣	□
40	—	—	⇀	⊕	⦵	⊖	•	:	••	.•
50	•.	□	□	□	•••	<	>	∶∶∶∶	↽	—
60	⇀	⇌	⇋	═	⥬	▷	◁	⚗	★	💥
70	🔥	□	□	□	□	□	□	□	□	🔥
80	□	□	□	□	☠	□	□	□	☒	□

8.2 Das Programm ChemOffice

Das Programmpaket ChemOffice besteht aus den Komponenten ChemDraw, Chem3D und ChemFinder. Mit den Programmen können Sie grafische Darstellungen von chemischen Strukturen, Kristallgittern, Ladungswolken und vielem anderen mehr erstellen. Unter der Vielzahl von Programmen für Chemiker haben wir dieses Programm herausgenommen, da es relativ weit verbreitet ist, um es im Rahmen dieses Buches ganz kurz vorzustellen.

ChemOffice hat einen wesentlich größeren Funktionsumfang als die oben vorgestellten Chemie-Makros. Allerdings hat dieses Mehr an Funktionalität auch seinen Preis, auch wenn es preisgünstige Studentenversionen gibt.

Ein mit ChemDraw erzeugtes Beispiel zeigt das folgende Bild, das die Oxidation von bekanntermaßen giftigem Nikotin darstellt.

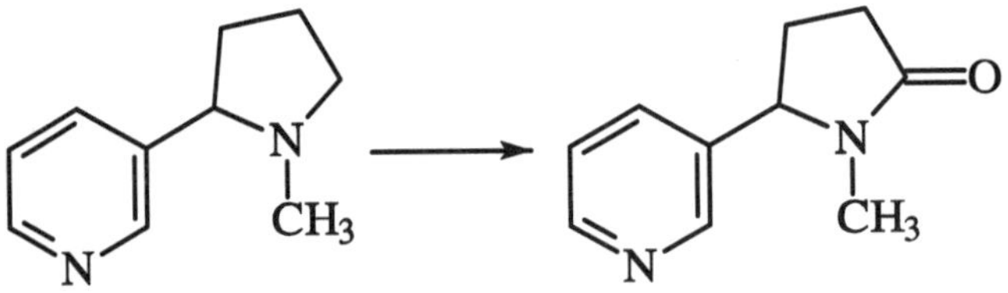

Bild 8.4: Oxidation von Nikotin

8.2.1 Erstellen von Molekülen

Das Nikotin-Molekül wurde innerhalb von wenigen Minuten von einem Nicht-Chemiker und Nicht-Raucher mit ChemDraw gezeichnet. ChemDraw unterstützt interaktiv die Eingabe und erkennt Fehler, beispielsweise falsche Bindungen. In der Werkzeug-Symbolleiste auf der linken Seite bietet das Programm alle wichtigen Befehle an.

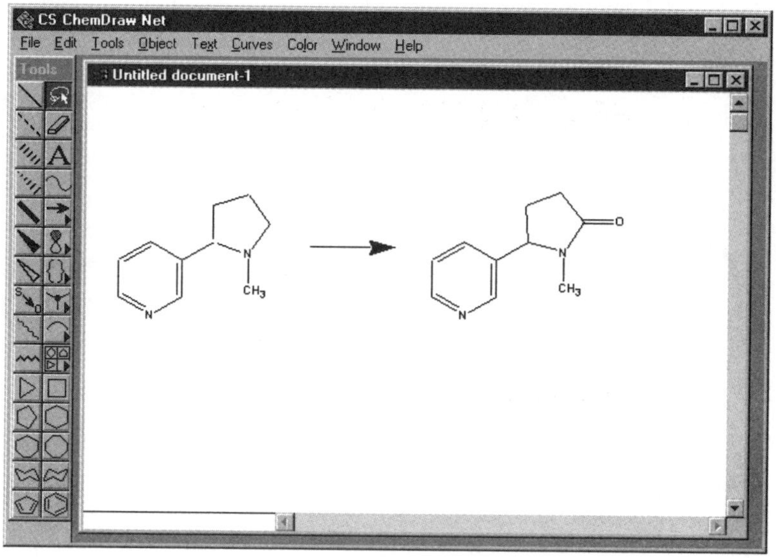

Bild 8.5: ChemDraw-Hauptfenster

Die gezeichneten chemischen Formeln und Strukturen können Sie über die Zwischenablage (*EDIT Copy* in ChemDraw, *BEARBEITEN Einfügen* in Word) in Ihre Texte aufnehmen. Alternativ lassen sich die Formeln aus ChemDraw heraus in verschiedenen Grafikformaten exportieren und dann anschließend in Word als Grafik einbinden.

Eine Demo-Version des Programms kann per Internet unter der Adresse *http://www.softline.de* bestellt werden.

Zu Papier gebracht

Drucken unter Windows

Drucken

9.1 Zu Papier gebracht

Die Ausgabe Ihrer Arbeit auf Papier soll in diesem Kapitel beschrieben werden. Wahrscheinlich werden viele Probeausdrucke nötig sein, bis Ihr Text in Inhalt und Form Ihren Erwartungen entspricht.

Übrigens kann man anmerken, dass mit der Einführung von Personal Computern auch der Papierverbrauch stieg. Früher auf einer Schreibmaschine war ein wiederholtes Schreiben oder, bei moderneren Speicher-Schreibmaschinen, ein wiederholtes Ausdrucken viel zu zeitaufwendig, so dass viele kleine Fehler nicht oder nur notdürftig ausgebessert wurden. Im Zeitalter des Computers sind die Ansprüche gestiegen: Die Ausdrucke sollen fehlerfrei und von hoher Qualität sein. War vor einigen Jahren ein Ausdruck auf einem Nadeldrucker noch ausreichend, erwartet man heute Tintenstrahl- oder Laserdrucker-Qualität.

Wir möchten Sie im Folgenden mit den vielfältigen Möglichkeiten und Einstellungen für den Ausdruck vertraut machen. Hierbei werden wir die verschiedenen Druckertypen ansprechen und auch das Drucken auf Netzwerkdruckern kurz berücksichtigen.

Word beherrscht das Drucken im Hintergrund, d.h., Sie können weiterarbeiten, während Word Ihren Text zum Drucker sendet. Allerdings benötigt diese Option viel Rechenkapazität und Speicher auf Ihrem Computer, so dass sie nicht immer einsetzbar ist.

9.1.1 Druckertypen

Eingesetzt werden zurzeit im wesentlichen drei verschiedene Druckertypen: Laserdrucker, Tintenstrahldrucker und Matrixdrucker. Wir möchten im Folgenden die beiden ersten Typen kurz beschreiben und einige Hinweise zu ihrem Einsatz und ihren Möglichkeiten und Restriktionen geben. Matrixdrucker werden aufgrund der unzureichenden Druckqualität für Diplom- und Doktorarbeiten eigentlich nicht mehr eingesetzt, so dass wir auf diesen Druckertyp nicht weiter eingehen.

Die Qualität eines Ausdrucks wird unter anderem in der Dichte der Druckpunkte pro Maßeinheit angegeben. Hier hat sich die Einheit »dpi« (Dots Per Inch) durchgesetzt. Eine Druckerauflösung von 300 dpi bedeutet, dass auf ein Inch (ca. 2,54 cm) 300 Punkte kommen. Im Bereich der Laserdrucker waren lange Zeit 300 x 300 dpi Standard, wobei inzwischen die neuen Druckergenerationen bis zu 1200 x 1200 dpi erzielen. Tintenstrahldrucker erreichen zwischen 300 x 300 dpi und 1440 x 720 dpi.

Druckgeschwindigkeit Die Druckgeschwindigkeit wird bei Druckern in Seiten pro Minute oder in Zeilen pro Sekunde angegeben. Die vom Druckerhersteller angegebenen Druckgeschwindigkeiten lassen sich in der Praxis nicht erreichen, denn die Werte gelten nur, wenn der Drucker Seiten mit identischem Inhalt ausgibt. Ziehen Sie von dem angegebenen Wert 30-50% ab, um realistische Geschwindigkeiten zu erhalten.

Möchten Sie beispielsweise eine Arbeit mit 100 Seiten Umfang auf einem Tintenstrahldrucker drucken, der eine angegebene Druckgeschwindigkeit von 3 Seiten pro Minute hat, wird der Druck nach unserer Erfahrung über 45 Minuten dauern (~100 /3 + 30%), ohne Zeiten für Papierwechsel oder ähnliches zu berücksichtigen. Dabei sollten Sie beachten, dass die Druckgeschwindigkeit sinkt, wenn verschiedene Schriften, Grafiken, Bilder, komplexe Formeln oder chemische Symbole Bestandteil Ihrer Texte sind.

9.1.1.1 Laserdrucker

Die beste Druckqualität und -geschwindigkeit wird mit Laserdruckern erreicht. Laserdrucker sind Ganzseitendrucker, d.h., hierbei wird immer eine komplette Seite in einem Druckvorgang bedruckt. Aus diesem Grund arbeiten Laserdrucker mit einem Einzelblatteinzug, in dem normalerweise DIN A4-Papier verwendet wird. Sie können hierbei einfaches Kopierpapier nutzen, also Papiersorten, die auch für Kopierer eingesetzt werden können.

Bei einem Laserdrucker wird ein spezieller Toner mit Hilfe einer so genannten Trommel in einem elektrostatischen Verfahren zu Papier gebracht. Toner und Trommel sind Verbrauchsmaterialien, wobei eine Tonerkartusche je nach Druckerfabrikat zwischen 3.000 und 6.000 Seiten hält, während eine Trommel meist nach 20.000–30.000 Seiten gewechselt werden muss. Bei vielen Druckern sind Toner und Trommel eine Einheit, die zusammen ausgetauscht werden.

Bei den am Markt gängigen Druckern kann eine so genannte Statusseite ausgegeben werden. Auf dieser Seite werden die aktuellen Einstellungen und die Anzahl der gedruckten Seiten vom Drucker ausgedruckt, so dass Sie kontrollieren können, ob ein Austausch von Toner oder Trommel zu erwarten ist. Der Druck der Statusseite ist bei den meisten Druckern mit Hilfe einer Taste im Bedienfeld des Druckers zu starten.

9.1.1.2 Tintenstrahldrucker

Tintenstrahldrucker sind zurzeit die meistverkauften Drucker im Heim- und Universitätsbereich. Zu Preisen von unter 500 DM liefern Tintenstrahldrucker hervorragende Qualität und ausreichende Druckgeschwindigkeit. Die Drucker spritzen aus feinen Düsen kleinste Mengen Tinte mit hoher Genauigkeit zeilenweise auf das Papier. Die Tinte liegt in Form von Tintenkartuschen vor, die durchschnittlich je nach Druckerfabrikat zwischen 300 und

500 Seiten ausreichen. Tintenstrahldrucker verarbeiten im Normalfall DIN A4-Einzelblätter.

Die meisten der am Markt angebotenen Tintenstrahldrucker können auch Farbe ausgeben. Durch eine oder mehrere zusätzliche Tintenpatronen können Sie bunt drucken. Die Qualität der farbigen Ausdrucke ist sehr gut, allerdings sollten Sie dabei beachten, dass bei einer Vervielfältigung Ihrer Arbeit die farbigen Seiten extra auf einem Farbkopierer kopiert werden müssen.

Papiersorten Die Tinte eines Tintenstrahldruckers verläuft unterschiedlich je nach eingesetztem Papier. Wir empfehlen Ihnen, verschiedene Papiersorten auszuprobieren, um ein optimales Schriftbild zu erreichen. Benötigen Sie einen Ausdruck, bei dem es auf höchste Genauigkeit ankommt, sollten Sie Spezialpapier für Tintenstrahldrucker verwenden, das allerdings relativ teuer ist.

9.2 Drucken unter Windows

Als Grundlage von Word dient die grafische Benutzeroberfläche Microsoft Windows. Windows ist für die gesamte Ansteuerung der Drucker zuständig, d.h., Word nutzt die von Windows zur Verfügung gestellten Funktionen, um Texte auf einem Drucker auszugeben.

9.2.1 Druckertreiber

Um die verschiedenen Druckermodelle unterschiedlichster Hersteller mit den richtigen Druckersteuerungsbefehlen anzusprechen, verwendet Windows so genannte Druckertreiber. Ein Druckertreiber ist ein Softwaremodul, das Formatierungen Ihres Textes, beispielsweise fett oder kursiv, so aufbereitet, dass der Drucker entsprechend reagiert.

Sie benötigen den richtigen Windows-Druckertreiber für Ihren Drucker. Mit Windows wird eine große Zahl von Druckertreibern mitgeliefert, so dass hier nur der richtige installiert sein muss. Druckt Ihr Drucker beispielsweise nur unsinnige Zeichen, dann kann es daran liegen, dass Sie mit dem falschen Treiber arbeiten.

Einen neuen oder aktualisierten Druckertreiber können Sie in Windows über *Start Einstellungen Drucker Neuer Drucker* einrichten.

9.2.2 Druckerwarteschlangen

Für die Abwicklung eines Druckes unter Windows ist der Druck-Manager zuständig. Dieses Hilfsprogramm führt eine Zwischenspeicherung des Ausdrucks in einer so genannten Druckerwarteschlange durch, d.h., der Druck wird zuerst auf der Festplatte Ihres Computers zwischengelagert, bevor er an den Drucker gesendet wird. Dadurch ermöglicht Ihnen Windows, während des Ausdrucks weiterzuarbeiten, denn der Druck wird »im Hintergrund« abgewickelt.

Drucken Sie mehrere Texte hintereinander, werden diese in die Druckerwarteschlange aufgenommen und in Reihenfolge gedruckt.

Die Möglichkeiten im Umgang mit der Windows-Druckerwarteschlange und die Optionen des Hilfsprogramms *Druck-Manager* finden Sie im Abschnitt 9.2.6, »Druckersteuerung«, in diesem Kapitel.

9.2.3 Die Seitenansicht

Zum Anfang möchten wir eine Funktion besprechen, die Ihnen viel Papier sparen kann. Mit Hilfe der Funktion *Seitenansicht* wird Ihr Text in der Form am Bildschirm präsentiert, in der er ausgedruckt werden würde. Sie können mit der Seitenansicht das Layout Ihrer Arbeit kontrollieren, ohne Papier zu verschwenden.

Sie können die Seitenansicht mit verschiedenen Befehlen und an verschiedenen Stellen in Word aufrufen, z. B. mit der Schaltfläche *Seitenansicht* oder mit *DATEI Seitenansicht.*

Die Seitenansicht zeigt Ihnen Seite für Seite Ihren Text, wie er auf dem Drucker erscheinen würde. Hierbei ist allerdings anzumerken, dass die Darstellung von Schriften in Größe und Proportion nicht immer mit dem späteren Ausdruck harmoniert.

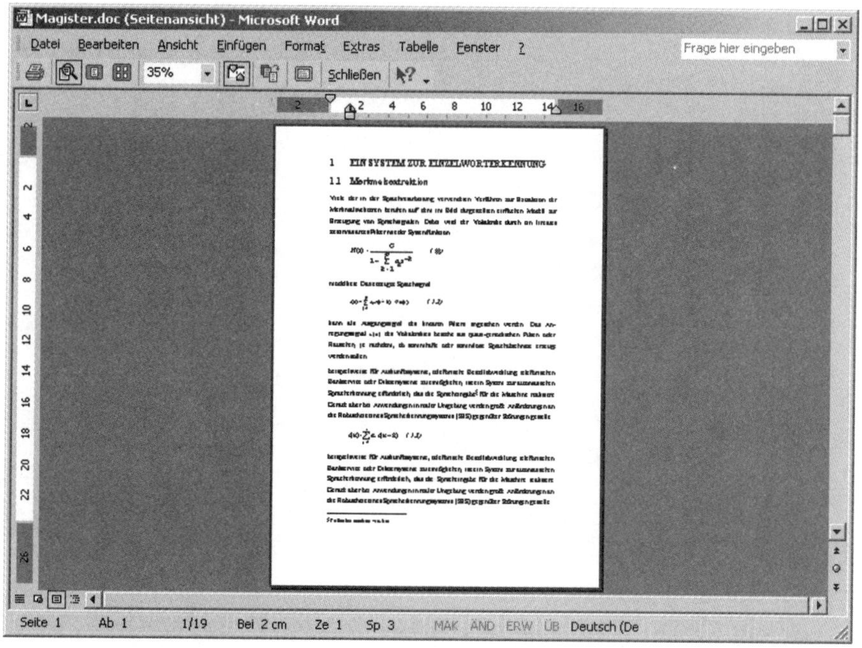

Bild 9.1: Seitenansicht

Die links dargestellte Schaltfläche startet den Ausdruck des angezeigten Textes.

Mit Hilfe der Lupe, die mit der links abgebildeten Schaltfläche ein- und ausgeschaltet wird, können Sie die Darstellung Ihres Textes vergrößern. Ist die Funktion eingeschaltet, nimmt der Cursor die Form einer Lupe an. Klicken Sie damit auf die Darstellung Ihres Textes, wird vergrößert, bei nochmaligem

Klicken wieder verkleinert. Sie können mit dieser Funktion gezielt die gewünschten Bereiche Ihres Textes »aus der Nähe« betrachten.

Wählen Sie die gezeigte Schaltfläche an, so wird jeweils eine Seite Ihres Textes in der Seitenansicht dargestellt.

Möchten Sie mehrere Seiten gleichzeitig am Bildschirm anzeigen lassen, selektieren Sie die links abgebildete Schaltfläche. Sie können hier wählen, wie viele Seiten Ihnen Word zeigen soll. Das folgende Bild zeigt vier Seiten eines Textes in der Seitenansicht.

Wir nutzen diese Darstellung zum Überprüfen von Seitenumbrüchen und zur Kontrolle von Abbildungen und Tabellen.

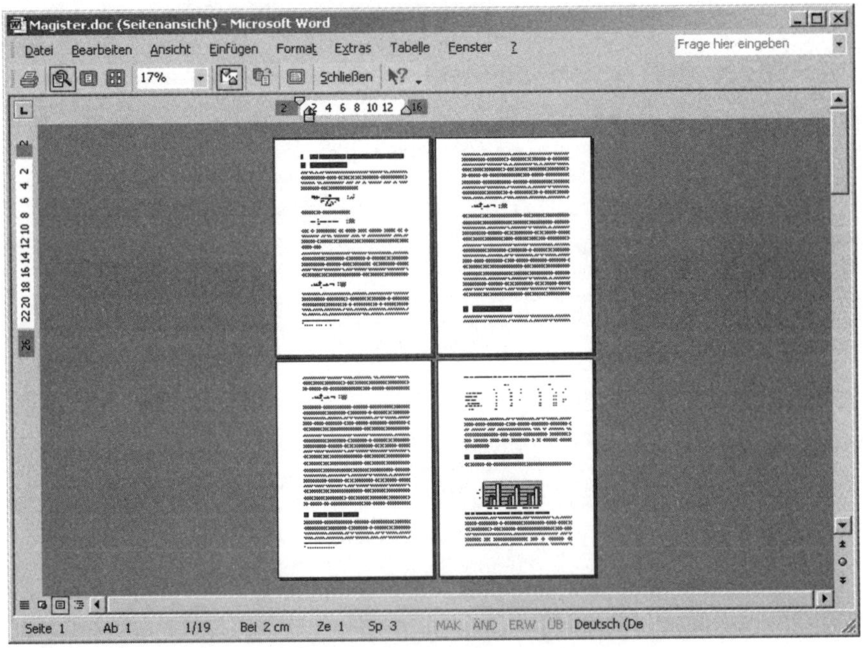

Bild 9.2: Mehrere Seiten in der Seitenansicht

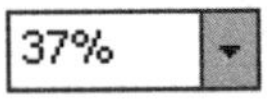

Die Größe der Darstellung lässt sich nicht nur mit der Lupe bestimmen, auch mit dem links dargestellten Drop-down-Feld ist eine stufenlose Einstellung der Darstellungsgröße am Bildschirm möglich.

Die links abgebildete Schaltfläche schaltet die Lineale oben und links der Textdarstellung ein bzw. aus. Die Randeinstellungen für Ihr Dokument können Sie, bei eingeschalteten Linealen, direkt in der Seitenansicht verändern. Bewegen Sie dazu den Cursor auf den Linealen über die Schnittstelle zwischen dem weißen Balken, der den Text anzeigt, und dem grauen Balken. Der Cursor muss sich in einen Doppelpfeil verwandeln. Bei gedrückter Maustaste können Sie mit dem Doppelpfeil-Cursor die Randeinstellungen in Schritten von 0,25 cm verändern. Drücken Sie gleichzeitig die Alt-Taste herunter, wird Ihnen im Lineal der Wert für die Randeinstellung angezeigt.

Die Schaltfläche ermöglicht Ihnen beispielsweise, einen 1½-seitigen Text auf eine Seite zu komprimieren. Mit Hilfe der Schaltfläche können Sie also Texte in einer verkleinerten Darstellung anzeigen und ausdrucken lassen.

Um einen möglichst großen Ausschnitt Ihres Textes anzeigen zu lassen, können Sie mit der Schaltfläche *Ganzer Bildschirm* auf die Ganzseitendarstellung umschalten. Dabei werden alle Rahmen und Menüleisten ausgeblendet, so dass nur noch Ihr Text und die Symbolleiste zu sehen sind.

Die Schaltfläche beendet die Anzeige Ihres Textes in der Seitenansicht und schaltet zurück zur normalen Textdarstellung.

Wenn Sie die Schaltfläche *Kontextsensitive Hilfe* selektieren, ändert sich der Cursor. Klicken Sie damit Bereiche auf dem Bildschirm an, erhalten Sie den entsprechenden Hilfsbildschirm angezeigt.

9.2.4 Das Drucken

Mit Hilfe von *DATEI Drucken* oder der Tastenkombination Strg+P rufen Sie das folgende Dialogfeld auf, in dem Sie Ihre Einstellungen für den Druck Ihres Textes vornehmen können.

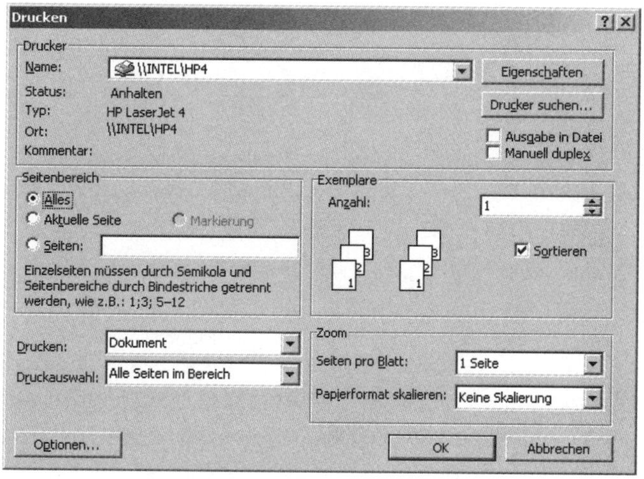

Bild 9.3: Dialogfeld *Drucken*

Die Schaltfläche *Drucken* hingegen druckt das gesamte Dokument, ohne dass das Dialogfeld angezeigt wird.

Unter *Seitenbereich* vereinbaren Sie, welche Seiten Ihres Textes ausgedruckt werden sollen. Selektieren Sie *Alles*, wird der gesamte Text gedruckt. Durch Anwahl von *Aktuelle Seite* wird die Seite ausgegeben, in der Ihr Cursor zurzeit steht. Möchten Sie nur einen markierten Teil Ihres Dokuments drucken, steht Ihnen die Option *Markierung* zur Verfügung.

Unter *Seiten* können Sie die zu druckenden Seiten angeben. Hierbei versteht Word einige Varianten für die Angabe der gewünschten Seiten. Aufeinanderfolgende Seiten können mit einem Bindestrich angegeben werden; beispielsweise druckt die *Seiten*-Angabe 4-7 die Seiten vier bis sieben. Möchten Sie einzelne Seiten des Textes ausgeben, trennen Sie die einzelnen Seitenangaben mit einem Semikolon, z. B. 4; 8; 16. Beide Varianten lassen sich auch kombinieren, z. B. 4-7; 9; 11-25; 48.

Durch Option *Ausgabe in Datei umleiten* können Sie erreichen, dass ein Druck statt zum Drucker in eine Datei umgeleitet wird. Da man diese Option nur sehr selten benötigt, möchten wir an dieser Stelle nicht weiter darauf eingehen.

Unter *Exemplare* legen Sie die Anzahl der Kopien fest, die Word ausgeben soll. Das Feld *Sortieren* hat nur dann einen Einfluss auf Ihren Ausdruck, wenn Sie mehr als eine Kopie Ihres Textes drucken wollen, d.h. unter *Exemplare* eine Zahl größer als eins eingegeben haben. Schalten Sie die Option ein, werden immer alle Seiten Ihres Textes hintereinander ausgedruckt, Kopie für Kopie. Wird die Option ausgeschaltet, druckt Word in der Anzahl der gewünschten Kopien erst alle ersten Seiten, dann alle zweiten Seiten usw.

Bei Laserdruckern beispielsweise kann ein Ausschalten der Option zu einer spürbaren Beschleunigung des Druckes führen. Allerdings müssen Sie dann die Kopien per Hand sortieren, was den Geschwindigkeitsvorteil wieder zunichte machen kann.

Unter *Drucken* geben Sie im Dialogfeld an, welche Bestandteile des Textes gedruckt werden sollen. Die folgenden Optionen stehen Ihnen in der Auswahlliste des Feldes *Drucken* zur Verfügung:

Die vorgegebene Option *Dokument* druckt den Text, so wie Sie ihn im Normalfall ausgeben. Möchten Sie nur die Informationen über die Datei zu Papier bringen, wählen Sie Dokumenteigenschaften (Word 2000/Word 97: *Datei-Info*) an. Die Option *Markupliste* ermöglicht es Ihnen, eine Liste aller Kommentare, Fuß- und Endnoten und deren Änderungen sowie Änderungen an Textfeldern und Kopf- und Fußzeilen auszudrucken. Wenn Sie in der Seitenansicht *Layout* die Option *Markup* aktiviert haben, dann können Sie Ihr Dokument als *Dokument mit Markups* ausdrucken. Dann werden alle Kommentare und sonstige Markierungen in Sprechblasen wie auf dem Bildschirm ausgedruckt. Die Arbeit mit Kommentaren und Überarbeitungen haben wir im Kapitel 2, »Grundlegendes zu Beginn«, beschrieben

Word 97 Word 2000

In Word 2000 und Word 97 bewirkt die Option *Kommentare* den Ausdruck von Kommentaren, die mit *Einfügen Kommentar* in den Text aufgenommen wurden. Weitere Möglichkeiten bestehen nicht.

Eine Liste mit den genauen Definitionen der in Ihrem Text vereinbarten Formatvorlagen wird ausgedruckt, wenn Sie *Formatvorlagen* als Option anwählen. Möchten Sie die in Ihrem Dokument definierten Textbausteine ausgeben, selektieren Sie dazu *AutoText-Einträge*. Die *Tastenbelegung* für das aktuelle Dokument wird mit dem gleichnamigen Optionspunkt ausgedruckt.

9.2.4.1 Optionen

Mit Hilfe der Schaltfläche *Optionen* im Dialogfeld *Drucken* rufen Sie das folgende Registerdialogfeld auf. Alle Einstellungen, die Sie jetzt vornehmen, gelten nur für den Druck dieses Dokumentes. Das gleiche Registerdialogfeld erhalten Sie auch über *EXTRAS Optionen*. Allerdings gelten die dort vereinbarten Einstellungen für alle Dokumente.

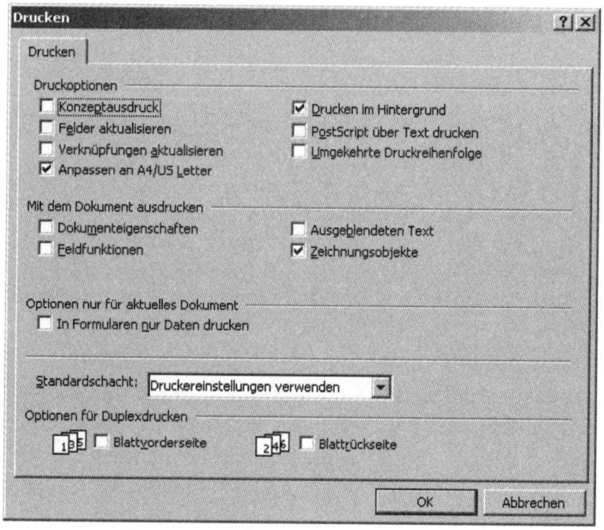

Bild 9.4: Dialogfeld *Optionen*

Die folgenden Optionen für Ihren Ausdruck können Sie anwählen:

Mit *Konzeptausdruck* wird das Dokument mit minimaler Formatierung und ohne Bilder ausgegeben. Die von Word gedruckten Formatierungen hängen von dem verwendeten Drucker ab. Damit kann, insbesondere bei langsamen Druckern, der Druck beschleunigt werden. Für eine inhaltliche Korrektur beispielsweise ist die Formatierung nicht unbedingt notwendig, so dass hier ein Konzeptausdruck ausreichend ist.

Durch *Felder aktualisieren* werden vor dem Ausdruck alle Felder, beispielsweise Querverweise, Indizes, Inhaltsverzeichnisse u.v.m., in Ihren Texten auf den neuesten Stand gebracht. Ähnliches gilt für *Verknüpfungen aktualisieren.*

Word kann den Druck »im Hintergrund« aufbereiten und an den Drucker schicken. Während Sie also weiterarbeiten, druckt Word den Text aus. Dazu muss die Option *Drucken im Hintergrund* eingeschaltet sein.

Hintergrunddrucken Word benötigt für die Aufbereitung des Druckes im Hintergrund viel Speicher und einiges von der Rechenleistung Ihres Computers, daher sollten Sie die Option ausschalten, wenn Sie nicht über ein leistungsstarkes System verfügen. Sollten in Ihrem Ausdruck Probleme auftreten, beispielsweise nicht korrekte Seitennummern und Abschnittsnummerierungen, so drucken Sie den Text versuchsweise bei ausgeschaltetem Hintergrunddruck.

Abbrechen des Druckes bei Drucken im Hintergrund Drucken Sie im Hintergrund und möchten Sie den Druck abbrechen, so klicken Sie doppelt auf das kleine Druckersymbol in der Mitte der Statuszeile von Word.

Durch die Selektion von *Umgekehrte Druckreihenfolge* drehen Sie die Reihenfolge der Seiten beim Ausdruck um. Manche Drucker legen das Papier so ab, dass bei der normalen Druckreihenfolge die Seiten in der falschen Reihenfolge gestapelt werden. Durch die Option erhalten Sie die richtige Folge der Seiten, ohne dass Sie sie umsortieren müssen.

In der Gruppe *Mit Dokument ausdrucken* in der Mitte des Registerdialogfeldes können Sie bestimmen, welche zusätzlichen Informationen und Eigenschaften Ihres Textes mit ausgedruckt werden sollen.

9.2.4.2 Druckereigenschaften

Über die Schaltfläche *Eigenschaften* im Dialogfeld *Drucken* erhalten Sie Möglichkeiten zur Einstellung des Druckers, die von Hersteller und Typ Ihres Druckers abhängen. Wir verweisen Sie an dieser Stelle auf die Handbücher zu Windows, zu Ihrem Drucker oder auf andere Literatur.

9.2.5 Drucken von Masterdokumenten

Beim Drucken von Masterdokumenten stehen Ihnen die gleichen Optionen wie für den Druck von einzelnen Dokumenten zur Verfügung. Allerdings müssen alle Unterdokumente vorher erweitert werden, denn sonst drucken Sie nur den Namen des Dokuments, d.h. den Hyperlink auf das Unterdokument im Masterdokument.

Word fragt selbsttätig nach, ob alle Unterdokumente (bzw. Filialdokumente) geöffnet werden sollen, bevor gedruckt werden kann.

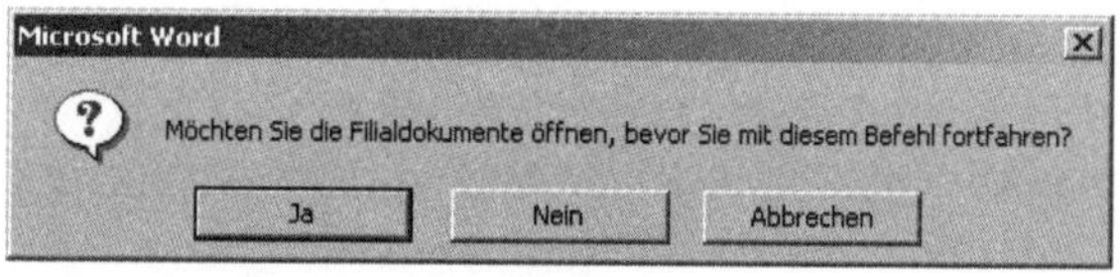

Bild 9.5: Öffnen der Unterdokumente

9.2.6 Druckersteuerung

Word übergibt die zu druckenden Daten in die Windows-Druckerwarteschlange. Aus der Druckerwarteschlange wird im Hintergrund der Drucker mit zu druckenden Zeichen versorgt.

Möchten Sie einen Druck abbrechen, der von Word in die Druckerwarteschlange übergeben worden ist, rufen Sie in Windows über *Start Einstellungen Drucker* das folgende Dialogfeld auf, das alle auf Ihrem Rechner eingerichteten Drucker anzeigt.

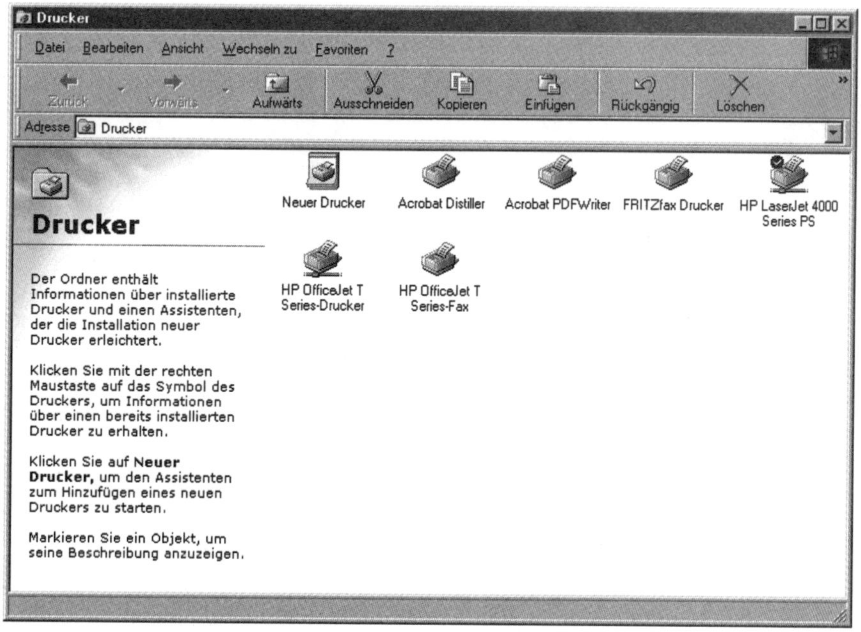

Bild 9.6: Drucker

Wählen Sie Ihren Drucker im Fenster an. Mit *DATEI Öffnen* oder einem Doppelklick auf das entsprechende Druckersymbol wird das im nächsten Bild gezeigte Druckerstatusfenster aufgerufen.

Während des Drucks wird rechts unten in der Taskleiste ein kleines Druckersymbol angezeigt. Ein Doppelklick auf das Symbol ruft ebenfalls das im folgenden Bild dargestellte Dialogfeld auf.

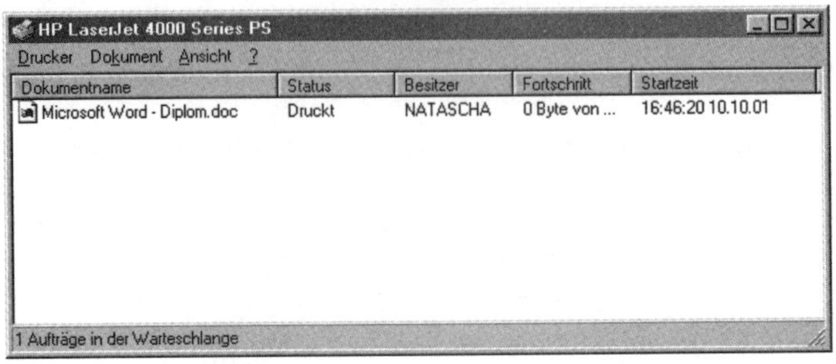

Bild 9.7: Druckmanager

Zwei Optionen, die man unserer Meinung nach des Öfteren benötigt, haben wir herausgegriffen und beschreiben sie im Folgenden.

9.2.6.1 Anhalten von Druckjobs

Sie können einen Druckjob anhalten, indem Sie ihn selektieren und *DOKUMENT Drucker anhalten* anwählen. Der Druckjob bleibt in der Warteschlange, bis Sie mit dem gleichen Befehl den Druck wieder starten.

9.2.6.2 Löschen von Druckjobs

Mit *DOKUMENT Druckauftrag abbrechen* oder der Taste [Entf] können Sie einen Druckjob löschen, also aus der Warteschlange entfernen.

Die Titelseite

Verzeichnisse im Zentraldokument erstellen

Verzeichnisse ohne Zentraldokument erstellen

Die letzte Fehlerkontrolle

Die Arbeit beenden

10.1 Die Titelseite

Jede Arbeit benötigt eine Titelseite, deren Aussehen zumindest in den wesentlichen Teilen festgelegt ist. Die Norm DIN 1422, Teil 4, gibt einen Rahmen vor, der allerdings von Universität zu Universität und von Institut zu Institut verschieden ausgelegt wird.

Die folgenden Bilder sollen verschiedene Varianten für Titelseiten aufzeigen. Die Formatierung ist einfach. Im rechten Beispiel sind alle Texte zentriert, auf der linken Titelseite wurde oben zentriert, unten links- bzw. rechtsbündig ausgerichtet.

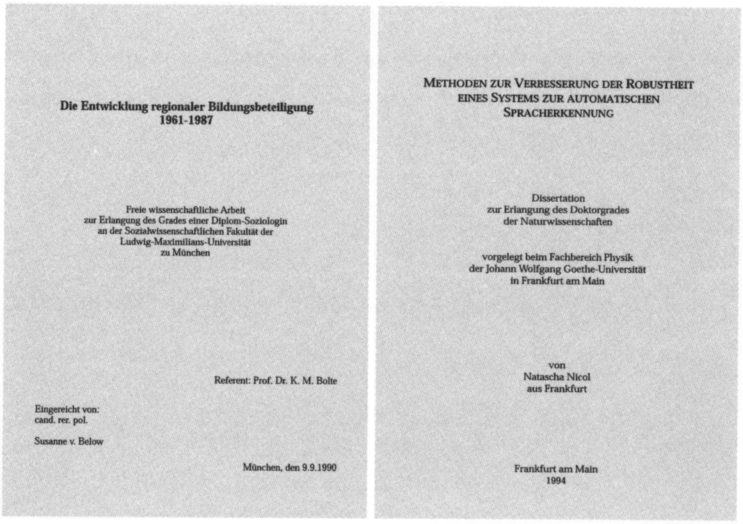
Die Entwicklung regionaler Bildungsbeteiligung
1961-1987

Freie wissenschaftliche Arbeit
zur Erlangung des Grades einer Diplom-Soziologin
an der Sozialwissenschaftlichen Fakultät der
Ludwig-Maximilians-Universität
zu München

Referent: Prof. Dr. K. M. Bolte

Eingereicht von:
cand. rer. pol.

Susanne v. Below

München, den 9.9.1990

METHODEN ZUR VERBESSERUNG DER ROBUSTHEIT
EINES SYSTEMS ZUR AUTOMATISCHEN
SPRACHERKENNUNG

Dissertation
zur Erlangung des Doktorgrades
der Naturwissenschaften

vorgelegt beim Fachbereich Physik
der Johann Wolfgang Goethe-Universität
in Frankfurt am Main

von
Natascha Nicol
aus Frankfurt

Frankfurt am Main
1994

Bild 10.1: Zwei verschiedene Titelseiten

Finden Sie an Ihrem Institut das Layout einer Titelseite heraus, das in der Regel verwendet wird.

Möchten Sie das Titelblatt in einem Masterdokument einfügen, positionieren Sie die Einfügemarke ganz am Anfang des Dokuments und fügen mit dem Befehl *EINFÜGEN Manueller Umbruch* (Word 2000/Word 97: *EINFÜGEN Manueller Wechsel)* einen Abschnittswechsel ein. Wählen Sie dazu im Dialogfeld für den Abschnittswechsel *Nächste Seite* aus.

Verwenden Sie ein zweiseitiges Format, beschreiben Sie also Vorder- und Rückseite, fügen Sie mit Strg+↵ nach der Titelseite eine Leerseite ein, um das Inhaltsverzeichnis auf einer rechten Seite beginnen zu lassen.

Da auf der Titelseite keine Kopfzeile erscheinen soll, löschen Sie sie gegebenenfalls. Kontrollieren Sie jedoch zuvor, ob für die Kopfzeile des folgenden Abschnitts die Option *Wie vorherige* deaktiviert ist.

10.2 Verzeichnisse im Masterdokument erstellen

Word nimmt Ihnen die mühevolle Arbeit der Erstellung von Inhalts-, Abbildungs- und Tabellenverzeichnissen ab. Verzeichnisse lassen sich automatisch erstellen und mit entsprechenden Formatvorlagen schnell formatieren.

Dieser Abschnitt beschreibt das Erstellen verschiedener Verzeichnisse, wenn Sie mit einem Masterdokument arbeiten. Haben Sie bislang mit Einzeldokumenten gearbeitet, besteht auch jetzt noch die Möglichkeit, zum Erstellen von Verzeichnissen und für den Endausdruck die Dokumente zu einem Masterdokument zusammenzufassen. Die entsprechenden Informationen dazu, wie Sie nachträglich ein Masterdokument erstellen, finden Sie in Kapitel 3, »Der Einstieg in Ihre Arbeit«, im Abschnitt »Masterdokumente: Wenn Sie schon zu schreiben begonnen haben«.

10.2.1 Inhaltsverzeichnis

Arbeiten Sie mit Masterdokumenten und erzeugen Sie ein Inhaltsverzeichnis innerhalb des Masterdokuments, wird der gesamte Text, also auch alle Unterdokumente, nach den Überschriften durchsucht, um sie zu einem Inhaltsverzeichnis zusammenzustellen.

- ☑ Fügen Sie zunächst nach der Titelseite mit *EINFÜGEN Manueller Umbruch* (Word 2000/Word 97: *EINFÜGEN Manueller Wechsel)* einen neuen Abschnitt ein, der auf der nächsten Seite beginnt.
- ☑ Zum Erstellen eines Inhaltsverzeichnisses wählen Sie den Befehl *EINFÜGEN Referenz Index und Verzeichnisse* (Word 2000/Word 97: *EINFÜGEN Index und Verzeichnisse).*
- ☑ Selektieren Sie dann das Registerblatt *Inhaltsverzeichnis.*

Für Ihr Inhaltsverzeichnis stehen Ihnen sechs vordefinierte und ein benutzerdefiniertes Format (*Von Vorlage*) zur Verfügung. Das benutzerdefinierte Format können Sie nach Ihren Vorstellungen definieren.

Wie viele Überschriftenebenen in das Inhaltsverzeichnis aufgenommen werden, bestimmt der Eintrag im Feld *Ebenen* (Word 2000/Word 97: *Ebenen anzeigen*). Der Standardwert für dieses Feld sind drei Ebenen.

Ist die Option *Seitenzahlen anzeigen* aktiviert, werden die ermittelten Seitenzahlen ausgegeben, wobei Sie mit *Seitenzahlen rechtsbündig* die Position festlegen können.

Den freien Raum zwischen den Texten des Inhaltsverzeichnisses und den Seitenzahlen können Sie mit *Füllzeichen* versehen.

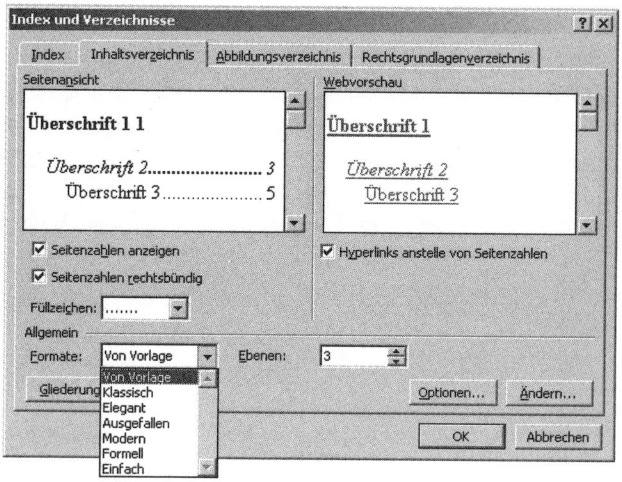

Bild 10.2: Inhaltsverzeichnis einfügen

Das folgende Bild zeigt ein für unseren Beispieltext erstelltes Inhaltsverzeichnis. Als Format hatten wir *Klassisch* ausgewählt.

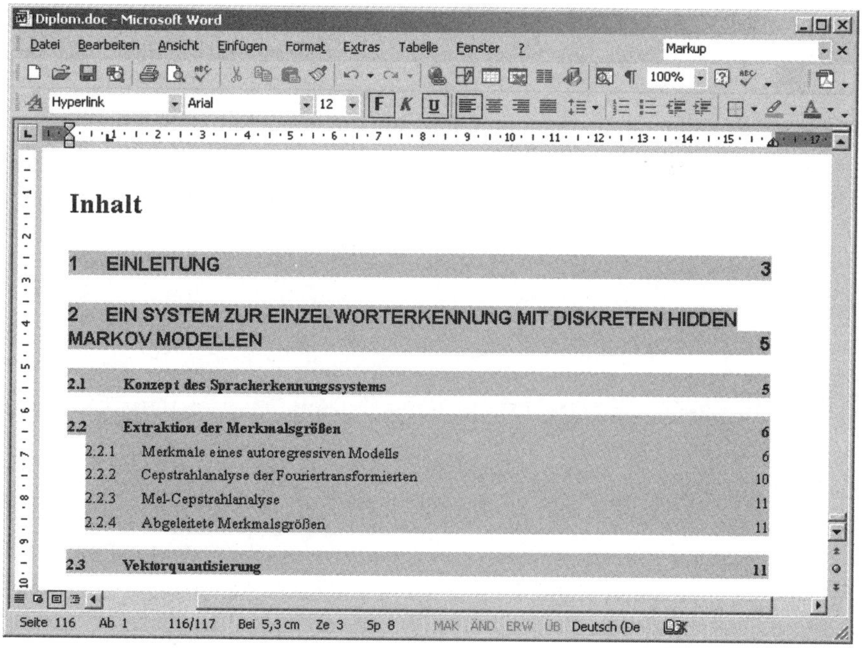

Bild 10.3: Inhaltsverzeichnis mit Format *Klassisch*

10.2.1.1 Optionen

Mit Hilfe der Schaltfläche *Optionen* des Dialogfeldes *Index und Verzeichnisse* öffnen Sie das Dialogfeld *Optionen für Inhaltsverzeichnis*, das im nächsten Bild dargestellt ist. Sie können in diesem Dialogfeld bestimmen, welche Formatvorlagen in das Inhaltsverzeichnis aufgenommen werden sollen. Für ein Verzeichnis, das drei Ebenen anzeigt, sind normalerweise die Formatvorlagen *Überschrift 1* bis *Überschrift 3* ausgewählt. Möchten Sie andere Formatvorlagen in Ihrem Inhaltsverzeichnis verwenden, müssen Sie sie durch die Angabe der entsprechenden Ebene kennzeichnen.

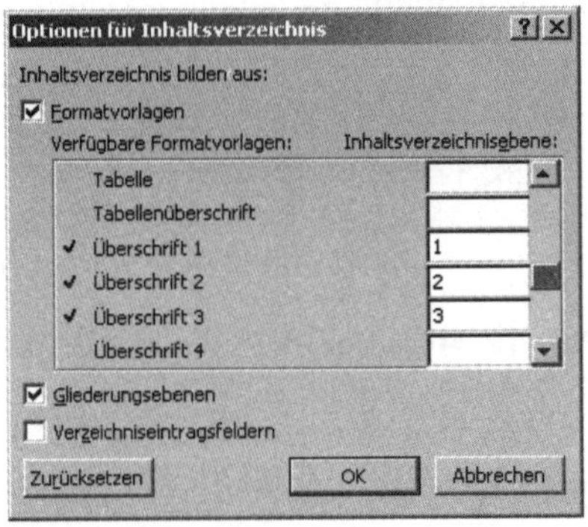

Bild 10.4: Für ein Inhaltsverzeichnis verwendete Formatvorlagen

10.2.1.2 Bearbeiten der Formatvorlagen für das Verzeichnis

Selektieren Sie auf dem Registerblatt *Inhaltsverzeichnis* im Dialogfeld *Index und Verzeichnisse* als Format für Ihr Inhaltsverzeichnis *Von Vorlage*, so bietet Word Ihnen die Möglichkeit, die verschiedenen Ebenen des Verzeichnisses zu formatieren, indem Sie entsprechende Formatvorlagen vereinbaren. Klicken Sie, um das folgende Dialogfeld zu aktivieren, auf die Schaltfläche *Ändern* (Word 2000/Word 97: *Bearbeiten).*

Verzeichnis per Hand formatieren Wir raten Ihnen dringend davon ab, das Inhaltsverzeichnis per Hand, also ohne die entsprechenden Formatvorlagen zu formatieren. Dies ist zwar rein theoretisch möglich, allerdings geht die Formatierung bei der nächsten Aktualisierung sofort wieder verloren.

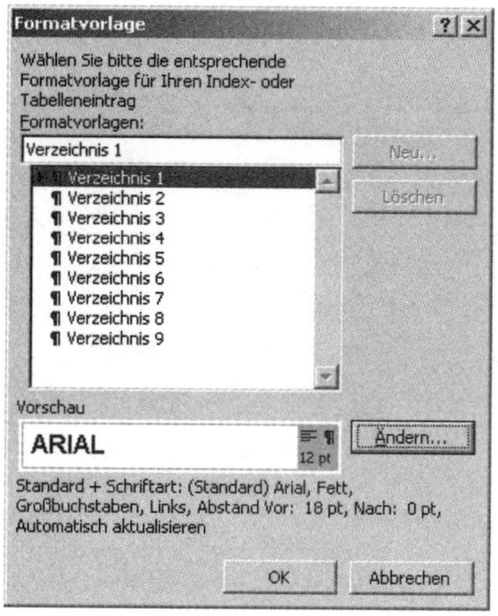

Bild 10.5: Formatvorlagen für das Verzeichnis definieren

10.2.1.3 Welche Seitenzahlen verwendet man für das Inhaltsverzeichnis?

An dieser Stelle möchten wir uns kurz mit der Frage beschäftigen, wie ein Inhaltsverzeichnis nummeriert werden soll. In Büchern ist man mittlerweile dazu übergegangen, von der allerersten bedruckten Seite an zu zählen. In einer Diplom- oder Doktorarbeit hingegen zählt man das Titelblatt in der Regel nicht als erste Seite der Arbeit. Im Prinzip gibt es zwei Möglichkeiten, die Seiten zu zählen: Entweder man beginnt mit der ersten Seite Text nach dem Titelblatt, das ist normalerweise die erste Seite des Inhaltsverzeichnisses, und zählt von da an alle Seiten durch. Oder man nummeriert das Inhaltsverzeichnis mit römischen Zahlen und beginnt dann bei der Einleitung mit arabischen Zahlen bei Eins zu zählen.

Haben Sie für das Titelblatt und das Inhaltsverzeichnis eigene Abschnitte definiert, ist die Seitennummerierung kein Problem, da man für jeden Abschnitt festlegen kann, wie die Seiten gezählt werden sollen.

Möchten Sie die Seitenzählung mit dem Inhaltsverzeichnis beginnen,

- ☑ platzieren Sie die Einfügemarke im Abschnitt des Inhaltsverzeichnisses und
- ☑ selektieren *EINFÜGEN Seitenzahlen.*
- ☑ Verwenden Sie die Schaltfläche *Format*, um ein weiteres Dialogfeld zu aktivieren, in dem Sie hinter *Beginnen bei* (Word 2000/Word 97: *Beginnen mit)* festlegen können, dass die Seitennummerierung des aktuellen Abschnitts beispielsweise mit Eins beginnen soll.

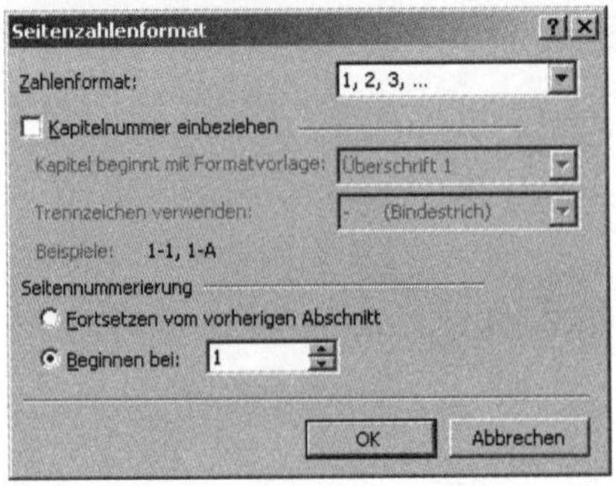

Bild 10.6: Seitennummerierung des aktuellen Abschnitts soll bei 1 beginnen

- ☑ Bestätigen Sie mit *OK* und – ganz wichtig – das nächste Dialogfeld mit *Schließen*. Mit *OK* fügen Sie je nach Einstellung im Dialogfeld u.U. eine weitere Seitenzahl ein.

Möchten Sie für das Inhaltsverzeichnis römische Zahlen verwenden, die Nummerierung des folgenden Kapitels arabisch fortführen und wieder bei Eins beginnen lassen,

- ☑ platzieren Sie zunächst die Einfügemarke im Abschnitt des Inhaltsverzeichnisses und
- ☑ verwenden den Befehl *EINFÜGEN Seitenzahl.*
- ☑ Anschließend klicken Sie auf die Schaltfläche *Format*, um das Dialogfeld *Seitenzahlenformat* zu öffnen.
- ☑ Klicken Sie die Auswahlliste zu *Zahlenformat* (Word 97: *Seitenzahlen-Format*) auf und selektieren darin die gewünschte Nummerierungsart mit römischen Zahlen, wie Sie es im folgenden Bild sehen können.
- ☑ Des Weiteren tragen Sie hinter *Beginnen bei* (Word 2000/Word 97: *Beginnen mit)* eine »1« ein, um die erste Zahl für das Inhaltsverzeichnis festzulegen.

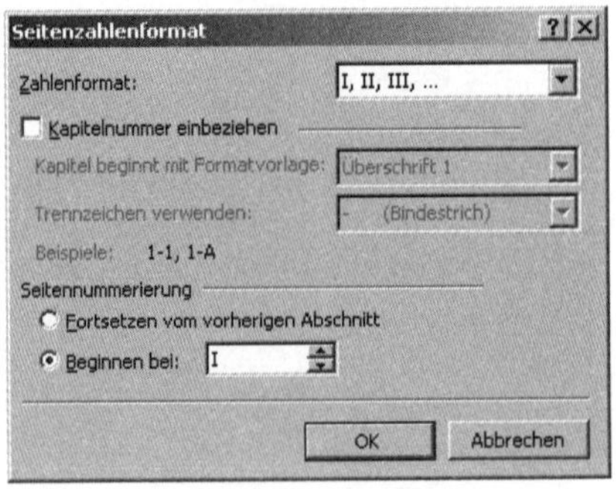

Bild 10.7: Seitenzahlen mit römischen Zahlen beginnt mit »1«

☑ Bestätigen Sie das erste Dialogfeld mit *OK*, das zweite mit *Schließen*, um keine zusätzliche Seitenzahl einzufügen.

☑ Klicken Sie nun in den nächsten Abschnitt, der mit arabischen Zahlen nummeriert werden soll.

☑ Aktivieren Sie erneut mit *EINFÜGEN Seitenzahlen* und der Schaltfläche *Format* das Dialogfeld *Seitenzahlenformat* und

☑ erzwingen Sie mit einer »1« hinter *Beginnen mit*, dass dieser Abschnitt ebenfalls ab Eins gezählt wird.

☑ Bestätigen Sie die Auswahl und klicken im zweiten Dialogfeld auf *Schließen*.

10.2.1.4 Kopf- bzw. Fußzeilen bearbeiten

Haben Sie die Überschrift des Inhaltsverzeichnisses mit der Formatvorlage *Überschrift 1* formatiert, klicken Sie auf die Schaltfläche *Nummerierung*, um die Nummerierung dieser Überschrift zu unterdrücken.

Haben Sie eine Kopf- oder Fußzeile definiert, die eine Feldfunktion enthält, die den Text der Überschrift der ersten Gliederungsebene automatisch einfügt, müssen Sie keine Änderung der Kopfzeile vornehmen, wenn Sie eine einseitige Formatierung verwenden.

Bei zweiseitiger Formatierung der Kopfzeile, bei der auf der einen Seite die Überschrift der ersten Gliederungsebene, auf der anderen Seite die Überschrift der zweiten Gliederungsebene eingefügt wird, muss die zweite Kopfzeile bearbeitet werden, da das Inhaltsverzeichnis keine Überschriften der zweiten Gliederungsebene enthält, die in der Kopfzeile angezeigt werden könnte.

☑ Beginnen Sie damit, die Kopf- oder Fußzeile der ungeraden Seite, die die Feldfunktion für die zweite Gliederungsebene enthält, doppelt anzuklicken.

☑ Springen Sie dann mit der Schaltfläche *Nächste anzeigen* auf die ungerade Kopfzeile des folgenden Abschnitts und deaktivieren Sie die Option *Wie vorherige*, falls diese Option eingeschaltet ist.

☑ Springen Sie mit *Vorherige anzeigen* wieder zurück.

☑ Definieren Sie jetzt mit *EINFÜGEN Feld* die benötigte Feldfunktion.

☑ Wählen Sie dazu in der Kategorie *Verknüpfungen und Verweise* die Feldfunktion *StyleRef* aus.

☑ Selektieren Sie die Formatvorlage *Überschrift 1* und klicken Sie auf *OK*.

Sie sollten so die Feldfunktion { StyleRef "Überschrift 1" } eingefügt haben.

Word 97 Word 2000

In Word 2000 bzw. Word 97 klicken Sie nach der Auswahl der Feldfunktion *StyleRef* (Word 97: *FVRef*) im Dialogfeld Feld die Schaltfläche *Optionen* an. Selektieren Sie das Registerblatt *Formatvorlagen*, klicken im Auswahlfenster auf *Überschrift 1* und dann auf die Schaltfläche *Hinzufügen.*

10.2.2 Verzeichnisse der Tabellen und Bilder

Ebenso wie Inhaltsverzeichnisse lassen sich Verzeichnisse für Tabellen und Bilder in den Text aufnehmen. Diese werden in der Regel am Ende der Arbeit eingefügt.

- ☑ Fügen Sie hinter dem letzten Kapitel Ihrer Arbeit einen neuen Abschnitt ein.
- ☑ Verwenden Sie dann den Befehl *EINFÜGEN Referenz Index und Verzeichnisse* (Word 2000/Word 97: *EINFÜGEN Index und Verzeichnisse)* und selektieren das Registerblatt *Abbildungsverzeichnis.*
- ☑ Wählen Sie die gewünschte Kategorie im Feld *Titel* (Word 2000: *Beschriftungskategorie;* Word 97: *Kategorie*) und ein *Format* aus.

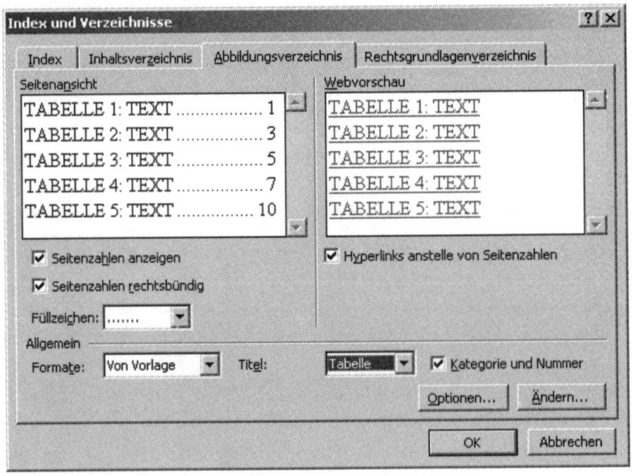

Bild 10.8: Verzeichnis für Tabellen erstellen

- ☑ Stellen Sie zudem ein, ob die Seitenzahlen angezeigt werden sollen und welche Füllzeichen Sie verwenden möchten.

Deaktivieren Sie das Kontrollkästchen zu *Kategorie und Nummer*, wird nur die Tabellenüberschrift bzw. Bildunterschrift im Verzeichnis aufgenommen, ohne die Kategorie und die eingefügte Nummer.

Verwenden Sie die Schaltfläche *Ändern* (Word 2000/Word 97: *Bearbeiten)* im Dialogfeld *Index und Verzeichnisse*, wenn Sie die Formatvorlage bearbeiten möchten.

Text ist zu lang Sind die Tabellenüberschriften oder Bildunterschriften zu lang, um in einer Zeile vernünftig dargestellt zu werden, können Sie mit der Tastenkombination [⇧]+[↵] Umbrüche erzwingen. Allerdings sollten Sie solche Umbrüche erst gegen Ende der Arbeit vornehmen, da bei einer Aktualisierung des Verzeichnisses die nachträglich eingefügten Umbrüche wieder verschwinden.

Verwenden Sie ein zweiseitiges Format für Ihre Arbeit, müssen Sie die Kopfzeile bearbeiten, da die Verzeichnisse keine Überschriften der Gliederungsebene 2 enthalten. Lesen Sie die Anleitung dazu im Abschnitt 10.2.1.4, »Kopf- bzw. Fußzeilen bearbeiten«, nach.

10.2.3 Aktualisieren von Verzeichnissen

Ein Verzeichnis wird als Feldfunktion in den Text eingebaut. Schalten Sie mit der Taste *Feldfunktionen anzeigen* der Nummerierung-Symbolleiste oder der Tastenkombination [Alt]+[F9] die Darstellung der Feldfunktionen ein, wird beispielsweise ein Inhaltsverzeichnis als {TOC \o "1-3" } (Word 97: {VERZEICHNIS \o "1-3"}), ein Tabellenverzeichnis als {TOC \c "Tabelle"} (Word 97: {VERZEICHNIS \c "Tabelle"}) im Text dargestellt.

Dabei bedeutet der Schalter \o, dass das Verzeichnis aus den angegebenen Gliederungsebenen erstellt wird, im Beispiel oben, den Ebenen eins bis drei. Der Schalter \c der zweiten Feldfunktion bewirkt, dass ein Verzeichnis der angegebenen Kategorie erstellt wird, in obigem Fall also ein Tabellenverzeichnis.

Verändert sich Ihr Text, kommen beispielsweise neue Überschriften, Bilder oder Tabellen hinzu oder ändern sich die Seiten, so dass die Seitenzahlen nicht mehr stimmen, müssen Sie das jeweilige Verzeichnis aktualisieren. Verwenden Sie dazu die Schaltfläche *Alle Felder aktualisieren* der Nummerierung-Symbolleiste. Alternativ können Sie, egal ob in Feldergebnis- oder Feldfunktionsdarstellung, das Verzeichnis selektieren und die [F9]-Taste betätigen. Sicherer ist es, wenn Sie mit *BEARBEITEN Alles markieren* oder [Strg]+[A] den gesamten Text markieren und anschließend mit [F9] aktualisieren. Dabei werden wie mit der Schaltfläche *Alle Felder aktualisieren* alle Feldfunktionen auf den neuesten Stand gebracht.

10.3 Verzeichnisse ohne Masterdokument erzeugen

Haben Sie sich entschieden, ohne Masterdokument zu arbeiten, besteht ebenso die Möglichkeit, ein Inhalts-, Bilder- oder Tabellenverzeichnis zu erstellen. Allerdings ist dieser Weg weniger komfortabel. Bevor die Verzeichnisse angelegt werden können, muss zudem noch ein wenig Vorarbeit geleistet werden. Zuerst müssen die einzelnen Kapitel und Seiten korrekt durchnummeriert werden.

10.3.1 Kapitelnummern festlegen

Falls Sie die Kapitelnummern noch nicht per Hand gesetzt haben, werden alle Kapitel die Nummer Eins als Kapitelnummer aufweisen.

Bevor Sie ein Verzeichnis erstellen, sollten Sie die Nummerierung der einzelnen Kapitel festlegen.

- ☑ Öffnen Sie die Datei eines Kapitels und
- ☑ wählen den Befehl *FORMAT Nummerierung und Aufzählungszeichen* (Word 97: *Numerierung und Aufzählung*).
- ☑ Selektieren Sie dann das Registerblatt *Gliederung*.
- ☑ Mit Hilfe der Schaltfläche *Anpassen* aktivieren Sie ein weiteres Dialogfeld, in dem Sie die Kapitelnummer mit *Beginnen mit* (Word 2000/Word 97: *Beginnen bei*) festlegen können.

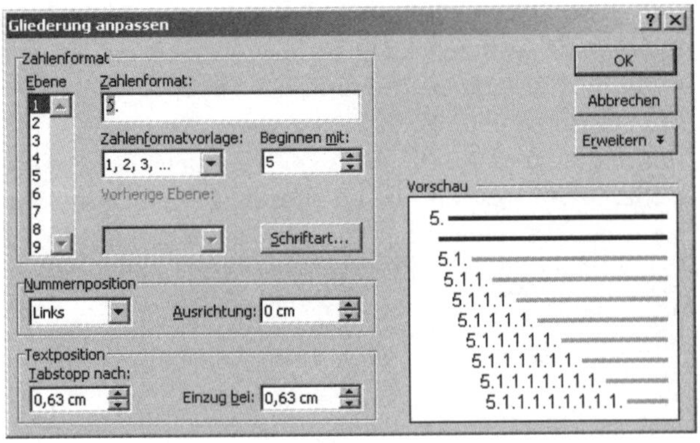

Bild 10.9: Kapitelnummer für Kapitel 5 festlegen

Eingestellte Kapitelnummer bleibt nicht Haben Sie zwar die Kapitelnummer geändert, stellt diese sich jedoch immer wieder zurück, ist wahrscheinlich für Ihren Text in *EXTRAS Vorlagen und Add-Ins* die Option *Formatvorlagen automatisch aktualisieren* aktiviert. Deaktivieren Sie diese Option und die Kapitelnummer ändert sich nicht mehr.

10.3.2 Durchgängige Seitennummerierung erstellen

Normalerweise fängt Word bei der Nummerierung der Seiten in jedem Kapitel mit Eins an zu zählen.

Daher sollten Sie im nächsten Schritt für eine durchgängige Nummerierung der einzelnen Kapitel sorgen.

Zuvor müssen Sie sich allerdings entscheiden, wie das Inhaltsverzeichnis, das vermutlich der erste Abschnitt Ihrer Arbeit sein wird, nummeriert werden soll. Dazu gibt es zwei Möglichkeiten: entweder Sie verwenden arabische Zahlen und beginnen mit der ersten Seite des Inhaltsverzeichnisses als Seite Eins Ihrer Arbeit oder Sie verwenden für das Inhaltsverzeichnis römische Zahlen und beginnen erst im folgenden Abschnitt, also beispielsweise in der Einleitung, mit der durchgängigen Nummerierung.

Für die Festlegung der Seitennummerierung ist die Nummerierung des Inhaltsverzeichnisses mit römischen Zahlen die einfachere Variante. Da das erste Kapitel auch weiterhin auf Seite Eins beginnen soll, ist an dieser Datei keine Änderung vorzunehmen. Allerdings müssen Sie wissen, wie lang das Kapitel ist, um für das folgende die korrekte Seitenzahl eintragen zu können.

- ☑ Öffnen Sie das erste Kapitel und sehen Sie auf der Statuszeile nach, wie viele Seiten das Kapitel beinhaltet.
- ☑ Öffnen Sie die Datei des zweiten Kapitels.
- ☑ Wählen Sie nun den Befehl *EINFÜGEN Seitenzahlen* aus.
- ☑ Verwenden Sie die Schaltfläche *Format*, um ein weiteres Dialogfeld zu aktivieren.
- ☑ Tragen Sie hinter *Beginnen bei* (Word 2000/Word 97: *Beginnen mit)* die Seitenzahl ein, mit der das zweite Kapitel beginnen soll.

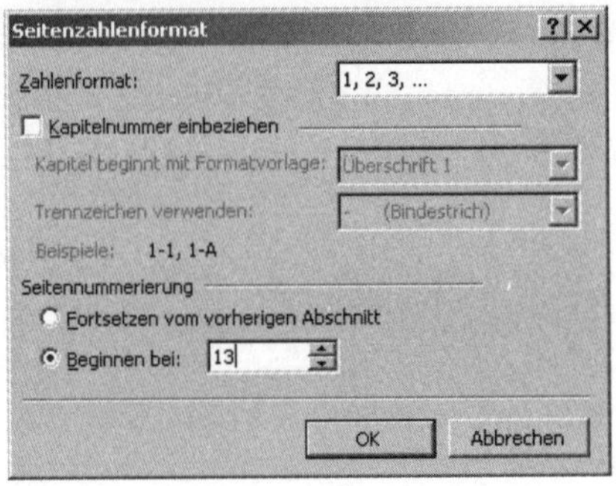

Bild 10.10: Kapitel 2 beginnt auf Seite 13

- ☑ Bestätigen Sie dieses Dialogfeld mit *OK*, das zweite nur mit *Schließen*. Ansonsten kann es geschehen, dass Sie eine zweite Seitenzahl in Ihr Kapitel eingetragen bekommen.
- ☑ Springen Sie mit der Tastenkombination Strg+Ende auf die letzte Seite des aktuellen Kapitels und lesen Sie in der Statuszeile ganz links die Seitenzahl der letzten Seite ab.
- ☑ Öffnen Sie nun nacheinander alle Dateien, tragen die Seitenzahl ein und lesen die Seitenzahl der letzten Seite ab.

Möchten Sie die Seitennummerierung beim Inhaltsverzeichnis beginnen, müssen Sie zunächst wissen, wie lang das Inhaltsverzeichnis ist, bevor Sie die Nummerierung der einzelnen Kapitel festlegen können. Daher ist es sinnvoll, erst ein Inhaltsverzeichnis anzulegen und dann die endgültige Nummerierung der einzelnen Kapitel zu definieren.

- ☑ Legen Sie nach der Anleitung des folgenden Abschnitts ein Inhaltsverzeichnis für Ihre Arbeit an.
- ☑ Formatieren Sie es mit den Formatvorlagen *Verzeichnis 1...3* so, wie es später aussehen soll, um die korrekte Länge herauszufinden.
- ☑ Kontrollieren Sie die Anzahl der Seiten des Inhaltsverzeichnisses und
- ☑ öffnen das darauf folgende Kapitel.
- ☑ Wählen Sie den Befehl mit *EINFÜGEN Seitenzahl* und klicken auf die Schaltfläche *Format*.
- ☑ Geben Sie im Eingabefeld hinter *Beginnen bei* (Word 2000/Word 97: *Beginnen mit)* die Startseite des aktuellen Kapitels an.
- ☑ Bestätigen Sie das Dialogfeld mit *OK*, das zweite mit *Schließen*, um das Einfügen einer zweiten Seitenzahl zu verhindern.

10.3.3 Inhaltsverzeichnis anlegen

Sie sollten für das Inhaltsverzeichnis eine neue Datei mit der Dokumentvorlage anlegen, die Sie auch für den Rest der Arbeit benutzen.

- ☑ Verwenden Sie dann den Befehl *EINFÜGEN Feld.*
- ☑ Wählen Sie links im Dialogfeld als Kategorie *Index und Verzeichnisse* aus.
- ☑ Im Auswahlfeld darunter, das mit *Feldnamen* überschrieben ist, klicken Sie auf die Feldfunktion *RD.*
- ☑ Tragen Sie dann, wie Sie es auch im folgenden Bild sehen können, den Namen und Pfad der ersten Datei im Eingabefeld unter *Dateiname* ein. Falls die Datei im gleichen Ordner oder einem dazugehörigen Unterverzeichnis gespeichert ist wie das Inhaltsverzeichnis, brauchen Sie nicht den vollständigen Pfad einzugeben. Aktivieren Sie in diesem Fall die Option *Pfad ist relativ zum aktuellen Dokument* und geben Sie nur den Dateinamen oder ggf. das Unterverzeichnis an.
- ☑ Bestätigen Sie Ihre Eingaben mit *OK.*

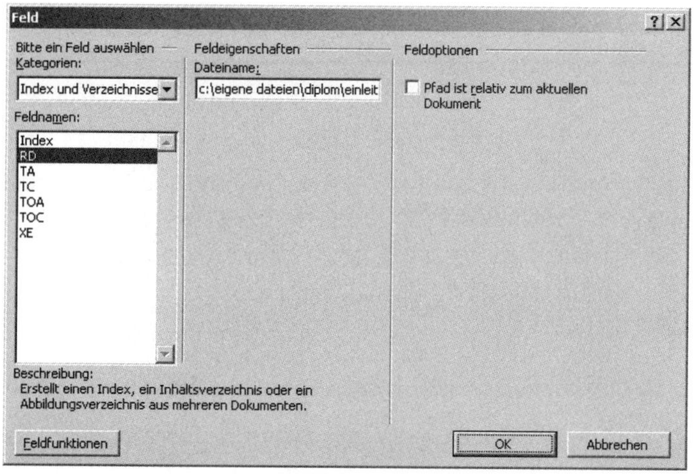

Bild 10.11: Verknüpfung zur Datei herstellen

Die Funktion *RD*, »Referenziertes Dokument«, nimmt in einen Text einen Verweis auf eine andere Textdatei auf. Mit einem Klick auf die Schaltfläche *Feldfunktionen* wird die erstellte Funktion im Dialogfenster angezeigt. Wie Sie sehen, wurde der einfache Backslash \ in der Pfadangabe von Word in doppelte Backslashs \\ umgewandelt. Dies ist erforderlich, da der einfache Backslash bei der Auswertung einer Feldfunktion als Beginn eines Schalters für eine Option interpretiert wird.

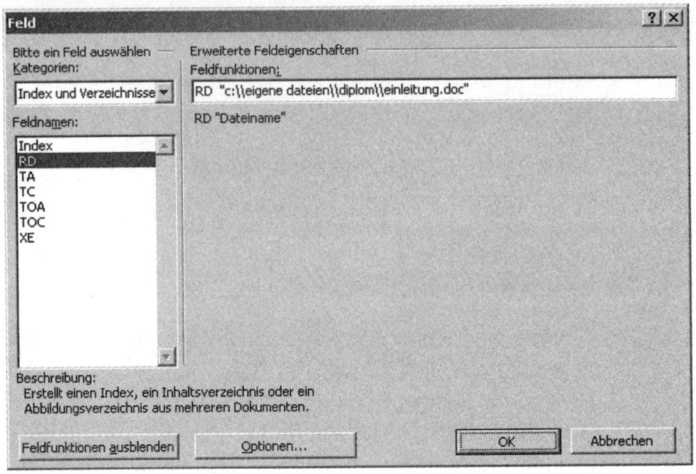

Bild 10.12: Feldfunktion mit doppelten Backslashs

Der Umgang mit der Funktion ist etwas trickreich, denn *RD*-Felder sind in einer speziellen Weise verborgen formatiert, d.h., sie sind am Bildschirm nicht sichtbar.

Vielleicht haben Sie ja bereits festgestellt, dass Sie in Ihrem Text trotz eingefügter Feldfunktion nichts sehen. Mit der links dargestellten Schaltfläche, die zur Anzeige der Word-internen Sonderzeichen dient, können Sie sich die *RD*-Funktionen einblenden lassen.

Fügen Sie für alle Dateien, die in das Inhaltsverzeichnis aufgenommen werden sollen, eine *RD*-Feldfunktion ein.

Word 97 Word 2000

Falls Sie die Versionen Word 2000 oder Word 97 benutzen, gehen Sie bitte folgendermaßen vor.

- ☑ Verwenden Sie dann den Befehl *EINFÜGEN Feld*.
- ☑ Wählen Sie links im Dialogfeld als Kategorie *Index und Verzeichnisse* aus.
- ☑ Im Auswahlfeld rechts, das mit *Feldnamen* überschrieben ist, klicken Sie auf die Feldfunktion *RD*.
- ☑ Tragen Sie dann, wie Sie es im folgenden Bild sehen können, den Namen und Pfad der ersten Datei im Eingabefeld hinter *RD* ein. Verwenden Sie dabei doppelte Backslashs.

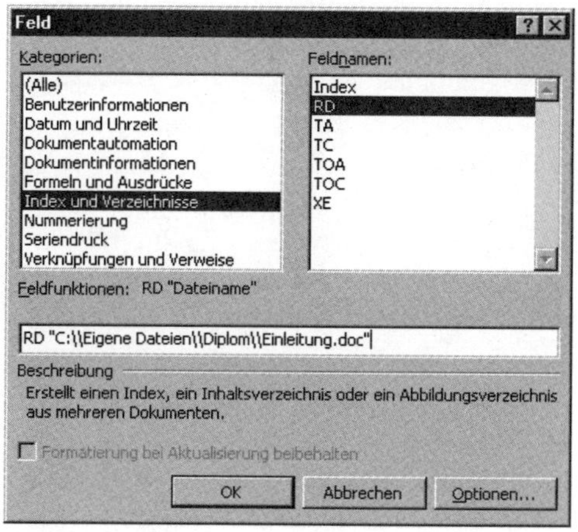

Bild 10.13: Feldfunktion *RD* in Word 2000

Backslash Denken Sie bei der Angabe der Dateinamen für die *RD*-Feldfunktion in Word 2000 und Word 97 daran, direkt mit doppelten Backslashs zu arbeiten, da der einfache Backslash nicht ersetzt wird.

{RD "C:\\EIGENE DATEIEN\\DIPLOM\\EINLEITUNG.DOC" }

ist ein gültiger Verweis auf die Datei EINLEITUNG.DOC, während

{RD "C:\EIGENE DATEIEN\DIPLOM\EINLEITUNG.DOC" }

die in Word 2000 bzw. Word 97 die Fehlermeldung *Fehler! Word kann die Datei nicht öffnen. Der entsprechende Verweis befindet sich auf Seite 1* bewirkt.

Um nun nach dieser Vorarbeit ein Inhaltsverzeichnis zu erstellen, fügen Sie mit *EINFÜGEN Index und Verzeichnisse* am Anfang des Dokuments, vor den *RD*-Funktionen, ein Verzeichnis ein.

☑ Verwenden Sie dazu den Befehl *EINFÜGEN Referenz Index und Verzeichnisse* (Word 2000/Word 97: *EINFÜGEN Index und Verzeichnisse).*

☑ Selektieren Sie dann das Registerblatt *Inhaltsverzeichnis.*

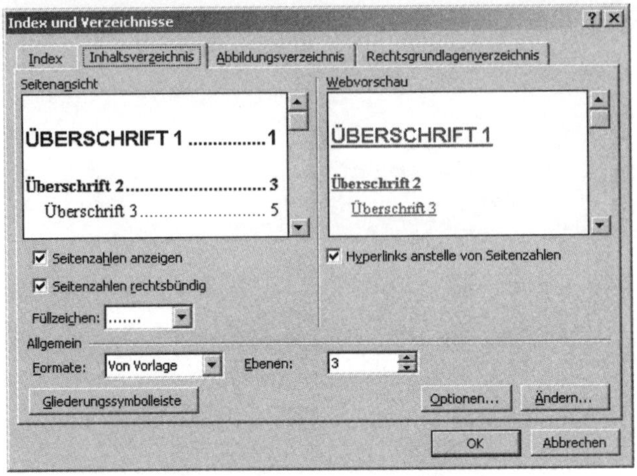

Bild 10.14: Form des Inhaltsverzeichnisses definieren

Für Ihr Inhaltsverzeichnis stehen Ihnen sechs vordefinierte und ein benutzerdefiniertes Format zur Verfügung. Das benutzerdefinierte Format können Sie nach Ihren Vorstellungen einstellen. Verwenden Sie dazu die Formatvorlagen *Verzeichnis 1...9*. Die Zahl bezeichnet dabei die Gliederungsebene. Erstellen Sie ein Verzeichnis mit drei Ebenen, werden entsprechend die Formatvorlagen *Verzeichnis 1...3* verwendet.

Wie viele Überschriftenebenen in das Inhaltsverzeichnis aufgenommen werden, bestimmt der Eintrag im Feld *Ebenen* (Word 2000/Word 97: *Ebenen anzeigen*). Der Standardwert für dieses Feld sind drei Ebenen.

Ist die Option *Seitenzahlen anzeigen* aktiviert, werden die ermittelten Seitenzahlen ausgegeben, wobei Sie mit *Seitenzahlen rechtsbündig* die Position festlegen können. Den freien Raum zwischen den Texten des Inhaltsverzeichnisses und den Seitenzahlen können Sie mit *Füllzeichen* versehen. Standardmäßig werden Leerzeichen verwendet.

Word durchsucht für das Verzeichnis alle referenzierten Dateien und stellt ein entsprechendes Inhaltsverzeichnis zusammen.

Die Verwendung der Schaltflächen *Optionen* und *Ändern* (Word 2000/Word 97: *Bearbeiten)* wird in den Abschnitten 10.2.1.1, »Optionen«, und 10.2.1.2, »Bearbeiten der Formatvorlagen für das Verzeichnis«, besprochen.

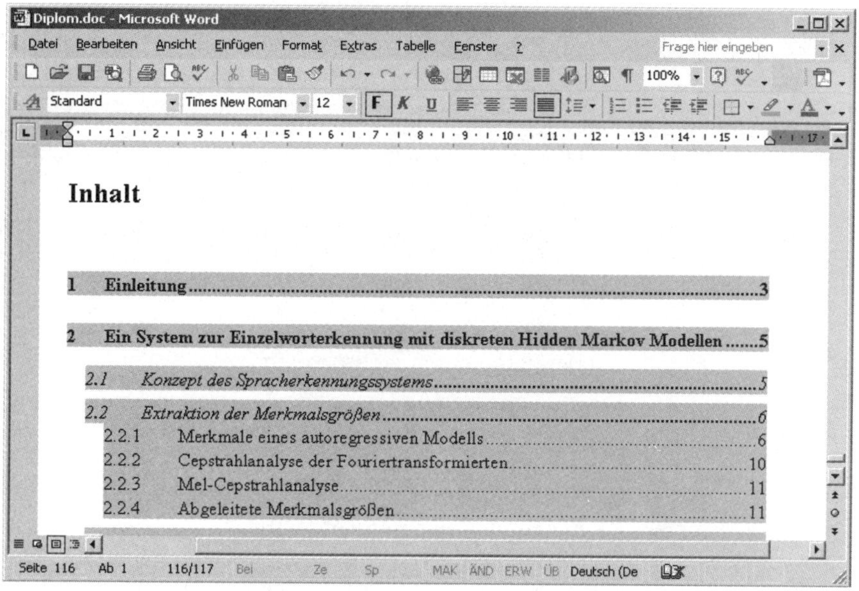

Bild 10.15: Eingefügtes Inhaltsverzeichnis mit Format *Von Vorlage*

Um für die Seitennummerierung dieser Datei römische Zahlen einzustellen,

- ☑ verwenden Sie den Befehl *EINFÜGEN Seitenzahlen* und
- ☑ klicken auf die Schaltfläche *Format*.
- ☑ Wählen Sie in der Auswahlliste zu *Zahlenformat* die römischen Zahlen aus (Word 97: Auswahlliste zu *Seitenzahlen-Format*).
- ☑ Bestätigen Sie die Auswahl mit *OK* und dann mit *Schließen*.

10.3.4 Verzeichnisse für Bilder und Tabellen

Um ein Bilder- oder Tabellenverzeichnis einzufügen, verfahren Sie ähnlich wie für das Inhaltsverzeichnis: fügen Sie die *RD*-Funktionen ein, um Word anzugeben, welche Dateien durchsucht werden sollen, und erstellen Sie dann ein Verzeichnis für die gewünschte Kategorie.

- ☑ Beginnen Sie zunächst mit einer neuen Datei, die auf der Dokumentenvorlage für Ihre Arbeit basiert.
- ☑ Verwenden Sie den Befehl *EINFÜGEN Feld*, selektieren die Kategorie *Index und Verzeichnisse* und dann die Feldfunktion *RD*.
- ☑ Tragen Sie im Feld Dateinamen den Dateinamen mit Pfad ein (Word 2000/Word 97: Tragen Sie hinter *RD* in der Eingabezeile den Dateinamen mit Pfad unter Verwendung von doppelten Backslashs ein).

- ☑ Schalten Sie die verborgenen Zeichen mit der links dargestellten Schaltfläche ein.
- ☑ Fügen Sie für alle benötigten Dateien eine vollständige *RD*-Funktion ein.
- ☑ Um nun ein Bilder- oder Tabellenverzeichnis einzufügen, positionieren Sie die Einfügemarke vor den Feldfunktionen und verwenden den Befehl *EINFÜGEN Referenz Index und Verzeichnisse* (Word 2000/Word 97: *EINFÜGEN Index und Verzeichnisse*). Selektieren Sie das Registerblatt *Abbildungsverzeichnis*.
- ☑ Wählen Sie die gewünschte Kategorie Tabelle, Bild oder Abbildung und selektieren das gewünschte Format.
- ☑ Deaktivieren Sie gegebenenfalls eines der Kontrollkästchen, legen die Füllzeichen fest und bestätigen Ihre Auswahl.

- ☑ Klicken Sie erneut auf die links dargestellte Schaltfläche, um die RD-Funktionen nicht mehr anzuzeigen.

10.3.5 Verzeichnisse aktualisieren

Verwenden Sie die Schaltfläche *Feldfunktionen anzeigen*, um in die Feldfunktionendarstellung umzuschalten. Für alle Verzeichnisse wurde die Feldfunktion {TOC} (Word 97: {VERZEICHNIS}) eingefügt, der andere Parameter zugeordnet werden, um ein Inhalts- oder Tabellenverzeichnis zu erzeugen.

So wird beispielsweise ein Inhaltsverzeichnis mit drei Ebenen durch {TOC \o "1-3" } (Word 97: {VERZEICHNIS \o "1-3"}) im Text dargestellt. Die Feldfunktion {TOC \c "Tabelle"} (Word 97: {VERZEICHNIS \c "Tabelle"}) hingegen erzeugt ein Verzeichnis der angegebenen Kategorie.

Dabei bedeutet der Schalter \o, dass das Verzeichnis aus den angegebenen Gliederungsebenen erstellt wird, im Beispiel oben, den Ebenen eins bis drei. Der Schalter \c der zweiten Feldfunktion bewirkt, dass ein Verzeichnis der angegebenen Kategorie erstellt wird, in obigem Beispiel also ein Tabellenverzeichnis.

Sind beim Überarbeiten neue Überschriften, Bilder oder Tabellen eingefügt worden, sollten die Dateien mit den Verzeichnissen aktualisiert werden.

- ☑ Öffnen Sie die entsprechende Datei.
- ☑ Klicken Sie auf die Schaltfläche *Alle Felder aktualisieren* der Nummerierung-Symbolleiste.

Alternativ zur Schaltfläche *Alle Felder aktualisieren* können Sie das Verzeichnis mit [Strg]+[A] (um den gesamten Text zu markieren) und [F9] (zum Aktualisieren) aktualisieren.

10.4 Die letzte Fehlerkontrolle

Der folgende Abschnitt soll Sie auf einige Punkte hinweisen, die Sie kurz vor Ende Ihrer Arbeit beachten sollten. Da es bekanntlicherweise nach der Abgabe der Arbeit zu spät ist, noch etwas zu ändern, ist eine letzte Kontrolle wichtig. Außerdem möchten wir einige Formatierungsrichtlinien erläutern, die für das Endlayout wichtig sind.

In der Regel hat man kurz vor der Abgabe am wenigsten Zeit und am wenigsten Lust, an der Arbeit noch zu korrigieren. Trotzdem lassen sich einige Fehler ohne großen Zeitaufwand beheben.

Überprüfen Sie kurz vor Ende der Arbeit noch einmal den gesamten Text mit der Rechtschreibprüfung.

Wir haben festgestellt, dass sich viele Fehler am Schluss noch einschleichen, denn oft ändert man hier und da noch Kleinigkeiten, ohne jedoch die letzten Korrekturen richtig zu überprüfen.

Durchsuchen Sie mit Hilfe der manuellen Trennhilfe und einem Duden Ihren Text nach möglichen Trennungen.

Nach unserer Erfahrung sollten Sie sich auf keinen Fall auf die automatische Trennhilfe verlassen, denn insbesondere Fach- und Fremdwörter werden oft falsch getrennt. Mit der Tastenkombination [Strg]+[-] können Sie bestimmen, an welcher Stelle im Wort getrennt werden soll. In Kapitel 2 haben wir im Abschnitt »Silbentrennung« die entsprechenden Möglichkeiten erläutert.

Achten sollten Sie auch darauf, dass eine Trennung nicht über einen Seitenumbruch geht,

d.h., dass der eine Teil des Wortes unten auf der Seite und der Rest des Wortes auf der nächsten Seite oben steht.

Vermeiden Sie eine einzelne Zeile am Ende und einzelne Wörter zu Beginn einer Seite.

Zwei Begriffe aus dem Buchdruck, »Schusterjungen« und »Hurenkinder«, beschreiben weitere Unschönheiten im Text. Ein »Schusterjunge« ist eine einzelne letzte Zeile auf einer Seite (siehe Bild 10.16, linke Seite), ein »Hurenkind« bezeichnet eine einzelne Zeile am Anfang einer neuen Seite.

Durch eine entsprechende Einstellung für die Absätze Ihres Textes können Sie Schusterjungen und Hurenkinder vermeiden. Schalten Sie dazu für alle Ihre Absätze im Registerdialogfeld *Absatz* (*FORMAT Absatz*) auf dem Registerblatt *Zeilen- und Seitenumbruch* (Word 2000: *Zeilen- und Seiten-*

wechsel; Word 97: *Textfluß*) die Option *Absatzkontrolle* ein. Word bricht den Text danach so um, dass keine Schusterjungen und Hurenkinder entstehen.

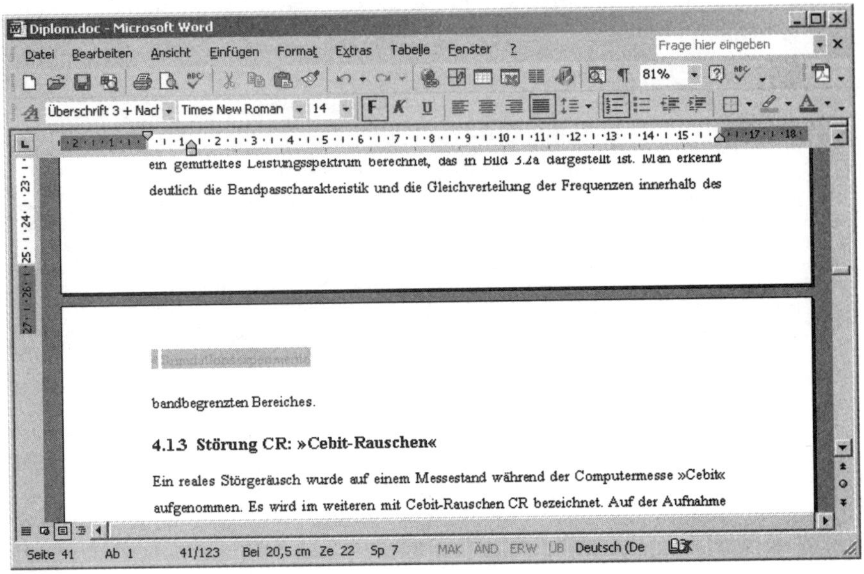

Bild 10.16: Schusterjunge

Kontrollieren Sie die Seitennummerierung für zweiseitige Dokumente.

Ist Ihr Text, wie beispielsweise bei den meisten Diplomarbeiten, nur einseitig bedruckt, ist die Nummerierung der Seiten unproblematisch. Aufwendiger wird es, wenn Sie zweiseitig drucken möchten. Eine solche Arbeit beginnt immer auf einer rechten Seite mit einer ungeraden Seitenzahl. Bei zweiseitig gedruckten Arbeiten möchte man zudem oft erreichen, dass jedes Kapitel auf einer rechten, also einer ungeraden, Seite beginnt. Dazu muss im jeweiligen Unterdokument des Kapitels mit *DATEI Seite einrichten,* Registerblatt *Layout* (Word 2000/Word 97: *Seitenlayout)* der Abschnittsbeginn auf eine *Ungerade Seite* gelegt werden. Achten Sie darauf, dass im Feld *Übernehmen für* (Word 2000/Word 97: *Anwenden auf)* der Eintrag *Gesamtes Dokument* eingestellt ist.

Aktualisieren Sie Nummerierungen und Querverweise.

Sind alle Ihre Querverweise noch gültig? Aktualisieren Sie zur Sicherheit noch einmal mit der Schaltfläche *Feldfunktionen aktualisieren* der Nummerierung-Symbolleiste alle Feldfunktionen in Ihrem Text. Durchsuchen Sie dann mit der Funktion *BEARBEITEN Suchen* (Strg+F) Ihren Text nach der Zeichenfolge *Fehler!*, die dann in Ihrem Text auftaucht, wenn Querverweise nicht aktualisiert werden können.

Literatur

Literaturverzeichnis

Deutsches Institut für Normung: *Präsentationstechnik für Dissertationen und wissenschaftliche Arbeiten: DIN-Normen.* Berlin : Beuth, 2000

Deutsches Institut für Normung: *Publikation und Dokumentation 1.* DIN-Taschenbuch 153. Berlin : Beuth, 1996

Deutsches Institut für Normung: *Publikation und Dokumentation 2.* DIN-Taschenbuch 154. Berlin : Beuth, 1996

Eco, Umberto: *Wie man eine wissenschaftliche Abschlußarbeit schreibt: Doktor-, Diplom- und Magisterarbeiten in den Geistes- und Sozialwissenschaften.* 5., durchges. Aufl. Heidelberg : C. F: Müller, 1992

Krämer, Walter: *Wie schreibe ich eine Seminar-, Examens- und Diplomarbeit: eine Anleitung zum wissenschaftlichen Arbeiten für Studierende aller Fächer an Universitäten, Fachhochschulen und Berufsakademien.* 4., erw. und aktualis. Aufl. Stuttgart : G. Fischer, 1995

Lanz, Werner: *Das technische Manuskript: ein Handbuch mit ausführlichen Anleitungen für Autoren und Bearbeiter.* 3. Aufl. Essen : Vulkan, 1983

Norm DIN 1301 Dezember 1993. *Einheiten*

Norm DIN 1304 März 1994. *Formelzeichen*

Norm DIN 1313 Dezember 1998. *Größen*

Norm DIN 1338 August 1996. *Formelschreibweise und Formelsatz*

Norm DIN 1421 Januar 1983. *Gliederung und Benummerung in Texten*

Norm DIN 1422 Teil 1 Februar 1983. *Veröffentlichungen aus Wissenschaft, Technik, Wirtschaft und Verwaltung; Gestaltung von Manuskripten und Typoskripten*

Norm ISO 4 Dezember 1997. *Information und Dokumentation: Regeln für das Kürzen von Wörtern*

Norm ISO 690 Teil 2 November 1997. *Information und Dokumentation – Titelangaben – Teil 2: Elektronische Dokumente oder deren Teile*

Norm DIN 1505 Teil 2 Januar 1984. *Titelangaben von Dokumenten; Zitierregeln*

Norm DIN 1505 Teil 3 Dezember 1995. *Titelangaben von Dokumenten – Teil 3: Verzeichnisse zitierter Dokumente (Literaturverzeichnisse)*

Poenicke, Klaus: *Wie verfaßt man wissenschaftliche Arbeiten: ein Leitfaden vom 1. Studiensemester bis zur Promotion.* 2., neu bearb. Aufl. Mannheim : Dudenverlag, 1988

Normen Die Normen des Deutschen Instituts für Normung werden vom Beuth Verlag in Berlin verlegt. Der Beuth Verlag hat in den oben aufgeführten DIN-Taschenbüchern 153 und 154 sowie in dem Buch Präsentationstechnik für Dissertationen und wissenschaftliche Arbeiten die wesentlichen Normen für Publikationen zusammengefasst.

An einer Reihe von Hochschulen liegen die Normen in Patent- oder Normstellen zur Einsicht aus, wobei Studenten diese auch kopieren dürfen.

Anhang

Dokumentvorlagen für das Buch

Feldfunktionen

Die CD zum Buch

A

A.1 Dokumentvorlagen für das Buch

Wir haben Dokumentvorlagen vorbereitet, die Sie für Ihre Arbeit verwenden können. Sie sind mit Überschriften, Kopfzeilen, Tabellenüberschriften, Bildunterschriften und weiteren Einstellungen definiert.

Sie können die Vorlagen direkt nutzen oder nach Ihren Anforderungen und Wünschen anpassen.

A.1.1 Auswahl der Dokumentvorlagen

In Kapitel 3, »Der Einstieg in Ihre Arbeit«, haben wir im Abschnitt »Arbeiten mit Dokumentvorlagen« beschrieben, wie Sie Dokumentvorlagen einsetzen können.

Möchten Sie sehen, wie Ihr Text mit einer der vorbereiteten Dokumentvorlagen formatiert aussieht, rufen Sie mit *FORMAT Formatvorlagen-Katalog* ein Dialogfeld auf, in dem Sie verschiedene Dokumentvorlagen am Beispiel Ihres aktuell geladenen Textes ausprobieren können.

A.1.2 Beschreibung der Dokumentvorlagen

Grundsätzlich unterscheiden sich die erstellten Formatvorlagen im Seitenformat. Alle AWDIPL-Dateien sowie die Vorlage AWDISS4 sind für DIN-A4-Seiten erstellt, während die Dokumentvorlagen AWDISS1 bis AWDISS3 für DIN-A5-Papier angepasst wurden. Die Dokumentvorlagen für Diplomarbeiten (AWDIPL) wurden mit einem einseitigen Seitenlayout versehen. Dissertationen hingegen werden in der Regel beidseitig bedruckt, daher sind diese Vorlagen mit einem zweiseitigen Format vorbereitet.

A.1.2.1 AWDIPL1. DOT

Die Dokumentvorlage AWDIPL1.DOT enthält vier Überschriftenebenen, automatische Überschriftennummerierung, Tabellenformate, Bildformate und eine Kopfzeile. Als Schrift wurde »Times Roman« verwendet.

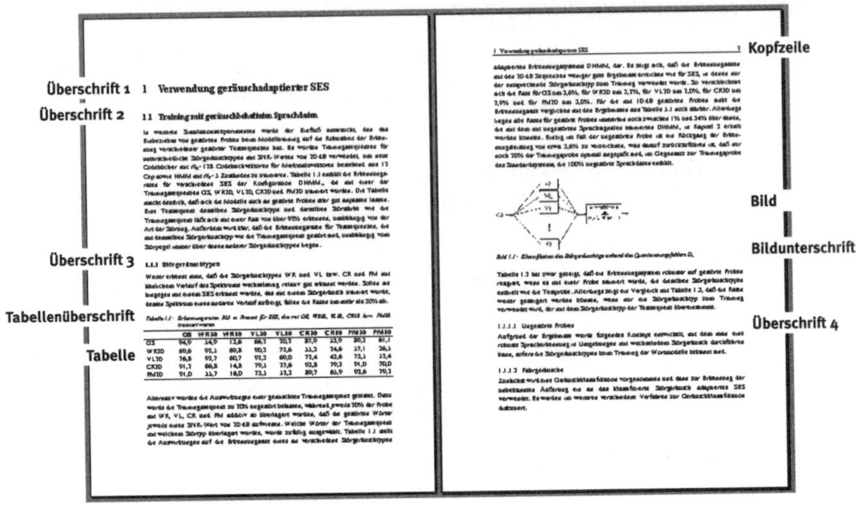

Bild A.1: Dokumentvorlage AWDipl1

A.1.2.2 AWDIPL2.DOT

AWDIPL2.DOT entspricht der Dokumentvorlage AWDIPL1, wobei die Schrift »Times Roman« nur für den Textkörper eingesetzt wurde, während Überschriften, Tabellenüberschriften, Kopfzeilen usw. in »Arial« vorbereitet wurden.

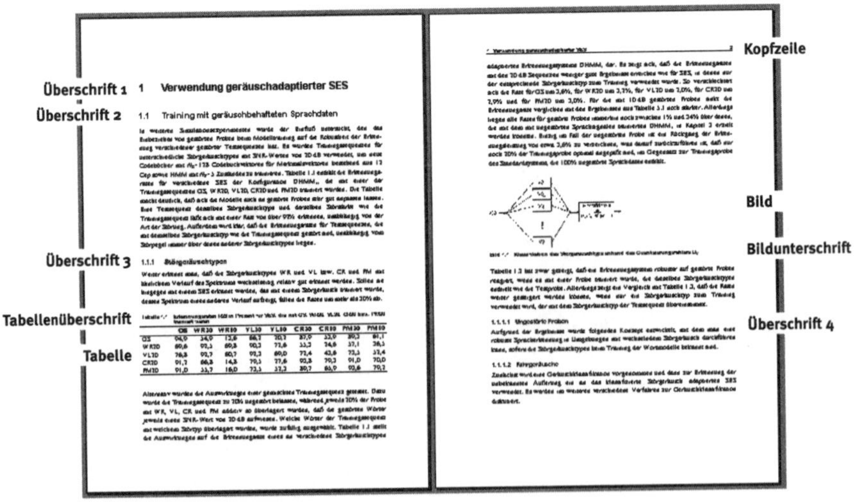

Bild A.2: Dokumentvorlage AWDipl2

A.1.2.3 AWDIPL3.DOT

Die Dokumentvorlage wurde wie AWDIPL1 formatiert, allerdings sind die Überschriften in Kapitälchen angelegt.

A.1.2.4 AWDISS1.DOT

AWDISS1.DOT entspricht der Dokumentvorlage AWDIPL1, allerdings wurde die Dokumentvorlage zweiseitig in einem DIN-A5-Format angelegt. Nach dem Druck der Arbeit müssen die Seiten dann entsprechend zugeschnitten werden.

Für das doppelseitige Format sind für die rechten und linken Seiten unterschiedliche Kopfzeilen vereinbart worden.

A.1.2.5 AWDISS2.DOT

AWDISS2.DOT entspricht AWDIPL2.DOT, allerdings ist diese Dokumentvorlage ebenfalls im DIN-A5-Format.

A.1.2.6 AWDISS3.DOT

Entsprechend ist die Dokumentvorlage AWDISS3.DOT für einen doppelseitigen DIN-A5-Druck aus AWDIPL3.DOT entstanden.

A.1.2.7 AWDISS4.DOT

Die Dokumentvorlage AWDISS4.DOT hat die Vorlage AWDIPL1 als Grundlage. Sie wurde allerdings für einen doppelseitigen Druck angepasst und enthält entsprechende Kopfzeilen.

A.2 Feldfunktionen

Nummerierungen, Beschriftungen, Querverweise und vieles mehr werden von Word mit Hilfe von Feldfunktionen in den Text eingefügt. Felder sind Anweisungen, die in Ihren Text bestimmte Informationen aufnehmen.

Wir möchten in diesem Anhang keine vollständige Beschreibung der in Word einsetzbaren Feldfunktionen geben, sondern nur die Funktionen beschreiben, die für Nummerierungen, Beschriftungen und Querverweise verwendet werden.

Feldfunktionen werden von Word für die unterschiedlichsten Aufgaben eingesetzt. Sie erzeugen Feldfunktionen automatisch, ohne dass Sie es eigentlich merken, wenn Sie die Befehle *EINFÜGEN Referenz Querverweis* (Word 2000/Word 97: *EINFÜGEN Querverweis*) oder *EINFÜGEN Referenz Beschriftung* (Word 2000/Word 97: *EINFÜGEN Beschriftung*) nutzen.

Am Beispiel einer Beschriftung möchten wir Ihnen die Arbeitsweise von Feldfunktionen erläutern. Dazu haben wir

Tabelle 1

mit dem Befehl *EINFÜGEN Referenz Beschriftung* (Word 2000/Word 97: *EINFÜGEN Beschriftung*) in unseren Text eingefügt. Für die Nummerierung der Tabelle setzt Word eine Feldfunktion ein. Man sieht es der Nummer zunächst nicht an, dass ihr eine solche Funktion zugrunde liegt, denn Sie sehen im Text normalerweise nur die Darstellung der »Feldergebnisse«.

Mit Hilfe der Schaltfläche *Feldfunktionen anzeigen* der Nummerierung-Symbolleiste oder der Tastenkombination alt+F9 können Sie sich die Feldfunktionen anzeigen lassen, d.h., im Text werden nicht die Feldergebnisse, sondern die zugrundeliegenden Funktionen wie

Tabelle { SEQ Tabelle * ARABIC }

gezeigt. Die Feldfunktion »SEQ«, Sequenz, wird von Word zum Zählen verwendet. Für jeden Eintrag »SEQ Tabelle« im Text wird hochgezählt und das Feldergebnis entsprechend dargestellt.

Feldfunktionen werden von einer speziellen Art von Klammern eingeschlossen. Es sind, auch wenn sie so aussehen, keine normalen geschweiften Klammern!

Mit der Schaltfläche *Feldfunktionen anzeigen* oder der Tastenkombination alt+F9 schalten Sie in die Feldergebnis-Darstellung zurück.

A.2.1 Aktualisieren von Feldern

Ergeben sich in Ihrem Text Veränderungen, beispielsweise eine neue Reihenfolge von Bildern, müssen die Feldergebnisse auf den neuesten Stand gebracht, d.h. aktualisiert werden. Insbesondere bei Beschriftungen für Bilder und Tabellen oder bei Verweisen auf eine bestimmte Seitenzahl ist dies notwendig.

Um das Aktualisieren zu vereinfachen, wurde auf der Nummerierung-Symbolleiste die Schaltfläche *Alle Felder aktualisieren* aufgenommen. Mit Hilfe dieser Schaltfläche markieren Sie den gesamten Text und aktualisieren alle im Text existierenden Feldfunktionen. Alternativ können Sie den Text mit der Tastenkombination Strg+A markieren und mit F9 aktualisieren.

A.2.2 Eingabe von Feldern

Es stehen Ihnen drei Varianten für das Einfügen von Feldfunktionen in Ihren Text zur Verfügung. Viele Befehle in Word, insbesondere die Menüpunkte des Menüs *EINFÜGEN,* erzeugen Feldfunktionen. Über diese Befehle können aber nur wenige ausgewählte Funktionen eingesetzt werden. Wir möchten Ihnen im Folgenden zwei weitere Varianten zeigen, wie Sie Feldfunktionen in Ihren Text einfügen können.

Mit Hilfe des Befehls *EINFÜGEN Feld* rufen Sie das im folgenden Bild dargestellte Dialogfeld auf, das Ihnen alle Feldfunktionen anbietet. Auf der linken Seite können Sie oben die Kategorien auswählen, in die die verschiedenen Funktionen unterteilt sind. Im Listenfeld *Feldnamen* werden die einzelnen Feldfunktionen gezeigt. Fast alle Funktionen lassen sich in mehreren Varianten verwenden.

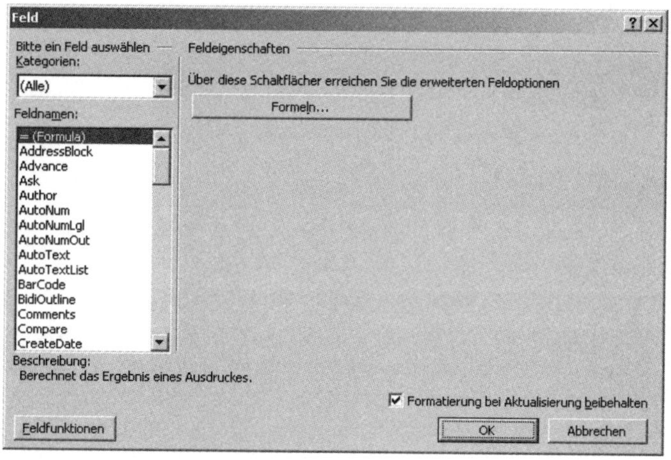

Bild A.3: Feldfunktionen einfügen

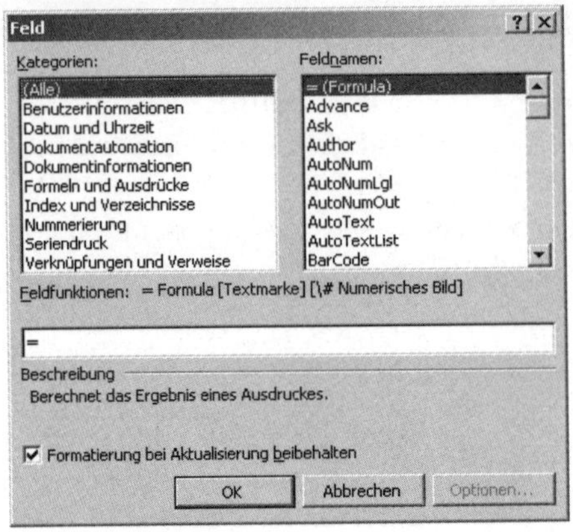

Bild A.4: Feldfunktionen einfügen mit Word 2000/Word 97

Mit Hilfe der Schaltfläche *Feldfunktionen* blenden Sie die Schaltfläche *Optionen* ein, mit der Sie auf ein Dialogfeld umschalten, in dem verschiedene Einstellungen für die ausgewählte Feldfunktion gesetzt werden können. In Word 2000/Word 97 können Sie direkt nach Auswahl einer Funktion die Schaltfläche *Optionen* anklicken. Das nächste Bild zeigt als Beispiel die spezifischen Schalter für die Feldfunktion REF, Referenz.

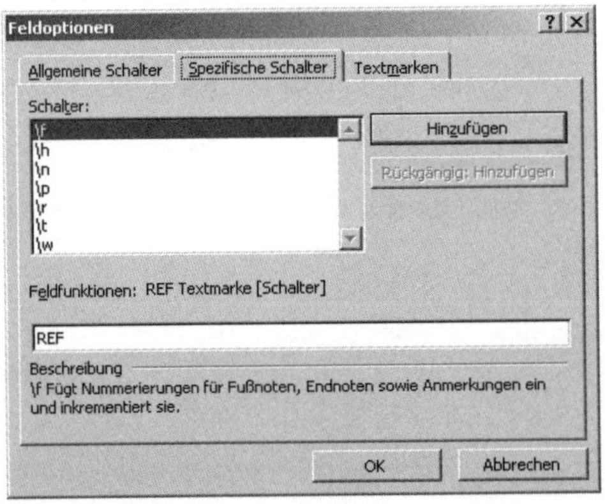

Bild A.5: Spezifische Schalter zur Feldfunktion REF

Im Folgenden sind einige der Feldfunktionen aufgeführt, die wir im Verlauf des Buches verwendet, d.h. in Form von Nummerierungen, Querverweisen und Beschriftungen in den Text aufgenommen haben.

Da die Feldfunktionen im Dialogfeld *Feld* nach Anwendungsgebieten aufgeteilt sind, haben wir auch die Tabelle entsprechend unterteilt.

Datum und Uhrzeit

DATE (Word 97: AKTUALDAT)	Fügt das aktuelle Datum in den Text ein. Wird das Feld aktualisiert, wird das Datum neu bestimmt.
TIME (Word 97: ZEIT)	Nimmt die aktuelle Zeit in den Text auf.

Dokument-Information

NUMPAGES (Word 97: ANZSEITEN)	Ergibt die Anzahl der Seiten des Textes. Wird oft eingesetzt, um Angaben wie »Seite 1 von 10« in den Text einzufügen.
AUTHOR (Word 97: AUTOR)	Der unter *DATEI Eigenschaften* (Word 2000/Word 97: *DATEI Datei-Info*) erfasste Autor erscheint als Feldergebnis.
TEMPLATE (Word 97: DOKVORLAGE)	Fügt den Namen der Dokumentvorlage ein.
FILENAME (Word 97: DATEINAME)	Ergibt den Namen der Datei. Man kann den Dateinamen beispielsweise in die Fußzeile aufnehmen, um sofort zu wissen, aus welcher Datei der Text stammt.
TITLE (Word 97: TITEL)	In den Text wird der in *DATEI Eigenschaften* (Word 2000/Word 97: *DATEI Datei-Info*) vereinbarte Titel platziert.

Nummerierung

PAGE (Word 97: SEITE)	Ergibt die aktuelle Seitenzahl.
SEQ	Nummeriert Elemente eines Textes der Reihe nach durch. Wenn Sie ein SEQ-Feld hinzufügen, löschen oder verschieben, können Sie anschließend alle SEQ-Felder im Text mit der Taste F9 aktualisieren, um die neue Reihenfolge anzeigen zu lassen. \c — Durch den Schalter \c wird Word angewiesen, das SEQ-Feld nicht hochzuzählen, sondern den letzten Wert der SEQ-Reihenfolge erneut auszugeben.

Beispiel:
{ SEQ Bild } Ergebnis: 1
{ SEQ Bild } Ergebnis: 2
{ SEQ Bild \c } Ergebnis: 2

\h Das Feldergebnis wird nicht angezeigt, wenn der Schalter \h angegeben ist. So kann die Sequenz hochgezählt werden, ohne den neuen Wert im Text zu zeigen.

\r *n* Setzt die Folgenummer auf die angegebene Nummer *n* zurück. Das Feld { SEQ Bild \r 5 } bewirkt z. B., dass die Nummerierung von Bildern bei 5 beginnt.

Verknüpfungen und Verweise

REF

Wird für Querverweise verwendet. REF fügt den Text ein, auf den die angegebene Textmarke verweist.

PAGEREF (Word 97: SEITENREF)

Gibt an, auf welcher Seite sich die angegebene Textmarke befindet.

\p Der Schalter bewirkt, dass ein Verweis auf eine Seite von der relativen Position abhängig gemacht wird. Die Zeichenfolge "Seite #" wird verwendet, wenn sich das PAGEREF-Feld nicht auf der aktuellen Seite befindet. Befindet sich das Feld auf der aktuellen Seite, liefert es als Ergebnis nicht "Seite #", sondern lediglich »oben« oder »unten«.

STYLEREF (Word 97: FVREF)

Nimmt den Text der nächstliegenden angegebenen Formatvorlage in den Text auf. Haben Sie beispielsweise auf einer Seite eine Überschrift mit dem Format »Überschrift 1« formatiert und die Feldfunktion {STYLEREF "Überschrift 1"} bzw. {FVREF "Überschrift 1"} in die Kopfzeile aufgenommen, wird der Text der Überschrift in die Kopfzeile eingefügt.

INCLUDEPICTURE (Word 97: EINFÜGENGRAFIK)	Fügt eine Grafik in den Text ein. Wird die Feldfunktion aktualisiert, wird die neueste Version der Grafik aufgenommen.
	\d — Der Schalter \d verhindert, dass Grafikdaten zusammen mit dem Dokument gespeichert werden, und verringert dadurch die Dateigröße.
EMBED (Word 97: EINBETTEN)	Ist die Feldfunktion zum Einbetten von OLE-Objekten, z.B. Grafiken oder Formeln.

Inhaltsverzeichnis

RD	Die Feldfunktion bindet eine Datei in den aktuellen Text ein, so dass sie beim Erstellen von Inhaltsverzeichnissen berücksichtigt wird, z.B. { RD "C:\\DIPLOM\\KAPITEL1.DOC" }. Pfadangaben müssen mit doppelten Backslashs getrennt werden.
TC (Word 97: INHALT)	Mit Hilfe der Feldfunktion können zusätzliche Einträge in ein Inhaltsverzeichnis aufgenommen werden. Normalerweise berücksichtigt Word bei der Erstellung von Inhaltsverzeichnissen nur Überschriften mit definierten Formatvorlagen. Durch die Feldfunktion lassen sich beliebige Texte in das Inhaltsverzeichnis aufnehmen.
	\l Ebene — Der Schalter beschreibt die Ebene eines INHALT-Eintrags. Das Feld { INHALT "Versuch" \l 3 } erzeugt einen Eintrag der Ebene 3, dem Word automatisch im Inhaltsverzeichnis die Formatvorlage VERZEICHNIS 3 zuweist. Wenn keine Ebene angegeben wird, verwendet Word Ebene 1.
	\n — Mit dem Schalter \n wird der Eintrag ohne Seitenzahl angezeigt.

A.3 Die CD-ROM zum Buch

Auf der CD-ROM finden Sie im Ordner BUCHDATEN drei Unterordner:

- ☑ Der Ordner VORLAGEN enthält die vorbereiteten Dokumentvorlagen für Examens-, Diplom- und Doktorarbeiten.
- ☑ Die in Kapitel 3 im Abschnitt »Nummerierung und Querverweise« besprochene Nummerierung-Symbolleiste steht Ihnen zur Verfügung, wenn Sie die im Ordner NUMMERIERUNG abgelegte Mustervorlage installieren.
- ☑ Im Verzeichnis CHEMIE finden Sie das Chemie-Makro, welches Ihnen das Erstellen von chemischen Summenformeln und Reaktionsgleichungen ermöglicht.

A.3.1 Installation der vorbereiteten Dokumentvorlagen

Zur Installation der Dokumentvorlagen empfehlen wir Ihnen das folgende Vorgehen:

- ☑ Wählen Sie den Befehl *EXTRAS Optionen* und klicken Sie auf die Registerkarte *Speicherort für Dateien (Word 97: Dateiablage).*
- ☑ Im Feld *Dateispeicherorte* wird neben dem Eintrag *Benutzervorlagen* angegeben, in welchem Ordner Word standardmäßig die Dokumentvorlagen ablegt. Merken Sie sich den Pfad und
- ☑ erstellen Sie in diesem Ordner einen neuen Ordner mit dem Namen *Wissenschaft.Arbeiten.*
- ☑ Kopieren Sie die Dokumentvorlagen von der CD-ROM in diesen Ordner.

Die Vorlagen stehen Ihnen danach in Word über den Befehl *DATEI Neu* auf der Registerkarte *Wissenschaft.Arbeiten* zur Verfügung.

A.3.2 Nummerierung-Symbolleiste

Die in Kapitel 3, »Nummerierung und Querverweise«, beschriebene Nummerierung-Symbolleiste können Sie auf Ihrem PC einrichten, indem Sie die Word-Mustervorlage NUMMERIERUNG.DOT aus dem Ordner \NUMMERIERUNG von der CD-ROM in den Autostart-Ordner von Word kopieren. Damit wird die Mustervorlage bei jedem Start von Word aktiviert und steht Ihnen so immer zur Verfügung. Um herauszufinden, welches der Autostart-Ordner ist, sehen Sie unter *EXTRAS Optionen* auf der Registerkarte *Spei-*

cherort für Dateien (Word 97: *Dateiablage*) neben dem Eintrag *Autostart* nach.

Sollte der Verzeichnisname und/oder der Dateiname als NUMMERI~1 erscheinen, so kann Ihr CD-ROM-Treiber keine langen Dateinamen darstellen. Kopieren Sie die Datei trotzdem in den Autostart-Ordner, sie funktioniert auch mit kurzem Namen.

A.3.3 Das Chemie-Makro

Das in Kapitel 8, »Chemische Formeln«, beschriebene Makro zur Unterstützung bei der Erstellung von chemischen Summenformeln und Reaktionsgleichungen wird installiert, wenn Sie die folgenden Schritte durchführen:

- ☑ Kopieren Sie die Word-Mustervorlage CHEMISTRY.DOT aus dem Ordner \CHEMIE von der CD-ROM in das Autostart-Verzeichnis von Word (die Pfadangabe finden Sie unter *EXTRAS Optionen* auf der Registerkarte *Speicherort für Dateien* (Word 97: *Dateiablage*) neben dem Eintrag *Autostart*).
- ☑ Die Dateien CMHELP.HLP und CMHELP.CNT müssen in den Ordner C:\PROGRAMME\MICROSOFT OFFICE\OFFICE10 (Word 2000/Word 97: C:\PROGRAMME\MICROSOFT OFFICE\OFFICE) kopiert werden.
- ☑ Installieren Sie den »Chemical«-Zeichensatz, indem Sie die Windows-Systemsteuerung (*Start Einstellungen Systemsteuerung*) aufrufen. Öffnen Sie das Schriftartendialogfeld durch einen Doppelklick auf das Symbol *Schriftarten.* Mit *DATEI Neue Schriftart installieren* öffnen Sie ein Dialogfeld, in dem Sie die Schriftdatei CHEMICAL.TTF im Verzeichnis CHEMIE auf der CD-ROM auswählen und bestätigen. Damit wird die Schriftart auf Ihrem PC installiert.

Index

Index

A

B

C

D

E

G

H

I

K

L

M

N

O

P

Q

R

S

T

U

V

W

X

Y

Z